Plantillas DAX

para POWER BI
y POWER PIVOT
Explicadas paso a paso

N

Manual Imprescindible

Plantillas DAX

para POWER BI
y POWER PIVOT
Explicadas paso a paso

José Manuel
Pomares Medrano

ANAYA MULTIMEDIA

Manual Imprescindible

Montaje de cubierta: Celia Antón Santos
Responsable editorial: Víctor Manuel Ruiz Calderón

Textos y pantallas: José Manuel Pomares Medrano
Prólogo: Ana María Bisbé York
Imágen de cubierta: © 2003-2024 Shutterstock, Inc.

Valentín Beato, 21. 28037 Madrid
Depósito legal: M. 8.379-2024
ISBN: 978-84-415-5033-9
Impreso en España

PAPEL DE FIBRA CERTIFICADA

Dedicado a mis hijos y a mi esposa,
porque son el eje de mi vida y mi referencia.
Os admiro a los tres y os quiero.

Dedicado a mi madre,
quien nos dejó para siempre algunas semanas antes
de que este libro viera la luz.

AGRADECIMIENTOS

La lista de profesionales de los que he aprendido (y sigo aprendiendo) y he recibido apoyo sería demasiado larga y, lo peor, sería injusta porque podría omitir a algunos que deberían estarlo. Todos ellos forman eso que llamamos "Comunidad de usuarios" o "Comunidad de profesionales de datos". Son esos profesionales que nos vemos en cada evento que podemos y compartimos unas cervezas al terminar. También son esos que no nos vemos, pero interactuamos y nos apoyamos mediante redes sociales como LinkedIn, por ejemplo.

Cada vez que he tenido la oportunidad de conocer a las personas que hay detrás de esos profesionales, he tenido la grata sorpresa de encontrar generosidad, altruismo y pasión por su trabajo hasta límites que no había imaginado posibles. Todo eso ha sido también una referencia para mí y he aprendido de ello.

Vosotros sabéis quiénes sois. Poned vuestro nombre aquí. Gracias, Comunidad, #SomosComunidad.

También quería agradecer a Ana María Bisbé la realización del prólogo de este libro. Estoy seguro de que la mayoría de los que estáis leyendo este libro la conocéis y entenderéis el honor que supone para mí que haya escrito esas líneas. Gracias, Ana.

Por último, quisiera agradecer a mi esposa y compañera de vida la infinita paciencia, comprensión y soporte que me ha dado a lo largo de este proyecto del libro que ahora es una realidad. ¡Qué suerte tenerte a mi lado! Gracias, Clara.

SOBRE EL AUTOR

José Manuel Pomares es titulado en Ciencias Empresariales, analista de datos en Power BI certificado por Microsoft, formador y consultor especialista en proyectos de *business intelligence* para pymes. Desde 2013, crea cursos para la plataforma LinkedIn Learning para España y Latinoamérica en materia de Excel, programación VBA y creación de *dashboards*. Es ponente en diversas plataformas sobre Power BI y Modern Excel. Premio MVP (*Most Valuable Professional*) 2023 por su liderazgo y contribuciones a la comunidad de usuarios de Power BI.

Índice de contenidos

Apéndices

C. El contexto de fila en DAX 410

D. La transición de contextos 424

Índice alfabético 442

Prólogo

Por Ana María Bisbé

Hola, amigo y amiga que me lees:

Vivimos en la era de los datos. Cada vez tratamos con mayor cantidad y diversidad de datos, por lo que se ha creado la necesidad de sacar el mayor partido a todos los datos que atesoramos para crear modelos e informes analíticos.

Al convertir los datos en información, en historia, podemos tomar decisiones y realizar las acciones que corresponda.

Microsoft creó los modelos tabulares que se almacenan en bases de datos y se consumen en informes creados con Excel y Power BI a través de un lenguaje de expresiones que se llama DAX.

Desde que vi expresiones DAX por primera vez en 2012, comprendí que era un lenguaje amigo, que había llegado para quedarse en forma de aliado en la solución de desafíos que se presentan para dar respuesta a los requisitos de negocio.

DAX es un lenguaje de expresiones destinado a enriquecer el modelo de datos y consultar su contenido. Se creó en similitud al lenguaje Excel, como lenguaje funcional que permite anidar funciones para la realización de sus objetivos.

DAX va mucho más allá, contiene un conjunto de funciones que garantizan la realización de tareas como la iteración de tablas, el trabajo con ventanas, funciones de consulta y las funciones de BI de tiempo, por solo mencionar algunas.

Como amante del modelado de datos y del lenguaje DAX es un honor para mí redactar el prólogo de este libro.

He disfrutado mucho leyendo este contenido que el autor, José Manuel Pomares, ha creado con mimo y rigor para mí y para ti. José Manuel es un docente de primer nivel con gran experiencia en formación y analítica avanzada.

Tengo el privilegio de conocerle desde 2018. Desde entonces, hemos compartido proyectos, iniciativas, conferencias y eventos, en los que he podido aprender de sus conocimientos y crecer profesionalmente. Por todo el respeto que tengo por su trabajo me siento muy honrada de dejarte mi opinión sobre el libro e invitarte a mejorar tus conocimientos y habilidades gracias a su contenido.

Vas a encontrar el desafío a enfrentar la base teórica con la definición de cada concepto, la solución en forma de plantilla DAX y la explicación detallada de cada función y técnica aplicada.

Aplaudo mucho el planteamiento en forma de problema y solución, con casos concretos de la vida real que enfrentas en tu trabajo. Te va a gustar la didáctica utilizada por el autor y vas a contar con esa guía que tanto has necesitado para estructurar tus soluciones.

Ya verás cómo José Manuel te lleva de la mano, con su experiencia y conocimientos de economía, herramientas, análisis de datos y lenguaje de expresiones DAX. Con este libro te sumerges en las soluciones entregadas llave en mano para ser utilizadas en tu escenario.

Anímate a estudiar y profundizar en el lenguaje DAX para que apliques las plantillas que te presenta José Manuel y las adaptes a tus características. Hay buenas prácticas y aspectos globales que nos afectan a todos y hay particularidades. Según sea tu escenario podrás tratar tal cual la plantilla o quizás te enfrentes a la necesidad de retocarla, créeme que con la exhaustiva explicación de la plantilla encontrarás las herramientas para seguir tu camino a partir de aquí.

Muchas gracias, José Manuel, por crear este contenido tan valioso en idioma español. Seremos muchas y muchos los que nos veremos beneficiados con el resultado de tu esfuerzo y tu dedicación al crear la idea, estructura y ejemplos contenidos en este libro que es un **manual imprescindible** en toda regla.

Muchas gracias a ti, amiga y amigo que lees estas líneas, gracias por confiar en José Manuel y por tu apuesta por la formación en temas tan importantes de análisis de datos.

—Ana María Bisbé

Cómo usar este libro

¿Por qué un libro de plantillas DAX?

Soy formador y me apasiona mi trabajo. Creo que enseñar y aprender es un acto mágico y extraordinario para el ser humano. Disfruto enseñando y ayudando a crear un mundo de posibilidades en quien aprende. Quizá disfrutar enseñando sea un acto egoísta, pero creo que sería el acto egoísta más generoso que existe.

Por eso, este libro no es solo una colección de plantillas de código "*prêt-à-porter*". Copiar, pegar y ya está. Quería escribir este libro acompañando a quien lo lee. Hablar con él o con ella, enseñar, disfrutar y también aprender, porque esta obra ha sido un proyecto de aprendizaje para mí también.

NOTA:

Plantillas DAX para Power BI y Power Pivot, explicadas paso a paso intenta enseñar mediante soluciones a problemas, pero también intenta solucionar problemas mediante la enseñanza.

La frase anterior define muy bien este libro y las intenciones de un servidor, como autor de este. Aprender mediante plantillas o modelos ya construidos no es algo que carezca de fundamentos, sino que está contemplado en varias teorías del aprendizaje. Entre otras, en las constructivistas (con las que tanto estoy de acuerdo) del "descubrimiento y andamiaje" del psicólogo estadounidense Jerome Bruner: el andamiaje es una estructura provisional que aporta el docente y sirve de apoyo al estudiante en la construcción de su aprendizaje. Esa estructura es retirada posteriormente para que el alumno sea capaz de funcionar de forma independiente.

En cualquier caso, está claro que las plantillas no pueden ser el único método y fuente de formación para alguien que quiere aprender DAX. Por ello, aportamos una base mínima de conocimiento mediante cuatro apéndices que abordan temas críticos relativos a DAX.

¿A quién va dirigido este libro?

Este libro va dirigido a personas que necesitan diseñar fórmulas o expresiones para el análisis de datos en un ámbito empresarial. La aplicación de los beneficios de Power BI y Power Pivot en las empresas está creciendo exponencialmente y hay multitud de personas que son las encargadas de diseñar modelos de análisis de datos. DAX se erige como una solución para esas personas que necesitan cálculos que no pueden ser creados arrastrando simplemente un campo o columna al cuadrante **Valores** una tabla dinámica de Excel o a un objeto visual de Power BI. Esas personas pueden ser:

- Analistas de datos y otros profesionales que tienen que desarrollar proyectos de inteligencia de negocio.
- Profesionales enmarcados en los diferentes niveles de la rama administrativa, financiera o contable de una empresa (administrativos, contables, responsables financieros, *controllers*, etc.).
- Cualquier profesional cuya labor esté relacionada con la ingeniería, la logística, los RR. HH., las ventas o el marketing y que necesitan aplicar técnicas de control de gestión en su trabajo cotidiano para la empresa en la que trabaja.
- Profesionales autónomos o empresarios que ejercen la consultoría económico-financiera o comercial a empresas clientes (asesores financieros, *controllers* externos, agentes comerciales, directores de marketing, etc.).
- Estudiantes de la rama económico-financiera, de grados o postgrados relacionados con la ingeniería y ciclos formativos vinculados con el análisis de datos.

¿Qué hay en cada capítulo?

La estructura de cada capítulo es similar (aunque no exactamente igual en todos los capítulos debido a la necesaria adaptación a la temática y su contexto).

Los primeros apartados suelen aportar definiciones, ejemplos y, en definitiva, el contexto necesario para abordar la temática del capítulo.

En un siguiente apartado, se da el código completo para el cálculo. El usuario debe fijarse en las partes en negrita, que hay que cambiar por los nombres reales de tabla y columna del lector. En varios capítulos hay varias opciones o variantes de código para el concepto principal. Por ejemplo, en el capítulo 3 "Promedios", hay plantillas para siete tipos de promedios. Pero, dentro del promedio acumulado, hay dos opciones de código (una, con la función `FILTER` y otra, con la función `WINDOW`).

Luego, veremos una sección llamada **"Explicación del código"**. En este libro, esa sección es esencial, pues es la que ofrece la parte didáctica más relevante. Aquí es donde se analiza el código en varias partes para hacer aclaraciones sobre qué funciones se usan y cómo funcionan. A continuación, también tendrá cada capítulo una sección llamada "Revisión de resultados". Se dedicará a mostrar las medidas en objetos visuales. Esto añadirá otra capa al aprendizaje, permitiendo al lector vincular el código con lo que hace finalmente cuando la medida está compilada en una tabla o gráfico.

En la mayoría de los capítulos, habrá una sección llamada "Rendimiento". Aquí es donde el lector más avanzado podrá profundizar un poco más, comprendiendo algunas claves de por qué el código se ejecuta más rápido o más lento. Para las pruebas de rendimiento, la mayoría de las veces se ha usado un modelo parecido al protagonista del archivo del capítulo, pero con un número considerable de filas para que las pruebas de rendimiento sean más rigurosas.

Orden de lectura de los capítulos

Antes de leer los capítulos, recomendamos repasar los apéndices, especialmente si el lector tiene alguna duda sobre los conceptos básicos del tratamiento de datos o de los contextos.

Después, el lector podrá escoger el capítulo que más le convenga según su necesidad. Quizá tenga que volver a leer algún apéndice mientras practica con alguno de los capítulos.

¿Qué conocimientos previos necesitamos?

Este libro requiere algunos conocimientos básicos de Power BI (o Power Pivot, si esta es la aplicación favorita del lector) y de otras fases del tratamiento de datos. Por ejemplo, se supone que quien lee este libro sabe conectar Power Query con un origen de datos, transformarlos, cargar tablas en el modelo de datos y relacionarlas.

Quizá el lector use tablas únicas (o *flat tables*) y piense que no necesita modelar ni relacionar los datos. Si es así, recomendamos revisar su forma de trabajar con los datos y leer bien los conceptos clave del apéndice A de este libro.

Sobre DAX, basta con tener algo de práctica introduciendo fórmulas en el editor. Es necesario conocer las reglas básicas de sintaxis: separador de argumentos, paréntesis, comentarios, saltos de línea, nomenclatura para tablas, columnas y medidas, etc.

Power Pivot

Por último, he de comentar que este libro está dedicado, principalmente a Power BI, pero DAX es un lenguaje compartido por esta aplicación y también por Power Pivot de Excel. Por ello, salvo algunas excepciones, el código proporcionado en las plantillas es compatible con ambas aplicaciones. Las excepciones pueden venir motivadas por la inexistencia de algunas funciones DAX en Power Pivot. Un ejemplo de esas excepciones es la función `SELECTEDVALUE`, que en Power Pivot puede ser sustituida por otras alternativas. Una de ellas sería la combinación:

```
IF(HASONEVALUE(Tabla[Col]), VALUES(Tabla[Col]) [,Resultado si falso])
```

Convenciones tipográficas

Como cualquier otro libro, este se encuentra dividido en capítulos que cuentan con diferentes apartados, cada uno de ellos encabezado por sus correspondientes títulos. Además, en el texto se utilizan ciertos estilos o tipografías específicas con el objetivo de hacer su lectura más rápida, facilitando la identificación de elementos como las opciones de menú, nombres de funciones, etc. Estos estilos son:

- *Cursiva*: Es un tipo que se usa para diferenciar términos anglosajones o de uso poco común. También se usa para destacar algún concepto.
- **Negrita**: Le ayudará a localizar rápidamente elementos como las combinaciones de teclas y nombres de botones. Por ejemplo, **Aceptar** para hacer referencia a un botón con ese título.
- `Monoespacio`: Diferencia elementos como los nombres de archivos y carpetas, las URL y el código (variables, funciones, etc.).
- Menús y comandos: Destaca sobre el texto todos los elementos relativos a interfaz de usuario, como puede ser una opción de menú, un comando o título de una ventana, etc.

También encontrará a lo largo del libro recuadros con elementos destacados sobre el texto normal, comunicándole de manera breve y rápida algún concepto relacionado con lo que está leyendo, un truco o advirtiéndole de algo. Estos recuadros serán:

NOTA:

Las notas se usan para aclarar un concepto que está utilizándose en el texto, facilitar información relacionada y tareas similares.

Archivos usados de ejemplo en el libro

En cada capítulo se utilizan imágenes de los archivos de Power BI que son usados para los ejemplos. Estos archivos PBIX están a disposición del lector y son parte fundamental de este libro. Los puede descargar desde la web de Anaya Multimedia (`http://www.anayamultimedia.es`) para poder copiar el código y evitar la necesidad de escribirlo desde el inicio. Para acceder, debemos dirigirnos al botón Selecciona Complemento de la ficha del libro, donde podremos descargar todos los ejemplos desarrollados para esta obra. Hay un archivo por cada capítulo.

1 Tablas de fechas

En este capítulo aprenderás:

- Los conceptos principales que hay alrededor de una tabla de fechas y que todo analista de datos debe saber.
- A crear una tabla de fechas con lenguaje DAX, a partir de una plantilla y a entender cada una de las funciones que se utilizan en el código.
- A crear tablas de fechas adaptadas a ejercicios fiscales que abarcan periodos distintos a enero-diciembre.
- A crear tablas de fechas con alternativas de código más fáciles y rápidas
- A crear tablas de fechas con Power Pivot de Excel, cuyo proceso es sustancialmente distinto al caso de Power BI.

Características generales

Este capítulo ofrece varias plantillas para la creación, mediante código DAX, de tablas para la dimensión fecha de un modelo de datos tabular.

En los primeros apartados, abordamos los conceptos generales que rodean a las tablas de fechas (¿qué son?, ¿cómo son?, ¿qué otras alternativas hay a la hora de crear estas tablas de fechas?, ¿cuál es la mejor opción?).

En el apartado "Plantilla de tabla de fechas", ofrecemos una plantilla para generar una tabla de fechas con un código optimizado que usa funciones como `ADDCOLUMNS` y `CALENDAR`. Cada línea de código es explicada con detenimiento para que pueda ser entendida por usuarios que ya se han iniciado en el mundo de DAX recientemente.

En el apartado "Otras formas de tablas de fechas", se ofrece un apartado con dos alternativas a la plantilla anterior. Se trata de dos plantillas más sencillas para usuarios no iniciados. Si estamos iniciándonos en el mundo de DAX y nuestras exigencias no son excesivas, te recomiendo atender el apartado al que aludíamos al principio de este párrafo.

Por último, en el apartado "Tablas de fechas en Power Pivot de Excel", se trata el caso de las tablas de fechas en ese complemento.

¿Qué es una tabla de fechas o tabla calendario?

Utilidad

Una tabla de fechas, también llamada tabla calendario, es una tabla de dimensión usada en modelos tabulares con las siguientes finalidades, básicamente:

- Posibilitar, en un modelo de datos, el uso de funciones de inteligencia de tiempo. Estas funciones ofrecen cálculos muy ventajosos para el usuario (desde el punto de vista de la sencillez), pero requieren una tabla de fechas sucesivas para funcionar correctamente.
- Permitir al usuario filtrar las tablas de hechos del modelo con un criterio temporal centralizado (una sola tabla de fechas puede filtrar todo el modelo).
- En modelos con varias tablas de hechos, las tablas de fechas realizan labores de "tablas-puente" entre las distintas tablas de hechos. De esta forma, podemos crear medidas que implican a varias tablas de hechos, siendo los resultados coherentes temporalmente. Es decir, están referidos a un mismo periodo.

Fecha y horas automáticas

Antes de seguir profundizando en las características de las tablas de fechas, debemos decir que, de forma alternativa a la creación explícita de tablas de fechas, tenemos la posibilidad de usar la funcionalidad de Power BI llamada Fecha y hora automáticas. Ya adelantamos que esta es una mala práctica, pero vamos a describirla someramente y comenzamos por las formas de activar o desactivar esta característica:

- De forma global, para que los nuevos archivos de Power BI ya tengan (o no) la característica activada. Esto lo podemos ver haciendo clic en Archivo>Opciones y Configuración>Opciones>GLOBAL>Carga de datos>Inteligencia de tiempo>Fecha y horas automáticas.
- De forma concreta, para el archivo con el que actualmente estamos trabajando. Esto lo podemos ver haciendo clic en Archivo>Opciones y Configuración>Opciones>ARCHIVO ACTUAL>Carga de datos>Inteligencia de tiempo>Fecha y horas automáticas.

En ambos casos, debemos reiniciar Power BI si queremos que los cambios entren en vigor.

La funcionalidad Fecha y horas automáticas nos ofrece, por defecto y de forma automática, la posibilidad de filtrar las tablas de hechos mediante agrupaciones de las fechas por meses, trimestres y años. Es algo muy parecido a lo que ocurre por defecto en Excel cuando, en una tabla dinámica, arrastramos a Filas o a Columnas un campo de fecha.

Podemos ver en la figura 1.1 la jerarquía que se genera en un campo de fecha.

Las fechas y horas automáticas solo entran en funcionamiento si se dan las siguientes circunstancias:

- Si está activada la casilla de verificación Fecha y hora automática del apartado ARCHIVO ACTUAL>Carga de datos.
- Si la tabla tiene un tipo de almacenamiento Importar.
- Si hay, al menos, una columna con formato Fecha o Fecha/Hora en el modelo de datos.

Para poder crear una jerarquía de agrupaciones, esta funcionalidad provoca que Power BI genere una tabla oculta por cada columna de fecha del modelo.

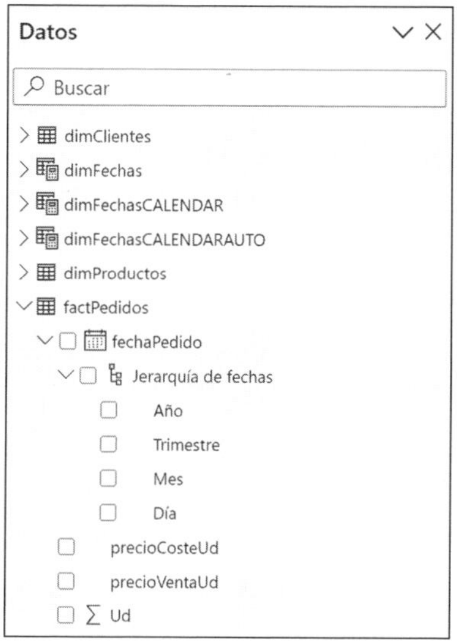

Figura 1.1. En la imagen vemos la jerarquía de agrupaciones de fechas que se ha creado automáticamente debido a la activación de la utilidad **Fecha y horas automáticas**.

NOTA:

La generación de tablas ocultas, por parte de la funcionalidad **Fecha y hora automáticas**, *puede incrementar de forma relevante el tamaño del modelo de datos (con los perjuicios derivados de esta circunstancia) y, además, soluciona de una forma deficiente el filtrado de campos en el modelo de datos. Por lo tanto, es de vital importancia evitar el uso de esta característica de Power BI. Tienes más información en* `https://www.sqlbi.com/articles/automatic-time-intelligence-in-power-bi/`.

¿Cómo son las tablas de fechas?

Volvamos a las buenas prácticas y a la descripción de las tablas de fechas. Es recomendable que estas tengan unas determinadas características para cumplir con su cometido y con las exigencias de las funciones de inteligencia de tiempo:

- Una tabla de fechas debe tener una columna con una sucesión continua de fechas reconocidas como tal por Power BI o Excel.
- Es recomendable que las fechas tengan, precisamente, un formato de fecha (no fecha/hora). Por lo tanto, es recomendable una granularidad (nivel de detalle) a nivel de día. Granularidades mayores (por ejemplo, granularidad a

nivel de minutos) para la columna de fecha de una tabla calendario podrían complicar en gran medida otros aspectos y, además, aumentaría la cardinalidad (cantidad de valores distintos en una columna) con la ineficiencia que ello conlleva a nivel de tamaño del modelo.

- La sucesión de fechas debe comenzar el 1 de enero del año más antiguo que sea relevante para el análisis de la empresa (aunque las operaciones de la empresa comiencen días o meses más adelante del 1 de enero).
- La sucesión de fechas debe terminar el 31 de diciembre del año más reciente que sea relevante para el análisis de la empresa (aunque las operaciones de la empresa terminen días o meses antes del 31 de diciembre).
- La columna **Fecha** debe ser establecida como tal en el cuadro que obtenemos al hacer clic en **Marcar como tabla de fechas** en la ficha **Herramientas de tabla** de Power BI, como se ve en la figura 1.2.

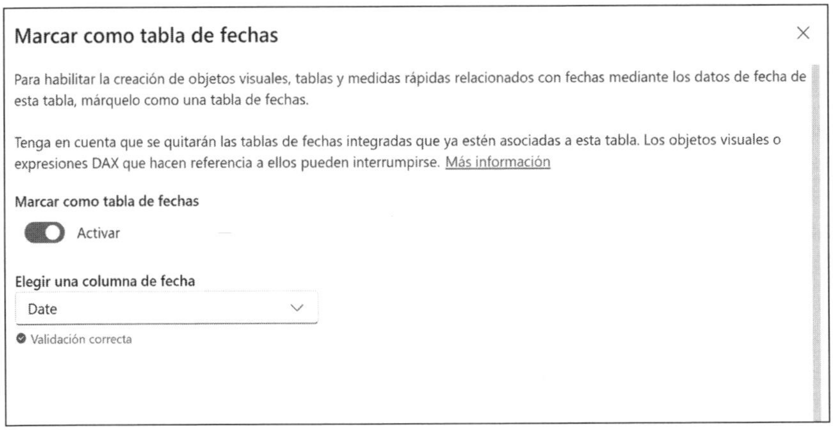

Figura 1.2. Podemos ver el cuadro de diálogo donde se puede configurar una tabla de fechas como tal.

- En una tabla de fechas es posible usar una clave subrogada (por ejemplo: 20240101, 20240102, etc.) como clave principal para una tabla de fechas (con el objetivo de relacionarla con otras tablas). Aun así, es conveniente la existencia de un campo de tipo fecha con las características expresadas en los anteriores puntos.
- Las tablas de fechas pueden contener (y es lo habitual y recomendable) varias columnas, además de la columna **Fecha**. Columnas que expresan el número del año, el número del mes o el nombre del mes, son ejemplos de columnas que deben estar junto a la columna de fecha. Cada usuario deberá agregar

tantos campos como fuese necesario, dependiendo de las necesidades de negocio. Estas columnas servirán, en los últimos procesos del diseño de informes, para ser agregadas a segmentadores y otros objetos visuales para realizar la tarea de filtrado de datos.

Lenguaje M vs. lenguaje DAX

Las opciones que tenemos para crear tablas de fechas en un modelo de datos no se reducen al uso de código DAX exclusivamente, sino que hay otras posibilidades. Estas son algunas de ellas:

- Importar una tabla de fechas que ya esté en el origen de datos.
- Usar un *data-flow* (Power Query Online).
- Usar Power Query en Power BI Desktop.
- Usar DAX en el modelo de datos (la opción que usaremos en esta plantilla).

En el siguiente apartado, solo vamos a comentar las diferencias y características de las dos últimas opciones, lenguaje M vs. lenguaje DAX, por dos motivos:

- Porque las dos primeras son, indiscutiblemente, las opciones mejores (todavía mejor, la primera). Por lo tanto, no hay debate al respecto.
- A pesar del motivo aludido en el anterior punto, Power Query y DAX son, quizá, los métodos más utilizados en soluciones de *business intelligence* de pequeña o mediana escala.

Diferencias

Las tablas de fechas creadas con DAX son tablas calculadas y, como tales, se guardan físicamente en el modelo de datos justo en el momento de su creación por parte del usuario mediante código DAX. Esto tiene dos implicaciones:

- Las tablas calculadas no participan de algunos de los procesos de compresión de datos que realiza antes el motor de almacenamiento, Vertipaq, en el momento en el que recibe los datos de Power Query mediante una actualización de datos. Por lo tanto, esta opción puede generar un mayor tamaño del modelo al no tener la mejor de las opciones de compresión.
- Las tablas calculadas se recalculan después de que el resto de las tablas ya hayan sido cargadas en Power BI. Esto quiere decir que el recálculo de las tablas retrasa algún tiempo más la actualización completa del modelo.

Sin embargo, las tablas de fechas creadas en origen, con un *data flow* o con Power Query, son recibidas por Vertipaq en el momento de la actualización de datos, junto con el resto de las tablas del modelo. Esta es la mejor situación para la tabla de fechas, puesto que se beneficia de todos los procesos de compresión que aplica Vertipaq (optimización del orden en el que las columnas o segmentos, dependiendo del tamaño del modelo, serán comprimidas y la aplicación final de los algoritmos de compresión) y, además, no retrasa con tiempos adicionales la actualización del modelo de datos.

Conclusiones

NOTA:

De forma estricta, deberíamos decir que lo óptimo es crear una tabla de fechas lo más cercana posible origen de datos. Esto debe quedar claro.

Es cierto que, en la práctica, muchos usuarios tienen preferencia por el uso de DAX debido a su desconocimiento del lenguaje M o, simplemente, porque le parece más cómoda la creación y el mantenimiento de la tabla en Power BI dentro del modelo y no en procesos previos. Estos usuarios prefieren pagar un pequeño precio con el tamaño del modelo de datos y una actualización de estos también ligeramente mayor, a cambio de otras ventajas o preferencias.

Hay que tener en cuenta que la diferencia de tamaño de una tabla de fechas comprimida de forma óptima respecto de una tabla de fechas no comprimida óptimamente puede llegar a ser despreciable en términos de Kb, sobre todo, porque una tabla de dimensión de fechas tiene 365 o 366 filas por cada año almacenado. Suponiendo que en el modelo haya 8 años de datos almacenados (no es habitual que haya tantos ejercicios relevantes a estudiar), estaríamos hablando de 2.920 filas, aproximadamente.

En la figura 1.3 vemos una tabla de fechas (dimFechas) en la sección Vertipaq Analyzer de DAX Studio. Se trata de una tabla de fechas creada con DAX, con 2.923 filas y un tamaño que no supera los 228 Kb.

Plantilla de tabla de fechas

En el siguiente apartado, ofreceremos el código principal necesario para crear una tabla de fechas o tabla calendario en Power BI. Como siempre ocurrirá en este libro, veremos en negrita aquellos trozos de código que deberemos personalizar adaptando los nombres de tablas, nombres de columnas, parámetros, etc., que utilizamos a modo de ejemplo, por la nomenclatura que utiliza la empresa en su modelo.

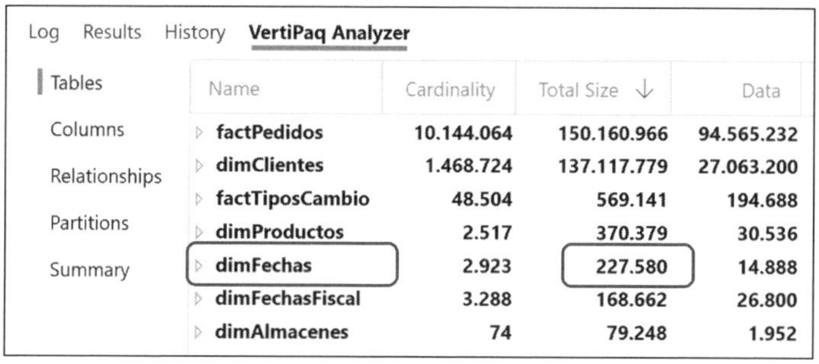

Name	Cardinality	Total Size ↓	Data
factPedidos	10.144.064	150.160.966	94.565.232
dimClientes	1.468.724	137.117.779	27.063.200
factTiposCambio	48.504	569.141	194.688
dimProductos	2.517	370.379	30.536
dimFechas	2.923	227.580	14.888
dimFechasFiscal	3.288	168.662	26.800
dimAlmacenes	74	79.248	1.952

Figura 1.3. Podemos apreciar que el tamaño de una tabla de fechas que abarca ocho años no es muy relevante para el tamaño de todo un modelo de datos.

Código

El siguiente código debe ser escrito en el editor de código DAX de Power BI que aparece cuando hacemos clic en la Vista de tabla>Ficha Herramientas de tablas>Nueva tabla:

```
dimFechas =

--Variables para almacenar los años mínimo y máximo--------------
VAR _ejercicioMin =     YEAR( MIN( factPedidos[fechaPedido] ) )
VAR _ejercicioMax =     YEAR( MAX( factPedidos[fechaPedido] ) )

--Variables para almacenar las fechas mínima y máxima------------
VAR _fechaMin =         DATE( _ejercicioMin, 1, 1 )
VAR _fechaMax =         DATE( _ejercicioMax, 12, 31 )

--Variable para determinar el primer mes fiscal------------------
VAR _primerMesFisc = 7      --Adaptar según necesidades

RETURN

ADDCOLUMNS (
    --Generación de tabla para columna de fecha------------------
    CALENDAR (
        _fechaMin,
        _fechaMax
    ),

    --Generación de columnas-------------------------------------
    "Año", YEAR( [Date] ),
    "Trimestre", "Trim-" & QUARTER( [Date] ),
    "Nombre mes", FORMAT( [Date], "mmm" ),
```

```
"N.º mes", MONTH( [Date] ),
"Mes-año", FORMAT( [Date], "mmm-yy" ),
"N.º año-mes", VALUE( FORMAT([Date], "yyyymm" ) ),
"Nombre día semana", FORMAT([Date], "DDDD" ),
"N.º día semana",    WEEKDAY(
                         [Date],
                         2       --Adaptar según necesidades
                     ),

--Otras columnas complementarias-----------------------------
"Es día laborable", IF(
                         WEEKDAY(
                             [Date],
                             2   --Adaptar según necesidades
                         ) <= 5,
                         "Día laborable",
                         "Fin de semana"
                     ),
"Semana del año",    WEEKNUM(
                         [Date],
                         21  --Adaptar según necesidades
                     ),
"Semestre",          IF(
                         MONTH( [Date] ) <= 6,
                         "Semestre 1",
                         "Semestre 2"
                     ),

--OPCIONAL: clave subrogada para relacionar------------------
    "IDS_fecha",     YEAR( [Date] ) * 10000 +
                     MONTH( [Date] ) * 100 +
                     DAY( [Date] ),

--Columnas para gestión de años fiscales---------------------
"Año fiscal",    IF(
                     MONTH( [Date] ) >= _primerMesFisc,
                     "AF " & YEAR( [Date] ) + 1,
                     "AF " & YEAR( [Date] )
                 ),
"Semestre fiscal", VAR _mesFiscal = MOD(
                                        MONTH([Date]) -
                                        _primerMesFisc + 12,
                                        12
                                    )
                                    + 1
                     RETURN
                     "Semestre " &
                     IF( _mesFiscal <= 6, 1, 2),
"Trim. fiscal", VAR _mesFiscal =    MOD(
                                        MONTH([Date]) -
                                        _primerMesFisc + 12,
                                        12
                                    )
                                    + 1
                 RETURN
```

```
            "Trim-" &
            SWITCH(
                TRUE(),
                _mesFiscal >= 1 && _mesFiscal <= 3, 1,
                _mesFiscal >= 4 && _mesFiscal <= 6, 2,
                _mesFiscal >= 7 && _mesFiscal <= 9, 3,
                4
            )
)
```

Explicación del código

A continuación, vamos a comentar el código de la plantilla anterior, parte a parte.

Variables para fechas de inicio y final

Para mejorar la comprensibilidad del código usamos variables para construir las fechas mínima y máxima relevantes del modelo. Lo hacemos en dos fases: primero declaramos dos variables para determinar los años mínimo y máximo (extrayendo los años desde las fechas mínima y máxima de las columnas que consideramos relevantes):

```
--Variables para almacenar los años mínimo y máximo---------------
VAR _ejercicioMin =     YEAR( MIN( factPedidos[fechaPedido] ) )
VAR _ejercicioMax =     YEAR( MAX( factPedidos[fechaPedido] ) )
```

La sintaxis general de las funciones usadas en el código anterior es sumamente sencilla:

```
YEAR( <fecha> )
YEAR( <tabla[columna]> )
```

Después, declaramos otras dos variables para conformar las definitivas fechas mínima y máxima del modelo. Estas dos variables usarán las dos primeras variables creadas anteriormente:

```
--Variables para almacenar las fechas mínima y máxima-------------
VAR _fechaMin =         DATE( _ejercicioMin, 1, 1 )
VAR _fechaMax =         DATE( _ejercicioMax, 12, 31 )
```

Como vemos en el código anterior, se ha usado la función `DATE` para obtener fechas reconocibles como tales. La sintaxis general de `DATE` es:

```
DATE( Año, Mes, Día )
```

Las fechas obtenidas serán usadas en la función `CALENDAR` que vamos a describir en siguientes apartados. Su misión será determinar el rango de fechas abarcadas por nuestra tabla calendario.

Variable para gestión de años fiscales

Es conveniente guardar el último mes del periodo fiscal en una variable. Puesto que vamos a usar varias veces esta variable en la creación de varias columnas, la declaramos al inicio del código, es decir, en el contexto de fila automático de toda la tabla. El código es el siguiente:

```
--Variable para determinar el primer mes fiscal------------------
VAR _primerMesFisc = 7      --Adaptar según necesidades
```

Como podemos intuir, el número 7 no es más que un ejemplo aplicable a un periodo fiscal que comienza en julio y que, por lo tanto, termina en junio.

ADDCOLUMNS para crear la tabla de fechas

Lo primero que vemos, después del nombre de la medida, es una función `ADDCOLUMNS`. Es la función más importante de todas las usadas en la plantilla, puesto que, al fin y al cabo, es la función que construye la estructura de la tabla de fechas. La sintaxis general de `ADDCOLUMNS` es:

```
ADDCOLUMNS(
    <tabla>,
    <nombre>, <expresión>
    [, <nombre>, <expresión> ]
    ...
)
```

`ADDCOLUMNS` devuelve una tabla que estará compuesta de:

- Una tabla base que será la que le pasemos en su primer argumento `<tabla>` (debe ser una tabla o una expresión que devuelva una tabla). La función `CALENDAR` será la encargada de devolver esta tabla base.
- Una o varias columnas que definimos mediante pares de argumentos `<nombre>, <expresión>`, siendo el primero de los argumentos de cada par el nombre de la nueva columna agregada y el segundo, la expresión que calcula el resultado, fila a fila, de toda la columna.

Vamos a comentar el interior del primer argumento de `ADDCOLUMNS`.

CALENDAR para crear la columna de fechas

La sintaxis general de `CALENDAR` es:

```
CALENDAR(
  <fecha comienzo>,
  <fecha final>
)
```

Su misión es proporcionar una tabla de una sola columna con una sucesión de fechas, día a día, que comenzará en la fecha especificada en su primer argumento y terminará en la fecha especificada en su segundo y último argumento.

Puesto que ya calculamos los argumentos de CALENDAR mediante la declaración de variables, solo tenemos que escribir **_fechaMin** y **_fechaMax** en los correspondientes argumentos de la función. El trozo de código donde aparece CALENDAR es:

```
--Generación de tabla para columna de fecha------------------
CALENDAR (
    _fechaMin,
    _fechaMax
),
```

NOTA:

La función CALENDAR, *al generar automáticamente una tabla de una columna, también genera internamente un título para esta que no es otro que* [Date]. *Ese título es el que, si no lo cambiamos, veremos en adelante para la columna de fechas.*

Por último, hay que recordar que las tablas de fechas deben tener un campo clave y la columna de fecha que genera CALENDAR *es una buena candidata para ese rol.*

Resto de columnas

Después de una tabla como primer argumento, todo el código que viene son parejas de argumentos: <nombre>, <expresión>.

ADDCOLUMNS, después de conocer en su primer argumento cuál es la tabla base, va agregándole columnas que tendrán el nombre de cada argumento <nombre>, y los valores que serán el resultado de cada argumento <expresión>.

Esta parte de la plantilla podrá contener más o menos parejas de argumentos según las necesidades del usuario, pero nuestra propuesta inicial es la creación de las columnas Año, Trimestre, N.º mes, Nombre mes corto, N.º año-mes, Mes-año, Día, N.º día semana y Nombre día semana. En posteriores apartados (como ya señalábamos anteriormente), ofreceremos otras líneas de código complementarias.

Columna para el número de año

Para la columna Año, usamos un código con la siguiente sintaxis general:

```
"Año", YEAR( <fecha> )
```

El primer argumento (antes de la coma) es un texto entre comillas y determina que la nueva columna tendrá el nombre Año.

El segundo argumento de este par determina que, en cada fila de la columna, se evaluará la función YEAR para extraer el número del año correspondiente a cada fecha de la columna Date. El código definitivo será:

```
"Año", YEAR( [Date] ),
```

Columna para el nombre del trimestre

Para la columna Trimestre, usaremos un código con la siguiente sintaxis:

```
"Trimestre", "Trim-" & QUARTER( [Date] ),
```

El primer argumento determina que la nueva columna tendrá el nombre de Trimestre.

El segundo argumento hace que, en cada fila de la columna, se evalúe una función QUARTER que sirve para extraer el número del trimestre correspondiente a la columna Date. Para evitar que obtengamos tan solo un número entre el 1 y el 4 (esto resultaría poco intuitivo al usarlo en segmentadores y otros objetos visuales), concatenamos, a modo de sufijo, el texto Trim-. Los resultados deberían ser: Trim-1, Trim-2, Trim-3 y Trim-4.

Columna para el nombre abreviado del mes

El código DAX que se inserta como parte de los argumentos en la función ADDCOLUMNS es el siguiente:

```
"Nombre mes", FORMAT( [Date], "mmm" ),
```

El primer argumento, "Nombre mes", establece cómo se denominará la nueva columna que se añadirá. Este nombre es descriptivo y facilita la comprensión del tipo de datos que se almacenarán en la columna.

El segundo argumento, FORMAT(<fecha>, "mmm"), se encarga de la manipulación de los datos en sí. Utiliza la función FORMAT para transformar el valor de la columna de fechas en una cadena de texto que representa el nombre abreviado del mes. El formato "mmm" indica que el mes se mostrará en una forma abreviada (por ejemplo, Ene para enero, Feb para febrero, etc.). Microsoft (tanto para Power BI como para Power Pivot) tiene establecidos unos códigos que transforman valores en textos. Podemos usar cualquiera de los que aparecen en la tabla 1.1.

Tabla 1.1. Códigos de los valores en textos.

Código	Significado
d	El día como un número entre 1 y 31. Si el número de día es un número de un solo dígito, se muestra sin un cero inicial.
dd	Día de dos dígitos. Si el número de día es un número de un solo dígito, se muestra con un cero inicial.

Código	Significado
ddd	El nombre abreviado del día de la semana de tres letras.
dddd	El nombre completo del día de la semana.
m	El mes como un número comprendido entre 1 y 12. Si el número de mes es un número de un solo dígito, se muestra sin un cero inicial.
mm	Mes de dos dígitos. Si el número de mes es un número de un solo dígito, se muestra con un cero inicial.
mmm	El nombre del mes con tres letras.
mmmm	El nombre del mes escrito en su totalidad.
y	El último dígito del número del año.
yy	Los dos últimos dígitos del número de año.
yyyy	El número de año en cuatro dígitos.

`FORMAT` tiene un tercer argumento que, como hemos visto, no se ha usado al ser opcional. La sintaxis general es:

```
FORMAT(
  Valor,
  Formato,
  LocaleName
)
```

En la sintaxis, `LocaleName` es un código de cultura entrecomillado que determina y fuerza a que el resultado de `FORMAT` devuelva resultados con determinado lenguaje y costumbres de un país en cuanto a nombres de días de la semana, nombres de meses, utilización de comas o puntos para decimales, símbolos de moneda, etc. En la tabla 1.2, aparecen ejemplos de código de cultura.

Tabla 1.2. Códigos de cultura.

Código	Idioma	País
es-AR	Español	Argentina
es-BO	Español	Bolivia
es-CL	Español	Chile
es-CO	Español	Colombia
es-CR	Español	Costa Rica
es-DO	Español	República Dominicana
es-EC	Español	Ecuador
es-SV	Español	El Salvador
es-GT	Español	Guatemala

Código	Idioma	País
es-HN	Español	Honduras
es-MX	Español	México
es-NI	Español	Nicaragua
es-PA	Español	Panamá
es-PY	Español	Paraguay
es-PE	Español	Perú
es-PR	Español	Puerto Rico
es-UY	Español	Uruguay
es-VE	Español	Venezuela
en-US	Inglés	Estados Unidos
en-GB	Inglés	Reino Unido
fr-FR	Francés	Francia
de-DE	Alemán	Alemania
ja-JP	Japonés	Japón
zh-CN	Chino simplificado	China
zh-TW	Chino tradicional	Taiwán
ru-RU	Ruso	Rusia
it-IT	Italiano	Italia
pt-BR	Portugués	Brasil
pt-PT	Portugués	Portugal
sv-SE	Sueco	Suecia
ar-SA	Árabe	Arabia Saudita
tr-TR	Turco	Turquía

Un ejemplo de uso de la cultura en `FORMAT` (con la intención de obtener nombres abreviados de meses) sería:

```
FORMAT( [Date], "mmm", en-US )
```

El resultado (aún en un entorno de Power BI con una configuración en español) sería una columna con valores en inglés como: jan, feb, mar, apr, may, jun, jul, aug, sep, oct, nov, dec.

Volviendo a enfocarnos sobre el código de la columna que estamos intentando generar (nombre abreviado del mes), es especialmente útil cuando se desea ahorrar espacio en visualizaciones o se busca una presentación más simplificada del nombre del mes.

Algo que debemos tener en cuenta es que, al usar esta columna en objetos visuales, no responderá, por defecto, a un orden que se corresponde a los meses de un año, sino que tendrá un orden alfabético. Para solucionar esto y poder ordenar de forma explícita esta columna, necesitamos crear una columna como la referida en el siguiente apartado (una columna con el número del mes).

Columna para el número de mes

Para crear una columna adicional que almacene el número del mes (escrito de forma completa), el código DAX a utilizar dentro de la función `ADDCOLUMNS` es el siguiente:

```
"N.° mes", MONTH( [Date] ),
```

El primer argumento, `"N.° mes"`, se refiere al nombre que llevará la nueva columna.

El segundo argumento, `MONTH( <Date> )`, se encarga de evaluar la columna **Date** y extraer el número de mes para cada fila. La función `MONTH` se usa para obtener el mes de una fecha dada, devolviendo un número entero del 1 al 12.

Esta columna tiene como única finalidad la ordenación explícita de la columna creada anteriormente `"Nombre mes"` mediante el comando **Ordenar por columna** que encontramos en la ficha **Herramientas de columna** de la **Vista de tabla** de Power BI.

Columna para valores con mes y año en texto

El código DAX para generar esta columna es:

```
"Mes-año", FORMAT( [Date], "mmm-yy" ),
```

El primer argumento, `"Mes-año"`, define el nombre que llevará la columna.

El segundo argumento utiliza la función `FORMAT` para transformar el valor de la fecha en una cadena de texto que contenga el mes abreviado y el año en dos dígitos, separados por un guion. Por ejemplo, `Ene-24` para enero de 2024.

Esto proporciona una forma compacta y fácil de leer para identificar de manera única cada mes de cada año, siendo especialmente útil para filtrar gráficos y tablas. Este método es especialmente práctico para situaciones donde:

- Se necesita un equilibrio entre legibilidad y eficiencia espacial en las visualizaciones de Power BI.
- Queremos segmentar con una granularidad de mes, pero asegurándonos de que en un mes determinado no se acumulan los resultados de varios años.

Debemos señalar que esta columna es de tipo texto, con lo cual debe ser ordenada en función de una columna que sirva de "patrón" de ordenación, como es la columna en el apartado siguiente: `"N.° año-mes"`. Si no ordenamos esta columna como acabamos de describir, al usarla en objetos visuales, sus ítems aparecerán ordenados de forma alfabética (comportamiento por defecto de Power BI) y no como las personas interpretamos el orden de los meses y los años.

En la figura 1.4 vemos un adelanto de cómo quedarán las primeras columnas de la tabla de fechas al final, cuando terminemos de escribir todo el código de la plantilla y validemos la fórmula.

Date	Año	Trimestre	Nombre mes	N.° mes	Mes-año
01/01/2017 0:00:00	*2017*	Trim-1	ene	*1*	ene-17
02/01/2017 0:00:00	*2017*	Trim-1	ene	*1*	ene-17
03/01/2017 0:00:00	*2017*	Trim-1	ene	*1*	ene-17
04/01/2017 0:00:00	*2017*	Trim-1	ene	*1*	ene-17
05/01/2017 0:00:00	*2017*	Trim-1	ene	*1*	ene-17
06/01/2017 0:00:00	*2017*	Trim-1	ene	*1*	ene-17
07/01/2017 0:00:00	*2017*	Trim-1	ene	*1*	ene-17
08/01/2017 0:00:00	*2017*	Trim-1	ene	*1*	ene-17
09/01/2017 0:00:00	*2017*	Trim-1	ene	*1*	ene-17
10/01/2017 0:00:00	*2017*	Trim-1	ene	*1*	ene-17
11/01/2017 0:00:00	*2017*	Trim-1	ene	*1*	ene-17
12/01/2017 0:00:00	*2017*	Trim-1	ene	*1*	ene-17

Figura 1.4. Un aspecto similar al de la imagen tendrán las primeras columnas de la tabla de fechas de la plantilla. El hecho de ver horas, minutos y segundos en la primera columna responde a que este es el formato que aparece por defecto, pero podemos cambiarlo desde la **Vista de tabla>Ficha Herramientas de columnas>Grupo formato>Formato Short date.**

Columna para una combinación de año y mes

Para la columna que se nombrará `"N.° año-mes"`, el código DAX en cuestión es:

```
"N.° año-mes", VALUE( FORMAT([Date], "yyyymm" ) ),
```

El primer argumento, `"N.° año-mes"`, designa el título de la nueva columna.

El segundo argumento se compone de varias funciones anidadas:

- Se usa la función `FORMAT` para transformar la fecha en una cadena de texto que contiene el año y el mes en el formato `"yyyymm"` (por ejemplo, `202401` para enero de 2024).
- `VALUE` envuelve a `FORMAT` y se usa para convertir la cadena de texto obtenida por esta última función en un valor numérico.

Esta columna servirá, exclusivamente, para ordenar la columna creada anteriormente **Mes-año** mediante el comando **Ordenar por columna** que encontramos en la ficha **Herramientas de columna** de la vista de tabla de Power BI.

Columna para el nombre del día de la semana

El código usado en esta ocasión es:

```
"Nombre día semana", FORMAT( [Date], "DDDD" ),
```

Como siempre, el primer argumento determina el nombre de la columna.

El segundo argumento usa la función `FORMAT` para transformar la fecha en una cadena de texto que contiene el nombre del día de la semana. La explicación de sus argumentos es similar a la de anteriores columnas.

Los valores de esta columna serán ordenados en los objetos visuales de forma alfabética si no lo evitamos ordenando la columna forzada y explícitamente en función de otra que deberemos crear *ad hoc*. Esta será nuestra siguiente columna en el código.

Columna para el número del día de la semana

Para añadir una columna que indique el número del día de la semana, el código DAX se estructuraría con este par de argumentos:

```
"N.° día semana",   WEEKDAY(
                        [Date],
                        2        --Adaptar según necesidades
                    ),
```

El primer argumento, `"N.° día semana"`, define el nombre que llevará la nueva columna.

El segundo argumento, `WEEKDAY( <fecha>, [, <tipoSemana>] )`, es una función que evalúa `<fecha>` y, para cada fila de la tabla, extrae el número correspondiente al día de la semana. La función `WEEKDAY` devuelve un número entero como día de la semana siguiendo el tipo de convención que se establece en su segundo argumento. El número usado en el código de esta plantilla (el código 2) significa que la función devolverá el número 1 para el lunes, el 2 para el martes y así, hasta el 7, que representará al domingo.

Dependiendo del país para el cual queramos configurar el código, las opciones disponibles son las que vemos en la tabla 1.3.

Esta columna es útil, exclusivamente, para ordenar la columna anteriormente creada **Nombre día semana** mediante el comando **Ordenar por columna** que encontramos en la ficha **Herramientas de columna** de la **Vista de tabla** de Power BI.

Tabla 1.3. Opciones de código según el país.

Código de tipo de semana	Número de día devuelto
1 u omitido	1 = domingo ... 7 = sábado
2	1 = lunes ... 7 = domingo
3	0 = lunes ... 6 = domingo

Columna para obtener día laborable o fin de semana

Los siguientes dos argumentos serían los necesarios para agregar una columna que determinará si la fecha de cada fila es un día laborable o no:

```
"Es día laborable", IF(
                        WEEKDAY(
                            [Date],
                            2   --Adaptar según necesidades
                        ) <= 5,
                        "Día laborable",
                        "Fin de semana"
                    ),
```

Columna para obtener la semana del año

Esta columna se crea con los argumentos mostrados a continuación. Pero, además, hay que comentar que el segundo argumento de `WEEKNUM` es un código que establece el tipo de semana. En el ejemplo, está establecido mediante una variable que hemos declarado al principio del código de esta plantilla:

```
"Semana del año",   WEEKNUM(
                        [Date],
                        21  --Adaptar según necesidades
                    ),
```

Columna para obtener el semestre del año

La obtención del semestre se hace con las funciones `IF` y `MONTH`:

```
"Semestre",         IF(
                        MONTH( [Date] ) <= 6,
                        "Semestre 1",
                        "Semestre 2"
                    ),
```

Es un trozo de código muy intuitivo y fácil de entender. Simplemente, se trata de una función condición `IF` que comprueba si el número del mes pertenece al primero (<= 6) o al segundo semestre.

Columna para crear una clave subrogada de fecha

Si bien ya comentamos que la columna de fecha debe existir siempre, por varios motivos, también es cierto que podemos usar un campo adicional como clave subrogada, esto es, una columna que contendrá números enteros que servirá solo para relacionar la tabla de fechas con otro campo similar que debería existir en las tablas de hechos.

Para crear un campo numérico entero y usarlo como clave primaria de relación en una tabla de fechas (en vez de usar el campo de fecha Date):

```
--OPCIONAL: clave subrogada para relacionar------------------
    "IDS_fecha",    YEAR( [Date] ) * 10000 +
                    MONTH( [Date] ) * 100 +
                    DAY( [Date] ),
```

La utilización de una clave subrogada como la anterior, lógicamente, implica:

- La necesidad de tener las claves externas (las claves externas son las que están en las tablas de hechos).
- La posibilidad de encontrarnos (en algunos escenarios) con rendimientos peores en términos de tiempo de ejecución del código: `https://www.sqlbi.com/articles/choosing-between-date-or-integer-to-represent-dates-in-power-bi-and-tabular/`.

Además de lo anterior, debemos insistir en que el uso de una clave subrogada numérica no evita que sea imprescindible tener una columna de tipo fecha en nuestra tabla (y establecerla como tal en la ficha Herramientas de tabla>Marcar como tabla de fechas>Configurar el campo de fecha>Columna de fecha en la lista desplegable). Continuando con la explicación de otras columnas, daremos ahora algunas explicaciones sobre cada línea de código destinada a gestionar ejercicios fiscales distintos a enero-diciembre.

Años fiscales distintos a enero-diciembre

Todo lo hablado hasta ahora es bajo el supuesto (estadísticamente más frecuente) de que el año fiscal de la empresa va desde enero a diciembre. Sin embargo, hay empresas de determinados sectores que suelen usar años fiscales distintos: algunas cooperativas, sociedades deportivas, empresas relacionadas con la formación, etc.

Para los casos aludidos en el párrafo anterior, el año fiscal puede comenzar en meses distintos a enero y esto genera algunos condicionantes en nuestra tabla de fechas e incluso en la forma de crear cálculos donde interviene el tiempo.

Daremos ahora algunas explicaciones sobre algunas líneas de código destinadas a gestionar ejercicios fiscales distintos a enero-diciembre.

Columna para el año fiscal

Esta columna, principalmente, tendrá como misión ser agregada a objetos visuales para filtrar el ejercicio fiscal mediante un texto que identifique claramente que se refiere a un año fiscal no estándar. Lo que trataremos de obtener es un texto con este patrón: `AF yyyy` (por ejemplo, `AF 2024`, `AF 2025`, etc.).

El código que utilizaremos será:

```
"Año fiscal",    IF(
                     MONTH( [Date] ) >= _primerMesFisc,
                     "AF " & YEAR( [Date] ) + 1,
                     "AF " & YEAR( [Date] )
                 ),
```

Para ello, el primer argumento dedicado a esta columna es `"Año fiscal"` y su misión es definir el nombre de la nueva columna:

El segundo argumento está dedicado a ofrecer un texto con el año compuesto con el formato `AF yyyy`.

Para explicar el anterior código, supongamos un primer mes de periodo fiscal = 6:

- Mediante una función `IF`, detectamos si en el contexto de fila de esta columna el mes es menor o igual que el primer mes del periodo fiscal.
- Si la fecha de la fila a evaluar es 15/03/2024, la comprobación resulta ser verdadera y obtendremos el resultado `2023-2024`.
- Si la fecha de la fila fuera, por ejemplo, 15/08/2024, la comprobación resultaría ser falsa y obtendremos `2024-2025`.

Columna para el trimestre fiscal

Está claro y es intuitivo pensar que, para una empresa cuyo primer mes fiscal sea julio (por ejemplo), su primer trimestre fiscal no es el que va desde enero a marzo. Por lo tanto, debemos hacer la conversión con una columna cuyo código es:

```
"Trim. fiscal", VAR _mesFiscal =    MOD(
                                        MONTH([Date]) -
                                        _primerMesFisc + 12,
                                        12
                                    )
                                    + 1
                RETURN
                "Trim-" &
                SWITCH(
```

```
            TRUE(),
            _mesFiscal >= 1 && _mesFiscal <= 3, 1,
            _mesFiscal >= 4 && _mesFiscal <= 6, 2,
            _mesFiscal >= 7 && _mesFiscal <= 9, 3,
            4
        )
```

Explicando el código anterior, comenzamos por el primer argumento. Este está dedicado a establecer el nombre de la columna (Trim. fiscal). El segundo argumento:

- Utiliza una variable para precalcular el número de orden del mes fiscal. El algoritmo se explicó en los comentarios relativos a la creación de la columna anterior (columna para el año fiscal).
- Finalmente, mediante una función `SWITCH`, comprobamos en qué rango está el número de mes fiscal para decidir, en cada caso, si pertenece al trimestre 1, 2, 3 o 4.

  `SWITCH` comprueba cuál de las expresiones de sus argumentos segundo, tercero y cuarto dan como resultado `TRUE()`. El primero de esos argumentos que cumpla con la condición será el que provoque que sea devuelto el argumento tercero, quinto y séptimo. Si ningún argumento da como resultado `TRUE()`, `SWITCH` devuelve su último argumento como "descarte".

En la figura 1.5 se muestra cómo quedan en la Vista de tabla las columnas referidas a la gestión de ejercicios fiscales distintos a enero-diciembre.

IDS_fecha	Año fiscal	Semestre fiscal	Trim. fiscal
20170624	AF 2017	Semestre 2	Trim-4
20170625	AF 2017	Semestre 2	Trim-4
20170626	AF 2017	Semestre 2	Trim-4
20170627	AF 2017	Semestre 2	Trim-4
20170628	AF 2017	Semestre 2	Trim-4
20170629	AF 2017	Semestre 2	Trim-4
20170630	AF 2017	Semestre 2	Trim-4
20170701	AF 2018	Semestre 1	Trim-1
20170702	AF 2018	Semestre 1	Trim-1
20170703	AF 2018	Semestre 1	Trim-1
20170704	AF 2018	Semestre 1	Trim-1

Figura 1.5. Si nos fijamos, a la izquierda, hay una columna que se corresponde al año fiscal estándar (enero-diciembre) que es IDS_fecha. Este campo nos servirá para comprobar y entender el resto de las columnas.

En la figura 1.6 vemos un ejemplo de uso en objetos visuales de las columnas que gestionan ejercicios fiscales con comienzo distinto de enero.

Año fiscal

- ☐ AF 2017
- ■ AF 2018
- ☐ AF 2019
- ☐ AF 2020

Año fiscal	Semestre fiscal	Trim. fiscal	Mes-año	Suma de Ud
AF 2018	Semestre 1	Trim-1	jul-17	3
AF 2018	Semestre 1	Trim-1	ago-17	7
AF 2018	Semestre 1	Trim-1	sep-17	6
AF 2018	Semestre 1	Trim-2	oct-17	3
AF 2018	Semestre 1	Trim-2	nov-17	2
AF 2018	Semestre 1	Trim-2	dic-17	1
AF 2018	Semestre 2	Trim-3	ene-18	3
AF 2018	Semestre 2	Trim-3	feb-18	11
AF 2018	Semestre 2	Trim-3	mar-18	1
AF 2018	Semestre 2	Trim-4	abr-18	1
AF 2018	Semestre 2	Trim-4	may-18	7
AF 2018	Semestre 2	Trim-4	jun-18	3
Total				**48**

Figura 1.6. Vemos cómo quedarían en un objeto visual y con filtros los valores de las columnas pertenecientes a la gestión de ejercicios fiscales distintos a enero-diciembre.

Columna para el semestre fiscal

Esta columna la utilizaremos para agregarla a objetos visuales para filtrar el semestre fiscal mediante un texto entendible. El objetivo es obtener un texto con este patrón: `Semestre n` (por ejemplo, `Semestre 1`, `Semestre 2`, etc.). El código que utilizaremos será:

```
"Semestre fiscal", VAR _mesFiscal = MOD(
                                        MONTH([Date]) -
                                        _primerMesFisc + 12,
                                        12
                                    )
                                    + 1
                   RETURN
                   "Semestre " &
                   IF( _mesFiscal <= 6, 1, 2),
```

El primer argumento, como viene siendo habitual, solo tiene como misión proporcionar un título descriptivo a la columna.

El segundo argumento comienza con la declaración de una variable. Esta variable obtiene el `N.º de mes fiscal` mediante un algoritmo que usa la función `MOD` (resto de división). La función `MOD` devuelve el resto de la división entre su primer y segundo argumento. El algoritmo solo trata de normalizar o traducir el número de mes para que se ajuste a un orden adaptado al ejercicio fiscal. Finalmente, sumamos 1 al resultado de la función `MOD`.

Una vez que nuestra variable ya devuelve el número de orden del mes fiscal, tan solo nos queda averiguar, mediante una función condicional `IF`, si el valor obtenido con la variable está dentro del primero o del segundo argumento. A este resultado le concatenamos el prefijo de texto `"Semestre"`.

El problema del año fiscal marzo-febrero

NOTA:

En el caso de ejercicios fiscales que comienzan en marzo, debemos llevar cuidado con algunas funciones de inteligencia de tiempo. Recomendamos crear códigos alternativos con otras funciones DAX, puesto que el hecho de existir años bisiestos puede provocar errores a la hora de considerar el inicio del año fiscal en determinadas ocasiones. Puede encontrar más información en `https://www.sqlbi.com/blog/marco/2018/05/22/time-intelligence-issues-in-dax-for-fiscal-years-starting-in-march/`.

Otras formas de tablas de fechas

Tabla de fechas con CALENDAR

Si estamos iniciándonos en Power BI, podemos crear tablas de fechas de formas más sencillas: básicamente, se trataría de crear una tabla inicial con una sola columna y, después, ir agregando columnas para el número del año, el nombre del trimestre, etc.

Como ya sabemos, la función `CALENDAR` es, por sí sola, la que crea una tabla de una columna con fechas sucesivas. Si bien, en la plantilla principal que ya hemos comentado en anteriores apartados, `ADDCOLUMNS` era la encargada de agregar columnas adicionales a la tabla creada por `CALENDAR`, podríamos usar otra estrategia: usar `CALENDAR` para que nos devuelva una tabla inicial de una sola columna con la sucesión de fechas y, posteriormente, usar el comando Nueva columna de Power BI para crear las sucesivas columnas.

Paso 1a

Desde la Vista de tabla de Power BI y con la ficha Herramientas de tabla activada, hacemos clic en Nueva tabla. Es muy importante no confundir el comando Nueva tabla con Nueva columna:

- **Nueva tabla** genera una tabla nueva que no existía (aunque esa tabla esté compuesta de una sola columna).
- **Nueva columna** agrega una columna a una tabla ya existente (la tabla que está seleccionada en el momento de hacer clic en el comando).

En la figura 1.7 vemos los comandos de **Nueva tabla** y **Nueva columna** en la cinta de opciones de Power BI. Estos comandos están disponibles desde la **Vista de tabla** y **Vista de modelo**.

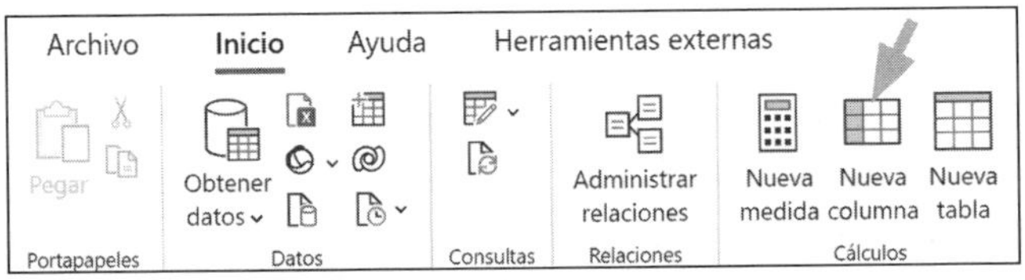

Figura 1.7. En Power BI es posible crear columnas calculadas desde el comando **Nueva columna**, pero esto ha de hacerse sobre una tabla previamente creada.

Paso 1b

Al hacer clic en el comando **Nueva tabla**, se abre el editor de código DAX por debajo de la cinta de opciones. Veremos un nombre de tabla por defecto y, después de cambiarlo por el de nuestra preferencia (por ejemplo, **dimFechas**), ahí debemos escribir un código como el siguiente, aunque personalizando los nombres de tablas y de columnas que aparecen en negrita dentro del código:

```
--Variables para almacenar los años mínimo y máximo---------------
VAR _ejercicioMin =     YEAR( MIN( factPedidos[fechaPedido] ) )
VAR _ejercicioMax =     YEAR( MAX( factPedidos[fechaPedido] ) )

--Variables para almacenar las fechas mínima y máxima-------------
VAR _fechaMin =         DATE( _ejercicioMin, 1, 1 )
VAR _fechaMax =         DATE( _ejercicioMax, 12, 31 )

--Generación de tabla para columna de fecha-------------------
CALENDAR (
    _fechaMin,
    _fechaMax
)
```

La explicación detallada de este código la podemos ver en un apartado anterior llamado "Explicación del código".

Paso 2

Podemos agregar columna, por ejemplo, para obtener el número de año. Para ello, ya con el paso 1 terminado (tendremos una tabla de una columna), hacemos clic en el comando **Nueva columna** que veremos en la **Vista de tabla** de Power BI si activamos la ficha **Herramientas de tabla**. Volvemos a tener el editor de código a nuestra disposición y ahora debemos escribir la siguiente plantilla (sustituyendo el texto **Columna =**):

```
Año =
YEAR( [Datc] )
```

Pasos 3 y sucesivos

Dependiendo de las necesidades del modelo, continuaremos agregando columnas como la del paso 2, pero con plantillas de código distinto según el contenido que queramos para cada columna. Algunos ejemplos serían:

- Para agregar una columna con el trimestre:

```
Trimestre =
"Trim-" & QUARTER( [Date] )
```

- Para agregar una columna con nombre del mes en formato corto:

```
Nombre mes =
FORMAT(
    [Date],
    "mmm"
)
```

- Para agregar una columna con número del mes:

```
N.° mes =
MONTH( [Date] )
```

Tabla de fechas con CALENDARAUTO

La función `CALENDARAUTO` (de forma análoga a como ocurría con la función `CALENDAR`) es, por sí sola, la que crea una tabla de una columna con fechas sucesivas. En este caso, `CALENDARAUTO` solo tiene un argumento opcional y su sintaxis general es:

```
CALENDARUATO( [<último mes año fiscal>] )
```

`CALENDARAUTO` genera una tabla de una sola columna con una sucesión de fechas. La sucesión:

- Comenzará el día 1 del mes siguiente al establecido en su argumento (si se omite este, el día 1 de enero), del año más antiguo de la fecha más antigua que exista en el modelo de datos.
- Terminará el último día del mes establecido en su argumento (si se omite este, el día 31 de diciembre), del año más reciente de la fecha más reciente que exista en el modelo de datos.

La función `CALENDARAUTO` realiza un reconocimiento de todas las columnas del modelo de datos para conocer cuáles son las fechas más antigua y reciente, pero no incluye en esa revisión las columnas calculadas ni las tablas calculadas que pudiera haber.

NOTA:

El hecho de revisar todas las columnas de fechas del modelo hace que `CALENDARAUTO` *no sea recomendada en proyectos de inteligencia empresarial de envergadura. El motivo es la posibilidad de que la fecha inicial generada pertenezca, de forma incontrolada, a una columna irrelevante para el análisis protagonista en la empresa (por ejemplo, una columna con la fecha de nacimiento de los trabajadores). Esto provocaría la generación de una tabla de fechas con decenas de años en sus filas.*

Los pasos para crear una tabla de fechas con `CALENDARAUTO` son muy parecidos al caso de `CALENDAR`.

Paso 1a

Igual que en la creación de una tabla de fechas con `CALENDAR`, desde la Vista de tabla de Power BI y con la ficha Herramientas de tabla activada, hacemos clic en Nueva tabla.

Paso 1b

En el editor de código DAX sobrescribimos el nombre de tabla por defecto sustituyéndolo por el siguiente código:

```
dimFechasCALENDARAUTO =
CALENDARAUTO ()
```

Como hemos visto, no usamos el argumento de la función para que el año fiscal vaya desde enero a diciembre. Para gestionar años fiscales diferentes, ver las últimas líneas de código del apartado "Código" (dentro del epígrafe "Plantilla de tabla de fechas"). En la figura 1.8 vemos cómo queda nuestra tabla de una sola columna al terminar este paso 1b.

Paso 2

Ahora, es turno de agregar columnas para tenerlas a disposición en segmentadores y objetos visuales, por ejemplo, para obtener el número de año. Con el paso 1 terminado (tendremos una tabla de una columna), hacemos clic en el comando **Nueva columna** que veremos en la **Vista de tabla** de Power BI si activamos la ficha **Herramientas de tabla**. Volvemos a tener el editor de código a nuestra disposición y ahora debemos escribir la siguiente plantilla (sustituyendo el texto **Columna =**):

```
Año =
YEAR( [Date] )
```

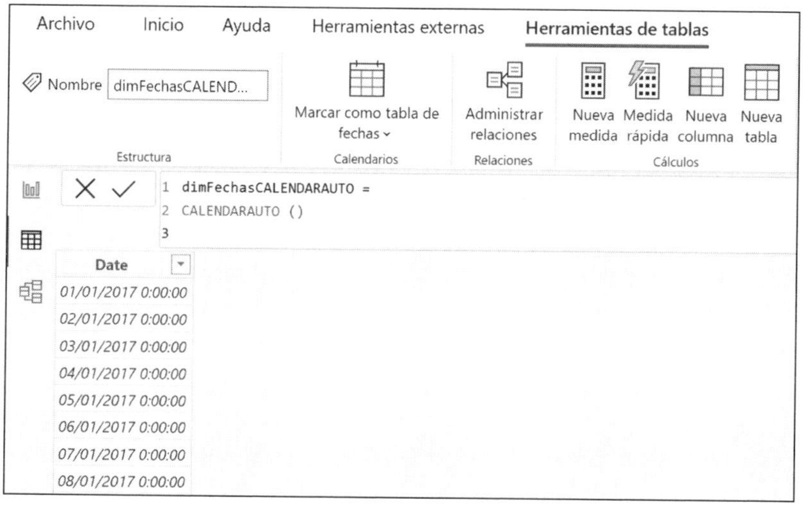

Figura 1.8. Podemos ver cómo se genera automáticamente una tabla de una columna de fechas sucesivas. Las horas, minutos y segundos son irrelevantes y pueden ser ocultados seleccionando la columna **Date** y haciendo clic en la ficha **Herramientas de columnas>Grupo Formato>Short Date**.

Pasos 3 y sucesivos

Dependiendo de las necesidades del modelo, continuaremos agregando columnas como la del paso 2, pero con plantillas de código distinto según el contenido que queramos para cada columna. Algunos ejemplos serían:

- Para agregar una columna con el trimestre:

```
Trimestre =
"Trim-" & QUARTER( [Date] )
```

- Para agregar una columna con nombre del mes en formato corto:

```
Nombre mes =
FORMAT(
    [Date],
    "mmm"
)
```

- Para agregar una columna con número del mes:

```
N.° mes =
MONTH( [Date] )
```

Tablas de fechas en Power Pivot de Excel

El caso de las tablas de fechas en Power Pivot es muy distinto al de Power BI: en Power Pivot no es posible generar tablas calculadas, excepto si es una tabla de fechas. Esa tabla de fechas se crea de forma automática, tan solo haciendo clic en un comando de la cinta de opciones.

Esto puede hacernos pensar que tenemos solucionado el problema de crear una tabla de fechas, pero no es tanto así. El problema es que la tabla de fechas que ofrece Power Pivot es una tabla cuyo campo clave (la columna de fechas sucesivas) está construido a base de valores fijos. Es decir, no es una columna resultado de una función que evalúa las fechas mínima y máxima del modelo cada vez que hay una actualización de orígenes de datos en Excel. Las tablas de fechas de Power Pivot solo evalúan el rango de fechas del modelo en el momento de su creación.

La única forma de actualizar una tabla de fechas creada desde Power Pivot es hacerlo manualmente desde un comando que existe a tal efecto y que nos ofrece la posibilidad de seleccionar un rango de fechas. Esto no es, en absoluto, práctico.

En la figura 1.9 descubrimos los comandos relativos a la gestión de fechas en Power Pivot.

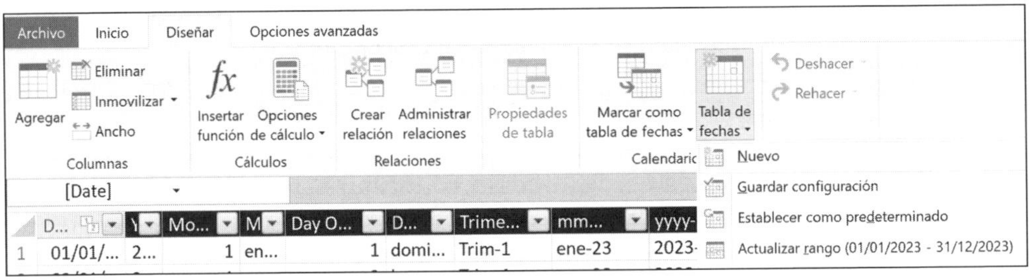

Figura 1.9. La gestión de fechas en Power Pivot la encontramos en la ficha **Diseño**, dentro del grupo **Calendarios**.

Como resultado a todo lo anteriormente comentado, el usuario puede plantearse la posibilidad de crear la tabla de fechas en el origen de datos o en Power Query si desea que haya alguna posibilidad de que la tabla se actualice automáticamente en función de los datos del modelo.

Aun así, mostraremos a continuación cómo crear una tabla de fechas en Power Pivot y cómo actualizarla de forma manual.

Creación de la tabla de fechas

Para poder crear una tabla de fechas en Power Pivot, es necesario tener, al menos, una tabla con un campo de fecha en el modelo de datos de Excel. Con esta premisa cumplida, desde Power Pivot, hacemos clic en la ficha Diseño>Calendarios>Tabla de fechas>Nuevo.

Ahora, ya tendremos una tabla calendario. Esta contendrá campos como: Date, Año, Número de mes, Mes, MMM-AAAA, Número de día de la semana y Día de la semana.

La tabla creada ya nace configurada como tabla de fechas del modelo de datos y con la columna Date (fecha) como clave.

Agregación de columnas

Si el usuario necesita otras columnas para filtrar por otros conceptos distintos a las columnas ya incluidas por defecto en la tabla de fechas, puede agregarlas con el siguiente procedimiento en dos pasos, como se señala en la figura 1.10:

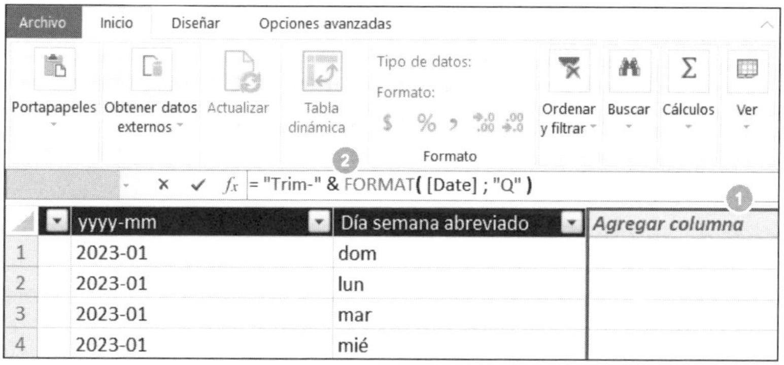

Figura 1.10. La agregación de nuevas columnas es muy fácil e intuitiva en Power Pivot. Después de hacer clic en **Agregar columna**, escribimos en la barra de fórmulas el código DAX precedido de un signo igual.

1. Hacemos clic sobre el encabezado verde Agregar columna.
2. En la barra de fórmulas, escribimos el código precedido de un signo igual.

El código para usar en cada columna dependerá de las necesidades del modelo y puede ser similar al usado en la plantilla de tabla de fechas de este capítulo. Teniendo en cuenta los campos que ya son creados por defecto por Power Pivot, los que vemos en los siguientes apartados serían unos ejemplos de códigos que generan unas columnas posiblemente necesarias.

Columna para crear una columna con etiquetas de trimestre

La primera de las líneas de código que proponemos genera una columna con el trimestre en un formato `Trim-1`, `Trim-2`, `Trim-3` y `Trim-4`:

```
= "Trim-" & FORMAT( [Date] ; "Q" )
```

Como podemos ver, no utilizamos la función `QUARTER` porque no existe en Power Pivot.

Columna para crear una columna con etiquetas de año y mes

```
=FORMAT([Date];"yyyy-mm")
```

La segunda línea genera una columna con valores como `202401`, `202402`, `202403`, etc. Esta columna servirá para ordenar la columna MMM-AAAA.

Podríamos renombrar las anteriores columnas (ver siguiente apartado) como Trimestre y yyyy-mm, respectivamente.

Cambio de nombre a columnas

Para cambiar el nombre a una columna:

1. Hacemos doble clic con el botón secundario del ratón sobre el encabezado de la columna a renombrar.
2. Sobrescribimos con el nombre deseado.

Eliminación de columnas

Si hay columnas en la tabla de fechas que no van a ser usadas posteriormente, deberían ser eliminadas. Esto se puede hacer así:

1. Hacemos clic con el botón secundario del ratón sobre el encabezado de la columna a eliminar.
2. Hacemos clic en la opción Eliminar columnas.

Actualización del rango de fechas

Para actualizar el rango de fechas en una tabla de fechas de Power Pivot debemos hacerlo así:

1. Desde la ficha Diseñar de Power Pivot, seleccionamos Grupo Calendarios y hacemos clic en la lista desplegable Tabla de fechas.
2. Elegimos la opción Actualizar rango y seleccionamos o escribimos las fechas primera y última.

Ordenar una columna en función de otras columnas

Al igual que en la plantilla de tabla de fechas expuesta en este capítulo, las columnas que son generadas como textos deben ser configuradas para que sus datos aparezcan ordenados correctamente en las tablas dinámicas. Esto significa que debemos ordenar las columnas calculadas de tipo texto en función de otras columnas que contengan datos que, de forma natural, se ordenen adecuadamente. En el caso de las columnas que se obtienen por defecto en una tabla de fechas de Power Pivot, deberíamos reordenar las columnas Mes y mmm-yy en función de las columnas Número de mes y yyyy-mm. La reordenación se haría desde la ficha Inicio:

1. Hacemos clic en Ordenar por columna, como se indica en la figura 1.11.

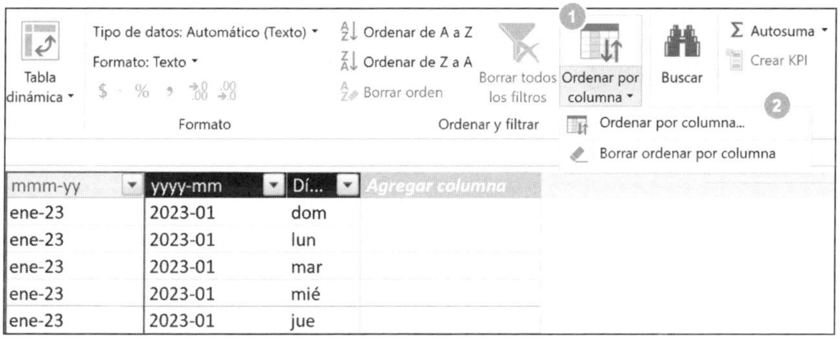

Figura 1.11. Si no cumplimos con este paso, cuando agreguemos el campo mmm-yy a una tabla dinámica, sus valores quedarán ordenados de forma alfabética, pero no como deben estar ordenados los meses del año.

2. Rellenamos los campos Ordenar columna y Por columna, como se ve en la figura 1.12.

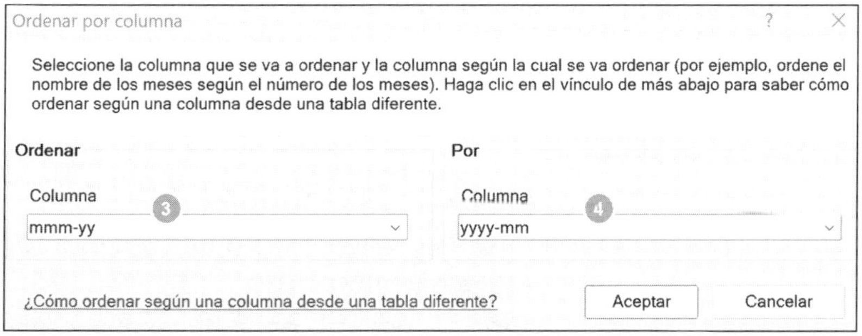

Figura 1.12. Las columnas que "emparejamos" para ordenar deben tener una granularidad idéntica. De otra forma, Power Pivot no permitirá la acción.

2 Tabla de dimensión horaria

En este capítulo aprenderás:

- Los conceptos esenciales sobre la dimensión horaria en un modelo de datos tabular.
- ¿Qué opciones tenemos a la hora de crear una tabla de este tipo y qué diferencias hay entre algunas de las alternativas?
- Cómo construir una dimensión horaria para Power BI utilizando DAX y comprender cada una de las funciones que intervienen en el proceso.
- Algunas formas de personalizar la dimensión tiempo para diferentes necesidades empresariales, como la medición en turnos laborales, intervalos específicos, etc.
- A crear una tabla de dimensión horaria para el caso específico de Power Pivot de Excel donde, de forma nativa, no es posible hacerlo.

Características generales

Ofrecemos en este capítulo unas plantillas para la creación, mediante código DAX, de tablas para la dimensión hora de un modelo de datos tabular. Abarcaremos necesidades distintas para Power BI y también lo haremos para Power Pivot de Excel. Estas plantillas tienen utilidad para aquellos usuarios que necesiten estudiar los hechos empresariales con un nivel de detalle de hora, minuto o segundo.

Como siempre en este libro, la intención no solo es tener una plantilla utilizable de forma directa (copiar y pegar o escribir) tan solo cambiando algunas partes del código para personalizarlo. También el objetivo es que el usuario entienda cada parte de dicho código para que pueda tener opciones de personalización y acumule un importante saber hacer en DAX.

Desde los conceptos generales que afectan a las tablas de dimensión horaria, hasta las opciones de personalización, pasando por las propias plantillas de código en sus distintas versiones, este capítulo tiene una estructura similar al primero de este libro, donde se proponía una plantilla para la dimensión fecha.

¿Qué es una tabla de dimensión horaria?

Concepto

Una tabla de dimensión horaria (también llamada "tabla de dimensión tiempo") es una tabla de dimensión usada en modelos tabulares con la finalidad de segmentar resultados de informes en función de horas, minutos, segundos o, en cualquier caso, periodos de tiempo inferiores al día. Dicho de otra forma, es una tabla cuya finalidad es que el modelo de datos pueda responder a preguntas de negocio que exigen un detalle temporal inferior al día.

En un modelo de datos siempre debe haber una tabla de fechas o tabla calendario. Sin embargo, una tabla de dimensión horaria solo deberá existir si en alguna tabla de hechos hay columnas que expresen la hora en la que ocurre el hecho empresarial (ya sea solo la hora, hora y minutos u hora, minutos y segundos).

Funcionamiento

De forma similar a una tabla de fechas y a cualquier otra tabla de dimensión, una tabla de dimensión horaria realiza su trabajo filtrando tablas de hechos en el modelo de datos. Por lo tanto, las tablas de dimensión horaria deben ser relacionadas con tablas de hechos por medio de columnas comunes y con una cardinalidad de relación de uno a varios, como se ve en la figura 2.1.

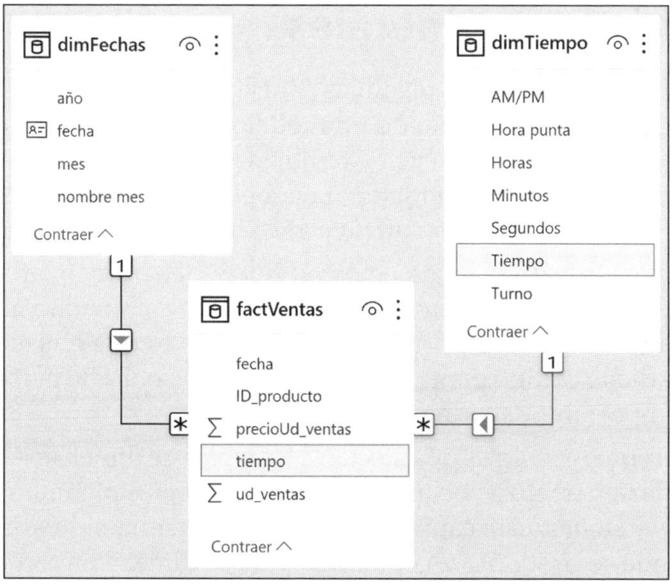

Figura 2.1. Vemos la coexistencia de una tabla de fechas con una tabla de dimensión horaria. Ambas filtran una tabla de hechos.

Dicho lo anterior, lo normal es que surja una pregunta respecto de la expresión "deben ser relacionadas con tablas de hechos por medio de columnas comunes": ¿qué se considera "columnas comunes"?

El motivo de la pregunta anterior es que hay distintas posibilidades a la hora de que una columna de una tabla de hechos exprese datos relacionados con fechas, horas, minutos, segundos, etc.:

- Fecha: "`dd/mm/yyyy`" (01/01/2024).
- Fecha/Hora (con segundos): "`dd/mm/yyyy hh:mm:ss`" (01/01/2024 10:30:55).
- Fecha/Hora (sin segundos): "`dd/mm/yyyy hh:mm`" (01/01/2024 10:30).
- Hora (con segundos): "`hh:mm:ss`" (10:30:55).
- Hora (sin segundos): "`hh:mm`" (10:30).
- Hora (sola): "`hh`" (10).
- Minuto (solo): "`mm`" (30).

Entonces, para que todo funcione bien, ¿cómo deben ser las columnas que deben relacionarse entre una tabla de hechos y una tabla de dimensión horaria? Veamos algunos casos posibles.

Relación correcta: hh:mm:ss (dim) > hh:mm:ss (fact)

Ambas columnas de la relación tienen una granularidad como `hh:mm:ss` (hora, minuto, segundo). Por ejemplo, si la empresa necesita un detalle de gestión a nivel de segundos (la tabla de hechos debería tener ese nivel de detalle o granularidad), la tabla de dimensión horaria también debe tener una columna que exprese horas, minutos y segundos.

NOTA:

Hacemos un pequeño paréntesis y aprovechamos para definir el concepto "granularidad". En business intelligence, *granularidad significa nivel de detalle en los datos. Por ejemplo: las horas, minutos o segundos son expresiones del atributo tiempo que tienen una granularidad y detalle mayor que los días, las semanas, los meses, etc.*
El concepto "granularidad" se puede aplicar a otros atributos. Por ejemplo, una columna que contiene textos que representan ciudades tiene una granularidad y detalle mayor que una columna que contiene textos que representan países.

Podemos ver un ejemplo de relación correcta en cuanto a granularidades de sus columnas en la figura 2.2.

Tabla de hechos

fecha	Hora	precioUd_ventas
01/01/2007	14:51:06	161,97 €
01/01/2007	16:47:59	211,26 €
01/01/2007	11:02:28	351,41 €
01/01/2007	7:08:47	161,27 €
01/01/2007	9:04:35	3,34 €
01/01/2007	3:35:03	49,39 €
01/01/2007	21:05:57	174,65 €

Tabla de dimensión horaria

Horas	Minutos	Segundos	Tiempo	AM/PM
23	59	59	23:59:59	PM
23	59	58	23:59:58	PM
23	59	57	23:59:57	PM
23	59	56	23:59:56	PM
23	59	55	23:59:55	PM
23	59	54	23:59:54	PM

Figura 2.2. La concordancia en la granularidad es algo básico y fácil de entender, pero importante.

Relación incorrecta: hh:mm (dim) > hh:mm:ss (fact)

La columna de la tabla de dimensión horaria tiene granularidad `hh:mm` (a nivel de minuto, como máximo) y la columna de la tabla de hechos tiene granularidad `hh:mm:ss` (a nivel de segundo).

A continuación, en la figura 2.3, podemos ver representado este ejemplo y debemos dejar claro que no debe ocurrir, puesto que violaríamos la integridad referencial en el modelo (en una base de datos relacional, toda clave externa debe tener siempre una correspondencia idéntica en una clave principal).

Tabla de dimensión horaria

Horas	Minutos	Tiempo	AM/PM
23	59	23:59	PM
23	59	23:59	PM
23	59	23:59	PM
23	59	23:59	PM
23	59	23:59	PM
23	59	23:59	PM

Tabla de hechos

fecha	Hora	precioUd_ventas
01/01/2007	14:51:06	161,97 €
01/01/2007	16:47:59	211,26 €
01/01/2007	11:02:28	351,41 €
01/01/2007	7:08:47	161,27 €
01/01/2007	9:04:35	3,34 €
01/01/2007	3:35:03	49,39 €
01/01/2007	21:05:57	174,65 €

Figura 2.3. No podemos relacionar una columna de dimensión horaria con granularidad a nivel de minuto con una columna de una tabla de hechos que tenga una granularidad a nivel de segundo. Quedaría violada la integridad referencial en la relación y aparecerían resultados en blanco (huérfanos) en una visualización.

Relación inadecuada: hh:mm:ss (dim) > hh:mm (fact)

Por último, debemos comentar otro caso posible que tenemos que evitar: relacionar una tabla de dimensión horaria con granularidad a nivel de segundo con una columna de hora de una tabla de hechos con granularidad a nivel de minuto. En este caso, aunque la relación funcionaría, sería una ineficiencia importante tener una tabla de dimensión horaria con una granularidad excesiva e innecesaria.

El caso de la Fecha/Hora en la tabla de hechos

Ahora, aprovechamos para remarcar algo importante sobre la expresión de horas en las tablas de hechos. Si una columna de una tabla de hechos tiene valores del tipo Fecha/hora, debería ser desagregada, en procesos ETL (antes de llegar al modelo de datos), en sendas columnas: una para la fecha y otra para la hora, minutos y segundos (o bien `hh:mm`, según el caso). En la figura 2.4, vemos una columna de una tabla de hechos con un tipo de dato Fecha/Hora sin desagregar.

fecha	precioUd_ventas	ud_ventas	ID_producto	ID_promocion
01/01/2007 14:51	161,97 €	16	1427	10
01/01/2007 16:47	211,26 €	16	2373	10
01/01/2007 11:02	351,41 €	16	638	10
01/01/2007 7:08	161,27 €	16	579	10
01/01/2007 9:04	3,34 €	80	2508	2
01/01/2007 3:35	49,39 €	27	1711	2
01/01/2007 21:05	174,65 €	27	663	2

Figura 2.4. Esto es una mala práctica y lo demostraremos más adelante, en apartados siguientes.

En la figura 2.5, vemos, ahora sí, la fecha y la hora en columnas distintas. En el siguiente apartado comenzaremos a justificar esta necesaria medida.

fecha	Hora	precioUd_ventas	ud_ventas	ID_producto	ID_promocion
01/01/2007	14:51	161,97 €	16	1427	10
01/01/2007	16:47	211,26 €	16	2373	10
01/01/2007	11:02	351,41 €	16	638	10
01/01/2007	7:08	161,27 €	16	579	10
01/01/2007	9:04	3,34 €	80	2508	2
01/01/2007	3:35	49,39 €	27	1711	2
01/01/2007	21:05	174,65 €	27	663	2

Figura 2.5. Debemos separar (con Power Query, por ejemplo) el dato en dos columnas: una para la fecha y otra para la hora, minuto y segundo (si este último fuera relevante para el análisis de negocio).

De la forma en la que vemos la tabla de la figura 2.5, la columna fecha se podría relacionar con la columna correspondiente de una tabla de dimensión fecha y la columna Hora se podría relacionar con la columna clave de una tabla de dimensión horaria.

¿Por qué separar fecha y hora en dos columnas?

Vamos a aportar dos motivos por los cuales es conveniente separar fecha y hora en una columna de una tabla de hechos. Ambos están relacionados con un importante concepto en los modelos tabulares y en el *business intelligence* en general: la cardinalidad de una columna.

NOTA:

La cardinalidad de una columna es la cantidad de valores distintos que hay en ella.

Motivo 1: optimización de espacio de almacenamiento

Imaginemos, por ejemplo, una columna de una tabla de hechos con un tipo de datos Fecha/Hora y con una granularidad a nivel de segundo (`dd/mm/yyyy hh:mm:ss`). Si no separamos la fecha de la hora (como lo que veíamos en la figura 2.1), se podría llegar a generar una cardinalidad en esa columna de 31.536.000 filas para un periodo de un solo año (365 días × 24 horas × 60 minutos × 60 segundos).

Sin embargo, si esos valores se desagregan en una columna del tipo Fecha y otra del tipo Hora, las cardinalidades alcanzarían, como mucho, 365 y 86.400, respectivamente, para el año considerado.

Es cierto que no siempre se consigue beneficio (en cuanto a optimización del espacio de almacenamiento) separando la columna de Fecha/Hora en sendas columnas. Pero sí es cierto que conseguiremos un beneficio tanto mayor cuando, por un lado, haya más fechas repetidas y, por otro, haya más horas idénticas. Para saber si el efecto final es beneficioso o no, deberíamos medir los resultados con la utilidad Vertipaq Analyzer de DAX Studio.

A continuación, vemos en la figura 2.6, un caso donde no hay optimización separando los componentes de una columna llamada Fecha/Hora en dos columnas llamadas Fecha y Hora.

Log Results History **VertiPaq Analyzer**

Tables · Columns · Relationships · Partitions · Summary

Name	Cardinality	Total Size ↓
Tabla Fecha y Hora	**40**	**2.888**
Hora	40	2.152
Fecha	40	472
Tabla Fecha/Hora	**40**	**2.368**
Fecha/Hora	40	2.104

Figura 2.6. Podemos ver en la columna Total Size que la columna única con el formato Fecha/Hora sigue ocupando menos espacio (2.368 bytes) que las columnas Fecha y Hora separadas (2.888 bytes).

La clave para que no haya habido optimización es que la cardinalidad de Fecha y Hora, aun estando separadas en dos columnas, es muy alta (la misma que la cantidad de filas totales del ejemplo, que son 40).

Sin embargo, en la figura 2.7, vemos un caso donde la separación sí genera una optimización en cuanto al tamaño total de las columnas.

Name	Cardinality	Total Size
Tabla Fecha/Hora	**40**	**2.428**
Fecha/Hora	40	2.164
Tabla Fecha y Hora	**40**	**2.112**
Hora	2	1.464
Fecha	20	384

Figura 2.7. Podemos ver, en la columna **Total Size**, que la columna con un tipo de dato **Fecha/Hora** ocupa más espacio (2.428 bytes) que las columnas con fecha y hora separadas (2.112 bytes).

Los dos casos estudiados anteriormente confirman lo que decíamos: cuando **Fecha/Hora** tiene una cardinalidad más baja en la parte de la fecha o también una cardinalidad más baja en la parte de la hora, es cuando más beneficio obtenemos de la técnica de separar la columna **Fecha/Hora**.

A título de ejemplo, esta situación beneficiosa se puede dar en la práctica cuando, por ejemplo, los hechos ocurren frecuentemente concentrados en los mismos días de la semana o las mismas horas del día.

Motivo 2: evitar una tabla de dimensión horaria ineficiente

Si no separáramos la columna **Fecha/Hora** de una tabla de dimensión y pretendemos relacionarla con una columna clave de una tabla de dimensión horaria, estaríamos obligados a que esta última tuviera una altísima cardinalidad. Para poner un ejemplo, recordemos las operaciones que hicimos algunos párrafos atrás: una **Fecha/Hora** del tipo 31/12/2024 15:51 generaría, por cada año considerado en el modelo, una cantidad de filas igual a:

$$356\text{ d} \times 24\text{ h} \times 60\text{ m} = 525.600\text{ filas/año}$$

Si la **Fecha/Hora** fuera del tipo 31/12/2024 15:51:44, la cantidad de filas sería:

$$356\text{ d} \times 24\text{ h} \times 60\text{ m} \times 60\text{ s} = 31.536.000\text{ filas/año}$$

El segundo caso es una situación impensable para una tabla de dimensión, pero incluso el primer caso es algo que no debemos contemplar.

Más allá del tema del almacenamiento (que lo vimos en el motivo 1), una tabla de dimensión con una cardinalidad "gigantesca" sería un lastre para el modelo, puesto que una gran parte de las consultas DAX que se hacen en un informe pueden estar afectadas por filtros temporales. El motor de DAX necesitaría muchas veces realizar *joins* (combinaciones) entre la propia tabla de dimensión horaria y la tabla de hechos, resultando tiempos de ejecución de consulta inasumibles.

Conclusiones

Independientemente del motivo 1 expuesto antes, el motivo 2 (por sí solo) ya es justificación suficiente para poder asegurar que debemos separar los tipos de datos Fecha/Hora en dos datos independientes de Fecha y Hora.

La cardinalidad de una columna es uno de los principales conceptos (si no el que más) considerados como "enemigo" de una compresión y almacenamiento óptimos de los datos, pero también lo es del rendimiento en cuanto a tiempos de ejecución de las consultas DAX en Power BI.

Este carácter perjudicial de la cardinalidad es extensible al ámbito de Power Query. Por ello, es importantísimo intentar reducir dicha cardinalidad en todo momento, de todas las formas posibles y en todos los procesos que afectan al tratamiento de datos en *business intelligence.*

NOTA:

Derivado de todo lo anterior, debemos advertir: siempre que sea posible, debemos evitar usar granularidades a nivel de segundo en las tablas de un modelo de datos.

Volviendo a explicaciones más centradas en las propias tablas de dimensión horaria, vayamos ahora con su utilidad.

Utilidad

Las tablas de dimensión horaria son especialmente útiles en contextos que requieren un análisis en tiempo real (o casi en tiempo real) o donde los eventos pueden cambiar significativamente en cuestión de horas, minutos o segundos. A continuación, presentamos ejemplos adaptados para estos niveles de granularidad.

Control de calidad en fabricación

En procesos industriales donde se requiere un estricto control de calidad, como la fabricación de semiconductores o productos farmacéuticos, se pueden utilizar tablas de dimensión horaria para monitorizar variables como la temperatura, la presión o el flujo de materiales en tiempo real.

Logística y cadena de suministro

En entornos logísticos de alta velocidad, como la clasificación de paquetes en un centro de distribución, las tablas de dimensión horaria permiten rastrear la ubicación y el estado de cada paquete en diferentes momentos para optimizar la ruta y el tiempo de entrega.

Comercio electrónico

En plataformas de comercio electrónico, donde los precios y el inventario pueden cambiar con frecuencia, una tabla de dimensión horaria puede ayudar a analizar el comportamiento del consumidor y la eficacia de diferentes estrategias de precios en cortos periodos de tiempo.

Monitorización de recursos energéticos

En la gestión de recursos energéticos, las tablas de dimensión horaria pueden usarse para hacer un seguimiento del consumo energético en intervalos muy pequeños, lo que es crucial para sistemas de redes eléctricas que requieren un equilibrio constante entre oferta y demanda.

Análisis de redes sociales y publicidad en línea

Para campañas de marketing en tiempo real, las tablas de dimensión horaria permiten hacer un seguimiento de métricas como clics, impresiones y tasas de conversión en intervalos de tiempo que pueden variar desde segundos hasta minutos.

Fecha y horas automáticas

Si bien, en el caso de las fechas, Power BI ofrece una alternativa para que usuarios no iniciados puedan gestionar mínimamente sus datos filtrando por distintas agrupaciones (año, trimestre, mes y día), en el caso de las horas no vamos a beneficiarnos de esta característica configurable. La cuestión es que Fecha y hora automáticas no genera jerarquía de agrupaciones por periodos de tiempo inferiores al día.

Como decíamos en el capítulo 1 (aunque todavía con más motivos en el caso de la gestión de horas, minutos, segundos, etc.), es importante que desactivemos esta característica para evitar que Power BI genere internamente los mecanismos necesarios para la gestión de periodos de tiempo mediante este método (generación de una tabla internas ocultas por cada columna de fecha encontrada en el modelo de datos).

La desactivación de esta característica de Power BI (está activada por defecto tras la instalación) se debe hacer:

- De forma global, para que los nuevos archivos de Power BI ya tengan (o no) la característica activada. Esto lo podemos ver haciendo clic en Archivo>Opciones y configuración>Opciones>GLOBAL>Carga de datos>Inteligencia de tiempo>Fecha y horas automáticas.
- De forma concreta, para el archivo con el que actualmente estamos trabajando. Esto lo podemos ver haciendo clic en Archivo>Opciones y configuración> Opciones>ARCHIVO ACTUAL>Carga de datos>Inteligencia de tiempo> Fecha y horas automáticas.

En ambos casos, debemos reiniciar Power BI si queremos que los cambios entren en vigor.

¿Cómo son las tablas de dimensión horaria?

Recordemos que, en un modelo tabular, la tabla de fechas era la encargada de posibilitar la gestión de la información en periodos iguales o superiores al día (semanas, meses, trimestres, semestres, años, etc.). Dicho esto, si volvemos al contexto de una tabla de dimensión horaria, las columnas de esta última tendrían columnas del tipo hora, minuto, segundo, franjas horarias, etc.

Es recomendable que la estructura de una tabla de dimensión horaria tenga unas determinadas características para cumplir con su cometido:

- Una tabla de dimensión horaria debe tener una columna clave (llamémosla columna Tiempo) con una sucesión continua de horas que deben abarcar un día completo.
- Lo habitual es que las empresas aprovechen las tablas de dimensión horaria para crear en ellas columnas complementarias a la columna clave obligatoria descrita en el punto anterior. Algunos ejemplos serían columnas que delimitan turnos de trabajo, que delimitan si la hora es *ante meridiem* (AM) o *post meridiem* (PM), que delimitan si la hora está dentro del horario laboral o fuera, etc. Cada usuario deberá agregar tantas columnas como fuese necesario, dependiendo de las necesidades de negocio. Estas columnas servirán, en los últimos procesos del diseño de informes, para ser agregadas a segmentadores y otros objetos visuales para realizar la tarea de filtrado de datos.

En la figura 2.8, vemos un ejemplo de tabla de dimensión horaria en la Vista de tabla de Power BI.

Horas	Minutos	Tiempo	AM/PM	Turno	Hora punta
0	0	0:00	AM	Turno madrugada-mañana	False
0	1	0:01	AM	Turno madrugada-mañana	False
0	2	0:02	AM	Turno madrugada-mañana	False
0	3	0:03	AM	Turno madrugada-mañana	False
0	4	0:04	AM	Turno madrugada-mañana	False
0	5	0:05	AM	Turno madrugada-mañana	False
0	6	0:06	AM	Turno madrugada-mañana	False
0	7	0:07	AM	Turno madrugada-mañana	False
0	8	0:08	AM	Turno madrugada-mañana	False
0	9	0:09	AM	Turno madrugada-mañana	False

Figura 2.8. Vemos una tabla de dimensión horaria con columnas que servirán para filtrar el modelo.

Formas de crear una tabla de dimensión horaria

Al igual que en el caso de las tablas de fechas, las opciones para crear tablas de dimensión horaria en un modelo de datos no se reducen al uso de código DAX, exclusivamente, sino que hay otras posibilidades. Estas son algunas de ellas:

- Importar una tabla de fechas que ya esté en el origen de datos.
- Importar una tabla de dimensión horaria desde Excel.
- Usar un *data-flow* (Power Query Online).
- Usar Power Query en Power BI Desktop.
- Usar DAX en el modelo de datos (la opción que usaremos en esta plantilla).

Si comparamos las opciones que acabamos de enumerar para una tabla de dimensión horaria, respecto de las que ofrecimos para una tabla de fechas en el capítulo 1, debemos notar que se ha incorporado la posibilidad de crear la tabla desde un archivo de Excel.

¿Un archivo de Excel como origen?

La posibilidad de crear una tabla de dimensión horaria en Excel existe gracias al carácter estático de las tablas de dimensión horaria. Dicho de otra forma: estas tablas nunca necesitarán ser modificadas con motivo del paso del tiempo.

Siempre un día tendrá veinticuatro horas, cada hora, sesenta minutos y cada minuto, sesenta segundos. Lo único que podrá motivar un cambio en una tabla de dimensión horaria será un cambio de criterio en algún aspecto del negocio o una nueva necesidad de análisis y, en consecuencia, será necesaria la modificación o agregación de una nueva columna. Estos cambios pueden ocurrir independientemente del método que elijamos para crear una tabla de dimensión horaria.

En el apartado "Otras formas de crear tablas de dimensión horaria" ofrecemos plantillas para crear una tabla de dimensión horaria desde el propio Excel. Nos referimos a la creación de la tabla en una hoja de Excel con fórmulas propias de esta hoja de cálculo. Hay dos motivos para incluir en este libro este método:

1. **No lastra el modelo de datos más de lo debido:** Está claro que hay circunstancias que puedan aconsejar la no utilización de este método en beneficio de otros como, por ejemplo, un *data-flow*. Pero, si no las hubiera, la creación de una tabla de dimensión horaria desde Excel no es motivo de mala práctica a nivel de rendimiento porque no lastra el modelo de datos más de lo debido al no ser necesarios recálculos dentro de Power Query y también al ser comprimidos los datos en la mejor de las condiciones por el motor de almacenamiento Vertipaq.
2. **Solución encontrada para Power Pivot:** Este libro está también orientado a usuarios de Power Pivot de Excel y, puesto que este complemento no soporta la creación de tablas calculadas mediante DAX, esta es una forma de ofrecer una solución compatible y fácil para las personas cuyo entorno de trabajo habitual sea Excel y Power Pivot.

De cualquier forma, por supuesto, los usuarios de Power BI también puede usar una tabla de Excel como origen de datos.

Tabla calculada con DAX como origen

También podemos crear una tabla de dimensión horaria mediante una tabla calculada. De hecho, este es el tema central de este segundo capítulo de este libro. Así pues, la creación de la tabla la haremos con una fórmula que será introducida desde la Vista de tabla de Power BI.

Para llevar a cabo este método, usaremos funciones de tabla de DAX. Algunas nos darán la posibilidad de generar sucesiones de números, otras nos darán la posibilidad de aportar nombres a columnas y también cálculos. También utilizaremos funciones que crean tablas con todas las combinaciones posibles de los valores de otras tablas.

Tabla con Excel vs. tabla con DAX

En cuanto a las diferencias (ventajas, desventajas) de crear una tabla de dimensión horaria mediante un método u otro, entre todos los anteriormente expuestos (desde una tabla que puede existir ya en el origen de datos, desde un archivo Excel con una tabla de dimensión horaria creada *ad hoc*, desde un *data-flow*, desde Power Query o con DAX), debemos repetir algunas de las explicaciones que dábamos en el mismo apartado que se incluyó en el capítulo 1.

Teóricas desventajas con DAX

Las tablas de dimensión horaria generadas mediante DAX son tablas calculadas que se almacenan físicamente en el modelo de datos cuando se crean. Esto conlleva dos desafíos:

- Estas tablas no se benefician de algunos de los procesos de compresión de datos de Vertipaq durante la actualización de datos desde Power Query, lo que puede aumentar el tamaño del modelo.
- Se recalculan solo después de que todas las demás tablas se hayan cargado en Power BI, lo que puede retrasar la actualización del modelo.

En contraste, las tablas de dimensión horaria creadas en el origen, mediante un *data-Flow*, Power Query o Excel, son procesadas por Vertipaq durante la actualización de datos, junto con el resto de las tablas. Esto podría permitir una mejor compresión y, además, no incurríamos en retrasos adicionales durante la actualización del modelo.

Comprobaciones

En cualquier caso, demostraremos a continuación en qué medida esta afirmación debemos llevarla al extremo o, por el contrario, podemos flexibilizarla. Lo haremos mediante mediciones con la herramienta Vertipaq Analyzer de DAX Studio. Haremos dos mediciones del espacio ocupado por una tabla de dimensión horaria (utilizaremos la versión más exigente, que contempla una granularidad a nivel de segundo): una de ellas, sobre una tabla importada desde un origen de datos (Excel); otra de ellas, sobre una tabla que ofrece el mismo resultado final, pero creada como tabla calculada con DAX.

Exponemos en la figura 2.9, antes de realizar mediciones y obtener resultados, los campos que exigimos a ambas tablas de dimensión horaria.

Horas	Minutos	Segundos	Tiempo	AM/PM	Turno	Hora punta
0	0	0	0:00:00	AM	Truno madrugada-mañana	FALSO
0	0	1	0:00:01	AM	Truno madrugada-mañana	FALSO
0	0	2	0:00:02	AM	Truno madrugada-mañana	FALSO
0	0	3	0:00:03	AM	Truno madrugada-mañana	FALSO
0	0	4	0:00:04	AM	Truno madrugada-mañana	FALSO
0	0	5	0:00:05	AM	Truno madrugada-mañana	FALSO
0	0	6	0:00:06	AM	Truno madrugada-mañana	FALSO
0	0	7	0:00:07	AM	Truno madrugada-mañana	FALSO
0	0	8	0:00:08	AM	Truno madrugada-mañana	FALSO

Figura 2.9. Tabla objeto del estudio para ambos casos.

Resultados

Ahora, en la figura 2.10, vemos una imagen de las medidas ofrecidas por Vertipaq Analyzer para ambas tablas (llamadas, para este caso, como dimHoras_Excel y dimHoras_DAX).

Name	Cardinality	Total Size ↓	Data	Dictionary	Hier Size	Encoding	Data Type
dimHoras_Excel	**86.400**	**3.918.716**	**369.848**	**2.856.356**	**692.512**	**Many**	-
Tiempo	86.400	3.737.696	230.536	2.815.944	691.216	HASH	DateTime
Minuto	60	71.320	69.256	1.568	496	HASH	Int64
Segundo	60	71.320	69.256	1.568	496	HASH	Int64
Turno	3	17.416	136	17.248	32	HASH	String
AM/PM	2	17.300	136	17.132	32	HASH	String
Hora	24	1.896	264	1.424	208	HASH	Int64
Hora punta	2	1.504	136	1.336	32	HASH	Boolean
dimHoras_DAX	**86.400**	**3.918.716**	**369.848**	**2.856.356**	**692.512**	**Many**	-
Tiempo	86.400	3.737.696	230.536	2.815.944	691.216	HASH	DateTime
Minutos	60	71.320	69.256	1.568	496	HASH	Int64
Segundos	60	71.320	69.256	1.568	496	HASH	Int64
Turno	3	17.416	136	17.248	32	HASH	String
AM/PM	2	17.300	136	17.132	32	HASH	String
Horas	24	1.896	264	1.424	208	HASH	Int64
Hora punta	2	1.504	136	1.336	32	HASH	Boolean

Figura 2.10. Imagen de Vertipaq Analyzer donde se evidencia que, para el caso de esta tabla de dimensión horaria, importarla desde el exterior o crearla con DAX resulta indiferente.

Sobran las palabras. Los resultados son idénticos. Luego, en este caso, una misma tabla objetivo con idénticas características, pero con orígenes distintos (Excel importado y tabla calculada con DAX) tiene un tratamiento y compresión idéntico por parte de Vertipaq.

¿Qué ha pasado?

En definitiva, el hecho de que Vertipaq dé un tratamiento distinto a la compresión de los orígenes que llegan desde un origen de datos y Power Query o mediante la creación de una tabla calculada con DAX, no siempre tiene efectos relevantes o, incluso, puede no existir ese tratamiento distinto. Puede haber varios motivos para lo comentado: número de columnas de la tabla, cardinalidad y tipo de datos de estas, etc.

Uno de los motivos es la forma de organizar los datos de VertiPaq. En los modelos tabulares de Power BI y Power Pivot, los datos se organizan de forma muy eficiente mediante segmentos y particiones. Vertipaq es altamente eficiente al comprimir datos así, porque los almacena en columnas separadas y utiliza técnicas de compresión como *value encoding* y *dictionary encoding*. Sin embargo, estas técnicas requieren una cantidad suficiente de datos para ser efectivas. En tablas pequeñas, puede no haber suficientes datos para llenar completamente segmentos y particiones. Esto provoca que precisamente esos segmentos y particiones queden parcialmente llenos. De esta forma, la eficiencia de la compresión se reduce debido a la falta de suficientes datos para crear diccionarios de codificación óptimos o para aprovechar patrones repetitivos en los datos. El diseño de particiones y segmentos es crucial para maximizar el rendimiento de modelos tabulares en Power BI y Power Pivot. Mientras que las tablas grandes se benefician significativamente de este enfoque debido a la eficiencia de compresión y la gestión de la memoria, las tablas más pequeñas pueden no experimentar el mismo nivel de beneficios.

Conclusiones

NOTA:

Como norma general y en términos estrictos, lo óptimo es crear una tabla de dimensión horaria lo más cercana posible al origen de datos.

Dependiendo de las preferencias de trabajo del usuario, del tipo de formulación que domine (lenguaje M, DAX, funciones de Excel, etc.) y quizá de otras circunstancias, cualquier elección no marcará unas diferencias relevantes en cuanto a rendimiento o en cuanto a espacio ocupado en el almacenamiento de los datos. Puesto que este es un libro de plantillas de código DAX, apostamos por esta forma de creación para una tabla de dimensión horaria, pero sin ánimo de controversia y animando al usuario que lo haga en el entorno que se sienta más cómodo. Incluimos Excel, dentro de las recomendaciones, como una de las opciones para crear este tipo de tabla dedicada a la dimensión horaria. Veremos la forma de crear esta tabla en Excel en capítulos posteriores y con una orientación al trabajo con Power Pivot.

Plantilla de tabla de dimensión horaria

En el siguiente apartado, ofreceremos una plantilla de código DAX para crear una tabla de dimensión horaria en Power BI con una granularidad a nivel de minuto.

Veremos en negrita aquellos trozos de código que deberemos personalizar adaptando los nombres de tablas, nombres de columnas, parámetros, etc., que utilizamos a modo de ejemplo, por la nomenclatura que utiliza la empresa en su modelo.

También hay que decir que el siguiente código genera unas columnas personalizables que servirían para filtrar el modelo (AM/PM, Turno y Hora punta). Por supuesto, no son más que ejemplos y, por lo tanto, deben ser objeto de revisión por parte del usuario para considerar si deben ser sustituidas por otras que se adapten a las circunstancias de la empresa.

Código

El siguiente código debe ser escrito en el editor de código DAX de Power BI que aparece cuando hacemos clic en la Vista de tabla>Ficha Herramientas de tablas>Nueva tabla:

```
dimHoras_DAX_min =

--Variables para generar horas y minutos----------------------------
VAR _hor =      SELECTCOLUMNS(
                    GENERATESERIES( 0, 23 ),
                    "Horas", [Value]
                )

VAR _min =      SELECTCOLUMNS(
                    GENERATESERIES( 0, 59 ),
                    "Minutos", [Value]
                )

--Variable para resultado final-------------------------------------
VAR _res =  ADDCOLUMNS(

                --Tabla base con columnas Horas y Minutos-----------
                CROSSJOIN( _hor, _min ),

                --Columna clave Tiempo (hh:mm)----------------------
                "Tiempo",       TIME( [Horas], [Minutos], 0 ),

                --Creación de resto de columnas---------------------
                "AM/PM",        IF( [Horas] < 12, "AM", "PM" ),
                "Turno",        SWITCH(
                                    TRUE(),
                                    --adaptar según necesidades
```

```
                                        [Horas] >= 8 && [Horas] < 16,
                                        "Turno mañana-tarde",
                                        [Horas] >= 16 && [Horas] < 24,
                                        "Turno tarde-noche",
                                        [Horas] >= 0 && [Horas] < 8,
                                        "Turno madrugada-mañana"
                                    ),
                    "Hora punta",   [Horas] >= 12 && [Horas] <= 14
                                    --adaptar según necesidades
                )

RETURN          _res
```

Explicación del código

Comentaremos ahora el código de la plantilla anterior, parte a parte. Los objetivos generales son tres:

- Crear dos columnas (Horas y Minutos) que, fila a fila, contengan todas las combinaciones de hora y minuto en un día. Esta tabla sería la que consideramos como tabla base.
- La creación de un atributo Tiempo que exprese la hora y el minuto (basado en las columnas del punto anterior).
- La creación de columnas adicionales, cuyo objetivo será ofrecer la posibilidad de filtrado del modelo de datos. Estas columnas contendrán distintas clasificaciones según necesidades de la empresa. Por ejemplo, AM/PM, Turno y Hora punta.

Variables para Hora y Minuto

Con estas primeras variables, el objetivo es crear y almacenar dos tablas de una sola columna con sendas sucesiones de números que vayan desde el número 0 (cero) hasta el número 23 (para el caso de las horas) y desde el número 0 (cero) hasta el número 59 (para el caso de los minutos).

El motivo de esta propuesta es que esos números son los componentes base de un dato del tipo Hora con un formato `hh:mm`. Después de haberlos creado y almacenado en variables, podríamos (con la función adecuada) combinarlos entre sí con el producto cartesiano (todos los números de Horas, combinados con todos los números de Minutos). Esto daría como resultado una tabla de dos columnas donde, en cada fila, habría una combinación de hora y minuto distinta y, además, tendríamos todas las combinaciones posibles a lo largo de un día (24 horas × 60 minutos = 1.440 combinaciones, concretamente).

Pero volvamos al presente, porque aún no tenemos creadas las tablas iniciales de una sola columna. Esto lo podríamos conseguir mediante estas variables provisionales:

```
--Variables para generar horas y minutos---------------------------
VAR _hor =      GENERATESERIES( 0,23 )
VAR _min =      GENERATESERIES( 0,59 )
```

La sintaxis general de `GENERATESERIES` es:

```
GENERATESERIES(
    <Valor de inicio>,
    <Valor final> [,
    <Incremento de valor>]
)
```

Usando esta función en ambas variables, los resultados (imaginarios aún, puesto que no debemos terminar y validar la fórmula hasta el final del código) serían los que vemos en las tablas 2.1 y 2.2.

Tabla 2.1. Tablas que representan los resultados de las variables.

Value
0
1
2
...
21
22
23

Value
0
1
2
3
4
...
55
56
57
58
59

Pero, en este punto, tendríamos un problema: los nombres de los encabezados de ambas tablas serían iguales (`GENERATESERIES` asigna internamente un nombre de columna por defecto llamado Value) y, posteriormente, necesitaremos que esos nombres sean descriptivos y adaptados a nuestras necesidades.

Para solucionar este problema usamos un par de funciones `SELECTCOLUMNS`, a las cuales les podemos pasar las columnas que ya tenemos con `GENERATESERIES`. Así, esta función nos las devolvería con un nombre de columna establecido por nosotros. La sintaxis general de `SELECTCOLUMNS` es:

```
SELECTCOLUMNS(
    <Tabla> [[,
    <Nombre columna>], <Expresión> [[,
    <Nombre columna>], < Expresión > [,
    ... ] ] ]
)
```

De esta forma, el código de cada variable quedaría como sigue:

```
--Variables para generar horas y minutos----------------------------
VAR _hor =      SELECTCOLUMNS(
                    GENERATESERIES( 0, 23 ),
                    "Horas", [Value]
                )

VAR _min =      SELECTCOLUMNS(
                    GENERATESERIES( 0, 59 ),
                    "Minutos", [Value]
                )
```

Ahora ya podemos imaginar nuestras dos tablas, las tablas 2.3 y 2.4, de una sola columna y almacenadas en las anteriores variables, con este aspecto en los encabezados:

Tabla 2.3. Tabla con nombre de columna descriptiva Horas.

Horas
0
1
2
...
21
22
23

Minutos
0
1
2
3
4
...
55
56
57
58
59

Variable para el resultado final

La variable que almacenará el resultado final tiene tres objetivos:

- Crear la combinación o producto cartesiano de las tablas almacenadas en las variables del apartado anterior. Eso generará las dos primeras columnas de nuestra tabla resultante: Horas y Minutos.

- La creación de la que será la columna clave Tiempo, cuyos datos deben ser del tipo Hora y con un formato `hh:mm`.
- La creación de otras columnas que el usuario decidirá. En el código se exponen algunos ejemplos solo.

Producto cartesiano de las tablas almacenadas en las variables

Hasta ahora, tenemos dos columnas separadas y cada una con una sucesión de números correcta. Pero necesitamos desarrollar esas columnas de forma que se obtengan todas las combinaciones posibles entre cada número de la columna Horas y cada número de la columna Minutos. Para esto, nuestra solución está en el uso de la función `CROSSJOIN`. Esta función genera todas las combinaciones posibles entre todos los valores de las tablas que especifiquemos en sus argumentos. La sintaxis general es:

```
CROSSJOIN (
    <Tabla> [,
    <Tabla> [,
    ... ] ]
)
```

Y este es el código que podríamos usar a tal efecto:

```
VAR _hor = CROSSJOIN( _hor, _min )
```

Si lo hiciéramos, obtendríamos (almacenada dentro de una variable) la tabla 2.5, de dos columnas y 1.440 filas.

Tabla 2.5. La tabla base creada por `CROSSJOIN` es la combinación de todas las horas con todos los minutos (producto cartesiano).

Horas	Minutos
0	0
0	1
0	2
...	...
23	57
23	58
23	59

Este es un gran paso, pero no el definitivo. Nos faltaría la columna clave (un tipo de dato Hora con el formato `hh:mm`). Además, necesitaremos otras columnas adicionales.

Por lo tanto, si bien `CROSSJOIN` proporcionará las dos primeras columnas, necesitaremos la posibilidad de agregar nuevas columnas. Esto lo conseguiremos mediante la función `ADDCOLUMNS` y, precisamente, con la función `CROSSJOIN` como tabla base:

```
--Variable para resultado final-------------------------------------
VAR _res =  ADDCOLUMNS(

                --Tabla base con columnas Horas y Minutos-----------
                CROSSJOIN( _hor, _min ),
```

Pero el código anterior todavía no está completo, puesto que `ADDCOLUMNS` está diseñada para agregar columnas a una tabla base en sus siguientes argumentos. De hecho, la sintaxis general de `ADDCOLMUNS` es:

```
ADDCOLUMNS(
    <Tabla base>,
    <Nombre columna>, <Expresión> [,
    <Nombre columna>, < Expresión > [,
    ... ] ]
)
```

Donde `<Nombre columna>` debe ser un texto entrecomillado.

Por ello, vamos a ir añadiendo argumentos a `ADDCOLUMNS` para seguir creando columnas. La primera de ellas será la columna clave que comentábamos antes.

Creación de la columna clave

Tratándose de crear una columna clave (que llamaremos **Tiempo**) que sea del tipo de dato **Hora** y con un formato `hh:mm`, lo ideal es usar la función `TIME`, que nos ofrece esa hora si establecemos los argumentos necesarios.

La sintaxis general de la función `TIME` es:

```
TIME (
    <Hora>,
    <Minuto>,
    <Segundo>
)
```

Recordemos que, en nuestro código, tenemos una función `ADDCOLUMNS` (que es la que agrega columnas a las dos iniciales) esperando nuevos argumentos. Así pues, para agregar una columna con el atributo **Tiempo**, deberíamos hacerlo así:

```
--Variable para resultado final-------------------------------------
VAR _res =  ADDCOLUMNS(

                --Tabla base con columnas Horas y Minutos-----------
```

```
CROSSJOIN( _hor, _min ),

--Columna clave Tiempo (hh:mm)-----------------------
"Tiempo",         TIME( [Horas], [Minutos], 0 ),
```

Esto es lo que se ha agregado:

- Un argumento `<Nombre columna>` con el texto `Tiempo` y que será el nombre de la tercera columna agregada a la tabla que finalmente se almacene en la variable (recordemos que las dos primeras columnas eran las generadas por las combinaciones de `CROSSJOIN`).
- Un argumento `<Expresión>` con la función `TIME`. Esta recibe tres argumentos:
  - `[Horas]`, que es una de las columnas que genera `CROSSJOIN`.
  - `[Minutos]`, que es la otra columna que genera `CROSSJOIN`.
  - El tercer argumento (`<Segundo>`) debe tener un `0` (cero), puesto que nuestra tabla de dimensión horaria no va a usar esta granularidad.

Creación de la columna AM/PM

La columna AM/PM es un ejemplo de campo orientado a usuarios que necesitan filtrar los hechos de su modelo de datos en función de si se producen antes o después del mediodía. En cada fila, la columna ofrece una de las cadenas de texto `AM` (*ante meridiem*) o `PM` (*post meridiem*).

El código para conseguir lo anterior sigue la estructura de pares de argumentos `<Nombre columna>`, `<Expresión>` y es este:

```
"AM/PM",          IF( [Horas] < 12, "AM", "PM" ),
```

El primer argumento es el dedicado a establecer el nombre que tendrá la nueva columna. El segundo argumento contiene una función condicional `IF` que evalúa, en cada fila de la tabla resultante, si la hora es menor que 12. Si esa evaluación resulta ser cierta, obtendremos el texto AM. En caso contrario, obtendremos PM.

Creación de la columna Turno

La creación de la columna Turno vuelve a seguir la estructura de dos argumentos: `<Nombre columna>`, `<Expresión>` dentro de `ADDCOLUMNS`.

Si bien el argumento `<Nombre columna>` establece el nombre Turno, el segundo argumento `<Expresión>` trata de determinar, mediante una función `SWITCH` y entre tres opciones, cuál es la verdadera:

```
"Turno",          SWITCH(
                      TRUE(),
                      --adaptar según necesidades
```

```
                                          [Horas] >= 8 && [Horas] < 16,
                                          "Turno mañana-tarde",
                                          [Horas] >= 16 && [Horas] < 24,
                                          "Turno tarde-noche",
                                          [Horas] >= 0 && [Horas] < 8,
                                          "Turno madrugada-mañana"
                                    ),
```

A diferencia de la función IF (que puede hacer lo mismo, pero lo haría con una estructura diferente), a la función SWITCH:

- Se le propone una expresión en su primer argumento. En este caso, la función TRUE() que equivale a un resultado "verdadero" en una prueba lógica.
- Se le propone, en el segundo argumento, una expresión para que sea evaluada. En este caso es [Horas] >= 8 && [Horas] < 16. Si la prueba es "verdadera", el tercer argumento será considerado ("Turno mañana-tarde"). Si la prueba es "falsa", se evaluará el cuarto argumento.

Y así, hasta finalizar la evaluación de todos los argumentos que son pruebas lógicas. Cuando un argumento de prueba lógica obtiene un resultado positivo, la función SWITCH devuelve la expresión del siguiente argumento y deja de hacer evaluaciones en los siguientes.

Creación de la columna Hora punta

La columna **Hora punta** podría ser útil para estudiar (filtrar) los resultados de nuestro modelo cuando se producen dentro de determinada franja horaria clave para la empresa por su alto volumen de transacciones o actividad.

El código de esta columna también sigue la estructura <Nombre columna>, <Expresión> y es este:

```
                    "Hora punta",    [Horas] >= 12 && [Horas] <= 14
```

Lo que hacemos es utilizar una afirmación. Cuando el motor de DAX la evalúe, devolverá TRUE o FALSE y estos valores serán los que aparezcan a lo largo de la columna **Hora punta**.

RETURN

Solo queda por comentar la última línea de código:

```
RETURN          _res
```

La función de RETURN es hacer que las variables estén disponibles a partir de ese momento. Así, vemos que inmediatamente después de esta palabra clave, invocamos a la variable _res para que nos devuelva lo que tiene almacenado, que no es otra cosa que el resultado final.

Otras formas de tablas de dimensión horaria

Dimensión horaria con granularidad a nivel de segundo

Si necesitamos realizar estudios o mediciones donde son importantes unas fracciones de tiempo inferiores al minuto, debemos crear una tabla de dimensión horaria con granularidad a nivel de segundo.

Evidentemente, para que nuestra tabla de dimensión horaria a nivel de segundo tenga sentido, la tabla de hechos de nuestro modelo debe tener una columna con datos sobre la hora, el minuto y el segundo en el que se produce el hecho en cada fila. Acabamos de insistir en algo que ya se comentó en el apartado "¿Qué es una tabla de dimensión horaria?" de este capítulo.

Código

```
dimHoras_DAX_seg =

--Variables para generar horas, minutos y segundos-------------------
VAR _hor =      SELECTCOLUMNS(
                    GENERATESERIES( 0, 23 ),
                    "Horas",   [Value]
                )

VAR _min =      SELECTCOLUMNS(
                    GENERATESERIES( 0, 59 ),
                    "Minutos",   [Value]
                )

VAR _seg =      SELECTCOLUMNS(
                    GENERATESERIES( 0, 59 ),
                    "Segundos",   [Value]
                )

--Variable para resultado final-------------------------------------
VAR _res =  ADDCOLUMNS(

                --Tabla base con horas, minutos y segundos----------
                CROSSJOIN( _hor, _min, _seg ),

                --Columna clave Tiempo (hh:mm:ss)--------------------
                "Tiempo",        TIME( [Horas],[Minutos],[Segundos] ),

                --Creación de resto de columnas---------------------
                "AM/PM",         IF( [Horas] <12, "AM", "PM" ),
                "Turno",         SWITCH(
                                     TRUE(),
                                     --adaptar según necesidades
                                     [Horas] >= 8 && [Horas] < 16,
                                     "Turno mañana-tarde",
```

```
                                        [Horas] >= 16 && [Horas] < 24,
                                        "Turno tarde-noche",
                                        [Horas] >= 0 && [Horas] < 8,
                                        "Turno madrugada-mañana"
                                    ),
                "Hora punta",       [Horas] >= 12 && [Horas] <= 14
                                    --adaptar según necesidades
            )

RETURN          _res
```

Explicación del código

La explicación del código de esta plantilla es prácticamente igual a la realizada en un anterior apartado donde se explicaba el código DAX de la plantilla dedicada a una dimensión horaria con una granularidad a nivel de minuto.

Las únicas diferencias son la creación de una variable más para crear la tabla de segundos, la incorporación de esta variable a la función `CROSSJOIN` y el uso del tercer argumento de la función `TIME` (`<segundos>`) con la columna incorporada con anterioridad a `CROSSJOIN`.

Dimensión horaria para Power Pivot de Excel

Una mala noticia: no podemos crearla en Power Pivot

Debemos comenzar en este apartado por lo más importante: en Power Pivot no es posible crear una tabla de dimensión horaria.

La imposibilidad de crear una tabla de dimensión horaria está motivada por la ya sabida limitación de Power Pivot: no es posible crear tablas calculadas con DAX desde el propio complemento, a excepción de la tabla de fechas (que se crea con un proceso interno, donde podemos intervenir parcialmente solo para agregar columnas con código).

Una buena noticia: puede venir del exterior

Dicho lo más importante a modo de "mala noticia", vayamos ahora con la buena noticia: podemos tener una tabla de dimensión horaria si adoptamos alguna de estas posibilidades:

- **Importar directamente a Power Pivot:** Podemos importar una tabla de dimensión horaria desde un origen de datos externo, directamente a nuestro modelo de datos de Excel con un conector de Power Pivot (desde otro archivo de Excel, por ejemplo).

- **Importar a Power Query y de ahí hasta Power Pivot:** Esto supone importar una tabla de dimensión horaria desde un origen de datos externo hasta Power Query y este, a su vez, agrega la tabla resultante al modelo de datos de Power Pivot.

  Para esta opción podríamos citar una gran variedad de orígenes de datos posibles, dada la gran versatilidad de Power Query en este aspecto. Las posibilidades van desde un simple archivo de Excel, hasta un conjunto de datos que pueda estar alojado en un área de trabajo de Power BI Service.

- **Crearla en Power Query y de ahí hasta Power Pivot:** Si creamos nuestra tabla de dimensión horaria dentro de Power Query de Excel con código M podemos, posteriormente, agregarla al modelo de datos de Power Pivot.

¿Por qué con Excel?

En este punto, podemos recordar lo dicho en los primeros apartados de este capítulo (concretamente en "Formas de crear una tabla de dimensión horaria").

NOTA:

Como norma general y en términos estrictos, lo óptimo es crear una tabla de dimensión horaria lo más cercana posible origen de datos.

En este caso, vamos a aferrarnos a la anterior norma general y adoptaremos la primera opción que comentábamos en el apartado anterior como forma de crear una tabla de dimensión horaria, es decir, un archivo de Excel externo importado directamente desde un conector de Power Pivot.

NOTA:

Es necesario comentar que solo vamos a contemplar versiones de Excel 2021 o superiores, o cualquier versión de suscripción para Microsoft 365.

Para crear nuestra tabla de dimensión horaria, elegimos esta opción de Excel, entre otras razones, por las siguientes:

- **Las tablas de dimensión horaria son estáticas:** Podemos aprovecharnos de que las tablas de dimensión horarias no tienen necesidad de adecuar al paso del tiempo el rango de datos de la columna clave. En otras palabras, la columna clave siempre tendrá los mismos valores, que estarán compuestos por una sucesión ininterrumpida y completa de todas las horas de un día. Si esto no fuera así, la opción de Excel no podría ser contemplada, puesto que

Power Pivot (o Power Query si fuera el caso) importa el estado de los valores arrojados por las fórmulas de la hoja de cálculo en el último momento en el que se guardó el archivo de Excel. Pero no se produce una actualización de esos valores hasta que el archivo lo abre un usuario y lo guarda de nuevo (cuestión esta que no es sostenible en el tiempo ni una buena práctica, por supuesto).

- **Excel como entorno conocido:** Es relativamente sencillo trabajar en Excel para una mayoría de usuarios, teniendo que introducir tan solo algunas fórmulas. Sobre todo, si comparamos esta opción con la posibilidad del código M en Power Query.
- **Trasladamos carga de trabajo al origen:** Comparando con la opción de Power Query y su código M o con la opción de DAX (si la hubiera), la importación de una tabla desde el exterior de nuestro archivo de trabajo lo descarga de algunos procesos.

  En definitiva, vamos a hacer una excepción con la norma de que en este libro solo se habla de DAX. Bienvenidos, por un momento, al mundo de las funciones de Excel.

Fórmulas Excel para una granularidad a nivel de minuto

Para crear en Excel una tabla de dimensión horaria (a nivel de minuto) con funciones, tan solo tenemos que realizar los siguientes pasos.

Crear un nuevo archivo de Excel

Recordemos: solo versiones de Excel 2021 o posteriores, o cualquier versión de suscripción para Microsoft 365.

Crear los encabezados de las columnas

Escribir en la primera y única hoja que debe haber en nuestro archivo de Excel, los siguientes nombres de encabezados:

- Celda A1: **Horas**.
- Celda B1: **Minutos**.
- Celda C1: **Tiempo**.
- Celda D1: **AM/PM**.
- Celda E1: **Turno**.
- Celda F1: **Hora punta**.

Fórmula para columna Horas

Escribir, en la celda A2, la siguiente fórmula:

```
=ENTERO( SECUENCIA( 1440;1 ;0; 1 ) / 60 )
```

Esta fórmula proporciona los valores correspondientes a las horas. Vemos que, al ser una función matricial dinámica, el resultado se "desborda" a lo largo de 86.400 filas (no será necesario rellenar la fórmula manualmente). Lo mismo ocurrirá con algunas de las fórmulas restantes.

Los valores que aparecen son una sucesión de ininterrumpida de valores que van desde el 0 (cero) hasta el 23. Cada uno de los valores, entre el 0 (cero) y el 23, se repite 3.600 veces.

Fórmula para columna Minutos

Escribir, en la celda B2, la siguiente fórmula:

```
=ENTERO(RESIDUO(SECUENCIA(1440;1 ;0 ;1 );60 ) )
```

Esta fórmula proporciona los valores correspondientes a los minutos. concretamente, se genera una sucesión ininterrumpida de valores que van desde el 0 (cero) hasta el 59. Cada uno de los valores, entre el 0 (cero) y el 59, se repite 60 veces.

Fórmula para columna Tiempo

Escribir, en la celda C2, la siguiente fórmula:

```
=VALOR( UNIRCADENAS( ":";;A2:B2 ) )
```

Aquí, obtenemos los valores del atributo **Tiempo**. Es decir, la columna clave de la tabla de dimensión horaria. Esta fórmula, en primer lugar y mediante la función `UNIRCADENAS`, combina los valores de las horas, los minutos y los segundos, separados por el signo : (dos puntos) en una sola cadena de texto. Posteriormente y, dado que la anterior función está anidada dentro de la función `VALOR`, convierte el texto en un valor numérico que posteriormente sea configurable con un formato **Hora** como `h:mm:ss` o similar.

En el caso de esta fórmula, puesto que no contiene funciones matriciales dinámicas, será necesario rellenar toda la columna (hasta la fila **1440**) con la fórmula.

TRUCO:

Para rellenar una fórmula rápidamente a lo largo de una columna, lo más productivo y fácil es hacer doble clic sobre el controlador de relleno que hay en la celda de la fórmula, una vez se ha introducido. Para que este truco funcione, debe haber, al lado de la columna a rellenar, otra columna rellena de datos.

A continuación, mostraremos el código necesario para crear las columnas personalizables que servirán para filtrar el modelo (AM/PM, Turno y Hora punta). Estas serán, al igual que en el caso de las tablas de dimensión horaria que hicimos con DAX, tan solo ejemplos que el usuario deberá cambiar (o no) en función de sus necesidades de negocio.

Fórmula para columna AM/PM

Escribir, en la celda D2, la siguiente fórmula:

```
=SI( A2<12; "AM"; "PM" )
```

Con esta fórmula obtenemos una cadena (`AM` o `PM`) que determinará si el hecho empresarial se ha producido antes o después de mediodía.

Ahora, utilizamos una función lógica condicional `SI`. Esta evalúa en su primer argumento si el valor de A2 (la hora) es menor que 12, en cuyo caso debemos obtener el valor `AM` (*ante meridiem*). Si la condición devuelve un resultado falso, obtenemos el texto establecido en el tercer argumento: `PM` (*post meridiem*).

También en el caso de esta fórmula, será necesario que el usuario rellene toda la columna hasta la fila 1.440.

Fórmula para columna Turno

Escribir, en la celda E2, la siguiente fórmula:

```
=CAMBIAR(
    VERDADERO;
    Y( A2 >= 8; A2 < 16 ); "Turno mañana-tarde";
    Y( A2 >= 16; A2 < 24 ); "Turno tarde-noche";
    Y( A2 >= 0; A2 < 8 ); "Turno madrugada-mañana"
)
```

Los valores que tendrá esta columna son textos que indicarán en qué turno de trabajo se produce el hecho empresarial.

Puesto que es una fórmula excesivamente larga, hemos usado un formato indentado para escribirla y mostrarla (como se hace habitualmente en DAX, por ejemplo). Para conseguir esto en Excel hay, al menos, dos formas:

- Escribiendo de forma normal en la barra de fórmulas y usando las teclas **Alt-Intro** para escribir en la siguiente línea sin introducir la fórmula.
- Escribiendo en el Advanced Formula Environment de Excel Labs (complemento de Excel que se puede instalar gratuitamente desde la ficha Inicio>Complementos>Obtener complementos>Buscar Excel Labs). Si optamos por este complemento, debemos ir a Settings y establecer la opción Preserve workbook formatting como deshabilitada.

En cuanto al significado de la fórmula, estamos ante una función `CAMBIAR` que es la equivalente a la función `SWITCH` de DAX. Lo que hace es averiguar cuál de sus argumentos pares (el argumento 2, el argumento 4, etc.) devuelve primero el mismo valor que hemos establecido en el argumento 1. Cuando la función `CAMBIAR` lo detecta, nos devuelve la expresión que hay en el siguiente argumento.

Por ejemplo, si función `CAMBIAR` averigua si la expresión `Y( A2 >= 8; A2 < 16 )` da un resultado "verdadero". Si es cierto, `CAMBIAR` devuelve el texto `Turno mañana-noche`. Si no es cierto, continúa evaluando la expresión `Y( A2 >= 16; A2 < 24 )`.

En cuanto a las expresiones que contienen la función `Y`, simplemente evalúan si todas las expresiones de sus argumentos (en este caso solo hay dos pruebas lógicas) devuelven un resultado "verdadero". Solo en ese caso, la expresión devolverá el valor `VERDADERO`.

Por ejemplo, en la expresión `Y( A2 >= 8; A2 < 16 )`, la función `Y` comprueba si se cumple de forma simultánea que `A2 >= 8` y que `A2 <= 16`. Si ambas pruebas son ciertas, la función `Y` devuelve un valor `VERDADERO`, que será aprovechado por la función `CAMBIAR` para saber que ya no debe seguir evaluando argumentos.

De nuevo estamos ante una fórmula que debemos rellenar hasta la fila 1.440.

Fórmula para columna Hora punta

Escribir, en la celda G2, la siguiente fórmula:

```
=Y( A2 >= 12; A2 <= 14 )
```

Esta fórmula devolverá un valor `VERDADERO` a la columna si el hecho empresarial se produce dentro de una franja horaria que la empresa considera como hora punta. En caso contrario, devolverá `FALSO`. Evidentemente, el usuario deberá modificar los valores usados en las pruebas lógicas.

Para obtener en la columna los valores `VERDADERO` o `FALSO` (palabras clave reconocidas por Excel como valores booleanos donde `VERDADERO = 1` y `FALSO = 0`), usamos una simple función `Y` que afirma que se cumplirán dos condiciones simultáneamente.

También en este caso estamos ante una fórmula que debemos rellenar hasta la fila 1.440.

Con estos pasos, podemos dar por terminada la tabla de dimensión horaria con una granularidad a nivel de minuto en Excel. Ahora, debemos guardar y cerrar el archivo. La figura 2.11 muestra el resultado final.

Horas	Minutos	Tiempo	AM/PM	Turno	Hora punta
0	0	0:00:00	AM	Turno madrugada-mañana	FALSO
0	1	0:01:00	AM	Turno madrugada-mañana	FALSO
0	2	0:02:00	AM	Turno madrugada-mañana	FALSO
0	3	0:03:00	AM	Turno madrugada-mañana	FALSO
0	4	0:04:00	AM	Turno madrugada-mañana	FALSO
0	5	0:05:00	AM	Turno madrugada-mañana	FALSO
0	6	0:06:00	AM	Turno madrugada-mañana	FALSO
0	7	0:07:00	AM	Turno madrugada-mañana	FALSO
0	8	0:08:00	AM	Turno madrugada-mañana	FALSO

Figura 2.11. Tabla de dimensión horaria con una granularidad a nivel de minuto.

Fórmulas Excel para una granularidad a nivel de segundo

Para crear en Excel una tabla de dimensión horaria (a nivel de segundo) con funciones, tan solo tenemos que realizar los siguientes pasos.

Crear un nuevo archivo de Excel

Recordemos: solo versiones de Excel 2021 o posteriores, o cualquier versión de suscripción para Microsoft 365.

Crear los encabezados de las columnas

Escribir en la primera y única hoja que debe haber en nuestro archivo de Excel los siguientes nombres de encabezados:

- Celda A1: **Horas**.
- Celda B1: **Minutos**.
- Celda C1: **Segundos**.
- Celda D1: **Tiempo**.
- Celda E1: **AM/PM**.
- Celda F1: **Turno**.
- Celda G1: **Hora punta**.

Fórmula para columna Horas

Escribir, en la celda A2, la siguiente fórmula:

```
=ENTERO( SECUENCIA( 86400;1 ;0; 1 ) / 3600 )
```

Esta fórmula proporciona los valores correspondientes a las horas. Vemos que, al ser una función matricial dinámica, el resultado se "desborda" a lo largo de 86.400 filas (no será necesario rellenar la fórmula manualmente). Lo mismo ocurrirá con algunas de las fórmulas restantes. Los valores que aparecen son una sucesión de ininterrumpida de valores que van desde el 0 (cero) hasta el 23. Cada uno de los valores, entre el 0 (cero) y el 23, se repite 3.600 veces.

Fórmula para columna Minutos

Escribir, en la celda B2, la siguiente fórmula:

```
=ENTERO(RESIDUO(SECUENCIA(86400;1 ;0 ;1 );3600 )  /60 )
```

Esta fórmula proporciona los valores correspondientes a los minutos. Concretamente, se genera una sucesión ininterrumpida de valores que van desde el 0 (cero) hasta el 59. Cada uno de los valores, entre el 0 (cero) y el 59, se repite 60 veces.

Fórmula para columna Segundos

Escribir, en la celda C2, la siguiente fórmula:

```
=RESIDUO( RESIDUO( SECUENCIA( 86400;1 ;0 ;1 );3600 );60 )
```

Esta fórmula proporciona los valores correspondientes a los segundos. En este caso, se genera una sucesión ininterrumpida de valores que van desde el 0 (cero) hasta el 59. Cada secuencia del 0 (cero) al 59 se repite 1.440 veces.

Fórmula para columna Tiempo

Escribir, en la celda D2, la siguiente fórmula:

```
=VALOR( UNIRCADENAS( ":";;A2:C2 ) )
```

Aquí, obtenemos los valores del atributo `Tiempo`, es decir, la columna clave de la tabla de dimensión horaria.

Esta fórmula, en primer lugar y mediante la función `UNIRCADENAS`, combina los valores de las horas, los minutos y los segundos, separados por el signo `:` (dos puntos) en una sola cadena de texto. Posteriormente y, dado que la anterior función está anidada dentro de la función `VALOR`, convierte el texto en un valor numérico que posteriormente sea configurable con un formato Hora como `h:mm:ss` o similar.

En el caso de esta fórmula, puesto que no contiene funciones matriciales dinámicas, será necesario rellenar toda la columna (hasta la fila 86.401) con la fórmula.

TRUCO:

Para rellenar una fórmula rápidamente a lo largo de una columna, lo más productivo y fácil es hacer doble clic sobre el controlador de relleno que hay en la celda de la fórmula, una vez se ha introducido. Para que este truco funcione, debe haber, al lado de la columna a rellenar, otra columna rellena de datos.

A continuación, mostraremos el código necesario para crear las columnas personalizables que servirán para filtrar el modelo (AM/PM, Turno y Hora punta). Estas serán, al igual que en el caso de las tablas de dimensión horaria que hicimos con DAX, tan solo ejemplos que el usuario deberá cambiar (o no) en función de sus necesidades de negocio.

Fórmula para columna AM/PM

Escribir, en la celda E2, la siguiente fórmula:

```
=SI( A2<12; "AM"; "PM" )
```

Con esta fórmula obtenemos una cadena (`AM` o `PM`) que determinará si el hecho empresarial se ha producido antes o después de mediodía.

Ahora, utilizamos una función lógica condicional `SI`. Esta evalúa en su primer argumento si el valor de A2 (la hora) es menor que 12, en cuyo caso debemos obtener el valor `AM` (*ante meridiem*). Si la condición devuelve un resultado falso, obtenemos el texto establecido en el tercer argumento: `PM` (*post meridiem*).

También en el caso de esta fórmula será necesario que el usuario rellene toda la columna hasta la fila 86.401.

Fórmula para columna Turno

Escribir, en la celda F2, la siguiente fórmula:

```
=CAMBIAR(
    VERDADERO;
    Y( A2 >= 8; A2 < 16 ); "Turno mañana-tarde";
    Y( A2 >= 16; A2 < 24 ); "Turno tarde-noche";
    Y( A2 >= 0; A2 < 8 ); "Turno madrugada-mañana"
)
```

Los valores que tendrá esta columna son textos que indicarán en qué turno de trabajo se produce el hecho empresarial.

Puesto que es una fórmula excesivamente larga, hemos usado un formato indentado para escribirla y mostrarla (como se hace habitualmente en DAX, por ejemplo). Para conseguir esto en Excel hay, al menos, dos formas:

- Escribiendo de forma normal en la barra de fórmulas y usando la combinación de teclas **Alt-Intro** para escribir en la siguiente línea sin introducir la fórmula.
- Escribiendo en el Advanced Formula Environment de Excel Labs (complemento de Excel que se puede instalar desde la ficha Inicio>Complementos>Obtener complementos>Buscar Excel Labs). Si optamos por este complemento, debemos ir a Settings y establecer la opción Preserve workbook formatting como deshabilitada.

En cuanto al significado de la fórmula, estamos ante una función `CAMBIAR` que es la equivalente a la función `SWITCH` de DAX. Lo que hace es averiguar cuál de sus argumentos pares (el argumento 2, el argumento 4, etc.) devuelve primero el mismo valor que hemos establecido en el argumento 1. Cuando la función `CAMBIAR` lo detecta, nos devuelve la expresión que hay en el siguiente argumento.

Por ejemplo, si función `CAMBIAR` averigua si la expresión `Y( A2 >= 8; A2 < 16 )` da un resultado "verdadero". Si es cierto, `CAMBIAR` devuelve el texto `Turno mañana-noche`. Si no es cierto, continúa evaluando la expresión `Y( A2 >= 16; A2 < 24 )`.

En cuanto a las expresiones que contienen la función `Y`, simplemente evalúan si todas las expresiones de sus argumentos (en este caso solo hay dos pruebas lógicas) devuelven un resultado "verdadero". Solo en ese caso, la expresión devolverá el valor `VERDADERO`.

Por ejemplo, en la expresión `Y( A2 >= 8; A2 < 16 )`, la función `Y` comprueba si se cumple de forma simultánea que `A2 >= 8` y que A2 <= 16. Si ambas pruebas son ciertas, la función `Y` devuelve un valor `VERDADERO`, que será aprovechado por la función `CAMBIAR` para saber que ya no debe seguir evaluando argumentos.

De nuevo estamos ante una fórmula que debemos rellenar hasta la fila 86.401.

Fórmula para columna Hora punta

Escribir, en la celda G2, la siguiente fórmula:

```
=Y( A2 >= 12; A2 <= 14 )
```

Esta fórmula devolverá un valor `VERDADERO` a la columna si el hecho empresarial se produce dentro de una franja horaria que la empresa considera como hora punta. En caso contrario, devolverá `FALSO`. Evidentemente, el usuario deberá modificar los valores usados en las pruebas lógicas. Para obtener en la columna los valores `VERDADERO` o `FALSO` (palabras clave reconocidas por Excel como valores booleanos donde `VERDADERO = 1` y `FALSO = 0`), usamos una simple función `Y` que afirma que se cumplirán dos condiciones simultáneamente.

También en este caso estamos ante una fórmula que debemos rellenar hasta la fila 86.401.

Con estos pasos, podemos dar por terminada la tabla de dimensión horaria con una granularidad a nivel de segundo en Excel. Ahora, debemos guardar y cerrar el archivo.

La figura 2.12 muestra el resultado final.

Horas	Minutos	Segundos	Tiempo	AM/PM	Turno	Hora punta
0	0	0	0:00:00	AM	Turno madrugada-mañana	FALSO
0	0	1	0:00:01	AM	Truno madrugada-mañana	FALSO
0	0	2	0:00:02	AM	Truno madrugada-mañana	FALSO
0	0	3	0:00:03	AM	Truno madrugada-mañana	FALSO
0	0	4	0:00:04	AM	Truno madrugada-mañana	FALSO
0	0	5	0:00:05	AM	Truno madrugada-mañana	FALSO
0	0	6	0:00:06	AM	Truno madrugada-mañana	FALSO
0	0	7	0:00:07	AM	Truno madrugada-mañana	FALSO
0	0	8	0:00:08	AM	Truno madrugada-mañana	FALSO

Figura 2.12. Tabla de dimensión horaria con una granularidad a nivel de segundo.

Importación de la tabla de dimensión horaria desde Power Pivot

Una vez que tengamos el archivo guardado y cerrado, abrimos el archivo de Excel donde esté nuestro modelo de datos (o donde estará en el futuro) y hacemos lo siguiente:

1. Desde Power Pivot, hacemos clic en la ficha Inicio>Obtener datos externos> De otros orígenes>Archivo de Excel>Siguiente, como se ve en la figura 2.13.
2. En el campo Nombre descriptivo de la conexión, escribimos **Excel Dimensión horaria origen Excel** (por ejemplo), como se muestra en la figura 2.14.
3. Hacemos clic en el botón Examinar... para establecer, en el campo Ruta de acceso del archivo de Excel, la ruta de conexión a nuestro archivo, que estará en alguna carpeta de nuestro equipo.
4. Marcamos la casilla de verificación que tiene la etiqueta Usar primera fila como encabezados de columna.
5. Hacemos clic en Siguiente, hacemos clic en Finalizar y hacemos clic en Cerrar. Ya tendremos en Power Pivot nuestra tabla de dimensión horaria dentro de la cuadrícula de una pestaña nueva que habrá aparecido en Power Pivot.

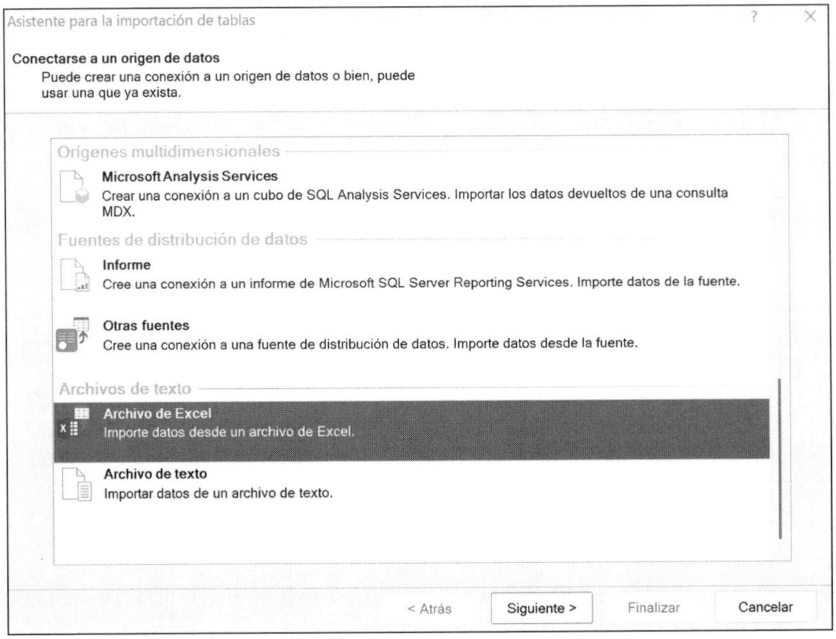

Figura 2.13. Forma de conectar Power Pivot con un archivo de Excel externo.

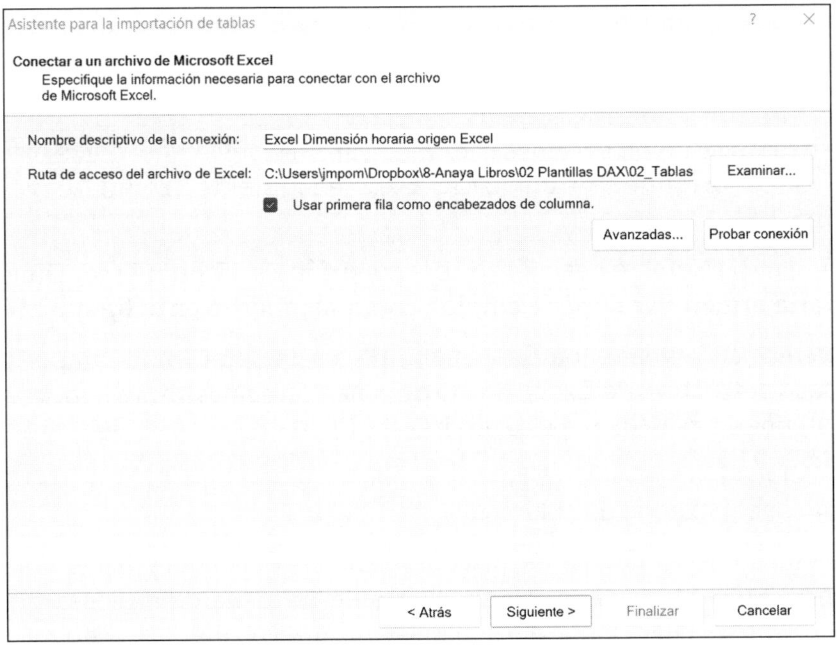

Figura 2.14. Configuración de la conexión a un archivo de Excel.

Otras acciones en Power Pivot

1. Seleccionar la columna Tiempo que veremos en la tabla que ha aparecido en una pestaña nueva de Power Pivot. Cambiar el formato de presentación de la hora desde la ficha Inicio>Formato>13:30:55 si nuestra tabla de dimensión horaria tiene una granularidad a nivel de segundo o 13:30 si la granularidad es a nivel de minuto.
2. Cambiar el nombre a la pestaña nueva de Power Pivot que contiene nuestra tabla de dimensión horaria. Lo podemos hacer mediante doble clic en la propia pestaña.
3. Si ya tuviéramos en nuestro modelo de datos de Power Pivot tablas de hechos, ya podríamos relacionar nuestra tabla de dimensión horaria con esas tablas.

3 Promedios

En este capítulo aprenderás:

- Los conceptos esenciales sobre las medias aritméticas, también llamadas promedios o, simplemente, medias.
- Aplicaciones de uso de los promedios en el mundo empresarial.
- A realizar los cálculos de los principales tipos de promedios que existen (promedios simples, promedios sobre sumas, promedios sobre promedios, promedios sobre acumulados, promedios ponderados, promedios acumulados y promedios móviles).
- A usar las plantillas de código DAX que proporcionamos.
- A entender las plantillas de código para tener la capacidad de modificarlas adaptándolas a tus necesidades y modelo de datos.
- Conceptos sobre optimización de código DAX para elegir la opción más eficiente posible.

Características generales

Estas son unas plantillas de código que se corresponden con uno de los cálculos más típicos en el mundo de la empresa. Nos referimos al cálculo de la media aritmética, también conocida como promedio o, simplemente, media.

Un promedio es un valor que se considera como representativo de un conjunto de datos. Por lo tanto, el promedio es una forma de resumir un grupo de datos en un único valor. El concepto teórico de promedio se calcula sumando todos los números en el conjunto y, después, dividiendo el resultado por la cantidad de números en ese conjunto.

Veremos en este capítulo varios tipos de promedios que se adaptan a distintas situaciones en el análisis de datos:

- Promedio simple.
- Promedio sobre suma.
- Promedio sobre promedio.
- Promedio sobre acumulado.
- Promedio ponderado.
- Promedio acumulado.
- Promedio móvil.

Las plantillas DAX propuestas no son más que ejemplos donde será necesario sustituir los nombres de tablas y nombres de columnas por los homólogos en el modelo de datos del lector.

Como en todas las plantillas de este libro, el objetivo es que el lector alcance un nivel de comprensión suficiente para poder usar la plantilla en su propio contexto empresarial. Por ejemplo, a veces, el código propone como ejemplo una agrupación mensual de los datos y el lector necesita una trimestral o diaria. Es entonces cuando los apartados llamados "Explicación del código" se hacen importantes para que el lector tenga la posibilidad de adaptar estas partes de la plantilla.

Es fundamental que se tengan asimilados los conocimientos y conceptos incluidos en los **apéndices A, B, C y D** de este libro.

Modelo

En la figura 3.1 vemos el modelo de datos de ejemplo con el que vamos a diseñar el código de las plantillas de este capítulo:

Figura 3.1. La estructura de tablas que nos ayudará en este capítulo es un sencillo modelo de datos en forma de estrella.

FactPedidos	225.616.948 filas
dimCalendario	4.018 filas
dimClientes	1.868.084 filas
dimProductos	2.517 filas
dimAlmacenes	74 filas

Es importante señalar que cada fila de la tabla de hechos (factPedidos) representa un pedido de un cliente, de un producto, en un día concreto. Por lo tanto, en un mismo día, puede haber varios pedidos de un mismo cliente.

También vamos a reseñar que la tabla dimCalendario contiene, entre otros, dos atributos llamados `añoMes` y `mesAño` del tipo `yyyym` (numérico) y `mmm-yy` (texto), respectivamente. El segundo campo está ordenado en función del primero. Estas columnas serán importantes en algunas de las plantillas que presentamos en este capítulo, puesto que facilitan algunos procesos y explicaciones (proporcionan una granularidad a nivel de mes, pero ofreciendo información del año).

En algunos apartados haremos pruebas de rendimiento y eficiencia de las medidas con DAX Studio. Para todas las pruebas, las condiciones son las siguientes:

- **Hardware:**
  - PC Intel Core i9-9900K CPU 3.60GHz.
  - 64 GB RAM.
  - 8 núcleos-16 hilos.
  - Caché L1: 512 kB, caché L2: 3 MB, caché L3: 16 MB.
- **Software:**
  - Windows 11.
  - Power BI, versiones entre noviembre de 2023 y marzo de 2024.
  - Caché limpia (Clear On Run de DAX Studio), salvo indicación distinta.

Promedio simple

Refiriéndonos a DAX, el cálculo del promedio simple está relacionado con la media aritmética de los valores disponibles (visibles en el contexto de filtro) en una columna de una tabla.

Ejemplo de uso

El promedio simple debe ser nuestra opción cuando queremos calcular una media aritmética de todas y cada una de las filas de la tabla origen. Hay múltiples ejemplos de uso práctico en el mundo empresarial: promedio simple de unidades vendidas en cada ticket, promedio simple de las cantidades facturadas, promedio simple del precio al que se venden los artículos, etc.

En cualquier caso, debemos asegurarnos de que:

- La elección del promedio simple es la adecuada. Podría ser que necesitáramos otro tipo de promedio, como un promedio ponderado, por ejemplo.
- Vamos a usar posteriormente el promedio simple en un objeto visual de forma intuitiva. Esto es porque el promedio simple siempre se calcula sobre el concepto de granularidad máxima de una tabla (por ejemplo, si cada fila de una tabla representa un ticket de venta, el promedio siempre estará referido a tickets y quizá podría no ser intuitivo si ese promedio se muestra en un objeto visual que tuviera una agrupación por días, meses, etc.).

Código DAX

Tenemos, básicamente, dos opciones a la hora de usar funciones DAX para calcular el promedio simple:

1. Usar la función específica proporcionada por DAX a tal efecto (`AVERAGE`).
2. Recrear la fórmula teórica de la media aritmética mediante otras funciones (`DIVIDE`, `SUM`, `VALUES` y `COUNTROWS`).

Como veremos más adelante, para determinados casos de uso, la creación de un promedio con funciones alternativas es más eficiente que la propia función `AVERAGE`. Pero, como se suele decir, esto es algo que hay que matizar puesto que, a la vez de ventajas de rendimiento, tiene algunos condicionantes. Pero no adelantemos conceptos y comencemos por lo básico.

Código DAX. Opción 1

Comenzamos con la opción de código DAX que calcula el promedio simple con la función nativa en Power BI y Power Pivot. Por cierto, con fines didácticos, esta plantilla calcula un promedio simple sobre una columna que contiene precios de coste, independiente de la mayor o menor lógica que pudiera tener este cálculo (en muchas ocasiones, los promedios de precios deben ser ponderados):

Personalizar el código en negrita

```
#01 Prom. simple OPC1 =
/*--------------------------------------------------------------
Medida para calcular el promedio simple de los precios de coste/ud.
--------------------------------------------------------------*/
AVERAGE ( factPedidos[precioCosteUd] )
```

Código DAX. Opción 2

Presentamos ahora otra opción de cálculo del promedio simple:

Personalizar el código en negrita

```
#01 Prom. simple OPC2 =
/*--------------------------------------------------------------
Medida para calcular el promedio simple de los precios de coste/ud.
--------------------------------------------------------------*/
--Variables para precálculo de componentes de la división del promedio
VAR _suma =      SUM( factPedidos[precioCosteUd] )
VAR _cuenta =    COUNTROWS( factPedidos )

--Variable de calcula la división del promedio-----------------------
VAR _result =    DIVIDE( _suma, _cuenta )

RETURN           _result
```

Explicación del código

Explicación del código. Opción 1

Con su único argumento, la función AVERAGE es muy sencilla de usar. Simplemente debemos hacer referencia a una columna de una tabla. Esa será la columna cuyos valores numéricos serán promediados.

Explicación del código. Opción 2

El objetivo del código es conseguir, mediante funciones DAX, la aplicación matemática de la fórmula del promedio:

$$\frac{\sum_{i=1}^{n} x_1}{n}$$

Es decir, el sumatorio de todos los valores desde 1 a n, dividido entre n valores.

Mediante una variable, el código precalcula el sumatorio del numerador (con una simple función SUM):

```
VAR _suma =      SUM( factPedidos[precioCosteUd] )
```

La segunda variable del código es la que precalcula el recuento de valores que se han intervenido en la suma del numerador, dentro del contexto de evaluación:

```
VAR _cuenta =   COUNTROWS( factPedidos )
```

Con la función COUNTROWS obtenemos el recuento del número de filas que tiene la tabla de la columna protagonista. De esta manera, ya tenemos el recuento del denominador.

Para continuar, la siguiente variable es la que almacena el resultado de la división final. Esta se consigue mediante la función DIVIDE, que en su primer y segundo argumento acoge a las variables anteriores:

```
VAR _result =   DIVIDE( _suma, _cuenta )
```

Es importante señalar que el código alternativo que hemos proporcionado en este apartado tendrá en cuenta posibles valores en blanco que pudiera haber en la columna que establecemos como argumento en la función VALUES. Se consideran valores en blanco aquellos que corresponden a celdas totalmente vacías (que ni siquiera tienen un cero).

NOTA:

Por lo tanto, solo debemos usar este sistema alternativo de cálculo de promedios si estamos seguros de que no habrá valores en blanco en la columna de recuento.

Revisión de resultados

Debemos ser cuidadosos al entender el comportamiento de AVERAGE. Nos referimos cuando una medida con un promedio simple que proviene de AVERAGE es compilada en un objeto visual como, por ejemplo, una tabla o una matriz.

Pongamos, como muestra, esta sencilla tabla de un modelo de datos (Vista de tabla de Power BI) llamada factPedidos, que vemos en la figura 3.2.

ID_producto	Ud	precioVentaUd	precioCosteUd	totalVenta	fechaPedido
2098	*3*	*457,20 €*	*233,09 €*	*1.371,60 €*	*01/02/2025*
1681	*3*	*6,20 €*	*2,85 €*	*18,60 €*	*01/02/2025*
165	*5*	*725,33 €*	*369,80 €*	*3.626,65 €*	*22/02/2025*

Figura 3.2. Cada uno de los registros de la tabla representa un pedido en la tabla original.

Puesto que cada fila de la tabla original representa un pedido, vamos a probar las dos opciones de código proporcionadas con la intención de obtener el promedio simple del coste por unidad establecido en los pedidos.

Si compilamos las medidas en una matriz como la de la figura 3.3, veremos que cada fila del objeto visual de tabla se corresponde con otra fila en la tabla original. De esta forma, los totales que vemos en el objeto visual de matriz resulta ser el promedio esperado del conjunto de filas de la tabla original.

fecha	marca	#01 Prom. simple OPC1
01/02/2025	Contoso	233,09 €
01/02/2025	Tailspin Toys	2,85 €
22/02/2025	Adventure Works	369,80 €
Total		**201,91 €**

Figura 3.3. En el objeto visual, cada uno de los registros de la tabla representa un pedido al estar detallado por fecha y marca.

Ahora, en la figura 3.4, veamos un objeto visual de matriz que tiene compiladas solo la columna de fecha y la medidas que hemos creado con el promedio simple.

fecha	#01 Prom. simple OPC1	#01 Prom. simple OPC2
01/02/2025	117,97 €	117,97 €
22/02/2025	369,80 €	369,80 €
Total	**201,91 €**	**201,91 €**

Figura 3.4. Cada una de las filas del objeto visual representa una fecha que agrupa todos los pedidos del mismo día.

Si nos fijamos, en la tabla original (figura 3.2), había dos fechas con el día 01/02/2018. Sin embargo, si vemos el objeto visual de matriz (figura 3.4) solo hay una fecha, 01/02/2018. Es evidente el motivo: el objeto visual de tabla agrupa todas las filas de la tabla original que tengan la misma fecha. Esto implica que debemos hacer dos reflexiones.

Sobre las filas del objeto visual de matriz

El valor que acompaña a la fecha 01/02/2018 en la figura 3.4 es 117,97 euros. Este valor es, evidentemente, el promedio del coste por unidad de todos los pedidos que tienen esa misma fecha en la tabla original (el promedio de 2,85 euros y 233,09 euros = 117,97 euros). Igual ocurre con el valor que acompaña a la fecha 22/02/2018 en la figura 3.4.

NOTA:

En cada contexto de evaluación de un objeto visual (por ejemplo, una tabla o una matriz), AVERAGE *arroja el promedio de los valores de todas las filas de la tabla original que están incluidas en ese contexto.*

Sobre los totales del objeto visual matriz

Fijémonos de nuevo en el del objeto visual de matriz de la figura 3.5, pero esta vez en los totales.

fecha	#01 Prom. simple OPC1	#01 Prom. simple OPC2
01/02/2025	117,97 €	117,97 €
22/02/2025	369,80 €	369,80 €
Total	**201,91 €**	**201,91 €**

Figura 3.5. Debemos entender bien los totales de los objetos visuales de tabla o de matriz.

Los valores que vemos como totales en el objeto visual de matriz en la figura 3.5 son 201,91 euros y no es (como podría pensarse) el promedio de los valores que se visualizan más arriba. En otras palabras, 201,91 euros no es el promedio de los promedios diarios 117,97 euros y 369,80 euros, sino que es el promedio de los valores de las filas de la columna precioCosteUd (2,85 euros, 233,09 euros y 369,80 euros) de la tabla original de la figura 3.2.

NOTA:

En el total de un objeto visual, AVERAGE *no arroja el promedio de las filas de arriba. Arroja el promedio de los valores de todas las filas de la tabla original que están incluidas en ese contexto.*

Polivalencia de la alternativa opción 2

Es necesario remarcar que la opción 2 de código "esconde" una ventaja añadida que no hemos comentado hasta ahora y que ¡no la podemos tener con el promedio simple calculado con AVERAGE! Se trata de la posibilidad de realizar promedios basados en cardinalidades distintas a la cardinalidad que obliga AVERAGE. Expliquemos esto.

Ya hemos repetido en varias ocasiones que la opción 1 de código (que usa la función AVERAGE) proporciona un promedio referido a cada una de las celdas de la columna que le pasamos como argumento a esa función. Es decir, si queremos el promedio de la columna factPedidos[precioCosteUd], con AVERAGE obtendremos el promedio de todos y cada uno de los valores que hay en la columna, sin agrupación posible.

Sin embargo, con la opción 2 de código, podemos decidir si el promedio simple se realiza agrupado a algún atributo. Por ejemplo, podríamos obtener el promedio de los precios de coste/ud. que aparecen diariamente en los pedidos de la empresa. En este caso, sería un promedio simple, pero por fechas únicas (días) en vez de ser un promedio sobre todas las filas de la tabla de hechos.

Sería tan fácil como modificar el código de la opción 2 así:

```
#01 Prom. simple OPC3 =
/*----------------------------------------------------------------
Medida para calcular el promedio simple de los precios de coste/ud
----------------------------------------------------------------*/
--Variables para precálculo de componentes de la división del promedio
VAR _suma =      SUM( factPedidos[precioCosteUd] )
VAR _cuenta =    DISTINCTCOUNT( factPedidos[fechaPedido] )

--Variable de calcula la división del promedio----------------------
VAR _result =    DIVIDE( _suma, _cuenta )

RETURN           _result
```

Donde vemos una diferencia en la variable que realiza el recuento. En este caso, usamos un recuento distinto con la función DISTINCTCOUNT sobre la columna de las fechas de pedido. Esta versión ofrecería promedios diarios que deberían ser visualizados, como mínimo, a nivel de mes, como vemos en la figura 3.6.

Rendimiento

Aprovechamos ahora para comentar algunos conceptos relativos al rendimiento de las opciones de código ofrecidas. En este apartado, veremos algunos conceptos más avanzados, puesto que las mediciones están realizadas con DAX Studio, concretamente con la utilidad Server Timings.

año	#01 Prom. simple OPC3
2024	**283,22 €**
jul-24	39,24 €
ago-24	60,42 €
sep-24	1.241,96 €
oct-24	228,12 €
nov-24	35,27 €
dic-24	94,33 €
2025	**164,38 €**
ene-25	32,28 €
feb-25	302,87 €
mar-25	19,49 €
Total	**235,69 €**

Figura 3.6. Para interpretar los promedios "diarios" de este objeto visual, es válido todo lo explicado hasta el momento para las otras opciones de código.

Comparativa

La función `AVERAGE` genera internamente una consulta que introduce una cláusula `WHERE`, cuya función es obviar los valores nulos o en blanco que pudiera haber en la columna de la cual se calcula el promedio.

Lo anterior lo podemos ver reflejado en la figura 3.7, el SE Query Plan (Storage Engine Query Plan), que nos ofrece la herramienta externa DAX Studio para un promedio simple.

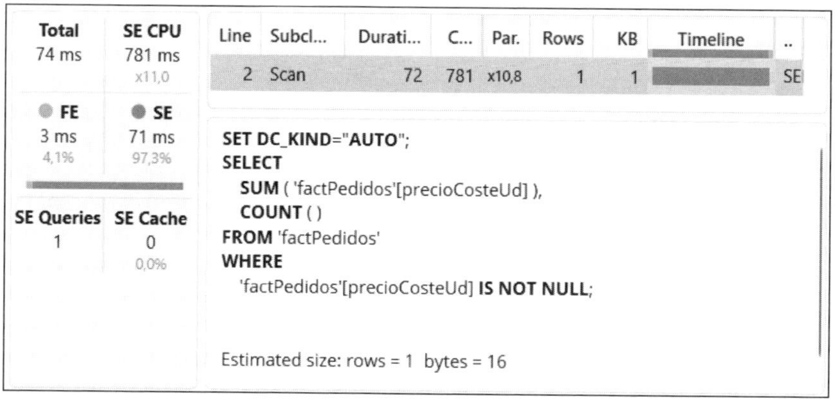

Figura 3.7. En la cláusula `WHERE` del SE Query Plan que podemos ver en la parte inferior derecha de la imagen se descartan los valores nulos con la instrucción `IS NOT NULL`.

También vemos en la figura 3.7 los tiempos de ejecución (74 ms).

A continuación, es posible que más de un usuario se lleve alguna sorpresa, puesto que el aparente código más largo del promedio simple de la opción 2, respecto de la sencilla función `AVERAGE` de la opción 1, no es sinónimo de consulta DAX lenta.

Si usamos DAX Studio con su utilidad Server Timings, los resultados de medir el rendimiento de la medida aislada los vemos en la figura 3.8.

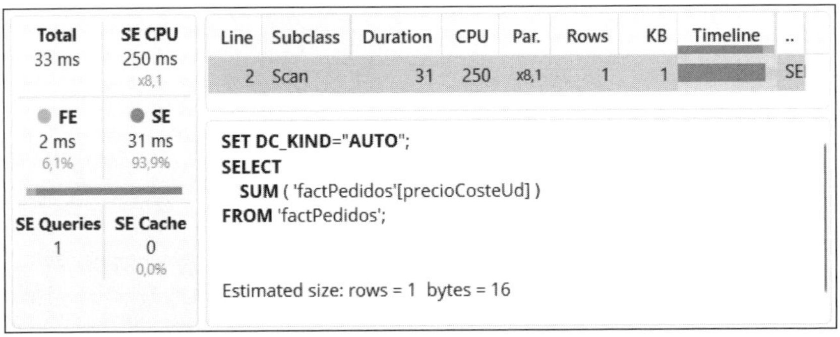

Figura 3.8. El promedio alternativo tiene un rendimiento mejor que la opción 1, al menos, en el contexto en el que se ha probado.

Como hemos visto, se genera un SE Query Plan sencillo y optimizado con 33 ms de duración total de ejecución.

Por cierto, estos tiempos y también este SE Query Plan de la figura 3.8 son aplicables al hecho de cambiar la granularidad en el denominador de `DIVIDE` en el código de la opción 2 de código que explicábamos en apartados anteriores.

Conclusiones

NOTA:

La medida alternativa que calcula el promedio simple a partir de las funciones `SUM`*,* `COUNTROWS` *y* `DIVIDE` *supera (en cuanto a rendimiento) en algunas ocasiones a la medida construida simplemente con* `AVERAGE`*.*

El éxito estriba en un claro concepto si nos fijamos en el SE Query Plan: la ausencia de comprobación de valores nulos por parte de Storage Engine. Comprobamos que no existe la cláusula `WHERE`, que sí estaba en el caso del promedio calculado con `AVERAGE`.

En cualquier caso y como muchas veces ocurre, emplazamos al lector a que haga sus propias pruebas con el comando **Analizador de rendimiento** de Power BI para medir de forma concreta en las condiciones en las que se va a usar la medida.

Recordemos que hay varios factores que pueden hacer que no siempre una medida se muestre más eficiente que otra:

- El contexto de filtro.
- La cardinalidad de la columna que queremos promediar.
- Las optimizaciones que el motor de cálculo hace internamente en los planes de consulta pueden "premiar" la utilización de `AVERAGE` en determinadas situaciones.

Promedio sobre sumas

Necesitar un promedio sobre unos valores que han sido previamente agregados mediante una suma es algo muy frecuente en el mundo de la empresa. En realidad, este tipo de promedios es aplicable a cualquier importe empresarial de tipo flujo.

Debemos conocer que, si bien los datos del tipo flujo (ventas, gastos, etc.) se refieren a cantidades que necesitan ser medidas en referencia a periodos de tiempo específicos, los datos de tipo *stock* (saldos bancarios, deudas pendientes, etc.) se refieren a cantidades medidas en un punto específico en el tiempo. Los datos de tipo *stock* son estáticos y representan una acumulación o un saldo en un momento dado.

NOTA:

En general, un promedio sobre una suma nos proporciona un valor representativo (promedio) de la fuerza (suma) con la que ocurren una serie de acontecimientos en determinados periodos de tiempo.

Ejemplo de uso

Cuando queremos conocer un promedio de ventas por cliente en una empresa, parece claro que lo que necesitamos es sumar las ventas de cada uno de los clientes y, cuando tengamos esas cantidades, calculamos el promedio de ellas.

Una representación gráfica y numérica de lo anterior sería el promedio que conseguimos en la última de estas tres fases, previa acumulación (suma) en la segunda fase, como se ve en la figura 3.9.

Ítems	Columna original	Ítems	Agregación SUMA	PROMEDIO sobre SUMA
Cliente A	5	Cliente A	7,00	
Cliente A	2	Cliente B	14,00	20,33
Cliente B	10	Cliente C	40,00	
Cliente B	4			
Cliente C	15			
Cliente C	6			
Cliente C	7			
Cliente C	12			

Figura 3.9. En la imagen, 20,33 es un valor representativo de la fuerza con la que cada cliente realiza compras.

DAX es capaz de realizar el proceso completo que veíamos en la figura 3.9 con una sola fórmula. Vamos a mostrarlo con una plantilla de código basada en nuestro modelo de datos.

Código DAX

Personalizar el código en negrita

```
#02 Prom. sobre suma =
/*------------------------------------------------------------------
Medida para calcular el promedio del total de ud vendidas diariamente
------------------------------------------------------------------*/
AVERAGEX(
    VALUES( dimCalendario[fecha] ),
    CALCULATE( SUM( factPedidos[Ud] ) )
)
```

Explicación del código

Para explicar esta plantilla de código debemos comenzar recordando que en la función AVERAGEX (como el resto de funciones de agregación iteradoras) se realizan tres procesos:

- El primer proceso es el establecimiento de una tabla, la cual va a ser escaneada o iterada fila a fila. En nuestro caso, VALUES genera una tabla virtual de valores únicos a partir de la columna que le pasamos como argumento. La lista de valores se crea con los días de la tabla calendario que estén disponibles en el contexto de filtro.
- El segundo proceso se produce en el contexto de cada fila iterada de la tabla por la que se itera: se ejecuta la línea de código del segundo argumento de AVERAGEX. En nuestro caso, se trata se la función SUM, que trabaja en un

contexto de filtro (obtiene una suma de todas las filas visibles de la columna) y, por ello, necesita una transición de contextos para que su resultado se ajuste a cada una de las fechas que hay en la tabla por la que el motor de DAX está iterando. Esa transición de contextos la aporta la función `CALCULATE` al envolver a la función `SUM`.

NOTA:

Aconsejamos revisar el concepto de transición de contextos que se proporciona en el apéndice D de este libro.

- Una vez que están las sumas de unidades por cada día, la función `AVERAGEX` realiza el promedio de estas.

Revisión de resultados

Segmentación por atributos de la dimensión agrupada

Si necesitamos que la medida sea segmentada en un objeto visual por atributos de la dimensión utilizada dentro de la función `VALUES`, solo ofrecerá promedios si usamos un atributo con granularidad superior al incluido dentro de la función `VALUES`. En la tabla de la figura 3.10 podemos ver un objeto visual de matriz donde se han compilado varios atributos de tipo fecha, entre los que se encuentra la propia fecha con granularidad a nivel de día.

año	#02 Prom. sobre suma
⊞ **2024**	**3,67**
⊟ **2025**	**4,67**
⊟ **Trim-1**	**4,67**
⊟ **ene**	**3,00**
01/01/2025	3,00
⊟ **feb**	**5,50**
01/02/2025	6,00
22/02/2025	5,00
Total	**4,00**

Figura 3.10. Es importante tener clara la interpretación de los resultados.

Por ejemplo:

- Los resultados asignados a los días no son promedios (y nuestra medida, en teoría, tiene como objetivo mostrar promedios), sino que son las sumas de las unidades vendidas en cada día con los distintos pedidos. Esto no resulta intuitivo para el usuario.

- Los resultados asignados a nivel de trimestre no ofrecen el promedio de los valores que se muestran a nivel de mes (aunque sería lo intuitivo para un usuario).

Si lo tomamos como muestra, el resultado que se visualiza en cada trimestre de la tabla de la figura 3.10 se refiere, de forma correcta, al promedio diario de unidades vendidas considerando en dicho promedio los 91 días (aproximadamente) que tiene el trimestre.

También tenemos que insistir en que no se trata de errores, sino de valores que pueden resultar difíciles de entender para el usuario, a la vista de la jerarquía que hay en la tabla. Por ello, el resultado correcto siempre será la granularidad inmediatamente superior a la de la columna o tabla establecida en el primer argumento de `AVERAGEX`.

Segmentación por atributos de otras dimensiones

Si la medida la compilamos en objetos visuales segmentados por atributos de dimensiones diferentes a la utilizada dentro de la función `VALUES`, los resultados serán intuitivos y referidos siempre al atributo y dimensión que están en el interior de esa función.

Podemos ver los resultados de la medida de nuestra plantilla (en la figura 3.11) compilada en una tabla segmentada por atributos que no pertenecen a dimCalendario (concretamente, son atributos de la tabla dimClientes).

genero	#02 Prom. sobre suma
⊟ Femenino	**1,78**
Hamady Bros. Supermarkets	1,00
Modern Realty	1,50
Robert Hall	2,25
⊟ Masculino	**3,50**
Baltimore Markets	1,00
Cut Rite Lawn Care	8,00
Virgin Megastores	2,50
Total	**2,31**

Figura 3.11. Los resultados son siempre promedios, aunque debemos saber interpretarlos cada uno en su contexto.

Debemos recordar que el atributo `dimCalendario[fecha]` es el que establecimos dentro de la función `VALUES`. Así pues, los resultados siempre deberán ser interpretados con un patrón similar a este:

"El **promedio diario** de ud vendidas es de 1,78 ud para el género Femenino".

Resaltamos las palabras **promedio diario**, puesto que deben estar obligatoriamente en el análisis al haber agrupado con `VALUES` por `dimCalendario[fecha]`.

Otro ejemplo de análisis sería:

"El **promedio diario** de ud vendidas es de 8,00 ud en la empresa Cut Rite Lawn Care que está enmarcada dentro de la categoría de cliente Masculino".

Totales

Continuamos bajo el supuesto de una medida de promedio que tiene el atributo `dimCalendario[fecha]` dentro de la función `VALUES`.

Hacemos ahora un comentario para el caso de compilar la medida de nuestra plantilla dentro de una tarjeta. Esto lo vemos en la figura 3.12.

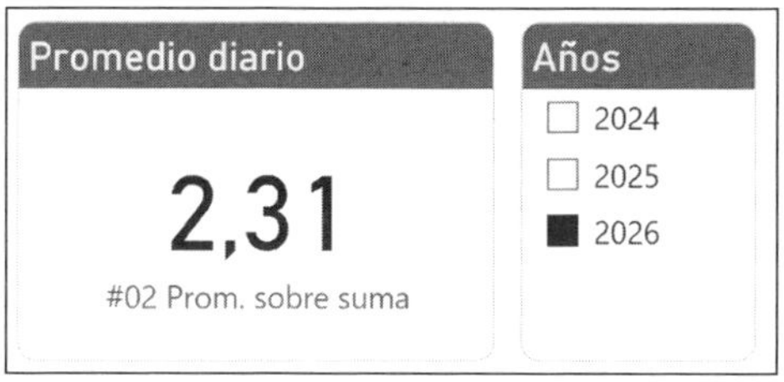

Figura 3.12. Resultado mostrado en un objeto visual como una tarjeta.

El resultado mostrado será el promedio diario que se forma durante todos los días del periodo visible en el contexto de filtro.

Promedio sobre promedio

De forma similar a los promedios sobre sumas, necesitar un promedio que se calcula sobre otros promedios parece algo probable.

NOTA:

En general, un promedio sobre un promedio nos proporciona un valor representativo (promedio) de otro valor representativo (promedio) de una serie de valores.

La figura 3.13 explica, de forma esquemática, lo que es un promedio sobre promedio. Solo tenemos que seguir fases que representan estas tablas.

Ítems	Columna original
Cliente A	5
Cliente A	2
Cliente B	10
Cliente B	4
Cliente C	15
Cliente C	6
Cliente C	7
Cliente C	12

Ítems	Agregación PROMEDIO
Cliente A	3,50
Cliente B	7,00
Cliente C	10,00

PROMEDIO sobre PROMEDIO
6,83

Figura 3.13. La segunda tabla genera el promedio de cada cliente en la primera tabla. La tercera tabla genera el promedio sobre los promedios de la segunda tabla.

Ejemplo de uso A

Consideremos una organización que ha recopilado datos a través de una encuesta distribuida entre el personal de distintos departamentos.

En la encuesta, los trabajadores valoran su satisfacción con el servicio de catering mediante diez respuestas que deben estar entre el número uno (peor valoración) y el diez (mejor valoración) sobre varios aspectos.

Si la empresa quiere saber el grado de satisfacción general de sus empleados por cada departamento y en relación con el servicio de catering, podría calcular la nota puesta por cada empleado (promedio de valoración de sus diez respuestas) y, después, calcular el promedio de esas notas. Al fin y al cabo, esto es un promedio de un promedio.

Ejemplo de uso B

Imaginemos una empresa que necesita saber el comportamiento típico de sus clientes en cuanto al tamaño más frecuente de los pedidos. Es decir, necesita saber si, entre sus clientes, los pedidos (*tickets*) son cada vez más pequeños o, por el contrario, más grandes.

Si reflexionamos, lo que necesitamos es conocer valores representativos. No nos hace falta saber cantidades totales en ninguno de los aspectos del requerimiento que se ha propuesto como ejemplo.

Este es un caso en el que se puede crear una medida para calcular el ticket medio que, por término medio, compran los clientes. Volvemos a estar ante la necesidad de un promedio de otro promedio.

Código DAX

En relación con el código, vamos a tomar como base el último ejemplo de los dos expuestos en el apartado anterior. Recordemos: el cálculo del promedio por cliente del ticket medio de los pedidos de una empresa.

Para este caso, es necesario desarrollar varias opciones para que el lector pueda adaptar la plantilla a sus circunstancias.

Código DAX. Opción 1

Vamos, en primer lugar, con un código para el caso en el que el lector tenga creado desde el origen de datos (en Power Query o anteriormente) un campo con el total por ticket (en nuestro modelo se llama `factPedidos[totalVenta]`):

Personalizar el código en negrita

```
#03 Prom. sobre prom. OPC1 =
/*-----------------------------------------------------------------
Medida para calcular el promedio por cliente del ticket medio de los
pedidos de una empresa.
-----------------------------------------------------------------*/
AVERAGEX(
    VALUES( factPedidos[ID_cliente] ),
    CALCULATE( AVERAGE( factPedidos[totalVenta] ) )
)
```

Código DAX. Opción 2

La segunda opción será un código para el caso en el que el lector solo dispone de una columna con las unidades del pedido y otra columna con el precio de venta por unidad. Es decir, el caso en el que el usuario necesitará multiplicar fila a fila, mediante DAX, esas columnas para obtener el campo `factPedidos[totalVenta]`:

Personalizar el código en negrita

```
#03 Prom. sobre prom. OPC2 =
/*-----------------------------------------------------------------
Medida para calcular el promedio por cliente del ticket medio de los
pedidos de una empresa.
-----------------------------------------------------------------*/
AVERAGEX(
    VALUES( factPedidos[ID_cliente] ),
    CALCULATE(
        AVERAGEX(
            factPedidos,
            factPedidos[Ud] * factPedidos[precioVentaUd]
        )
    )
)
```

Explicación del código

Explicación del código. Opción 1

Vamos a comenzar la explicación con la línea de código que representa al primer argumento de la función externa AVERAGEX:

```
VALUES( factPedidos[ID_cliente] ),
```

El código anterior representa una tabla con una sola columna que contiene los valores únicos de los códigos de los clientes. El objetivo de la creación virtual de esta tabla es asignar, a cada `ID_cliente`, el promedio del valor de todos sus pedidos. Dicho de otra forma, el ticket medio de cada cliente.

Este objetivo lo vamos a conseguir con la línea de código que hay en el segundo argumento de la función externa AVERAGEX:

```
CALCULATE( AVERAGE( factPedidos[totalVenta] ) )
```

La línea anterior se ejecuta y evalúa una vez para cada fila (cada `ID_cliente`) de la tabla generada por VALUES. Por lo tanto, se evalúa en un contexto de fila con la finalidad de obtener promedios de pedidos por cada cliente. Esto se consigue con dos funciones:

- Por un lado, AVERAGE calcula el promedio total de toda la columna totalVenta (AVERAGE "sale" del contexto de fila y accede a un contexto de filtro para calcular el promedio de toda una columna).
- Por otro lado, CALCULATE realiza una transición de contextos convirtiendo el promedio total calculado por AVERAGE, en un promedio filtrado por cada `ID_cliente` de cada fila iterada.

NOTA:

En este caso, la transición de contextos consiste en transformar el valor "inadecuado" que deposita AVERAGE *en cada fila ("inadecuado" porque es un promedio calculado en un contexto de filtro para toda una columna), en un valor filtrado por el* `ID_cliente` *concreto de la fila de la tabla por la que estamos iterando.*

Aconsejamos revisar el concepto de transición de contextos que se proporciona en el apéndice D de este libro.

Con todo lo dicho, ya tenemos los promedios de los valores de los pedidos para cada `ID_cliente`. Ahora, falta calcular el promedio de esos promedios. Esto se consigue con la función externa AVERAGEX.

Explicación del código. Opción 2

La explicación del código de esta segunda opción es similar a la de la primera, excepto en el cálculo del ticket medio, es decir, en vez del trozo de código:

```
CALCULATE( AVERAGE( factPedidos[totalVenta] ) )
```

Tenemos este trozo de código:

```
CALCULATE(
    AVERAGEX(
        factPedidos,
        factPedidos[Ud] * factPedidos[precioVentaUd]
    )
)
```

Las diferencias son evidentes: `AVERAGEX` tiene que iterar, fila a fila, por `factPedidos` para poder construir (multiplicando unidades por precio de venta) el total de cada pedido.

Revisión de resultados

En la figura 3.14 vemos algunos ejemplos de uso de este promedio.

año	#03 Prom. sobre prom. OPC1	#03 Prom. sobre prom. OPC2
⊟ 2025	456,69 €	456,69 €
Trim-1	1.455,36 €	1.455,36 €
Trim-2	538,30 €	538,30 €
Trim-3	271,06 €	271,06 €
Trim-4	475,43 €	475,43 €
Total	456,69 €	456,69 €

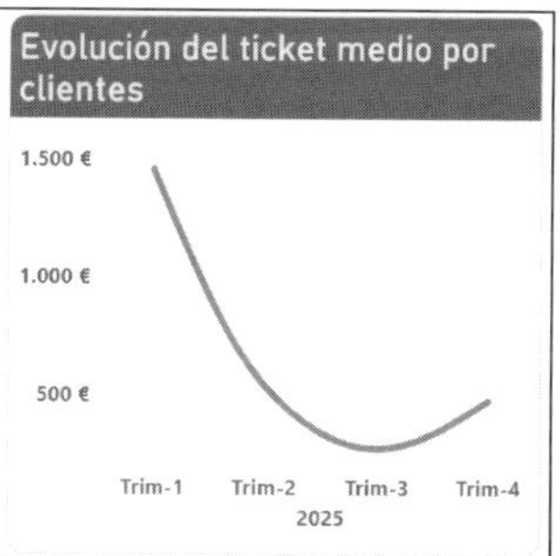

Figura 3.14. Los resultados mostrados en cada celda de la tabla serán los promedios diarios que se forman durante todos los días cada trimestre.

Debemos advertir que el total del objeto visual de la figura 3.14 está calculado en un contexto donde no hay ninguna agrupación por trimestres, luego su interpretación debe ser global para todas las filas del año 2018 (no considerando que debe ser el promedio de los promedios trimestrales).

Rendimiento

Un promedio sobre un promedio es una operación muy "cara" en términos de rendimiento (tiempo de ejecución de la consulta). Por lo tanto, el rendimiento es el punto débil. Los motivos son:

- Es necesaria una transición de contextos para que los promedios se asignen a grupos de datos (en los ejemplos, eran agrupaciones por `ID_cliente`) y es también un proceso muy exigente en cuanto a recursos.
- Por un lado, el motor de almacenamiento Storage Engine puede necesitar (dependiendo del código y los niveles de anidamiento de las funciones) escanear varias columnas de tablas.
- Por otro lado, dependiendo del código diseñado (y de otros factores como la cardinalidad de las columnas implicadas), las operaciones de escaneo que exigen a Storage Engine realizar operaciones matemáticas que implican divisiones, redondeos, evaluaciones de pruebas lógicas y otras operaciones complejas, suelen provocar que este motor de almacenamiento no pueda hacer, por sí solo, todo el trabajo. Es entonces cuando Storage Engine necesita ayuda del motor Formula Engine para, entre ambos, completar las tareas. Estas "llamadas" al motor Formula Engine se llaman *callbacks* (puede haber de distintos tipos: `CallBackDataID`, el más frecuente, `EncodeCallBack`, `LogAbsValueCallback`, `RoundValueCallBack`, etc.).

  Dos importantes perjuicios de la aparición de *callbacks* en una consulta DAX son que:

  - Storage Engine no cachea tareas (para evitar repetirlas) en presencia de *callbacks*.
  - Por sí mismo, un *callback* es una ineficiencia, porque la velocidad de proceso es inferior cuando Storage Engine le solicita ayuda a Formula Engine. El motivo es que Formula Engine es capaz de hacer trabajar a cada núcleo del procesador de nuestro ordenador mediante un hilo (al contrario que Storage Engine, que tiene un trabajo multihilo).

NOTA:

En el código de las plantillas de promedios sobre promedios podrían aparecer `CallbacksDataID` *si no llevamos cuidado y buscamos alternativas.*

Comparativa

Vamos a estudiar el rendimiento de la opción 1. Recordemos que esta opción consiste en usar una columna precalculada en origen para el total de venta por pedido (cada fila).

Veamos en la figura 3.15 ese rendimiento de la plantilla.

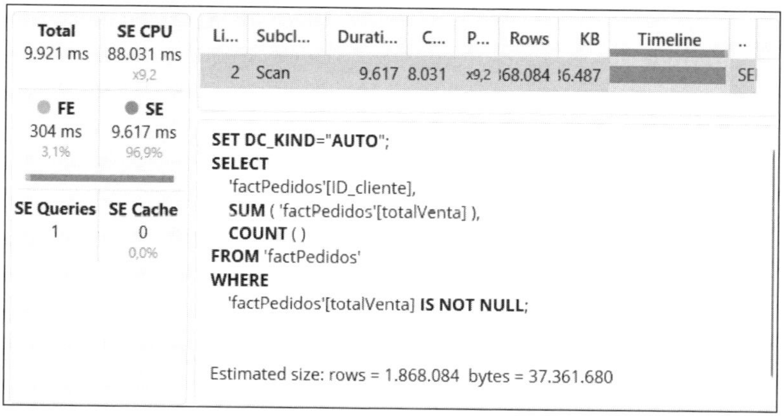

Figura 3.15. En el apartado **SE Cache**, que vemos en la parte inferior izquierda de la imagen, comprobamos que la consulta no aprovecha el cacheado de datos en el test para, de esta forma, comprobar los resultados en las peores condiciones posibles.

Hemos visto que el SE Query Plan está libre de `CallBackDataID`. Esto es así porque la plantilla hace la iteración sobre la propia tabla de hechos que contiene los valores a promediar. Si hubiéramos iterado sobre la tabla de dimensión **dimClientes** hubiera sido necesaria una relación interna entre esa tabla de dimensión y la tabla de hechos para resolver la consulta. Esto llevaría a la medida a tener que depender de `CallBackDataID` y al fracaso absoluto en cuanto a rendimiento (hasta un 200 % en tiempo de ejecución en algunas pruebas realizadas).

Aunque el tiempo total de ejecución que vemos en la figura 3.15 es muy elevado, debemos tener en cuenta que la base de datos con la que hemos hecho las pruebas es muy exigente (225 millones de filas en la tabla de hechos, 1.868.084 clientes y 11 años visibles en la tabla de fechas). Cuando la medida se usa en objetos visuales concurren circunstancias que reducen estos tiempos:

- Hay filtros que reducen las filas visibles (es muy extraño que una empresa quiera obtener información sobre conjuntos de datos que contienen 11 años completos de información).
- Existen optimizaciones realizadas por los motores de Power BI (entre ellas, el cacheado de procesos) que reducen significativamente los tiempos mostrados en la imagen de la figura 3.15.

Ahora vamos a estudiar el rendimiento de la opción 2. Esta se refiere al caso de no tener una columna precalculada y realizar el cálculo en tiempo de ejecución de consulta, multiplicando las columnas que representan las unidades por la columna que representa el precio/unidad. Ello implica que esa multiplicación complica el diseño de código y el trabajo de Storage Engine.

Podemos apreciar en la figura 3.16 el rendimiento de la plantilla de la opción 2 con las mismas condiciones en las que se evaluó la opción 1.

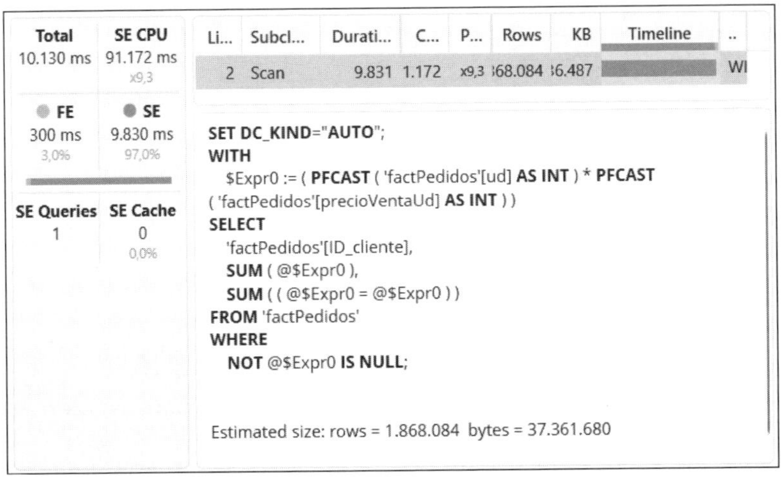

Figura 3.16. El rendimiento de esta opción 2 de código suele ser algo inferior, aunque con muy poca diferencia.

Conclusiones

En general, podemos decir que no hay grandes diferencias entre la opción 1 y la 2, pero en casi la totalidad de las pruebas (hemos hecho varias en distintas circunstancias y contextos), siempre la opción 1 ha sido más eficiente. A veces las diferencias han sido mínimas, a veces algo más relevantes.

NOTA:

Te invitamos a que realices pruebas con las circunstancias y contexto propios de tu modelo de datos. Además, en tu decisión final a la hora de elegir una opción u otra, debe ponderar el hecho de que un modelo con una columna física más en una tabla de hechos se verá afectado en los tiempos de actualización de datos desde el origen y en el tamaño de archivo en un modelo Import.

Promedio sobre acumulado

En primer lugar, vamos a definir el título de este apartado, puesto que quizá a muchos lectores el término os parezca confuso o desconocido. Un promedio sobre acumulado es el cálculo de la media aritmética de una serie de valores que resultan ser una suma acumulada a lo largo de un determinado atributo.

En las tablas siguientes de la figura 3.17, el atributo a través del cual se acumulan los valores es el mes. Sobre la tabla del centro (es la que tiene los valores acumulados a lo largo de los meses) se calcula un promedio y este se expresa en la tabla de la derecha:

Ítems	Columna original	Ítems	Agregación ACUMULADO	PROMEDIO sobre ACUMULADO
Enero	5	Enero	5	
Febrero	2	Febrero	7	
Marzo	10	Marzo	17	21,33
Abril	4	Abril	21	
Mayo	15	Mayo	36	
Junio	6	Junio	42	

Figura 3.17. En estas tablas y de forma esquemática, queda resumido el concepto de promedio sobre un acumulado.

Para entender el sentido de un promedio sobre acumulados en un ámbito empresarial, debemos fijarnos en el término "acumulado". Recordemos que, en un entorno económico-financiero, existen dos tipos de datos: flujo y *stock*.

Dicho lo anterior, debemos dar por entendido que los promedios sobre acumulados se utilizan para obtener medias sobre datos del tipo *stock* (partidas de un balance de situación, cantidad de productos en un almacén, saldos bancarios, etc.).

A continuación, ponemos algunos ejemplos prácticos de la necesidad de calcular un promedio sobre un acumulado.

Ejemplo de uso A

Un ejemplo de promedio sobre acumulado fácil de entender es el saldo medio de productos en un almacén. Cualquier control de la cantidad o el valor de los productos de un almacén es *per se* un valor acumulado, puesto que se va formando a base de las entradas y salidas de productos. Con estas premisas, es lógico pensar que necesitamos saber cuál ha sido, por término medio, el valor acumulado de los productos de un almacén.

Ejemplo de uso B

Otro ejemplo de uso de un promedio acumulado es la obtención del saldo medio bancario de una empresa o de una persona.

Ejemplo de uso C

Un último ejemplo de necesidad de calcular un promedio acumulado es conocer el valor medio de los pedidos que una empresa mantiene en almacén o en producción sin haber sido enviados al cliente.

Código DAX

Vamos a tomar el último de los tres ejemplos para diseñar una plantilla de código DAX capaz de calcular el promedio mensual de pedidos acumulados sin enviar a los clientes a lo largo de un periodo de tiempo.

NOTA:

Para poder implementar una plantilla de código con este objetivo debemos tener, en nuestra tabla de hechos, una columna con la fecha de cada pedido y otra columna con la fecha de envío de los pedidos.

*Además, desde la tabla de fechas (*dimCalendario *en nuestro modelo de ejemplo) debe haber una relación inactiva entre la columna* dimCalendario[fecha] *y* dimCalendario[fechaEnvio]. *Podríamos ver esto en la figura 3.1, al principio de este capítulo.*

Personalizar el código en negrita

```
#04 Prom. sobre acum. =
/*-------------------------------------------------------------
Medida para calcular el promedio de pedidos (€) que permanecen en
la empresa sin enviar a los clientes.
-------------------------------------------------------------*/
AVERAGEX(

    --Distribución de acumulados para cada uno de los meses----------
    --(tendremos promedios visualizables por trimestres y años)-------
    VALUES( dimCalendario[numMes] ),

    --Generación de una transición de contextos con CALCULATE---------
    CALCULATE(

        --Almacenaje de la fecha de contexto en una variable.---------
        --Esto evitará múltiples evaluaciones dentro de FILTER--------
        VAR _fechaContx =   MAX( dimCalendario[fecha] ) RETURN

        --Precálculo de los pedidos recibidos (acumulados)-----------
        CALCULATE(
            SUM( factPedidos[totalVenta] ),

            --Contexto para que el cálculo sea acumulado-------------
            FILTER(
```

```
            ALL( dimCalendario[fecha] ),
            dimCalendario[fecha] <= _fechaContx
        )
    )

    -

    --Precálculo de los pedidos enviados (acumulados)------------
    --Este acumulado se resta del acumulado de pedidos recibidos--
    CALCULATE(
        SUM( factPedidos[totalVenta] ),

        --Contexto para que el cálculo sea acumulado-------------
        FILTER(
            ALL( dimCalendario[fecha] ),
            dimCalendario[fecha] <= _fechaContx
        ),

        --Uso de la relación inactiva para este cálculo----------
        USERELATIONSHIP(
            dimCalendario[fecha],
            factPedidos[fechaEnvio]
        )
    )
  )
)
```

Explicación del código

La estrategia que utiliza el código es:

- Primero, obtener el saldo acumulado de pedidos pendientes de envío con la lógica de que ese total será igual a todos los pedidos que se reciben, menos los pedidos que se envían. Este primer objetivo se lleva a cabo en la parte más interna de la medida mediante la resta de dos funciones `CALCULATE` (una para calcular el saldo acumulado de los pedidos recibidos y otra para calcular el saldo acumulado de los pedidos enviados).
- Segundo, calcular el promedio de esas cifras acumuladas que, como ejemplo en la plantilla, se agrupan por meses. Es decir, si los acumulados los asignamos a agrupaciones mensuales, el promedio será un promedio que se calcula desde granularidades inferiores (trimestres y años). Este segundo objetivo se consigue mediante la función `AVERAGEX` que contiene, en sus dos argumentos, todo el código de la plantilla.

Obtención del saldo acumulado de pedidos recibidos

Esto se consigue con este trozo de código que podemos ver dentro de la medida:

```
--Precálculo de los pedidos recibidos (acumulados)-----------
CALCULATE(
    SUM( factPedidos[totalVenta] ),

    --Contexto para que el cálculo sea acumulado-------------
    FILTER(
        ALL( dimCalendario[fecha] ),
        dimCalendario[fecha] <= _fechaContx
    )
)
```

El código anterior ejecuta una simple suma de los valores de la columna factPedidos[totalVenta] (función `SUM`). Pero esta suma se debe evaluar teniendo en cuenta todo el histórico de datos de la tabla de hechos, lo que dará como resultado una suma acumulada. Pero ¿cómo se consigue esto?

Se consigue mediante la función que veíamos en la figura `CALCULATE`, que tiene dos misiones:

1. En primer lugar, preparar el contexto de filtro donde se debe evaluar la suma. Esto lo hace mediante una tabla de fechas devuelta por `FILTER`. Esa tabla de fechas actúa como filtro en cada una de sus filas, pero de una forma especial: cada fecha establece que el contexto donde se debe evaluar el cálculo vaya desde el principio de las fechas (esto lo determina la utilización de `ALL` en el primer argumento de `FILTER`) hasta el momento actual (esto lo determina la línea de código `dimCalendario[fecha] <= _fechaContx`, donde podemos ver una variable previamente calculada).
2. Con el contexto preparado, ejecutar la suma que hay en el primer argumento de `CALCULATE`.

Obtención del saldo acumulado de pedidos enviados

El siguiente código es el encargado:

```
--Precálculo de los pedidos enviados (acumulados)------------
--Este acumulado se resta del acumulado de pedidos recibidos--
CALCULATE(
    SUM( factPedidos[totalVenta] ),

    --Contexto para que el cálculo sea acumulado-------------
    FILTER(
        ALL( dimCalendario[fecha] ),
        dimCalendario[fecha] <= _fechaContx
    ),

    --Uso de la relación inactiva para este cálculo----------
    USERELATIONSHIP(
```

```
                dimCalendario[fecha],
                factPedidos[fechaEnvio]
            )
        )
```

Todo merece el mismo comentario que el trozo de código anterior, excepto las últimas líneas donde aparece la función USERELATIONSHIP. Esta función también modifica el contexto de filtro, aunque de una forma muy especial: hace que la tabla de hechos sea filtrada temporalmente (durante la ejecución de la medida solo) en función de la columna factPedidos[fechaEnvio]. Esto es así porque USERELATIONSHIP activa momentáneamente la relación que normalmente está inactiva entre las tablas dimCalendario y factPedidos. Así pues, los resultados obtenidos serán referidos a los pedidos enviados.

Resta de los pedidos acumulados recibidos menos los recibidos

Entre los trozos de código ya comentados podremos ver un signo - (menos) para restar el código que calcula los pedidos acumulados recibidos menos los acumulados enviados.

Transición de contextos y variable para precalcular la fecha de contexto

Todo lo explicado hasta ahora es algo que se debe calcular teniendo como referencia periodos mensuales (recordemos que estamos calculando el promedio **mensual** de pedidos pendientes de envío).

Puesto que todo el código explicado está colocado en el contexto de fila del segundo argumento de AVERAGEX, necesitamos una transición de contextos para que el resultado de la resta de los pedidos acumulados recibidos y los enviados sea distribuido a cada uno de los meses de la tabla del primer argumento de AVERAGEX.

La transición de contextos necesaria la provocamos mediante una función CALCULATE que envuelve todo el código explicado hasta ahora:

```
--Generación de una transición de contextos con CALCULATE---------
CALCULATE(
```

En el código (después de las líneas anteriores), vemos una variable que almacena el mes del contexto actual. Y cuando decimos "contexto actual" nos referimos al mes de la tabla dimCalendario sobre el que estamos iterando. Por ello, esta variable debe estar situada en este momento del código y no en otro lugar.

Esta variable evitará tener que poner la expresión `MAX( dimCalendario[fecha] )` en el contexto de fila de una función `FILTER`, con el consecuente beneficio al no tener que evaluarse para cada fila iterada:

```
--Almacenaje de la fecha de contexto en una variable.---------
--Esto evitará múltiples evaluaciones dentro de FILTER--------
VAR _fechaContx =   MAX( dimCalendario[fecha] ) RETURN
```

Promedio final

Con todo lo anterior, `AVERAGEX` es la función externa que envuelve todo y la encargada de realizar el promedio de las cifras acumuladas asignadas mensualmente en los pasos anteriores:

```
AVERAGEX(

    --Distribución de acumulados para cada uno de los meses-----------
    --(tendremos promedios visualizables por trimestres y años)-------
    VALUES( dimCalendario[numMes] ),
```

Revisión de resultados

Vamos a mostrar los resultados compilados en un objeto visual de matriz y, después, comprobar que los resultados son correctos, puesto que es una medida que realiza cálculos complejos sucesivos.

Vamos a simplificar la comprobación centrándonos en una pequeña parte de la tabla de hechos traspasada a Excel para poder editarla y agregar indicaciones que lo hagan comprensible todo. La podemos ver en la figura 3.18, donde hay datos ficticios pertenecientes al año 2024, año en el cual se inicia la actividad de la empresa (la actividad se inicia a mediados de año, luego solo hay datos para el tercer y cuarto trimestre).

año	#04 Prom. sobre acum.
⊟ **2024**	**4.299,22 €**
Trim-3	7.858,82 €
Trim-4	739,63 €
⊟ **2025**	**280,31 €**
Trim-1	0,00 €
Trim-2	582,40 €
Trim-3	78,00 €
Trim-4	460,83 €
Total	**280,31 €**

Figura 3.18. En la matriz podemos ver (en cada trimestre) el valor medio de los pedidos que han permanecido sin enviar. Fijémonos, especialmente, en las cifras de los dos trimestres de 2024. Estas cifras serán objeto de comprobaciones posteriormente.

Podemos ver en la figura 3.19 que los dos primeros pedidos se reciben y se envían dentro del tercer trimestre de 2024, pero el pedido recibido el 30/09/2024 se envía el 06/10/2024 (en el trimestre siguiente) y, por lo tanto, en el primer trimestre quedan pendientes para enviar 22.491,00 euros.

fechaPedido	fechaEnvio	totalVenta		Acumulado sin enviar en cada momento del trimestre	Promedio de acumulados sin enviar
31/07/2024	03/08/2024	255,96 €	Trim 3 2024	255,96 €	7.858,82 €
31/08/2024	07/09/2024	829,50 €		829,50 €	
30/09/2024	06/10/2024	22.491,00 €		22.491,00 €	
31/10/2024	03/11/2024	2.065,50 €	Trim 4 2024	2.065,50 €	739,63 €
30/11/2024	02/12/2024	153,38 €		153,38 €	
25/12/2024	26/12/2024	284,70 €		0,00 €	

Figura 3.19. Vemos a la izquierda de la imagen una parte de la tabla de hechos para un par de trimestres. A la derecha, las indicaciones que explican cómo se producen los acumulados y, finalmente, el promedio de los acumulados.

Si recopilamos lo que ocurrió en el primer trimestre, hubo un saldo pendiente de 255,96 euros en un momento dado, otro de 829,50 euros y otro de 22.491,00 euros, lo que hace un promedio de 7.858,82 euros. Cantidad esta que es la que veíamos en la figura 3.18 como promedio del saldo acumulado de pedidos pendientes de envío en el tercer trimestre de 2024.

Podríamos realizar las mismas comprobaciones para el cuarto trimestre de 2024 y el resultado (promedio acumulado de 739,63 euros) coincidiría con el reflejado en la matriz de la figura 3.18.

Rendimiento

Comparativa

Vemos en primer lugar los tiempos de ejecución registrados con DAX Studio en la figura 3.20.

Hay un aprovechamiento de todas las cualidades de Storage Engine (en torno al 85 % del trabajo) con paralelismos superiores a 5x, no se generan `CallBacksDataID` y, por lo tanto, se aprovecha también el cacheo de datos.

Esto último que comentamos da como resultado unos tiempos de cálculo de la consulta muy mejorados cuando dejamos que DAX Studio haga el test con la caché funcionando (deshabilitamos el comando Clear on run) y dejando el protagonismo a Formula Engine, como se ve en la figura 3.21.

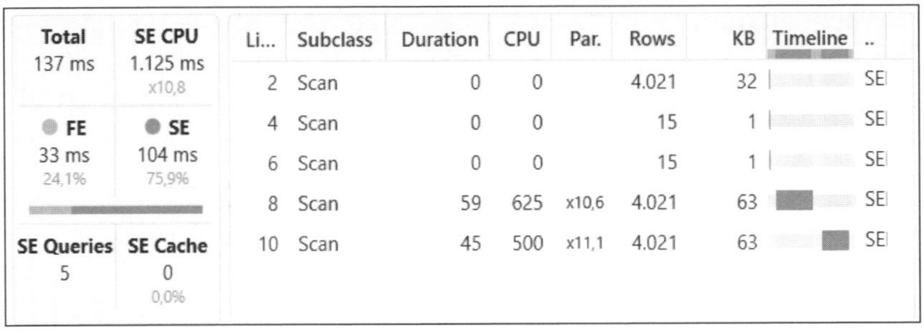

Figura 3.20. Esta consulta se ha ejecutado inhibiendo la caché para ver los resultados en las condiciones más pesimistas.

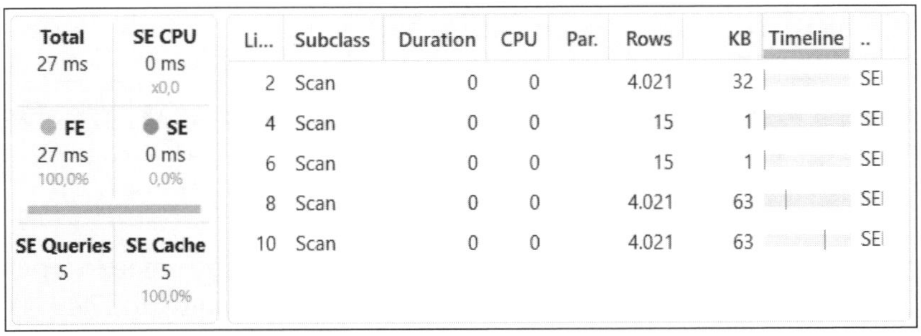

Figura 3.21. Esta consulta, contrariamente a la anterior, se ha ejecutado permitiendo el uso de la caché para ver los resultados en las condiciones más favorables.

Conclusiones

El rendimiento de la medida es muy aceptable considerando el gran tamaño de nuestro modelo de pruebas y las tablas implicadas. Además, al no producirse *callbacks*, el cacheado entra en funcionamiento y mejora considerablemente los resultados.

Promedio ponderado

El cálculo del promedio ponderado es una técnica estadística y matemática utilizada para encontrar el valor promedio de un conjunto de números, donde cada número tiene asociado un peso específico que indica su importancia o frecuencia. En lugar de calcular un promedio simple, que trata todos los números por igual, el promedio ponderado toma en cuenta la relevancia o la frecuencia de cada número. En general, un promedio ponderado se calcula utilizando la fórmula:

$$\frac{\Sigma_{i=1}^{n}\ (w_1 * x_1)}{n\Sigma_{i=1}^{n}\ w_1}$$

Donde:

- x_i representa cada número de los que se quieren promediar.
- w_i indica el peso o importancia que pondera cada número a promediar.
- n es el número total de elementos.

En el mundo del análisis de datos, el promedio ponderado es común en escenarios donde diferentes elementos contribuyen de manera desigual al resultado final. Por ejemplo, en análisis financiero, análisis de inventario o cálculos de satisfacción del cliente donde ciertas respuestas o productos tienen mayor relevancia que otros.

El promedio ponderado es una herramienta estadística vital, y su implementación en DAX requiere una comprensión detallada tanto del concepto matemático como del lenguaje DAX y las mejores prácticas de modelado de datos en Power BI. La clave es equilibrar la precisión y eficiencia del cálculo con la optimización del rendimiento y la claridad del código.

Ejemplo de uso A

Un ejemplo de necesidad de este tipo de cálculos lo tenemos cuando necesitamos calcular el punto de equilibrio global en una empresa cuya producción es multiproducto. En este caso y para la fórmula del punto de equilibrio, necesitaremos saber el porcentaje de costes variables (respecto de las ventas) que maneja la empresa en su conjunto. El problema es que, si la empresa fabrica distintos productos o tiene establecidas varias líneas de negocio, cada una de ellas tendrá una distinta estructura de costes y también un desigual peso específico en la facturación global de la empresa. Por ello, necesitaremos un promedio ponderado del porcentaje aludido anteriormente.

Ejemplo de uso B

Otro ejemplo de promedio ponderado puede ser la necesidad de saber un precio representativo al que se venden los productos o servicios en una empresa.

Por ejemplo, si una empresa vende cinco productos distintos con las condiciones de la siguiente tabla de la figura 3.22.

Si obtuviéramos un promedio simple de la columna Precio, el resultado sería 23,60 euros. Sin embargo, si calculáramos el precio medio ponderado de la columna Precio, el resultado sería 3,94 euros. A todas luces, el segundo resultado es el que podemos considerar como justo.

Producto	Precio	Unidades	Total ventas
Producto 1	2,00 €	100	200
Producto 2	5,00 €	1	5
Producto 3	1,00 €	4	4
Producto 4	100,00 €	2	200
Producto 5	10,00 €	2	20

Figura 3.22. Resulta intuitivo pensar que, si la inmensa mayoría de productos se han vendido a 2,00 euros, el precio medio ponderado debe ser cercano a esa cantidad.

Código DAX

Personalizar el código en negrita

```
#05 Promedio ponderado =
/*-----------------------------------------------------------------------
Medida para calcular el precio medio ponderado de los productos
vendidos en cada pedido (cada fila de la tabla factPedidos).
Ponderación realizada según la cantidad de productos en cada pedido.
-----------------------------------------------------------------------*/
--Precálculo de la suma de los productos de Ud  x precioVentaUd-------
VAR _sumaProd =       SUMX(
                          factPedidos,
                          factPedidos[Ud]  * factPedidos[precioVentaUd]
                      )

--Precálculo de la suma de las ventas de productos-------------------
VAR _sumaUD =         SUM( factPedidos[Ud] )

--Cálculo del resultado final----------------------------------------
VAR _result =         DIVIDE(
                          _sumaProd,
                          _sumaUD
                      )

RETURN                _result
```

Explicación del código

El código utiliza funciones sencillas (SUMX, SUM y DIVIDE) y es muy intuitivo a la hora de entenderlo y relacionarlo con la fórmula general del promedio ponderado.

En primer lugar, almacenamos en una variable la suma de las multiplicaciones, fila a fila, de las unidades vendidas por el precio de venta. Esto se hace mediante la función SUMX y su capacidad de realizar operaciones en un contexto de fila e iterando por una tabla. El código que realiza esto es el siguiente:

```
--Precálculo de la suma de las ventas de productos-------------------
VAR _sumaProd =      SUMX(
                         factPedidos,
                         factPedidos[Ud]*factPedidos[precioVentaUd]
                     )
```

En segundo lugar y también almacenando el valor resultante en una variable, se calcula la suma total de las unidades vendidas en el conjunto de filas que están disponibles en el contexto de filtro. Las unidades son las que ponderan (determinan el peso específico) el precio de las ventas. La parte del código que realiza esto es:

```
--Precálculo de la suma de las unidades------------------------------
VAR _sumaUD =        SUM( factPedidos[Ud] )
```

Finalmente, las variables que almacenan los valores precalculados se colocan en una función `DIVIDE` para configurar la fórmula del promedio ponderado:

```
VAR _result =        DIVIDE(
                         _sumaProd,
                         _sumaUD
                     )
```

Revisión de resultados

Para entender por completo (y comprobar) el funcionamiento de la plantilla, vamos a partir de una supuesta tabla origen de datos como la de la figura 3.23.

ID_cliente	ID_producto	Ud	precioVentaUd	precioCosteUd	fechaPedido	totalVenta
10	1731	1	65,21 €	29,99 €	01/01/2018	65,21 €
10	1665	2	4,49 €	2,29 €	01/01/2018	8,98 €
11	2098	3	457,20 €	233,09 €	01/02/2018	1.371,60 €
17	165	5	725,33 €	369,80 €	22/02/2018	3.626,65 €
11	1681	3	6,20 €	2,85 €	01/02/2018	18,60 €

Figura 3.23. Con una sencilla tabla, entenderemos mejor y comprobaremos el funcionamiento de la medida.

Vemos que hay datos relativos a dos meses y tres clientes en la tabla anterior. Si compilamos la medida en un objeto visual de tabla, podríamos obtener estos resultados que vemos en la figura 3.24.

Es fácil comprobar uno de los promedios ponderados: el del cliente Paul Harris (ID_cliente = 10) abarca las dos primeras filas de la tabla de la figura 3.22. Dicho con cifras: 24,73 euros = (65,21 euros + 4,49)/(1 + 2).

En relación con el total del objeto visual (363,65 euros), este se refiere al precio medio ponderado de todos los productos vendidos a todos los clientes en el contexto de filtro (meses de enero y febrero de 2025).

Años	ID_cliente	nombreEmpresaCliente	#05 Promedio ponderado
☐ 2024	10	Paul Harris	24,73 €
▣ 2025	11	Romp	231,70 €
▣ Trim-1	17	Modern Realty	725,33 €
■ ene	**Total**		**363,65 €**
■ feb			
☐ mar			

Figura 3.24. Con una sencilla tabla, entenderemos mejor y comprobaremos el funcionamiento de la medida.

Promedio acumulado

Otro de los cálculos habituales para determinados estudios en una empresa es el promedio acumulado. En el contexto financiero y de análisis de datos, un promedio acumulado es una técnica estadística utilizada para suavizar las fluctuaciones en una serie de datos a lo largo del tiempo.

El concepto de promedio acumulado se refiere al cálculo de un promedio que va incorporando progresivamente nuevos datos a medida que estos se van generando o recopilando a lo largo de una dimensión (que suele ser el tiempo). Este promedio toma en cuenta todos los datos existentes anteriores (desde el inicio de la serie temporal disponible), acumulándolos para obtener un promedio global hasta el momento actual. La figura 3.25 puede ayudarnos a entender lo comentado.

Ítems	Columna original	PROMEDIO ACUMULADO
Enero	5	5,00
Febrero	2	3,50
Marzo	10	5,67
Abril	4	5,25
Mayo	15	7,20
Junio	6	7,00

Representación gráfica

Figura 3.25. Vemos en la imagen que, por ejemplo, en el mes de abril, el promedio acumulado es el resultado de (5 + 2 + 10 + 4)/4 = 5,25. En la representación gráfica vemos que los promedios acumulados suavizan las variaciones que pudieran tener los datos originales.

Hecha la definición anterior, obtenemos algunas conclusiones:

- De un promedio acumulado se obtienen *insights* muy sólidos y consistentes y con elevados grados de confianza, al estar basados frecuentemente en series temporales largas.

- Un promedio acumulado considera relevantes (representativos de la realidad que se intenta estudiar) los datos más antiguos sin importar lo alejados que estén del momento actual. Debemos llevar cuidado con este punto y reflexionar si un promedio acumulado debe ser incorporado como un indicador válido en un mundo empresarial donde, a veces, cualquier análisis más allá de tres años atrás es considerado como un análisis obsoleto.
- Como consecuencia del comentario anterior, se infiere que un promedio acumulado debe ser usado cuando es importante aportar *insights* relacionados con cuestiones estructurales (ya sea para una empresa, persona, producto, etc.) y no coyunturales. Dicho de otra forma, los promedios acumulados tienden a obviar y ocultar la estacionalidad y las variaciones bruscas de los datos.
- Por lo anterior, los promedios acumulados tienen una especial utilidad cuando se usan en objetos visuales gráficos de línea o de área. Es así como ofrecen conclusiones importantes relativas a la tendencia de los datos y no tanto a la variabilidad de estos.

Pero ¿en qué ocasiones podría ayudarnos el cálculo de un promedio acumulado?

Ejemplo de uso A

Un ejemplo de aplicación adecuada de un promedio acumulado es la obtención de un indicador para evaluar la trayectoria de los empleados en cuanto a las horas de formación continua mensual que realizan. Si la empresa tiene una elevada estacionalidad debido a la dispar carga de trabajo a lo largo del año, quizá lo interesante sea conocer el promedio acumulado de horas de formación que cada empleado adquiere, obviando periodos donde, comprensiblemente, el empleado no puede invertir tiempo en formación.

Ejemplo de uso B

Una empresa desea saber cuánto tiempo, por término medio, tardan los productos en ser servidos (enviados) a los clientes. Puesto que hay diversos factores que pueden alterar la demora desde que un pedido se recibe hasta que se envía al cliente, la empresa quiere simplificar el estudio obviando situaciones de cuellos de botella u opciones favorables y saber la tendencia de la agilidad y capacidad de respuesta general de sus plantas de producción y logística. Con un promedio acumulado reflejado en un gráfico de línea, por ejemplo, quedará claro si el equipo de producción se sobrepone a las dificultades y gestiona cada vez mejor la producción y el envío de productos con los recursos que tiene o, por el contrario, la tendencia es negativa y hay que hacer un estudio de recursos aplicados.

Código DAX

Tomaremos el anterior ejemplo 2 para recrear la situación y calcular el promedio mensual acumulado de los días de demora en la empresa a la hora de enviar los productos a los clientes, teniendo como referencia la fecha de recepción del pedido.

Ofreceremos dos opciones de código. Si bien la primera opción va a resolver el requerimiento mediante funciones tradicionales, la segunda opción de plantilla que ofrecemos resuelve el requerimiento de negocio mediante una función de ventana (*window function*). Este tipo de funciones es una alternativa a las funciones tradicionales y a algunas funciones de inteligencia de tiempo.

Código DAX. Opción 1

Personalizar el código en negrita

```
#06 Promedio acumulado. OPC1 =
/*-------------------------------------------------------------
Medida para calcular los días que, por término medio, la empresa se
demora en enviar un pedido desde el día en el que lo recibe.
-------------------------------------------------------------*/
--Precálculo de la fecha del contexto actual de evaluación-----------
VAR _fechCtx =  MAX( dimCalendario[fecha] )

--Tabla de genera un contexto que acumula el cálculo del resultado----
VAR _periodo =  FILTER(
                    ALLSELECTED( dimCalendario[fecha] ),
                    dimCalendario[fecha] <= _fechCtx
                )

--Cálculo del resultado final--------------------------------------
VAR _result =   CALCULATE(
                    AVERAGEX(
                        factPedidos,
                        factPedidos[fechaEnvio] -
                        factPedidos[fechaPedido]
                    ),
                    _periodo
                )

RETURN          _result
```

Código DAX. Opción 2

Personalizar el código en negrita

```
#06 Promedio acumulado. OPC2 =
/*-----------------------------------------------------------------
Medida para calcular los días que, por término medio, la empresa se
demora en enviar un pedido desde el día en el que lo recibe.
----------------------------------------------------------------*/
--Tabla que marcará el contexto donde se evaluará el promedio---------
VAR _periodo =  WINDOW(
                    1, ABS,      //Desde la primera fila
                    0, REL,     //Hasta la fila del contexto actual
                    ALLSELECTED( dimCalendario[fecha] )
                )

--Cálculo principal del promedio-----------------------------------
VAR _result=    CALCULATE(
                    AVERAGEX(
                        factPedidos,
                        factPedidos[fechaEnvio] -
                        factPedidos[fechaPedido]
                    ),
                    _periodo
                )

RETURN          _result
```

Explicación del código

Explicación del código. Opción 1

El primer trozo de código que vamos a explicar es el siguiente:

```
--Precálculo de la fecha del contexto actual de evaluación-----------
VAR _fechCtx =  MAX( dimCalendario[fecha] )

--Tabla de genera un contexto que acumula el cálculo del resultado----
VAR _periodo =  FILTER(
                    ALLSELECTED( dimCalendario[fecha] ),
                    dimCalendario[fecha] <= _fechCtx
                )
```

En este caso, es el código que establece un contexto de filtro para que, posteriormente, el cálculo del primer argumento de CALCULATE se evalúe de forma acumulada. FILTER entrega una tabla que establece estas condiciones de contexto de filtro:

- El resultado no debe estar segmentado por los campos dimCalendario[año] o dimCalendario[fecha]. Esta regla la hace cumplir la función ALLSELECTED con la gestión del llamado "contexto de filtro sombra" (funcionalidad propia de ALLSELECTED, mediante la cual ocurren dos cosas):

1. Absolutamente todos los filtros son eliminados.
2. Los filtros externos a la propia consulta DAX son reestablecidos.

- El cálculo estará condicionado por el filtro booleano `dimCalendario[fecha] <= _fechCtx`. La parte izquierda de esta expresión se evalúa en un contexto de fila (para todas las filas de la tabla que devuelve `ALLSELECTED` con fechas). Es decir, se comprueba que cada una de las fechas que filtren (formen parte) del resultado, sean fechas anteriores a la fecha que el usuario haya establecido como actual en el contexto de filtro del modelo (hay que reseñar que la parte derecha de la expresión es una variable que almacena un resultado evaluado fuera de la iteración fila a fila de `FILTER`. La variable la podemos ver al principio del código y es una forma de optimizar el rendimiento de la medida).

El siguiente trozo de código a estudiar es el primer argumento de la función `CALCULATE`:

```
--Cálculo del resultado final----------------------------------------
VAR _result =   CALCULATE(
                    AVERAGEX(
                        factPedidos,
                        factPedidos[fechaEnvio] -
                        factPedidos[fechaPedido]
                    ),
                    _periodo
                )
```

Podemos ver que se trata de una función `CALCULATE` que, en su primer argumento, ejecuta la función `AVERAGEX`. Esta es la protagonista en el cálculo del promedio de la diferencia de días entre la recepción y el envío del pedido. Obligatoriamente debemos usar una función que trabaje en un contexto de fila para poder realizar la resta de fechas.

En el segundo argumento de `CALCULATE` vemos la variable que devuelve la tabla que marca el contexto de evaluación.

Explicación del código. Opción 2

La explicación del código es similar a la de la opción 1, excepto el contenido de la variable que se establece en el segundo argumento de `CALCULATE`. Es decir, en la parte donde se define el contexto. En esta opción 2, la tabla que genera la acumulación se consigue mediante la función de ventana `WINDOW`:

```
--Precálculo de la tabla que marcará el contexto de evaluación--------
VAR _periodo =  WINDOW(
                    1, ABS,      //Desde la primera fila
```

```
            0, REL,     //Hasta la fila del contexto actual
            ALLSELECTED( dimCalendario[fecha] )
        )
```

La función WINDOW devuelve una tabla que es utilizada posteriormente como segundo argumento por CALCULATE. La tabla devuelta por WINDOW debe ser configurada en el código ofrecido como plantilla mediante cinco argumentos (aunque hay otras opciones).

Los dos primeros argumentos (<From> y <FromType>) determinan el inicio de la tabla que marcará el contexto de evaluación. En nuestro ejemplo, son: 1, ABS,.

Estos argumentos indican que la tabla que necesitamos comienza en la posición o fila 1 de la tabla que pasaremos más adelante, en el quinto parámetro configurado.

Los siguientes dos argumentos (<To> y <ToType>) determinan el final de la tabla que marcará el contexto de evaluación. En nuestro ejemplo, son 0, REL,.

Esta pareja de argumentos, con los valores 0, REL, indican que la tabla que necesitamos termina en la última fila visible del contexto actual. En la figura 3.26 vemos, de forma esquemática, cómo funcionan los cuatro primeros argumentos.

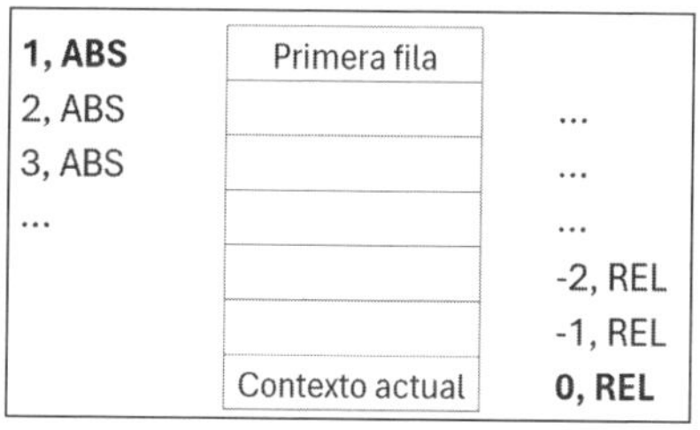

Figura 3.26. Vemos, de forma gráfica y para el caso que nos ocupa, los significados de los cuatro primeros argumentos de la función WINDOW.

Hasta ahora, los cuatro argumentos vistos definían qué parte de la tabla que establecerá el contexto de evaluación será tenida en cuenta. Pero ¿qué tabla? Pues será la que configuremos en el quinto argumento <Relation>.

Debemos aportar una tabla que:

- Provoque un acumulado en función del atributo o atributos que se le pasen como argumentos, evitando la segmentación en cada contexto.
- Aporte al contexto de filtro las agrupaciones y orden adecuados a lo expresado en los primeros cuatro argumentos de WINDOW:
  - **En cuanto a la agrupación:** Puesto que la agrupación necesaria (determinada con los cuatro primeros argumentos) es por fechas, debemos establecer en ALLSELECTED dimCalendario[fecha] como una de las columnas

que agrupa. Recordemos que ALLSELECTED devuelve una tabla con las combinaciones de valores únicos de las columnas que se le pasan como argumentos.

- **En cuanto al orden:** Puesto que dimCalendario[fecha] es una columna de tipo fecha y está perfectamente ordenada desde su origen, no necesitamos columnas adicionales que aporten orden a la tabla que aporte ALLSELECTED.

Vamos ahora con el trozo de código que pertenece al primer argumento de CALCULATE:

```
--Cálculo principal del promedio--------------------------------------
VAR _result =    CALCULATE(
                     AVERAGEX(
                         factPedidos,
                         factPedidos[fechaEnvio] -
                         factPedidos[fechaPedido]
                     ),
                     _periodo
                 )
```

Se utiliza una función CALCULATE que, en su primer argumento, ejecuta la función AVERAGEX. Esta es la protagonista en el cálculo del promedio de la diferencia de días entre la recepción y el envío del pedido. Obligatoriamente debemos usar una función que trabaje en un contexto de fila para poder realizar la resta de fechas.

En el segundo argumento de CALCULATE vemos la variable que devuelve la tabla que marca el contexto de evaluación.

Revisión de resultados

Vemos ahora las dos opciones de código que hemos manejado compiladas en un objeto visual de matriz. Evidentemente, los resultados y gráficos resultantes son idénticos.

En la figura 3.27 vemos en funcionamiento las dos opciones de plantilla. Podemos apreciar en ambos objetos visuales una comparación entre el promedio acumulado que ofrece la medida de la plantilla y una medida (llamada Demora envíos y creada solo con fines comparativos), donde se muestran las demoras en el envío de pedidos, pero sin acumular.

Si nos fijamos en la tabla, el último mes de cada año expresará el promedio acumulado para ese periodo. Por ello, diciembre del 2024 coincide con el año 2024 con la cifra 3,67.

año	Demora envíos	#06 Promedio acumulado. OPC1	#06 Promedio acumulado. OPC2
⊟ 2024	22,00	3,67	3,67
jul-24	3,00	3,00	3,00
ago-24	7,00	5,00	5,00
sep-24	6,00	5,33	5,33
oct-24	3,00	4,75	4,75
nov-24	2,00	4,20	4,20
dic-24	1,00	3,67	3,67
⊞ 2025	38,00	2,86	2,86
⊞ 2026	30,00	2,65	2,65
Total	90,00	2,65	2,65

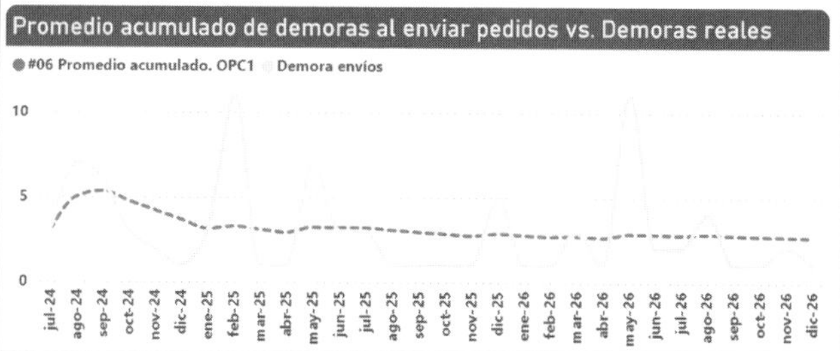

Figura 3.27. Podemos apreciar que la línea del promedio acumulado es muy suave, en relación con la original (**Demora envíos**) cuyos datos están sin acumular.

El total general (2,65) representa el promedio acumulado a fecha de contexto actual. La interpretación del gráfico debe ser un punto de tranquilidad para esta supuesta empresa: la gestión de los pedidos tiene una tendencia a la baja y se puede asegurar, con cierto grado de fiabilidad estadística, que el tiempo promedio de demora en los envíos será inferior a tres días.

Por cierto, debemos recordar que este tipo de promedio viene "arrastrado" desde el inicio de toda la serie temporal de datos de la empresa, ¡aunque filtremos de forma explícita y solo visualicemos algunos periodos intermedios!

Rendimiento

En determinadas situaciones, las funciones de ventana son convenientes porque alcanzan mejores rendimientos. En otras ocasiones, son convenientes porque se configuran de forma más flexible o fácil. Pero esto no siempre es así y nos encontramos casos donde las funciones tradicionales y de inteligencia de tiempo son más eficientes y su código más sencillo.

Las pruebas realizadas con las dos opciones de plantilla no dejan claro qué opción es la mejor y los tiempos de ejecución, dependiendo del contexto, a veces son favorables a una opción y a veces a otra.

En definitiva, lo ideal es que el usuario, a la hora de decidir qué opción de código elige, realice mediciones con el comando Analizador de rendimiento de Power BI en el contexto en el que se vaya a usar la plantilla.

Promedio móvil

Un promedio móvil, en el contexto financiero y de análisis de datos, es una técnica estadística utilizada para suavizar las fluctuaciones en una serie de datos a lo largo del tiempo. A diferencia del promedio acumulado, cada promedio móvil que se genera en cada momento del tiempo toma en cuenta solo los *n* meses últimos de la serie de datos (recordemos que el promedio acumulado toma en cuenta toda la serie histórica de datos).

Veamos de forma gráfica, en la figura 3.28, el concepto de promedio móvil con uno que toma en cuenta los tres meses últimos al contexto de referencia.

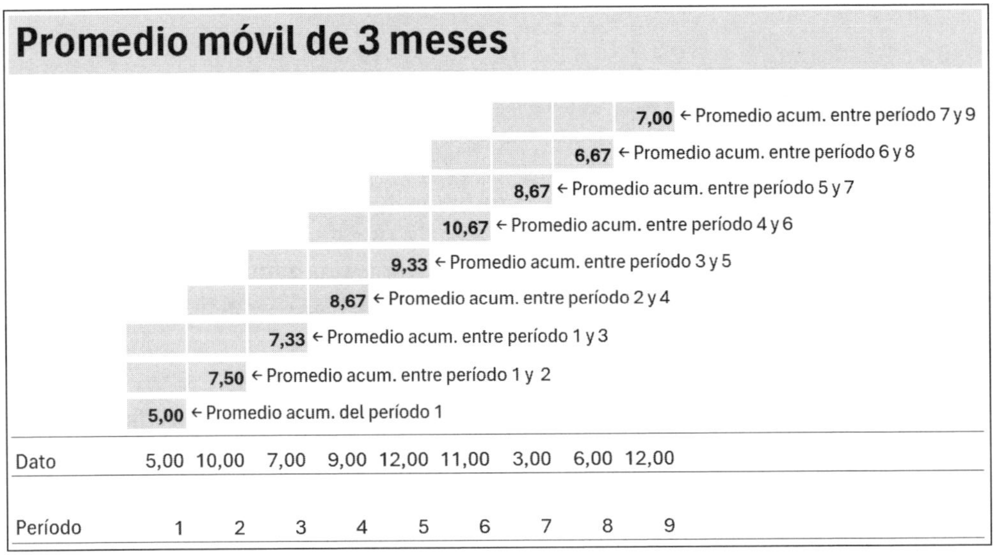

Figura 3.28. En la imagen vemos, de forma esquemática, el funcionamiento del promedio móvil de tres meses. Es solo un ejemplo, pero las necesidades de negocio marcarán la decisión de crear promedios móviles más suaves (de más meses) o más variables (de menos meses).

Es intuitivo pensar que, si el promedio móvil abarca una cantidad de meses menor, la línea gráfica resultante estará menos suavizada y tendrá en cuenta de forma más intensa las variaciones. Evidentemente, los promedios móviles que abarcan más meses ofrecerán un efecto contrario.

Ahora, debemos pensar en casos de uso y aplicación de este tipo de cálculo.

Ejemplo de uso A

Una de las posibilidades de uso de un promedio móvil es su uso para realizar pronósticos de ventas basados en periodos de medio plazo en el pasado. Por ejemplo, pronosticar las ventas de determinados clientes basándonos en su comportamiento en los últimos 12 meses solamente. Esta puede ser una decisión apoyada en la idea de que esa es la estacionalidad de ventas en ese mercado.

Ejemplo de uso B

Hay empresas que manejan unos precios de compra de materias primas sumamente volátiles e impredecibles. Si esas empresas necesitan fijar unos precios de venta para el futuro, pero basándose en los precios volátiles de compra del pasado, ¿cómo lo hacen si esos precios tienen una enorme variabilidad porque cambian? Un ejemplo sería establecer el precio de venta basándose en el promedio móvil de los precios de compra de los últimos tres meses (y aplicando el adecuado margen, por supuesto).

Código DAX

Para desarrollar nuestra plantilla de código DAX, tomaremos el ejemplo de uso B. Así pues, queremos saber el promedio móvil de 3 meses del precio de compra de los productos que aparecen en la tabla de hechos del modelo de datos que usamos en este capítulo.

Aquí presentamos una opción de código construida con una función de inteligencia de tiempo (`DATESINPERIOD`).

Código DAX. Opción 1

Personalizar el código en negrita

```
#07 Promedio móvil. OPC1 =
/*-------------------------------------------------------------------
Medida para calcular el promedio móvil de 3 meses del precio de compra
de los artículos que aparecen en la tabla factPedidos.
-------------------------------------------------------------------*/
--Precálculo de la fecha del contexto actual de evaluación-----------
VAR _fechCtx =  MAX( dimCalendario[fecha] )

--Número de meses al pasado para el promedio móvil-------------------
```

```
VAR _nMeses =   -3

--Cálculo del periodo o contexto donde se debe evaluar el promedio----
VAR _periodo = DATESINPERIOD(
                    dimCalendario[fecha],
                    _fechCtx,    // Contexto actual
                    _nMeses,     // -3 meses atrás
                    MONTH
                )

--Cálculo del resultado final-----------------------------------------
VAR _result =   CALCULATE(
                    AVERAGE( factPedidos[precioCosteUd] ),
                    _periodo
                )

RETURN          _result
```

Código DAX. Opción 2

En este caso, presentamos una opción de código construida con una función de ventana (`WINDOWS`):

Personalizar el código en negrita

```
#07 Promedio móvil. OPC2 =
/*--------------------------------------------------------------------
Medida para calcular el promedio móvil mensual de 3 meses del precio
de compra de los artículos que aparecen en la tabla factPedidos.
--------------------------------------------------------------------*/
--Precálculo de la fecha del contexto actual de evaluación-----------
VAR _fechCtx = MAX( dimCalendario[fecha] )

--Número de meses al pasado para el promedio móvil-------------------
VAR _nMeses =   -3

--Cálculo del periodo o contexto donde se debe evaluar el promedio----
VAR _periodo = WINDOW(
                    _nMeses + 1, REL,        // -3 meses atrás
                    0, REL,                  // Contexto actual
                    ALLSELECTED(
                        dimCalendario[añoMes],
                        dimCalendario[mesAño]
                    )
                )

--Cálculo del resultado final-----------------------------------------
VAR _result =   CALCULATE(
                    AVERAGE( factPedidos[precioCosteUd] ),
                    _periodo
                )

RETURN          _result
```

Explicación del código

Explicación del código. Opción 1

El primer trozo de código que vamos a explicar es el siguiente:

```
--Precálculo de la fecha del contexto actual de evaluación-----------
VAR _fechCtx =  MAX( dimCalendario[fecha] )

--Número de meses al pasado para el promedio móvil-------------------
VAR _nMeses =   -3

--Cálculo del periodo o contexto donde se debe evaluar el promedio----
VAR _periodo =  DATESINPERIOD(
                    dimCalendario[fecha],
                    _fechCtx,    // Contexto actual
                    _nMeses,     // -3 meses atrás
                    MONTH
                )
```

En este caso, es el código que establece un contexto de filtro para que el cálculo se evalúe para los últimos tres meses, contando desde el contexto actual.

Al principio, se declaran dos variables. Una de ellas para precalcular la fecha más reciente del contexto en el que se está evaluando la medida y otra para almacenar el número de meses hacia el pasado (en nuestra plantilla de ejemplo, tres meses).

Después, en otra variable, almacenamos una tabla devuelta por la función de inteligencia de tiempo `DATESINPERIOD`. Esa tabla se usará como filtro modificador de contexto.

```
DATESINPERIOD (
  <Dates>,
  <StartDate>,
  <NumberOfIntervals>,
  <Interval>
)
```

Donde el primer argumento debe ser la columna clave de la tabla de fechas del modelo, el segundo argumento debe ser la fecha inicial del contexto deseado (en este caso usamos una variable previamente calculada fuera de `CALCULATE`, en un contexto de filtro ofrecido por la propia función `MAX`), el tercer argumento es el número de intervalos hacia el pasado que queremos para el promedio móvil (para esto también usamos una variable previamente declarada al inicio del código) y el último argumento es el tipo de intervalo o periodo de tiempo.

Si nos fijamos, estamos estableciendo en `<StartDate>` el final del contexto y, después, establecemos que sean -3 intervalos (negativo = hacia el pasado).

Esto (desde determinados puntos de vista) puede parecer contraintuitivo porque estamos asignando a <StartDate> una fecha que es la última del contexto. Pero todo dependerá de cómo imaginemos el orden de la tabla.

A continuación, vemos otro trozo de código a analizar:

```
--Cálculo del resultado final----------------------------------------
VAR _result =   CALCULATE(
                    AVERAGE( factPedidos[precioCosteUd] ),
                    _periodo
                )
```

Este es el cálculo principal que ejecuta la función CALCULATE con todos los "ingredientes" que se han precalculado antes.

El primer argumento de CALCULATE es el cálculo para realizar y el segundo argumento, el contexto donde se evaluará la medida.

Explicación del código. OPCIÓN 2

En el caso del cálculo mediante una función de ventana, el primer trozo de código que vamos a explicar es el siguiente:

```
--Precálculo de la fecha del contexto actual de evaluación-----------
VAR _fechCtx =  MAX( dimCalendario[fecha] )

--Número de meses al pasado para el promedio móvil-------------------
VAR _nMeses =   -3

--Cálculo del periodo o contexto donde se debe evaluar el promedio----
VAR _periodo =  WINDOW(
                    _nMeses + 1, REL,       // -3 meses atrás
                    0, REL,                 // Contexto actual
                    ALLSELECTED(
                        dimCalendario[añoMes],
                        dimCalendario[mesAño]
                    )
                )
```

Se trata del código que establece un contexto de filtro para que el cálculo se evalúe para los últimos tres meses, contando desde el contexto actual.

Vemos que, al principio, se declaran dos variables. Una de ellas para precalcular la fecha más reciente del contexto en el que se está evaluando la medida y otra para almacenar el número de meses hacia el pasado (en nuestra plantilla de ejemplo, tres meses).

Después, se almacena en una tercera variable una tabla que será la que proporcione el contexto de filtro al cálculo final. Para ello, usamos la función WINDOW, cuyos cuatro primeros argumentos de la función resultan intuitivos si pensamos en que la tabla que debe devolver la función de ventana es una tabla que debe generar una agrupación por meses (recordemos que el objetivo es un promedio mensual móvil de tres meses). Es decir, si hablamos de meses, las referencias deben ser `REL` y con números que produzcan "saltos" de mes en mes.

Por ejemplo, -2 significaría el tercer mes hacia el pasado (0 es el mes presente, -1 es el mes anterior y -2 es el tercer mes que encontramos en el pasado).

En resumen, necesitamos la cantidad -2. Para ello, en el código, vemos la expresión `_nMeses + 1`. Puesto que, al principio de la medida, a la variable se le asignó el número -3, si le sumamos 1, obtenemos el deseado -2.

Todo lo anterior condiciona el siguiente y quinto argumento: la función `ALLSELECTED` que tiene, dentro de `WINDOW`, las siguientes funciones:

- Provocar una serie de cifras que se acumulan en función del atributo o atributos que se le pasen como argumentos, evitando la segmentación en cada contexto.
- Aportar al contexto de filtro las agrupaciones y orden adecuados a lo expresado en los primeros cuatro argumentos de `WINDOW`:
  - **En cuanto a la agrupación:** Puesto que la agrupación necesaria (determinada con los cuatro primeros argumentos) es por meses, debemos establecer en `ALLSELECTED` dimCalendario[mesAño] como una de las columnas que agrupa. Recordemos que `ALLSELECTED` devuelve una tabla con las combinaciones de valores únicos de las columnas que se le pasan como argumentos.
  - **En cuanto al orden:** Puesto que dimCalendario[mesAño] es una columna de texto con el formato "mmm-yy", necesitamos una columna que "exija" un orden entendible por las personas y no alfabético ascendente, que sería el que habría por defecto. Por lo tanto, `ALLSELECTED` debe contener también dimCalendario[añoMes], que tiene un formato "yyyymm", que es el que ordena correctamente.

    Por cierto: dentro de `ALLSELECTED` debemos poner la columna que aporta orden (dimCalendario[añoMes]) antes que la columna que aporta agrupación.

Y, para finalizar, vamos con el trozo de código que es el cálculo principal:

```
--Cálculo del resultado final-----------------------------------------
VAR _result =   CALCULATE(
                    AVERAGE( factPedidos[precioCosteUd] ),
                    _periodo
                )
```

Es un código fácil de entender: se calculará un promedio simple de los precios que aparezcan en la columna factPedidos[precioCosteUd]. Por supuesto, el cálculo se evaluará en el contexto que tenemos almacenado en forma de tabla y dentro de la variable `_periodo`.

Revisión de resultados

En la figura 3.29 vemos las dos opciones de medida compiladas en un objeto visual de matriz.

mesAño	#07 Promedio móvil. OPC1	#07 Promedio móvil. OPC2
jul-24	39,24 €	39,24 €
ago-24	49,83 €	49,83 €
sep-24	447,21 €	447,21 €
oct-24	510,17 €	510,17 €
nov-24	501,78 €	501,78 €
dic-24	119,24 €	119,24 €
ene-25	40,47 €	40,47 €
feb-25	122,06 €	122,06 €
mar-25	109,59 €	109,59 €
abr-25	162,39 €	162,39 €

Figura 3.29. Resultados de un promedio móvil de tres meses, visualizados en una matriz.

Para comprobar los resultados de este promedio móvil de tres meses, vamos a partir del trozo relevante de la tabla original que tenemos en la vista de tabla de Power BI en la figura 3.30.

ID_producto	Ud	precioVentaUd	precioCosteUd	totalVenta	fechaPedido
1760	3	85,32 €	39,24 €	255,96 €	31/07/2024
644	7	118,50 €	60,42 €	829,50 €	31/08/2024
576	6	3.748,50 €	1.241,96 €	22.491,00 €	30/09/2024
593	3	688,50 €	228,12 €	2.065,50 €	31/10/2024

Figura 3.30. Tan solo nos hace falta esta parte de la tabla para comprobar el promedio móvil de tres meses que hay hasta el 31 de octubre.

Fijémonos de nuevo en la anterior figura 3.29, donde en el contexto de octubre de 2024 veíamos un promedio móvil de tres meses de 510,17 euros.

Si es correcto, debe corresponder con el promedio de las cifras 60,42 euros, 1.241,96 euros y 2.065,50 euros, lo que es cierto si hacemos el sencillo cálculo: (60,42 euros + 1.241,96 euros + 2.065,50 euros)/3 = 510,17 euros.

Rendimiento

Aplicamos los mismos comentarios que en el apartado "Rendimiento del promedio acumulado": el lector debe realizar pruebas con DAX Studio en el contexto de uso particular. Las pruebas realizadas para este libro no dejan claro que siempre una de las opciones sea la más eficiente.

4 Porcentajes y márgenes porcentuales

En este capítulo aprenderás:

- El concepto de porcentaje, evitando malentendidos y aclarando la forma correcta de expresar este cálculo.
- Aplicaciones de uso de los porcentajes y los márgenes expresados como un porcentaje en el mundo empresarial.
- A calcular porcentajes en distintos contextos de visualización y de análisis (con agrupaciones o sin ellas, referenciados a un total absoluto o a la jerarquía inmediatamente superior, etc.).
- A conocer a fondo el concepto de margen porcentual, las casuísticas que se derivan de él y cómo tratarlas con código DAX.
- A usar las plantillas de código DAX que proporcionamos.
- A entender las plantillas de código para tener la capacidad de modificarlas adaptándolas a tus necesidades y modelo de datos.

Características generales

En este capítulo, presentamos una serie de plantillas que nos permitirán realizar unos tipos de cálculos que necesitan pocas presentaciones: los porcentajes y los márgenes porcentuales o márgenes expresados con porcentajes. Incluimos el matiz "porcentual" porque los márgenes también podrían expresarse en términos absolutos con unidades monetarias, en cuyo caso se llamarían beneficios.

Las plantillas DAX propuestas exponen distintos sistemas y formas de calcular porcentajes y márgenes en diferentes escenarios. El lector solo tendrá que sustituir los nombres de tablas y nombres de columnas por los homólogos en el modelo por sus datos.

El objetivo es alcanzar un nivel de comprensión suficiente para poder usar la plantilla en su propio contexto empresarial. Para ello y como siempre, es fundamental que se tengan asimilados los conocimientos y conceptos incluidos en los **apéndices A, B, C y D** de este libro.

Concepto general de porcentaje

En párrafos anteriores (y en el título de este mismo capítulo), hemos utilizado la expresión "porcentajes y márgenes porcentuales" como entidades distintas. Pero, desde cierto punto de vista, los márgenes también son porcentajes en su forma de expresión. Por lo tanto, vamos a asimilar a los márgenes dentro de las definiciones y comentarios que haremos posteriormente de forma genérica para el concepto porcentaje (al final de este capítulo hay un apartado exclusivo dedicado a los márgenes expresados en tantos por ciento).

Aun siendo muy frecuente la utilización de los porcentajes, creemos conveniente aportar una definición y una explicación detallada para evitar algunos malentendidos que suelen aparecer en el contexto de este tipo de operaciones y otros puntos interesantes.

NOTA:

Un porcentaje es un número que expresa una fracción o una parte de cien. También se llama tanto por ciento o tanto por cien y se expresa con una cifra seguida del símbolo %.

Formas de expresar las partes de un todo

En realidad, un porcentaje es una de las múltiples formas que existen de expresar las partes de un todo. Por ejemplo, las fracciones también hacen esa función.

Otra cuestión para comentar sobre la expresión de la parte de un todo es que hay otra alternativa numérica que es expresarla en tantos por uno. Es decir, en vez de 60 %, sería 0,6. En el análisis de datos, esto es solo una cuestión de formato del valor, pero el cálculo se hace exactamente de la misma forma que los porcentajes que vamos a tratar en este capítulo.

Por otro lado, hay algunas expresiones que podrían ser consideradas como porcentajes. Por ejemplo, los porcentajes que expresan la variación que experimenta una magnitud. Estos se pueden expresar en forma de índices (por ejemplo: 115 %) o en forma de variación porcentual (por ejemplo +15 %). Estas formas de porcentajes serán tratadas en capítulos posteriores debido a que expresan una idea de crecimiento o decrecimiento. En este capítulo solo nos referiremos a un porcentaje como la expresión de las partes de un todo.

¿Por qué usar porcentajes?

El uso de porcentajes tiene varias ventajas que lo hacen preferible en muchos contextos, especialmente en comparación con fracciones o el formato de tanto por uno:

- **Universalidad y facilidad de comprensión:** Los porcentajes son ampliamente utilizados y comprendidos en diversos campos, desde la educación hasta los negocios y la economía. Esto los hace más accesibles para un público general, facilitando la comunicación de ideas y datos.
- **Comparabilidad:** Los porcentajes permiten comparar fácilmente proporciones de distintos tamaños o magnitudes. Por ejemplo, es más intuitivo comparar directamente el 50 % de dos cantidades diferentes que comparar fracciones con diferentes denominadores.
- **Facilidad de conversión y cálculo:** En muchos casos, es más fácil realizar cálculos usando porcentajes que con fracciones. Por ejemplo, calcular el 15 % de una cantidad es generalmente más directo que calcular 3/20 de la misma.
- **Preferencia en informes financieros y económicos:** En finanzas y economía, los porcentajes son una forma habitual de expresar indicadores clave. De hecho, en este ámbito es incluso más frecuente oír y leer la expresión "ratio" que porcentaje.

Malentendidos

Detrás de la que parece una obvia definición del concepto de porcentaje, hay una serie de malas prácticas que generan a veces malentendidos. El principal malentendido que gira en torno a los porcentajes se produce por una errónea o insuficiente aportación de contexto a las cifras referidas a un porcentaje. Por ejemplo: "Hemos reducido los costes en un 30 %".

En la anterior frase, el porcentaje está siendo utilizado sin aportar contexto y, por lo tanto, sin aportar sentido. La frase no especifica ni contexto temporal ni cuál es la cifra base sobre la que se expresa el porcentaje. Podríamos preguntar, pues: ¿un 30 % respecto de qué?, ¿respecto de lo presupuestado?, ¿respecto del año anterior?

Una de las claves para dar contexto a un porcentaje es explicitar bien cuál es el concepto base o total sobre el cual se calcula la parte o porcentaje. Así pues, la errónea frase anterior debería, por ejemplo, redefinirse así: "Hemos reducido en el actual mes natural el 30 % de los costes respecto del mes natural anterior".

Hablando de definir bien el concepto base o total de referencia, tanto en Power BI como en Power Pivot, podemos crear porcentajes:

- Que estén referidos al total general o subtotales que están en el objeto visual donde se va a configurar. A su vez, ese total general o subtotales del objeto visual dependen del contexto de filtro.
- Que estén referidos solo al total general del modelo de datos (contexto de filtro externo aplicado).

Debemos ser claros con nosotros mismos y con los receptores de la información que estamos generando a la hora de expresar la primera o la segunda de las opciones comentadas. En la inmensa mayoría de las veces, se utiliza la primera de ellas porque es más intuitiva y requiere menor explicación de contexto, pero la segunda no hay por qué descartarla.

Modelo

En la figura 4.1 vemos el modelo de datos de ejemplo con el que vamos a diseñar el código de las plantillas de este capítulo.

Es importante señalar que cada fila de la tabla de hechos (factPedidos) representa un pedido de un cliente, de un producto, en un día concreto. Por lo tanto, en un mismo día, puede haber varios pedidos de un mismo cliente.

En algunos apartados haremos pruebas de rendimiento y eficiencia de las medidas con DAX Studio. Para todas las pruebas, las condiciones son las de los dos siguientes apartados.

Figura 4.1. Este modelo es adecuado para crear ejemplos de cálculos de porcentajes.

FactPedidos:	225.616.948 filas
dimCalendario:	4.018 filas
dimClientes:	1.868.084 filas
dimProductos:	2.517 filas
dimAlmacenes:	74 filas

- **Hardware:**
  - PC Intel Core i9-9900K CPU 3.60GHz.
  - 64 GB RAM.
  - 8 núcleos-16 hilos.
  - Caché L1: 512 kB, Caché L2: 3 MB, Caché L3: 16 MB.
- **Software:**
  - Windows 11.
  - Power BI, versiones entre noviembre de 2023 y marzo de 2024.
  - Caché limpia (Clear On Run de DAX Studio), salvo indicación distinta.

Porcentaje sobre el total, sin agrupaciones

El cálculo de un porcentaje sobre el total, sin agrupaciones, se refiere al tanto por cien que se le asigna a un ítem, respecto de un total general determinado.

Es importante remarcar que el porcentaje al que nos referimos en este apartado tiene como referencia base el total general y no cualquier agrupación intermedia que pudiera haber.

Veamos esto con los siguientes ejemplos de uso.

Ejemplo de uso A

Una de las utilidades de los porcentajes es el análisis vertical de los costes de una empresa para interpretar el peso específico de cada uno de ellos respecto del total de los costes de la empresa. Vemos un ejemplo en la figura 4.2.

Coste	Importe	% /Total
Materias primas	23.875,00 €	61,96%
Variación de existencias	-345,00 €	-0,90%
Transporte de producto al cliente	1.123,00 €	2,91%
Servicios de profesionales	1.255,00 €	3,26%
Impuestos locales	34,00 €	0,09%
Gastos de personal	11.178,00 €	29,01%
Gastos financieros	111,00 €	0,29%
Amortizaciones	299,00 €	0,78%
Otros gastos	1.001,00 €	2,60%
Total costes	38.531,00 €	100,00%

Figura 4.2. Estamos en un ejemplo referido a objetos visuales que no tienen agrupaciones.

Podemos ver en la tabla anterior que todos los costes se analizan en relación con el total general. También que esta tabla no tiene agrupaciones con subtotales.

Ejemplo de uso B

Otro ejemplo de uso es la necesidad de analizar el peso específico de las distintas marcas de productos que vende una empresa, respecto del total del catálogo. Este ejemplo de uso es que vamos a desarrollar con una plantilla de código DAX que realice el cálculo.

Código DAX

```
#01 Porc. sobre total =
/*-----------------------------------------------------------------
Medida para calcular el porcentaje de ventas de cada marca de
producto, respecto de las ventas de la totalidad de las marcas de
productos que existen (independientemente de las marcas seleccionadas
en el objeto visual.
-----------------------------------------------------------------*/
--Precálculo de las ventas para cada contexto en el objeto visual----
VAR _ventas =        SUM( factPedidos[totalVenta] )

--Precálculo de las ventas totales de todos los productos existentes-
VAR _totVentas =     CALCULATE(
                         SUM( factPedidos[totalVenta] ),
                         ALL( dimProductos[marca] )
                     )

--Cálculo final del porcentaje--------------------------------------
VAR _result =        DIVIDE( _ventas, _totVentas )

RETURN               _result
```

Explicación del código

Comenzamos comentando la primera variable:

```
--Precálculo de las ventas para cada contexto en el objeto visual----
VAR _ventas =        SUM( factPedidos[totalVenta] )
```

La anterior variable se declara solo con fines de comprensibilidad del código, puesto que solo se usará una vez posteriormente. Debemos darnos cuenta de que no sería adecuado usar esta variable dentro del primer argumento de la función CALCULATE. Esto es debido a que en ese argumento debe haber una expresión que debe evaluarse ahí según el contexto que CALCULATE haya preparado previamente.

A continuación, explicaremos la siguiente variable. Es la que almacena el valor del denominador de la división que forma el porcentaje. Es decir, esta variable contiene la cifra total de referencia para los ratios:

```
--Precálculo de las ventas totales de todos los productos existentes-
VAR _totVentas =     CALCULATE(
                         SUM( factPedidos[totalVenta] ),
                         ALL( dimProductos[marca] )
                     )
```

Para conseguir esto, calculamos la cifra del denominador mediante una función CALCULATE que en su segundo argumento tiene una función ALL. Esta obliga a que el cálculo se realice de forma forzada para todas las marcas (al fin y al cabo, para todos los productos). En otras palabras, la función ALL inhibe cualquier filtro que pueda existir (dentro o fuera del objeto visual) sobre las marcas (solo inhibe la acción de los filtros sobre las marcas porque es ese atributo el usado dentro de la función ALL).

Para terminar, comentamos el código que realiza la operación principal del porcentaje: la división:

```
--Cálculo final del porcentaje-------------------------------------
VAR _result =        DIVIDE( _ventas, _totVentas )
```

Simplemente, hemos usado la función DIVIDE para dividir las ventas de cada contexto donde se evalúe la fórmula, entre el total de ventas para todas las marcas.

En el caso de que en algún contexto no haya ventas, la división devolverá un resultado BLANK(). El motivo es que la función DIVIDE arroja ese valor en el caso de que la división tenga un cero en el denominador (las divisiones entre cero proporcionarían un error si fueran realizadas con el operador de división /).

Revisión de resultados

Si ponemos la medida de nuestra plantilla en un objeto visual sin filtrar, obtendremos los resultados que vemos en la figura 4.3.

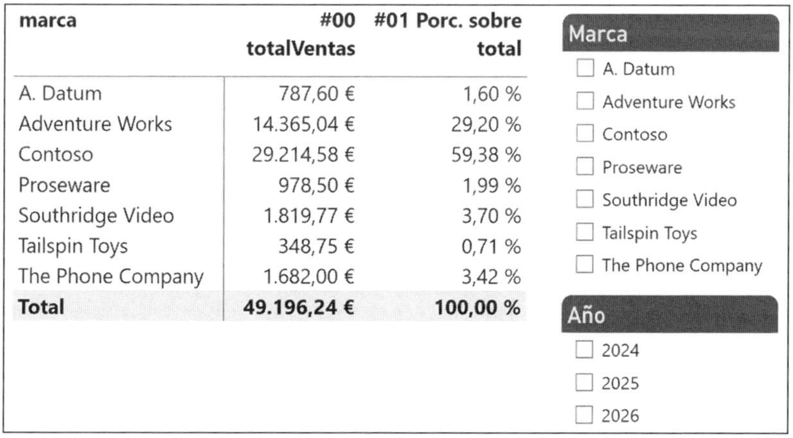

marca	#00 totalVentas	#01 Porc. sobre total
A. Datum	787,60 €	1,60 %
Adventure Works	14.365,04 €	29,20 %
Contoso	29.214,58 €	59,38 %
Proseware	978,50 €	1,99 %
Southridge Video	1.819,77 €	3,70 %
Tailspin Toys	348,75 €	0,71 %
The Phone Company	1.682,00 €	3,42 %
Total	**49.196,24 €**	**100,00 %**

Figura 4.3. Todos los porcentajes están referidos a la totalidad de las marcas que se vendieron. Por ello, la suma de porcentajes suma 100%.

Ahora, es importante fijarnos en la figura 4.4, donde, en este caso, sí hay un filtro aplicado para las marcas. El segmentador oculta marcas, pero las que siguen mostrándose tienen los mismos resultados porque esos porcentajes están calculados siempre respecto de la totalidad de las marcas. Como consecuencia de ello, el total ya no es un 100%. La interpretación sería que las tres marcas visibles conforman el 65,07% de las ventas de cada marca, respecto del total de las ventas de todas las marcas.

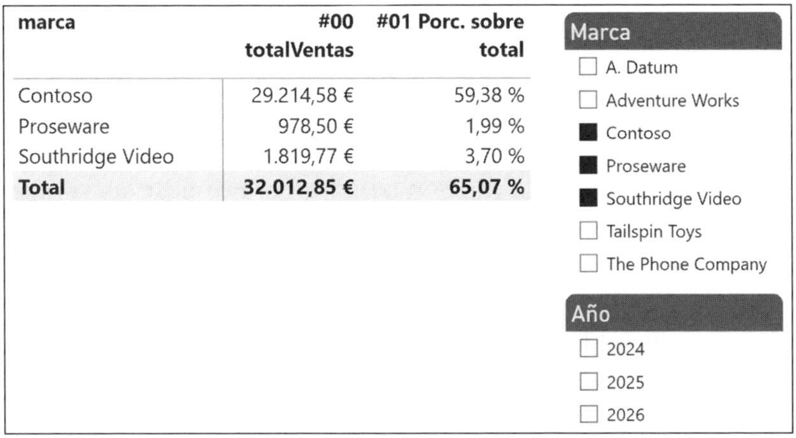

Figura 4.4. El total del objeto visual ofrece ahora un total que no es 100%. Simplemente, es debido a que no están mostrándose todas las marcas y, sin embargo, los porcentajes sí están referenciados a todas las marcas.

Como última demostración, en la figura 4.5 introducimos un nuevo filtro, en este caso, de un segmentador de años. Puesto que la columna **dimCalendario[año]** no ha sido inhibida de filtros mediante la función `ALL` (recordemos el código), los resultados sí cambian en función de este filtrado.

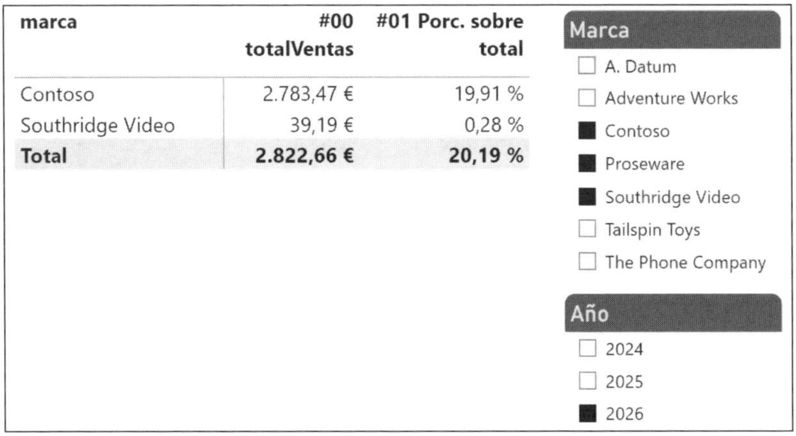

Figura 4.5. Las segmentaciones ajenas a la columna que pasamos como argumento a la función `ALL` sí hacen modificar el resultado de la medida en todos los contextos.

En la figura 4.5 comprobamos que la marca Contoso ahora arroja un porcentaje del 19,91 % de las compras para el año 2026, mientras que en la figura 4.4 (donde no había años filtrados y, por lo tanto, los resultados están referidos a toda la serie temporal) el porcentaje era del 59,38 %.

Porcentaje sobre lo seleccionado, sin agrupaciones

Para entender la diferencia entre la plantilla que proponemos en este apartado y la plantilla del apartado anterior, recomendamos (como no puede ser de otra forma) que el lector haya asimilado perfectamente cómo funcionaba el código y los resultados que se mostraban en relación con los segmentadores que se usaban. El motivo de esta recomendación es que la plantilla que nos ocupa en esta ocasión tiene un comportamiento especial en relación con los resultados que se muestran en un objeto visual o, dicho de otra forma, en relación con "todo lo seleccionado".

Como definición, podemos decir que el cálculo de un porcentaje sobre lo seleccionado, sin agrupaciones, se refiere al tanto por cien que se le asigna a un ítem, respecto de los ítems que aparecen en un objeto visual que no tiene varios niveles de jerarquía de agrupación.

Ejemplo de uso

Vamos a reproducir a continuación la figura 4.6 que aparecía en apartados anteriores para la plantilla que mostraba porcentajes sobre el total.

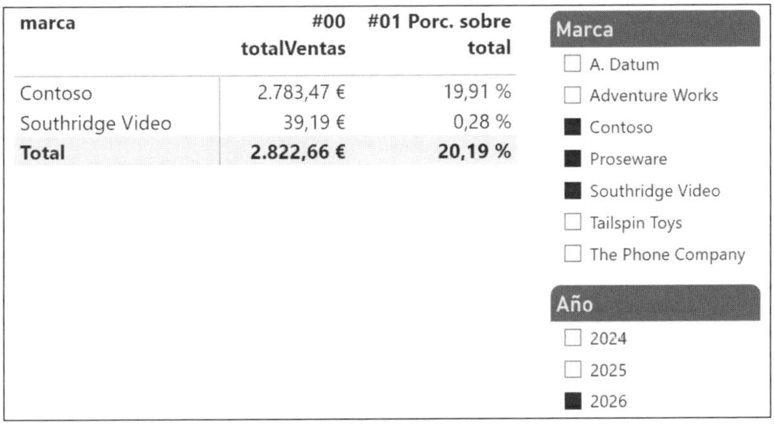

marca	#00 totalVentas	#01 Porc. sobre total
Contoso	2.783,47 €	19,91 %
Southridge Video	39,19 €	0,28 %
Total	**2.822,66 €**	**20,19 %**

Figura 4.6. En la plantilla anterior, el total 20,19 % estaba referido a la totalidad de las marcas.

Si tomamos como ejemplo el porcentaje de Contoso (19,91 %), se refiere a que la marca Contoso supone el 19,91 % de las ventas de todas las marcas. Pero ¿y si quisiéramos que los porcentajes que se visualizan en la matriz sumaran el 100 %? En otras palabras ¿y si quisiéramos saber qué peso específico tiene cada una de las marcas que aparecen en la matriz, respecto del total de estas (el total de las visualizadas solamente)?

Si consiguiéramos la propuesta anterior, deberíamos poder visualizar un resultado similar al siguiente que vemos en la figura 4.7.

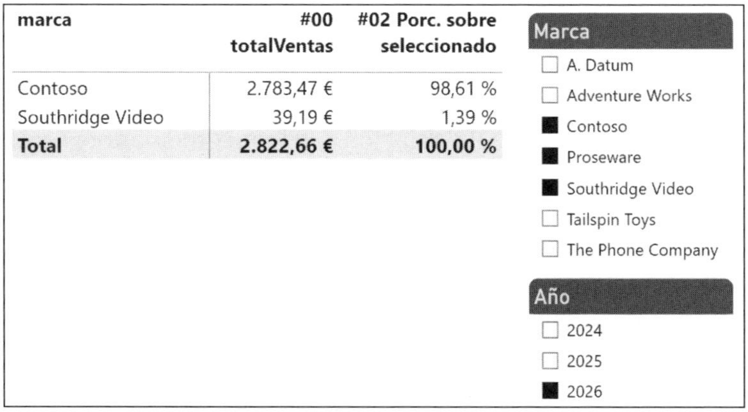

Figura 4.7. En la mayoría de escenarios, es deseable que los porcentajes estén referidos solo a los ítems visibles de la matriz.

Ahora sí, la interpretación comercial que haríamos es que, entre las marcas Contoso, Proseware y Southridge Video, esta última no ha tenido ninguna relevancia en 2026 (de hecho, no aparece); sin embargo, Contoso es muchísimo más importante (98,61 %) que Southridge Video (1,39 %) en el periodo seleccionado. En definitiva, los porcentajes están referidos al cerrado círculo de las marcas que están seleccionadas. Este es nuestro ejemplo de uso.

Código DAX

Personalizar el código en negrita

```
#02 Porc. sobre seleccionado =
/*------------------------------------------------------------
Medida para calcular el porcentaje de ventas de cada marca de
producto, respecto de las ventas de las marcas visualizadas en el
objeto visual.
------------------------------------------------------------*/
--Precálculo de las ventas para cada contexto en el objeto visual----
VAR _ventas =       SUM( factPedidos[totalVenta] )
```

```
--Precálculo de las ventas totales de todos los productos-----------
--seleccionados----------------------------------------------------
VAR _totVentas =     CALCULATE(
                         SUM( factPedidos[totalVenta] ),
                         ALLSELECTED( dimProductos[marca] )
                     )

--Cálculo final del porcentaje--------------------------------------
VAR _result =        DIVIDE( _ventas, _totVentas )

RETURN               _result
```

Explicación del código

Como ya se ha dicho antes, esta plantilla está íntimamente ligada a la anterior, por lo tanto, remitimos al lector al total entendimiento de la plantilla anterior y, ahora, solo nos queda remarcar para esta plantilla un solo cambio en una determinada línea de código: la sustitución de la función `ALL` por la función `ALLSELECTED` en el segundo argumento de `CALCULATE`:

```
--Precálculo de las ventas totales de todos los productos-----------
--seleccionados----------------------------------------------------
VAR _totVentas =     CALCULATE(
                         SUM(factPedidos[totalVenta]),
                         ALLSELECTED(dimProductos[marca])
                     )
```

La función `ALLSELECTED`, con la columna dimProductos[marca] como argumento, obliga a que el código se evalúe referido a todas las marcas que están en el objeto visual (podríamos decir con otras palabras: las marcas seleccionadas), pero ¡no para la totalidad de las marcas, como ocurría en la plantilla que tratamos en anteriores apartados!

Revisión de resultados

Los resultados de una plantilla como la que tratamos en estos momentos serían los que ya prometíamos en el apartado del ejemplo de uso. A continuación, vemos una imagen similar en la figura 4.8.

Porcentajes con agrupaciones

Cuando hablamos de calcular porcentajes con DAX, todo cambia si el objeto visual donde vamos a usar nuestra medida o plantilla tiene agrupaciones por algunos atributos.

marca	#00 totalVentas	#02 Porc. sobre seleccionado
Adventure Works	9.093,40 €	68,93 %
Contoso	2.783,47 €	21,10 %
Southridge Video	39,19 €	0,30 %
The Phone Company	1.276,00 €	9,67 %
Total	**13.192,06 €**	**100,00 %**

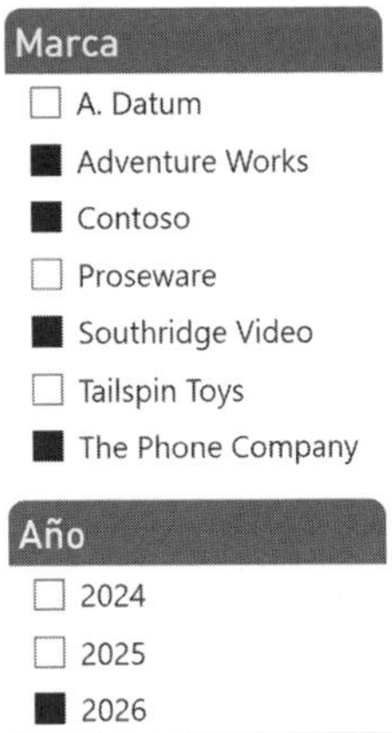

Figura 4.8. La utilización de una plantilla que proporciona porcentajes respecto de los ítems visualizados suele ser más intuitivo que otras opciones.

Las agrupaciones por atributos (también llamadas a veces agrupaciones por categorías) pueden tener uno o varios niveles jerárquicos. El reto al que nos enfrentamos es realizar una medida lo suficientemente inteligente como para ofrecer un resultado adecuado según si el contexto de evaluación está bajo una jerarquía u otra.

Son inmensas las posibilidades de ejemplos donde los datos están jerarquizados por categorías o atributos en el mundo del análisis de datos. Veremos un par de ejemplos.

Ejemplo de uso A

Cualquiera de los estados contables de una empresa, ya sean de corte analítico o sean estados oficiales, están sujetos a agrupaciones por partidas, epígrafes o por masas patrimoniales. En la figura 4.9 podemos ver el activo de un balance de situación, donde es posible ver los niveles de agrupación.

Ejemplo de uso B

Otro ejemplo de uso es la necesidad de analizar las preferencias de los clientes de una empresa en cuanto a los colores de los productos por cada una de las marcas. En este caso, la agrupación es la marca y el ejemplo será desarrollado en la plantilla de código del siguiente apartado.

Partidas	Saldos
A01. ACTIVO NO CORRIENTE	**257.143,04**
01. Inmovilizado intangible	**750,00**
05. Aplicaciones informáticas	750,00
02. Inmovilizado material	**256.393,04**
01. Terrenos y construcciones	454.596,91
02. Amort. Acum. Inmovilizado material	-495.977,57
02. Instalaciones téc. / otro inmovilizado inmaterial	297.773,70
A02. ACTIVO CORRIENTE	**298.023,55**
02. Existencias	**228.678,06**
01. Comerciales	69.528,11
02. Materias primas y otros aprovisionamientos	156.813,55
04. Productos terminados	210,00
06. Anticipos a proveedores	2.126,40
03. Deudores comerciales y otras cuentas a cobrar	**68.708,29**
01. Clientes por ventas y prestaciones de servicios	44.059,18
04. Personal	1.000,37
05. Activos por impuesto corriente	3,79
06. Otros créditos con las AAPP	23.644,95
07. Efectivo y otros activos líquidos equivalentes	**637,20**
01. Tesorería	637,20
Total	**555.166,59**

Figura 4.9. Un balance de situación es un buen ejemplo, en el mundo del análisis de datos, de la jerarquización de la información en varios niveles.

Código DAX

A continuación, vamos a desarrollar las plantillas que ofrecen un resultado para el requerimiento del ejemplo de uso B. Concretamente, serán dos plantillas: una para mostrar porcentajes con agrupaciones referidos al total general y otra para mostrar porcentajes con agrupaciones referidos solamente a lo seleccionado.

Plantilla 1. Porcentajes sobre el total, con agrupaciones

Personalizar el código en negrita

```
#03 Porc. sobre total con agrup =
/*-------------------------------------------------------------
Medida para calcular el porcentaje de ventas de cada color de
producto, respecto de todas las marcas y colores del modelo.
-------------------------------------------------------------*/
--Precálculo de las ventas para cada contexto en el objeto visual----
VAR _ventas =        SUM( factPedidos[totalVenta])

-- Precálculo de las ventas totales de todas las marcas y colores-----
VAR _totVentas =     CALCULATE(
                         SUM( factPedidos[totalVenta] ),
                         ALL(
```

```
                          dimProductos[marca],
                          dimProductos[color]
                      )
                  )

VAR _result =        DIVIDE( _ventas, _totVentas )

RETURN               _result
```

Plantilla 2. Porcentajes sobre lo seleccionado, con agrupaciones

Esta versión de código que ofrecemos se puede usar en Power BI y en cualquier versión de Power Pivot de Excel. Esto es gracias a haber usado la función `HASONEVALUE` en la primera variable. Si hubiéramos usado la función `ISINSCOPE`, podríamos tener problemas al no existir esta función para algunas versiones antiguas de Power Pivot para Excel:

Personalizar el código en negrita

```
#03 Porc. / seleccionado con agrup =
/*--------------------------------------------------------------------
Medida para calcular el porcentaje de ventas de cada color de
producto, respecto del porcentaje de ventas cada nivel de jerarquía
en el objeto visual.
--------------------------------------------------------------------*/
--Comprobación del nivel de jerarquía donde se debe evaluar la medida
--Si hubiera tres niveles de jerarquía en el objeto visual, se podría
--agregar más variables. En ese caso, después, en _totVentas sería---
--conveniente usar la función condicional SWITCH como condicional----
--La función HASONEVALUE es usada por compatibilidad con Power Pivot-
--en sustitución de ISINSCOPE----------------------------------------
VAR _nivelColor =    HASONEVALUE( dimProductos[color] )

--Precálculo de las ventas para cada contexto en el objeto visual----
VAR _ventas =        SUM( factPedidos[totalVenta] )

--Precálculo de las ventas totales según contexto (marca o color)----
VAR _totVentas =     IF(
                         _nivelColor,
                         CALCULATE(
                             SUM( factPedidos[totalVenta] ),
                             ALLSELECTED( dimProductos[color] )
                         ),
                         CALCULATE(
                             SUM( factPedidos[totalVenta] ),
                             ALLSELECTED( dimProductos[marca] )
                         )
                     )

--Cálculo final del porcentaje---------------------------------------
VAR _result =        DIVIDE( _ventas, _totVentas )

RETURN               _result
```

Explicación del código

Plantilla 1. Porcentajes sobre el total, con agrupaciones

Comenzamos comentando la primera variable:

```
--Precálculo de las ventas para cada contexto en el objeto visual----
VAR _ventas =        SUM( factPedidos[totalVenta] )
```

Se trata de una simple suma realizada con la función `SUM` sobre la columna que tiene precalculadas en el origen de datos las ventas con una operación unidades x precio/unidad.

A continuación, explicaremos la siguiente variable. Es la que almacena el valor del denominador de la división que forma el porcentaje. Es decir, esta variable contiene la cifra total de referencia para los ratios:

```
--Precálculo de las ventas totales de todas las marcas de productos--
--(de todas las marcas y colores)------------------------------------
VAR _totVentas =     CALCULATE(
                         SUM( factPedidos[totalVenta] ),
                         ALL(
                             dimProductos[marca],
                             dimProductos[color]
                         )
                     )
```

Las particularidades de este trozo de código protagonizado por la función `CALCULATE`, son dos: el uso de `ALL` y el hecho de pasarle a esta función dos columnas como argumentos.

La función `ALL` hace que ningún filtro o segmentador (con las columnas marca o color) fuera o dentro del objeto visual pueda afectar al resultado del denominador (recordamos que, con la variable `_totVentas`, estamos calculando el denominador de la fórmula del porcentaje).

El hecho de que `ALL` contenga las columnas dimProductos[marca] y dimProductos[color] como argumentos asegura que el contexto de filtro contenga todas las combinaciones de marcas y colores como visibles y formando parte del contexto de evaluación. Esto significa que el total que se está calculando será siempre un total que nunca estará filtrado por esos dos atributos. Para terminar, decir que el código que realiza la operación principal del porcentaje es:

```
--Cálculo final del porcentaje-------------------------------------
VAR _result =        DIVIDE( _ventas, _totVentas )
```

Utilizamos la función `DIVIDE` para dividir las ventas de cada contexto donde se evalúe la fórmula, entre el total de ventas para todas las marcas (las dos variables previamente declaradas).

Plantilla 2. Porcentajes sobre lo seleccionado, con agrupaciones

En primer lugar, vamos a comentar la estrategia que sigue el código de esta segunda plantilla para lograr su objetivo.

El cálculo principal debe tener la capacidad de distinguir si la medida se está evaluando en el nivel de jerarquía de la agrupación o en el nivel que no tiene agrupación. Por ello, nuestros objetivos serían:

- Averiguar en qué nivel de jerarquía se está evaluando la medida.
- Precalcular el numerador de la división que calcula el porcentaje: las ventas en cada contexto.
- Precalcular el denominador que se usará según el contexto de evaluación, sea una agrupación por marcas (será necesario inhibir la segmentación por marcas) o por colores (será necesario inhibir la segmentación por colores).
- Utilizar una función para dividir los valores almacenados por las variables del numerador y del denominador.

Según nuestra "hoja de ruta" anterior, la primera variable almacenaría el resultado de una función `HASONEVALUE`. Esta devuelve `True/False` según si el contexto de evaluación está filtrado por un solo ítem de la columna que le estamos pasando (dimProductos[color]) o filtrado por varios ítems de esa columna. Si `HASONEVALUE` ofrece un valor `True`, significa que el contexto del nivel de jerarquía propio de la columna se lo pasamos a la función. Esto lo usaremos posteriormente en la variable que calcula el denominador del total de ventas:

```
--Comprobación del nivel de jerarquía donde se debe evaluar la medida
--Si hubiera tres niveles de jerarquía en el objeto visual, se podría
--agregar más variables. En ese caso, después, en _totVentas sería
--conveniente usar la función SWITCH para decidir el nivel jerárquico
--La función HASONEVALUE es usada por compatibilidad con Power Pivot-
--en sustitución de ISINSCOPE----------------------------------------
VAR _nivelColor =   HASONEVALUE( dimProductos[color] )
```

La siguiente variable precalcula las ventas sobre la columna factPedidos[totalVenta] con una sencilla función `SUM`:

```
--Precálculo de las ventas para cada contexto en el objeto visual----
VAR _ventas =       SUM( factPedidos[totalVenta] )
```

El siguiente precálculo es el del denominador. Usamos una sola variable con un condicional `IF` para que no se precalculen las dos funciones `CALCULATE` (es lo que ocurriría si almacenáramos sus resultados en sendas variables, una para el denominador del contexto de las marcas y otra para el denominador del contexto de los colores):

```
--Precálculo de las ventas totales según contexto (marca o color)----
VAR _totVentas =     IF(
                         _nivelColor,
                         CALCULATE(
                             SUM( factPedidos[totalVenta] ),
                             ALLSELECTED( dimProductos[color] )
                         ),
                         CALCULATE(
                             SUM( factPedidos[totalVenta] ),
                             ALLSELECTED( dimProductos[marca] )
                         )
                     )
```

Finalmente, el cálculo principal se hace con una función `DIVIDE`:

```
--Cálculo final del porcentaje-----------------------------------
VAR _result =        DIVIDE( _ventas, _totVentas )
```

Revisión de resultados

Los resultados de las plantillas ofrecidas en este apartado los podemos ver en una sola matriz en la figura 4.10.

marca	#00 totalVentas	#03 Porc. sobre total con agrup	#03 Porc. / seleccionado con agrup
⊟ **Adventure Works**	**5.271,64 €**	**57,70 %**	**76,92 %**
Black	4.841,44 €	52,99 %	91,84 %
Silver	430,20 €	4,71 %	8,16 %
⊟ **Contoso**	**1.581,82 €**	**17,31 %**	**23,08 %**
Black	170,23 €	1,86 %	10,76 %
Blue	39,99 €	0,44 %	2,53 %
Green	1.371,60 €	15,01 %	86,71 %
Total	**6.853,46 €**	**75,01 %**	**100,00 %**

Marca
- ■ Adventure Works
- ■ Contoso
- ■ Proseware
- ☐ Southridge Video
- ☐ Tailspin Toys
- ☐ The Phone Company

Año
- ☐ 2024
- ■ 2025
- ☐ 2026

Figura 4.10. La utilización de una plantilla que proporciona porcentajes respecto de los ítems seleccionados suele ser más intuitiva que otras opciones.

En la columna de la medida **#03 Porc. sobre total con agrup** llegamos a la conclusión de que las marcas Adventure Works, Contoso y Proseware supusieron el 79,85 % de las ventas en 2025.

Sin embargo, en la columna de la medida **#03 Porc. / seleccionado con agrup**, podemos realizar una comparación cerrada solo sobre los tres productos seleccionados en un año determinado.

Rendimiento

Lo único reseñable en cuanto al rendimiento de las plantillas propuestas es en lo referente a la plantilla que calcula los porcentajes respecto de lo seleccionado (medida #03 Porc. / seleccionado con agrup).

La plantilla declara la siguiente variable:

```
--Precálculo de las ventas totales según contexto (marca o color)----
VAR _totVentas =    IF(
                        _nivelColor,
                        CALCULATE(
                            SUM( factPedidos[totalVenta] ),
                            ALLSELECTED( dimProductos[color] )
                        ),
                        CALCULATE(
                            SUM( factPedidos[totalVenta] ),
                            ALLSELECTED(dimProductos[marca] )
                        )

                    )
```

Esta variable usa una función condicional `IF` para que solo se ejecute una de las dos funciones `CALCULATE` que tiene en sendas ramas. Todo ello, según el resultado de la variable `_nivelColor`, que determina si el contexto donde se va a evaluar la medida está o no bajo el filtro del atributo Color.

Una alternativa a ese trozo de código hubiera sido, por ejemplo, esta:

```
--Precálculo de las ventas totales de todas las marcas de productos--
--seleccionados (visibles en el objeto visual)----------------------
VAR _totMarcas =    CALCULATE(
                        SUM( factPedidos[totalVenta] ),
                        ALLSELECTED( dimProductos[marca] )
                    )

--Precálculo de las ventas totales de todos los productos con los----
--colores seleccionados (visibles en el objeto visual)--------------
VAR _totColores =   CALCULATE(
                        SUM( factPedidos[totalVenta] ),
                        ALLSELECTED( dimProductos[color] )
                    )
```

Pero DAX hubiera calculado ambas medidas, puesto que serían usadas posteriormente en la resolución final de la medida:

```
--Cálculo final del porcentaje--------------------------------------
VAR _result =       IF(
                        _nivelColor,
                        DIVIDE( _ventas, _totColores ),
                        DIVIDE( _ventas, _totMarcas )
                    )
```

Y eso significaría, en teoría, escanear dos veces la columna factPedidos [totalVenta].

NOTA:

DAX, muchas veces, realiza "de oficio" optimizaciones nativas en el Physical Query Plan de la consulta que evitan estas posibles ineficiencias. Aun así, no conviene confiar en que lo anterior vaya a ocurrir siempre y debemos escribir el código más eficiente posible.

Prueba de lo dicho en la nota anterior es que, en las pruebas realizadas con la medida optimizada propuesta como plantilla en este apartado, apenas logramos mejoras en el tiempo de ejecución, respecto del hipotético código que mostrábamos algunos párrafos más arriba.

Márgenes porcentuales

En el contexto del análisis de datos, especialmente en el ámbito financiero y de negocios, el margen porcentual se refiere a una medida que expresa la rentabilidad de la actividad económica una empresa o producto.

NOTA:

Debemos ser cuidadosos, puesto que, si bien un margen porcentual expresa rentabilidad, hay conceptos a los que se le aplica la etiqueta de rentabilidad que no son márgenes. Por ejemplo, la tasa interna de rentabilidad de una empresa (también llamada TIR) no es un margen, puesto que se genera bajo las leyes del precio del dinero a lo largo del tiempo y no como una resta de los ingresos menos los costes.

NOTA:

Un margen porcentual, esencialmente, es una forma de evaluar qué parte de cada unidad de ingreso se traduce (o se podría traducir) en beneficio después de considerar ciertos costes.

Hay varios tipos de márgenes porcentuales que se utilizan comúnmente en el análisis de datos, pero no vamos a ofrecer todas esas definiciones, pues la idea es la misma y lo que varía son los costes para considerar.

Dicho todo lo anterior gráficamente, en el concepto de margen hay tres factores para tener en cuenta, como podemos ver en la figura 4.11.

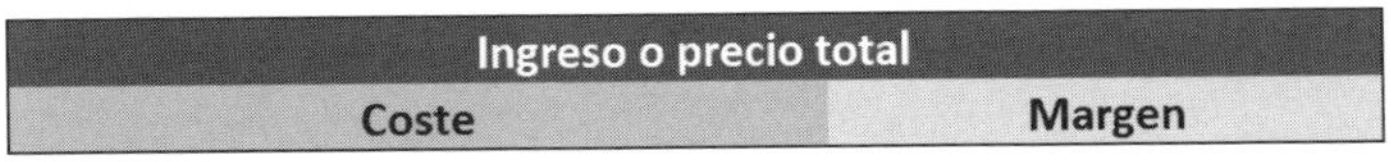

Figura 4.11. El margen porcentual es, al fin y al cabo, el porcentaje "restante" después de haber descontado los costes a los ingresos.

Visto el esquema anterior, queda claro que el margen porcentual es un porcentaje calculado respecto del total de los ingresos (si hablamos de una empresa) o del precio (si hablamos, por ejemplo, de un producto o servicio).

La fórmula del margen porcentual es:

$$\%\ \text{Margen} = \frac{\text{Ventas} - \text{Costes}}{\text{Ventas}} \ \text{x}\ 100$$

Aunque podríamos simplificar esta expresión hasta llegar a la fórmula:

$$\%\ \text{Margen} = 1 - \frac{\text{Costes}}{\text{Ventas}}$$

Pero, en DAX, no debemos usar esta última expresión debido a dos cuestiones:

- Por un lado, el rendimiento del código: DAX no es eficiente al resolver expresiones donde hay una constante que debe ser sumada o restada a otros cálculos que se evalúan en determinados contextos. Es decir, son ineficientes las expresiones del tipo:

$$1 \pm \frac{\text{Numerador}}{\text{Denominador}}$$

- Por otro lado, la posibilidad de error: si el denominador es cero (no hay ventas en un determinado contexto de evaluación) las fórmulas con ese patrón devolverán 1, que equivale a un 100 %. Y no es correcto que, si no hay ventas, el resultado sea un 100 % de margen. La explicación de por qué el resultado final es 1 (100 %) cuando el denominador es cero se debe al efecto de los valores `BLANK` cuando se suman o restan con números. Es decir:

```
1 - DIVIDE( <Numerador>, 0 )
```

  Es igual a esto:

```
1 - BLANK
```

  E igual a esto:

```
1
```

  Que es igual a esto:

```
100%
```

Ejemplo de uso

La propia definición de margen porcentual ya nos dejaba una idea clara su ámbito de utilización: el mundo económico financiero está lleno de ejemplos de la necesidad de utilizar este importante tipo de indicador:

- % margen operativo.
- % margen neto.
- % margen de cobertura.
- Etc.

Código DAX

Personalizar el código en negrita

```
#04 Margen =
/*-----------------------------------------------------------------
Medida para calcular el margen porcentual o rentabilidad de la empresa en la
venta de sus productos.
-----------------------------------------------------------------*/
--Precálculo de los totales de ventas y los totales de costes---------
VAR _ventas =   SUM( factPedidos[totalVenta] )
VAR _costes =   SUMX(
                    factPedidos,
                    factPedidos[Ud] * factPedidos[precioCosteUd]
                )

--Cálculo del margen con importes y condiciones normales-------------
VAR _margen =   DIVIDE(
                    _ventas - _costes,
                    _ventas
                )

--Tratamiento de importes contra natura y condiciones excepcionales---
VAR _result =   SWITCH(
                    TRUE(),
                    _ventas > 0 && _costes >= 0, _margen,
                    _ventas = 0 && _costes > 0, -1,
                    BLANK()
                )

RETURN          _result
```

Explicación del código

El código se ha diseñado para respetar la interpretación lógica empresarial en casos en los que:

- Las cantidades de ventas y de costes ofrezcan importes con signo contra natura (lo normal es que las ventas y los ingresos arrojen, al final de un periodo, importes mayores o iguales que cero).
- Las combinaciones de los importes de ventas y los importes de costes (aun teniendo signos naturales) ofrezcan cifras de márgenes que, desde el punto de vista matemático, tienen una forma de ser expresados, pero no tienen una interpretación económica posible.

Estas serían todas las posibilidades contempladas por el código, de alguna u otra forma:

- **Caso 1:** Hay ventas (ventas > 0) y puede, o no, haber costes (costes >= 0). Para esta situación, la fórmula del margen se evalúa de forma normal y el margen resultante de la fórmula siempre tendrá una interpretación económica lógica sin necesidad de forzar otros valores con el código.
- **Caso 2:** No hay ventas (ventas = 0), pero sí hay costes (costes > 0). La fórmula del margen no debería evaluarse en este caso, puesto que ofrecería un erróneo margen del 100 % positivo. Por lo tanto, para este caso, debemos forzar un resultado del -100 % de margen.
- **Caso 3:** No hay ventas (ventas = 0) y tampoco hay costes (costes = 0). La fórmula debe arrojar un valor en blanco, puesto que no ha habido actividad económica interpretable (sería interpretable y con un margen = 0 % si hubiese habido un cierto nivel de ventas).
- **Caso 4:** La cifra de ventas es negativa (ventas < 0) o la cifra de costes es negativa (costes < 0) o ambas son negativas (ventas < 0 y costes < 0). Estas son situaciones inusuales que, posiblemente, son originadas por errores o falta de periodificación contable. Los resultados ofrecidos por la fórmula del margen no deberían ser interpretados con una lógica económica. Por lo tanto, no debe aparecer ningún margen (margen en blanco).

Con las anteriores premisas, analizamos las líneas de código de la plantilla. Concretamente, las siguientes líneas de código están dedicadas a precalcular los componentes de la fórmula del margen y también a almacenar el resultado de la propia fórmula. Esto nos permitirá, posteriormente, manejar las variables de forma más cómoda e intuitiva:

```
--Precálculo de los totales de ventas y los totales de costes--------
VAR _ventas =   SUM( factPedidos[totalVenta] )
VAR _costes =   SUMX(
                    factPedidos,
                    factPedidos[Ud] * factPedidos[precioCosteUd]
                )
```

En el caso de la variable que almacena las ventas en el contexto de filtro, estamos en un supuesto donde tenemos una columna calculada desde el origen de datos y la utilizamos con una simple función `SUM`.

Sin embargo, para almacenar el total de costes en el contexto de filtro, hemos tenido que usar una función `SUMX`. Esto es para calcular, en tiempo de ejecución de la consulta DAX, la multiplicación entre las unidades vendidas y el coste por unidad de producto (segundo argumento de la función `SUMX`). Todo ello, iterando por la tabla **factPedidos**, como podemos ver en el primer argumento de la propia función.

En cuanto a la tercera variable, la podemos ver a continuación:

```
--Cálculo del margen con importes y condiciones normales-------------
VAR _margen =   DIVIDE(
                    _ventas - _costes,
                    _ventas
                )
```

Vemos que la variable almacena el resultado de la fórmula del margen. Debemos recordar que `DIVIDE` tiene un tercer argumento que es opcional y que, en este caso, no lo estamos usando. Ese tercer argumento sirve, o bien para que la división ofrezca un resultado elegido por nosotros estableciéndolo con una expresión, o bien para que ofrezca un valor en blanco si la omitimos. Esto debe ser tenido en cuenta para entender el análisis siguiente.

```
--Tratamiento de importes contra natura y condiciones excepcionales---
VAR _result =   SWITCH(
                    TRUE(),
                    _ventas > 0 && _costes >= 0, _margen,
                    _ventas = 0 && _costes > 0, -1,
                    BLANK()
                )
```

Se ha usado una función `SWITCH` para decidir qué resultado queremos obtener, según los importes de las ventas y de los costes y de la combinación de ambos.

`SWITCH` evalúa su segundo argumento comprobando que haya ventas y que los costes tengan un signo natural (costes >= 0). Si esto es así, la función deja de evaluar más condiciones y devuelve el contenido de la variable que calcula el margen en condiciones normales.

Si la comprobación del segundo argumento no es positiva, `SWITCH` pasa a evaluar el cuarto argumento. En este caso, comprueba que sí se da la circunstancia de que no haya ventas, pero sí haya costes. En este caso, la función devuelve un resultado igual a -1 (-100 %).

Para cualquier otra posibilidad (que no haya ni ventas ni costes o que alguno de esos importes tenga un signo contra natura), `SWITCH` devuelve el contenido de su argumento final que, en este caso, hemos establecido como `BLANK()`.

Revisión de resultados

Para comprobar los resultados de nuestra plantilla, hemos compilado un objeto visual de matriz con unas medidas creadas *ad hoc* para que muestren el total de ventas y el total de costes en cada contexto temporal. Después, hemos agregado la medida de nuestra plantilla de margen para que ofrezca el margen resultante entre las otras dos columnas del objeto visual. Vemos esto en la figura 4.12.

año	#00 totalVentas	#00 total costes	#04 Margen
⊞ **2025**	**9.136,54 €**	**4.355,94 €**	**52,32 %**
⊟ **2026**	**13.979,66 €**	**5.402,65 €**	**61,35 %**
ene	143,40 €	73,11 €	49,02 %
feb	6,99 €	3,56 €	49,07 %
mar	2.373,00 €	1.091,25 €	54,01 %
abr	389,00 €	128,88 €	66,87 %
may	7.904,97 €	2.638,75 €	66,62 %
jun	1.198,00 €	550,92 €	54,01 %
jul	620,00 €	285,12 €	54,01 %
ago	787,60 €	362,20 €	54,01 %
sep	267,00 €	122,78 €	54,01 %
oct	257,50 €	131,28 €	49,02 %
nov	25,32 €	11,64 €	54,03 %
dic	6,88 €	3,16 €	54,07 %
Total	**23.116,20 €**	**9.758,59 €**	**57,78 %**

Figura 4.12. Evidentemente, en el total general y en los subtotales de las agrupaciones, los márgenes porcentuales están evaluados en el correspondiente contexto de filtro.

5 Comparación entre periodos

En este capítulo aprenderás:

- A realizar comparaciones de dos periodos de igual duración, pero ocurridas en momentos distintos.
- A realizar comparaciones justas (como promedios) y devengadas en dos periodos de igual duración, pero ocurridas en momentos distintos del tiempo.
- A realizar comparaciones de acumulados hasta la fecha en el periodo actual vs. periodos anteriores completos.
- A realizar comparaciones de dos periodos de duración distinta, modificables por el usuario y ocurridas en momentos distintos.
- Otras comparaciones como la semana del año actual vs. misma semana del año anterior, o una franja horaria actual vs. la misma franja horaria en un periodo igual anterior.

Características generales

Dedicaremos este capítulo a mostrar plantillas de código DAX cuya función es realizar comparaciones del valor de una magnitud en un periodo en el tiempo, respecto del valor que tuvo esa magnitud en un periodo anterior.

Las comparaciones a las que nos referimos en este capítulo no tienen la intención de cuantificar la diferencia entre las magnitudes comparadas ni en términos absolutos (unidades monetarias) ni en términos relativos (variaciones porcentuales). De hecho, estas últimas serán objeto de estudio en el siguiente capítulo.

NOTA:

La utilidad que resuelven las plantillas de este capítulo es ofrecer la posibilidad de ser compiladas en cualquier objeto visual de forma que sea mostrada, de manera simultánea, la magnitud más reciente y la más antigua.

Las plantillas DAX propuestas ofrecen distintos sistemas y formas de calcular magnitudes propias de otros periodos diferentes al considerado como actual en el contexto de filtro. Tendrás que sustituir los nombres de tablas y los nombres de columnas por los homólogos en su modelo de datos. También podrás modificar los tipos de periodos que se analizan (años, trimestres, meses, etc.) para adaptarlos a tus necesidades.

El objetivo es alcanzar un nivel de comprensión suficiente para poder usar la plantilla en su propio contexto empresarial. Para ello y como siempre, es fundamental que se tengan asimilados los conocimientos y conceptos incluidos en los **apéndices A, B, C y D** de este libro.

Opciones de comparación entre periodos

Las opciones de comparar visualmente varias magnitudes que corresponden a periodos distintos en el tiempo son muy variadas. Podríamos clasificar estas opciones en función de varios criterios, no solo de uno. Para este momento, vamos a clasificar las formas de comparar periodos en los siguientes dos tipos:

- Mediante la dinamización de un atributo temporal en un objeto visual.
- Mediante la manipulación del contexto de evaluación con medidas DAX.

Dinamización de un atributo temporal

Concepto y ejemplos

La dinamización de un atributo temporal en un objeto visual (como puede ser una tabla dinámica, matriz o un gráfico) se lleva a cabo de forma espontánea cuando se compila el mencionado objeto visual. Es decir, un atributo temporal determinado (como puede ser el año, el mes, el trimestre, etc.) se asigna al apartado **Columnas** de una matriz o tabla dinámica. Veamos un ejemplo de esto en la figura 5.1, donde hay una matriz de Power BI.

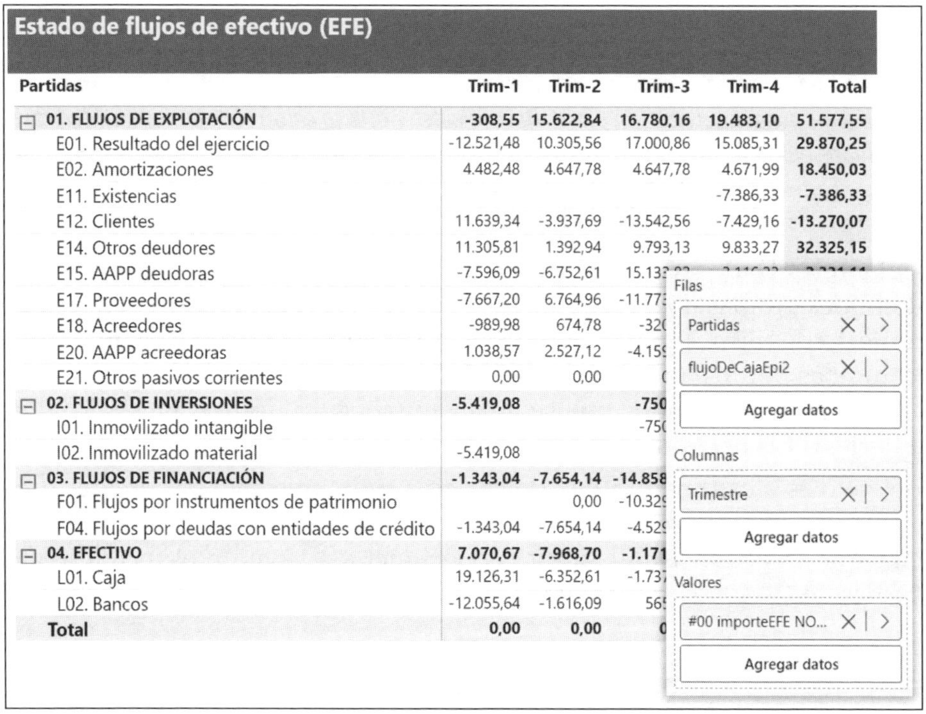

Figura 5.1. En este caso, son trimestres los periodos comparados visualmente al estar en columnas.

También podemos ver otro ejemplo en un gráfico de columnas agrupadas en Power BI en la figura 5.2.

Y, en la figura 5.3, otro ejemplo en una tabla dinámica de Excel.

Podíamos ver en los tres ejemplos anteriores que, visualmente, los atributos temporales quedan situados de forma que la persona que va a interpretar y analizar la información puede realizar una comparación fácilmente.

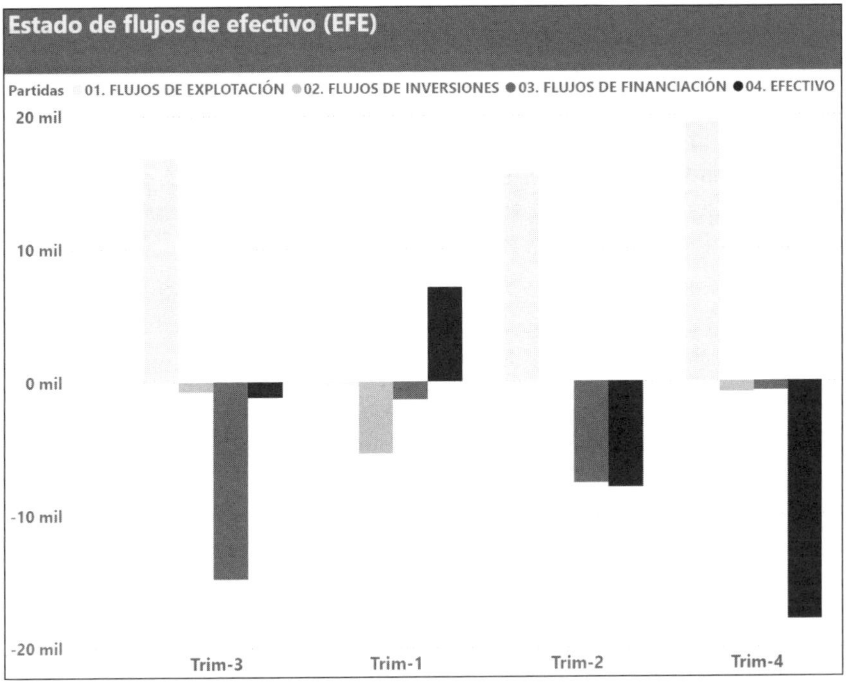

Figura 5.2. También podemos hacer una comparación entre periodos con gráficos y sin necesidad de DAX. Eso sí, con las limitaciones que veremos más adelante.

Totales período	Fechas				
Movimiento	enero	febrero	marzo	abril	mayo
01. Saldo inicial					
02. Cobros clientes	27.455,34 €	4.803,11 €	2.776,34 €	2.920,79 €	1.358,38 €
03. Cobro otros					
04. Pagos proveedores	-26.727,85 €	-298,86 €			
05. Pago nómina	-2.500,00 €	-2.500,00 €			
06. Pago AAPP	-19.690,00 €	-19.690,00 €			
07. Pago seguro					
Pago otros	-2.512,00 €				
Totales período	**-23.974,51 €**	**-17.685,75 €**			
Acumulados	**10,89 €**	**-302,50 €**			

Figura 5.3. En Excel también podemos recrear un efecto de dinamización de un atributo temporal solo con colocarlo en el cuadrante **Columnas** de una tabla dinámica.

Desventajas y limitaciones

Pero la facilidad, en este caso, es un arma de doble filo, puesto que esta forma de comparación entre periodos tiene desventajas y limitaciones. La principal es la imposibilidad de realizar comparaciones en algunos objetos visuales distintos a los que hemos visto anteriormente. Solo como ejemplos: no es posible dinamizar atributos ni en las tablas ni en las tarjetas de Power BI. Ni siquiera es posible crear tarjetas en Excel de forma nativa.

La figura 5.4 muestra un buen ejemplo (aunque habría muchos más) de lo que no podremos hacer si decidimos que nuestra forma de realizar comparativas es la dinamización de un atributo temporal.

Cuenta de Pérdidas y ganancias (P&G)

Epígrafe	PYG-PY	%/Prod PY	PYG	%/Prod	⇕ Var %	Var %
01. Importe neto de la cifra de negocios	456.673,89	99,86 %	527.166,51	100,04 %		
02. Variación de existencias de productos...	632,57	0,14 %	-210,00	-0,04 %		
04. Aprovisionamientos	-208.674,42	-45,63 %	-244.077,64	-46,32 %		
05. Otros ingresos de explotación	9.000,00	1,97 %	440,12	0,08 %		
06. Gastos de personal	-146.516,81	-32,04 %	-152.598,81	-28,96 %		
07. Otros gastos de explotación	-70.204,79	-15,35 %	-74.284,85	-14,10 %		
08. Amortización del inmovilizado	-21.451,94	-4,69 %	-18.450,03	-3,50 %		
A. RESULTADO DE LA EXPLOTACIÓN (1+2...	19.458,50	4,26 %	37.985,30	7,21 %		
13. Ingresos financieros	269,65	0,06 %	1,04	0,00 %		
14. Gastos financieros	-5.104,60	-1,12 %	-4.826,01	-0,92 %		
B. RESULTADO FINANCIERO (13+14+15+...	-4.834,95	-1,06 %	-4.824,97	-0,92 %		
C. RESULTADO ANTES DE IMPUESTOS (A-B)	14.623,55	3,20 %	33.160,33	6,29 %		
18. Impuestos sobre beneficios	-1.651,25	-0,36 %	-3.290,08	-0,62 %		
D. RESULTADO NETO DEL EJERCICIO (C-18)	12.972,30	2,84 %	29.870,25	5,67 %		

Figura 5.4. Además de la comparación temporal (PYG-PY = cuenta de pérdidas y ganancias del año anterior), en la tabla pueden convivir otras medidas e incluso columnas con elementos de formato condicional.

Hay otras limitaciones si decidimos no crear medidas DAX para realizar comparaciones temporales:

- No podremos reutilizar las medidas de comparación dentro de otras medidas.
- No podremos usar formatos condicionales dinámicos.
- No podremos crear (en gráficos) líneas de referencia dinámicas.

En definitiva, no es que sea una mala práctica esta primera opción que estamos tratando, sino que es rígida y con limitaciones. Así pues, es interesante para cualquier analista profundizar en la siguiente opción.

Manipulación de contexto de evaluación con DAX

Si reflexionamos, la primera alternativa que hemos visto en el apartado anterior trataba de conseguir la comparación en el tiempo actuando sobre un atributo de una dimensión temporal (colocándolo en la compilación de un objeto visual para que este lo dinamice). La segunda alternativa para conseguir comparaciones en el tiempo la vamos a describir en este apartado. En este caso, no se trata de actuar sobre un atributo, sino de actuar sobre una medida que ofrece el valor. Concretamente, manipulando el contexto donde se va a evaluar.

Para entender en qué consiste la modificación del contexto de evaluación para conseguir un resultado propio de otro contexto distinto al contexto de filtro actual, pensemos en esta tabla origen de la figura 5.5.

ID_producto	Ud	precioVentaUd	precioCosteUd	fechaPedido
1760	3	85,32 €	39,24 €	31/07/2017
644	7	118,50 €	60,42 €	31/08/2017
576	6	3.748,50 €	1.241,96 €	30/09/2017
593	3	688,50 €	228,12 €	31/10/2017
1573	2	76,69 €	35,27 €	30/11/2017
1579	1	284,70 €	94,33 €	25/12/2017

Figura 5.5. Partimos de una tabla origen como la de la imagen.

Si compiláramos un objeto visual filtrado con un segmentador que solo permitiera visualizar el cuarto trimestre de 2017, estaríamos estableciendo como contexto de filtro ese periodo y obtendríamos algo parecido a la figura 5.6.

ID_cliente	ID_producto	Suma de Ud	precioVentaUd	precioCosteUd	fechaPedido
6	593	3	688,50 €	228,12 €	31/10/2017
6	1573	2	76,69 €	35,27 €	30/11/2017
6	1579	1	284,70 €	94,33 €	25/12/2017
Total		**6**			

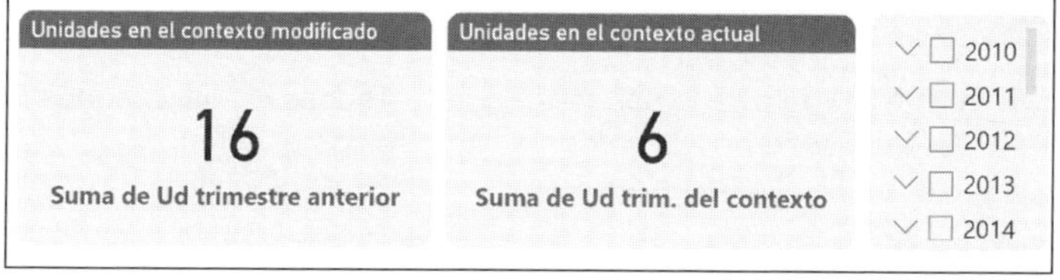

Figura 5.6. La tarjeta de la izquierda ofrece un valor evaluado en un contexto que no es el corriente (podemos revisar en la figura 5.5 que las unidades, en el tercer trimestre, fueron **16**). Sin embargo, la tarjeta de la derecha muestra las **6** unidades vendidas en el cuarto trimestre.

Las formas y opciones que tenemos para modificar el contexto de filtro para conseguir algo parecido a lo anterior las veremos durante este capítulo.

Modelo

En la figura 5.7 vemos el modelo de datos de ejemplo con el que vamos a diseñar el código de las plantillas de este capítulo, aunque hemos de decir que es provisional, puesto que en alguno de los apartados necesitaremos ampliar el modelo con otras tablas y relaciones.

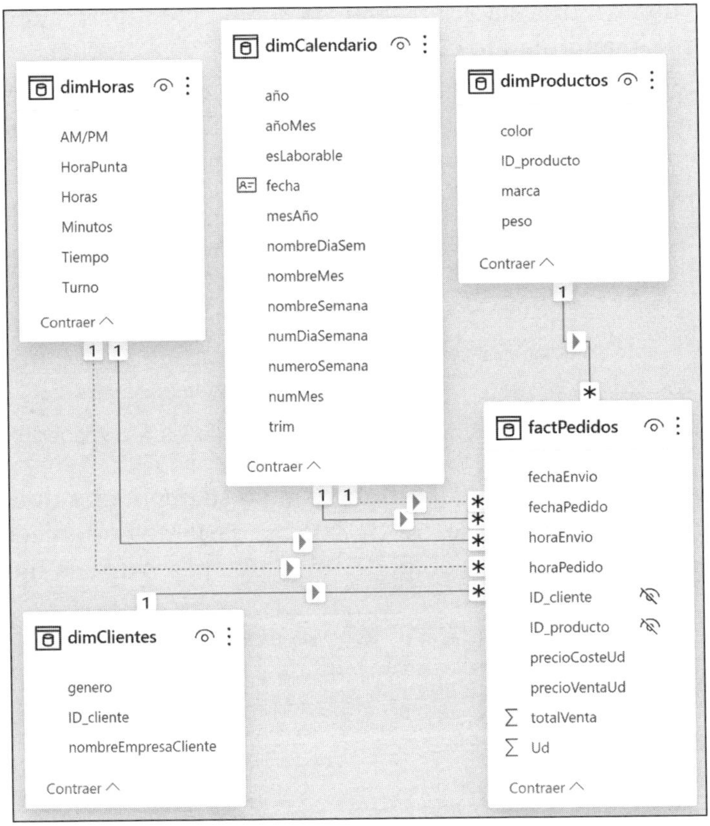

Figura 5.7. A este modelo se le han introducido algunas modificaciones respecto del usado en los primeros capítulos de este libro.

FactPedidos:	225.616.948 filas.
dimCalendario:	4.018 filas.
dimClientes:	1.868.084 filas.
dimProductos:	2.517 filas.
dimAlmacenes:	74 filas.
dimHoras:	1.440 filas.

Es importante señalar que cada fila de la tabla de hechos (factPedidos) representa un pedido de un cliente, de un producto, en un día concreto. Por lo tanto, en un mismo día, puede haber varios pedidos de un mismo cliente.

Periodo actual vs. mismo periodo anterior

La comparación entre el periodo actual y el mismo periodo de un año anterior se sitúa como un pilar en el análisis temporal. Esta técnica es crucial para identificar patrones estacionales y los efectos de eventos recurrentes.

Gráficamente, podríamos representarlo así, como en la figura 5.8.

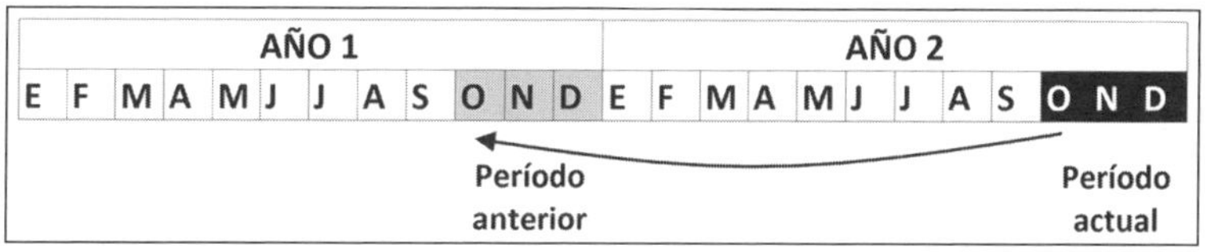

Figura 5.8. Con el esquema de la imagen vemos la idea de desplazar un periodo *n* periodos hacia el pasado.

Ejemplos de uso

Análisis de tendencias de ventas

Una de las aplicaciones más comunes de esta técnica es en el análisis de ventas. Las empresas frecuentemente comparan las ventas semanales, mensuales o trimestrales con las del año anterior para determinar si están creciendo, estancándose o decreciendo.

Evaluación de campañas de marketing

Las campañas de marketing se benefician de esta comparación al permitir que los equipos de marketing midan el impacto de sus campañas actuales contra las realizadas en el mismo periodo del año anterior. Esto puede ser particularmente útil para campañas estacionales como las de vacaciones de verano o de fin de año.

Análisis de impacto de cambios operativos

Si una empresa ha implementado cambios significativos en sus operaciones, como la introducción de una nueva tecnología o procesos de producción, comparar el desempeño operativo actual con el del mismo periodo del año anterior puede ayudar a evaluar la efectividad de estos cambios.

Comparaciones financieras

En el análisis financiero, comparar periodos actuales con los anteriores es esencial para la planificación financiera y la proyección de ingresos. Las empresas pueden comparar el flujo de caja, los costes y los márgenes de beneficio actuales con los del año anterior para tomar decisiones sobre presupuestos y pronósticos.

Código DAX

Plantilla 1. Periodo actual

Comenzamos proponiendo un código que nos ofrecerá datos para un periodo considerado como actual. Como ejemplo, será una medida que calcule las ventas de una empresa en el contexto de filtro visible:

Personalizar el código en negrita

```
#01 Periodo actual =
/*----------------------------------------------------------------
Medida para calcular el total de las ventas en el contexto de filtro
visible (periodo actual)
----------------------------------------------------------------*/
SUM( factPedidos[totalVenta] )
```

Plantilla 2. Periodo actual-12 meses

Ahora, ofrecemos el código que calcula las ventas que sirven de comparación para el periodo actual:

Personalizar el código en negrita

```
#01 Periodo actual -12 meses =
/*----------------------------------------------------------------
Medida que calcula las ventas devengadas en un periodo de tiempo
igual al del contexto de filtro actual, pero desplazado 12 meses
hacia el pasado.
----------------------------------------------------------------*/
--Precálculo de la tabla que determina el contexto de filtro pasado--
VAR _periodoAnt =    DATEADD(
                         dimCalendario[fecha],
                         -12,     --Adaptar según necesidades
                         MONTH    --Adaptar según necesidades
                     )

--Cálculo principal-------------------------------------------------
VAR _result =        CALCULATE(
                         SUM( factPedidos[totalVenta] ),
                         _periodoAnt
                     )

RETURN               _result
```

Explicación del código

Plantilla 1. Periodo actual

Prácticamente, no es necesario explicar este código, puesto que se limita a una simple función SUM que suma las ventas de la empresa en el contexto de filtro actualmente vigente.

Plantilla 2. Periodo actual-12 meses

Esta plantilla es la que ofrece el periodo de comparación. Se trata de un periodo desplazado doce meses al pasado.

Así pues, la primera preocupación debe ser evaluar las ventas en un contexto adaptado a nuestras necesidades. Eso lo podremos conseguir mediante CALCULATE, pero antes debemos decidir cómo conseguir una tabla que ofrezca un filtro para su segundo argumento. La respuesta la tenemos en la función DATEADD, cuyo resultado (una tabla) lo almacenamos en una variable:

```
--Precálculo de la tabla que determina el contexto de filtro pasado--
VAR _periodoAnt =   DATEADD(
                        dimCalendario[fecha],
                        -12,     --Adaptar según necesidades
                        MONTH    --Adaptar según necesidades
                    )
```

Puedes cambiar (dentro de la anterior función DATEADD) el número y el tipo (DAY, MONTH, QUARTER, YEAR) de periodo fácilmente para adaptar la medida a sus necesidades. El primer argumento de la función DATEADD debe ser la columna clave de la tabla marcada como calendario del modelo.

La siguiente parte del código a comentar es el cálculo principal que realiza CALCULATE. Simplemente, evalúa la expresión de su primer argumento, según el contexto de filtro creado por la tabla de su segundo argumento:

```
--Cálculo principal-------------------------------------------------
VAR _result =       CALCULATE(
                        SUM( factPedidos[totalVenta] ),
                        _periodoAnt
                    )
```

Revisión de resultados

En la figura 5.9 vemos las medidas creadas en un objeto visual de tabla. La forma de usar una medida que compara los resultados (en un objeto visual de tabla) puede no ser la más habitual en una aplicación práctica real, pero es didáctica.

Período actual vs. mismo período anterior		
mesAño	#01 Período actual	#01 Período actual -12 meses
jul-24	255,96 €	
ago-24	829,5 €	
sep-24	22.491 €	
oct-24	2.065,5 €	
nov-24	153,38 €	
dic-24	284,7 €	
ene-25	74,19 €	
feb-25	5.016,85 €	
mar-25	58,8 €	
abr-25	406 €	
may-25	126,42 €	
jun-25	1.214,79 €	
jul-25	430,2 €	255,96 €
ago-25	149 €	829,50 €
sep-25	233,99 €	22.491,00 €
oct-25	43,81 €	2.065,50 €
nov-25	39,99 €	153,38 €
dic-25	1.342,5 €	284,70 €
ene-26	143,4 €	74,19 €
feb-26	6,99 €	5.016,85 €
mar-26	2.373 €	58,80 €
abr-26	389 €	406,00 €
may-26	7.904,97 €	126,42 €
jun-26	1.198 €	1.214,79 €
Total	**49.196,24 €**	**35.216,58 €**

Figura 5.9. Podemos ver en la imagen el desplazamiento que se produce (por ejemplo) del valor 255,96 (julio-24 a julio-25).

Periodo actual vs. mismo periodo anterior (venta diaria)

De forma similar al apartado anterior, vamos a crear unas medidas para poder comparar una magnitud de un periodo actual contra la magnitud devengada en un periodo anterior. La diferencia importante, en este apartado, es que las magnitudes a comparar se convierten a promedios o medias diarias mediante la división de la cantidad principal entre la cantidad de días en el periodo.

NOTA:

El sistema que usaremos para el cálculo de los promedios tiene en cuenta como denominador todos los días del contexto. De esta forma, si hay días que no tienen ventas, es una circunstancia que penaliza el resultado, puesto que se supone que la empresa quiere tener en cuenta esos días en los que no fue capaz de realizar ventas, pero sí debió o pudo hacerlas.

La comparación entre la venta diaria media del periodo actual y la del mismo periodo del año anterior resuelve incongruencias que podrían surgir en el caso de no usar promedios. Esto podría ser debido a la variabilidad en la cantidad de días. Este ajuste es esencial para superar distorsiones en los datos que resultan de periodos con duraciones desiguales, como un febrero con 28 días un año y 29 el siguiente.

Esta medida ajustada también es valiosa para aislar el efecto de variables externas, como una pandemia global que cambia los patrones de compra de un año a otro, o para normalizar contra efectos estacionales como el aumento de ventas en diciembre. En lugar de mirar simplemente el total de ventas, el promedio diario de ventas refleja la verdadera salud y tendencias del negocio en un formato que es inmediatamente comprensible y altamente comparable.

NOTA:

También puede ocurrir que un usuario necesite magnitudes referidas exclusivamente a días laborables. En ese caso, habría que adaptar las variables que calculan el número de días, filtrando por el atributo `esLaborable`.

Un ejemplo de código para calcular los días laborables del periodo actual sería:

```
--OPCIÓN 2: variable con n.° de fechas laborables (per. actual)---
VAR _nDiasActLab =  CALCULATE(
                        COUNTROWS(
                            VALUES( factPedidos[fechaPedido] )
                        ),
                        dimCalendario[esLaborable] =
                        "Día laborable"
                    )
```

Ahora, otro ejemplo para calcular los días laborables de un periodo anterior:

```
--OPCIÓN 2: variable con n.° de fechas laborables (per. anterior)-
VAR _nDiasAntLab =  CALCULATE(
                        COUNTROWS(
                            VALUES( factPedidos[fechaPedido] )
                        ),
                        dimCalendario[esLaborable] =
                        "Día laborable",
                        _periodoAnt
                    )
```

La variable `_periodoAnt` *de este último código debe haberse declarado anteriormente (ver plantillas posteriormente).*

Por último, debemos recordar que habría que adaptar los nombres `_nDiasActLab` *y* `_nDiasAntLab` *de las anteriores variables en los lugares donde que aparecen en la medida posteriormente.*

Ejemplo de uso

E-commerce y ventas *online*

Para plataformas de *e-commerce*, es fundamental comprender el comportamiento de compra en línea. La venta diaria promedio permite a estos negocios comparar el rendimiento de las campañas publicitarias o eventos con una duración determinada, como el Black Friday, ajustando por la variabilidad en el tráfico web o promociones que pueden variar año tras año.

Empresas de servicios y consultoría

Las firmas de servicios pueden experimentar fluctuaciones en la demanda de proyectos. Analizar la venta diaria promedio les permite a estas empresas comparar el flujo de trabajo y los ingresos en periodos similares para planificar la contratación y la asignación de recursos.

Código DAX

Plantilla 1. Periodo actual (venta diaria)

Vamos a construir la primera medida que nos dará el promedio de ventas diarias del periodo actual. Esto nos permitirá realizar una comparación justa, puesto que la comparación de sumas (no promedios) incluye una cantidad de días de venta dispares y, dependiendo de los requerimientos de negocio, esto podría ser inadecuado:

Personalizar el código en negrita

```
#02 Periodo actual (venta x día) =
/*-----------------------------------------------------------------
Medida que calcula las ventas medias diarias devengadas en el periodo
actual o contexto de filtro.
-----------------------------------------------------------------*/
--Variable que almacena las ventas del periodo actual----------------
VAR _ventasAct =    SUM( factPedidos[totalVenta] )

--Variable con n.° de fechas en el periodo actual-------------------
VAR _nDiasAct =     COUNTROWS( dimCalendario )

--Cálculo del promedio diario de ventas-----------------------------
VAR _result =       DIVIDE( _ventasAct, _nDiasAct )

RETURN              _result
```

Plantilla 2. Periodo anterior (venta diaria)

La siguiente medida es la que proporciona, al fin y al cabo, la comparación, es decir, las ventas en un periodo anterior. Todo ello se logra ponderar ofreciendo la magnitud en versión promedio para que las comparaciones sean justas y no influya la cantidad de días incluidos en los dos periodos de referencia.

En el código de ejemplo, se usa una comparación con el mes anterior, pero DATEADD también tiene la capacidad (mediante su tercer argumento) de desplazar el contexto de filtro por días, trimestres o años.

El primer argumento de la función DATEADD debe ser la columna clave de la tabla marcada como calendario del modelo:

Personalizar el código en negrita

```
#02 Periodo anterior (venta x día) =
/*-------------------------------------------------------------
Medida que calcula las ventas medias diarias devengadas en un periodo
de tiempo igual al del contexto de filtro actual, pero desplazado 1
mes hacia el pasado.
-------------------------------------------------------------*/
--Precálculo de la tabla que determina el contexto de filtro pasado--
VAR _periodoAnt =    DATEADD(
                         dimCalendario[fecha],
                         -1,       --Adaptar según necesidades
                         MONTH     --Adaptar según necesidades
                     )

--Ventas en el periodo anterior------------------------------------
VAR _ventasAnt =     CALCULATE(
                         SUM( factPedidos[totalVenta] ),
                         _periodoAnt
                     )

--N.° de días que hay en el periodo anterior------------------------
VAR _nDiasAnt =      COUNTROWS( _periodoAnt )

--Ventas medias diarias en el periodo anterior----------------------
VAR _result =        DIVIDE( _ventasAnt, _nDiasAnt )

RETURN               _result
```

Explicación del código

Plantilla 1. Periodo actual (venta diaria)

La explicación de la medida que nos ofrece las ventas medias del periodo actual es la explicación de una medida que calcula un promedio por el método de la división (ni con AVERAGE ni AVERAGEX).

Con las primeras dos variables declaradas, almacenamos el numerador y el denominador del cálculo del promedio, esto es, las ventas totales del contexto de filtro actual y la cantidad de días que hay en ese contexto, respectivamente:

```
--Variable que almacena las ventas del periodo actual----------------
VAR _ventasAct =     SUM( factPedidos[totalVenta] )

--Variable con n.° de fechas en el periodo actual--------------------
VAR _nDiasAct =      COUNTROWS( dimCalendario )
```

Recordamos que la función COUNTROWS cuenta las filas visibles en el contexto de la tabla que se le pasa como argumento.

La tercera variable almacena el resultado de la división que calcula el promedio, es decir, el cálculo protagonista. Lo vemos a continuación:

```
--Cálculo del promedio diario de ventas------------------------------
VAR _result =        DIVIDE( _ventasAct, _nDiasAct )
```

Plantilla 2. Periodo anterior (venta diaria)

Esta medida comienza con la declaración de una variable que almacena una tabla. Esta tabla actuará como filtro, posteriormente, al ser incluida en uno de los argumentos de CALCULATE. Como veremos a continuación, se usa la función DATEADD para desplazar el contexto de evaluación *n* periodos al pasado (por ello se usa un número negativo en el segundo argumento). Concretamente, se utiliza el número -1 para que el contexto se desplace un periodo hacia atrás en el calendario.

El hecho de que el periodo desplazado sea un mes se determina mediante el argumento MONTH (las opciones son DAY, MONTH, QUARTER y YEAR):

```
--Precálculo de la tabla que determina el contexto de filtro pasado--
VAR _periodoAnt =    DATEADD(
                         dimCalendario[fecha],
                         -1,      --Adaptar según necesidades
                         MONTH    --Adaptar según necesidades
                     )
```

Por cierto, el primer argumento de la función DATEADD debe ser la columna clave de la tabla marcada como calendario del modelo.

A continuación, como decíamos antes, entra en escena la función CALCULATE, que no hace otra cosa que evaluar una suma de ventas en el contexto que imponemos en su segundo argumento mediante la tabla de la variable creada anteriormente:

```
--Ventas en el periodo anterior------------------------------------
VAR _ventasAnt =     CALCULATE(
                         SUM( factPedidos[totalVenta] ),
                         _periodoAnt
                     )
```

Una vez tenemos las ventas devengadas en el periodo considerado como anterior, la siguiente variable calcula la cantidad total de días que hay en el periodo:

```
--N.° de días que hay en el periodo anterior-------------------------
VAR _nDiasAnt =      COUNTROWS( _periodoAnt )
```

Y, con una última variable, calculamos el promedio de ventas diarias con una simple división:

```
--Ventas medias diarias en el periodo anterior----------------------
VAR _result =        DIVIDE( _ventasAnt, _nDiasAnt )
```

Revisión de resultados

En la figura 5.10 vemos que el contexto de filtro se sitúa en los días 1, 2 y 3 de febrero de 2025. También vemos que, en la tercera columna de la tabla, hay un valor que ofrece el resultado propio de este contexto: 463,40 € de ventas medias diarias. Por último, vemos que, en la segunda columna, la medida muestra el promedio de ventas que hubo en esos días 1, 2 y 3 de febrero, pero del año 2024 (24,73 €).

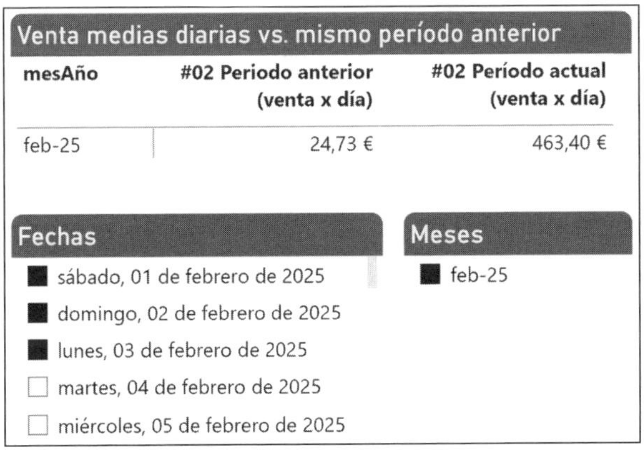

Figura 5.10. La medida que ofrece las ventas del periodo anterior lo hace evaluando el código en un contexto temporal, que no es el que está viéndose seleccionado en los segmentadores.

En el ejemplo que hemos visto, parece evidente que la empresa ha incrementado significativamente las ventas medias entre un año y otro.

Comparación periodo actual en curso vs. anterior completo

La comparación de magnitudes devengadas entre dos periodos es posible hacerla con distintas perspectivas, como venimos comprobando hasta el momento en la lectura de este libro. Es el momento, ahora, de conocer la posibilidad de contrastar la evolución de una magnitud en el periodo actual, respecto de un periodo anterior natural completo.

Para evitar posibles dudas en la anterior definición, vamos a representar la idea gráficamente en la figura 5.11.

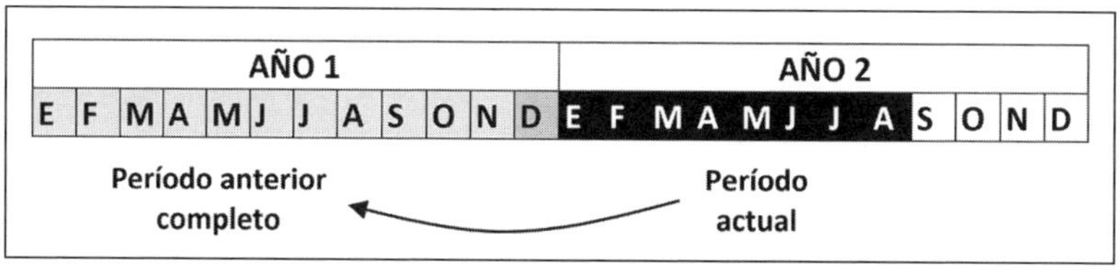

Figura 5.11. En la imagen, el periodo actual se ha representado con un color de fondo negro hasta el mes de agosto. Esto no es más que un ejemplo, pero la idea es que el periodo actual comienza en su inicio natural (1 de enero) y termina en la última fecha donde hay datos en el periodo natural actual.

En definitiva, la intención es evaluar cómo está siendo hasta el momento el progreso de una magnitud desde el inicio del periodo natural actual (año, trimestre, mes, etc.) en relación con un periodo natural completo anterior semejante, pero *n* periodos desplazados hacia el pasado.

Cuando tengamos las dos magnitudes, será posible compararlas visualmente o generar otro tipo de comparaciones como porcentajes de variación (que serán tratados en el siguiente capítulo).

Ejemplo de uso

Industria hotelera

Una cadena hotelera puede utilizar este tipo de comparaciones para evaluar la ocupación y los ingresos diarios del periodo actual (digamos, el inicio de la temporada alta) con la temporada alta completa del año anterior. Esto permite ajustar las tarifas y ofertas especiales para el resto de la temporada en tiempo real, basándose en la demanda actual en comparación con un periodo completo previo.

Gestión de recursos y personal

Un hospital podría necesitar comparar la cantidad actual de pacientes atendidos hasta la fecha con el total del periodo completo anterior para optimizar la asignación de personal y recursos. Esto garantizaría una atención adecuada sin sobreestimar la demanda, manteniendo un equilibrio entre la eficiencia operativa y la calidad del servicio.

Código DAX

Plantilla 1. Acumulado año actual

La primera medida es la que nos proporciona cantidad acumulada de unidades vendidas en la empresa hasta la fecha actual o última fecha del contexto de filtro.

Utilizamos la función TOTALYTD (función de inteligencia de tiempo) cuyo segundo argumento debe ser la columna clave de la tabla marcada como calendario del modelo:

Personalizar el código en negrita

```
#03 Acumulado año actual =
 /*-------------------------------------------------------------
Medida para calcular las unidades vendidas en el periodo actual:
acumulado desde 1 de enero hasta la última fecha del contexto.
--------------------------------------------------------------*/
TOTALYTD(
    SUM( factPedidos[Ud] ),
    dimCalendario[fecha]
)
```

Plantilla 2. Periodo anterior completo

La medida que contrasta con el acumulado del periodo actual es la que devuelve la cantidad total de unidades que se consiguieron vender en un periodo completo anterior, en este caso, en el ejercicio pasado:

Personalizar el código en negrita

```
#03 Periodo anterior completo =
/*-------------------------------------------------------------
Medida para calcular las unidades vendidas en el periodo completo
anterior que establezcamos (en el ejemplo, un año).
--------------------------------------------------------------*/
--Variable para crear una tabla con fechas desplazadas en el tiempo--
VAR _periodoAnt =   PARALLELPERIOD(
                        dimCalendario[fecha],
                        -1,      --Adaptar según necesidades
                        YEAR     --Adaptar según necesidades
                        )
```

```
--Cálculo de las ud vendidas en el periodo anterior completo---------
VAR _result =       CALCULATE(
                        SUM( factPedidos[Ud] ),
                        _periodoAnt
                    )

RETURN              _result
```

Plantilla 3. Título comparativo dinámico

La intención de este código es obtener un texto que incluya referencias dinámicas (adaptables de forma automática) a los periodos que están siendo calculados en el contexto de evaluación de las medidas principales. Todo ello para poder implementar la medida como título de un objeto visual:

Personalizar el código en negrita

```
#03 Título comparativo dinámico =
/*-------------------------------------------------------------------
Medida para calcular un título que se adapte a los periodos usados en
las medidas de comparación.
-------------------------------------------------------------------*/
--Variable para obtener el año anterior completo a comparar----------
VAR _periodoAnt =   MAX( dimCalendario[año] ) - 1

--Concatenación del texto fijo y la variable que contiene el año-----
VAR _result =       "Ud vendidas en el año en curso vs. año " &
                    _periodoAnt

RETURN              _result
```

En el apartado "Explicación del código" se explicará el procedimiento para implementar la medida en un objeto visual.

Plantilla 4. Título comparativo dinámico (máx)

Esta medida sirve para establecer (en un objeto visual medidor) un valor máximo de comparación para la medida que calcula la magnitud del periodo actual.

El código necesario es:

```
#03 Título comparativo dinámico (máx) =
[#03 Periodo anterior completo] *1.5
```

Como podemos ver, hemos hecho referencia a una de las medidas previamente creadas.

En el apartado "Explicación del código" se explicará el procedimiento para implementar la medida en un objeto visual.

Explicación del código

Plantilla 1. Acumulado año actual

Utilizamos la función TOTALYTD (función de inteligencia de tiempo) cuyo segundo argumento debe ser la columna clave de la tabla marcada como calendario del modelo. El primer argumento es el cálculo que necesitamos. Para este ejemplo, serán las unidades de producto vendido:

```
TOTALYTD(
    SUM( factPedidos[Ud] ),
    dimCalendario[fecha]
)
```

Plantilla 2. Periodo anterior completo

Se usa una función de inteligencia de tiempo llamada PARALELPERIOD, que tiene como característica principal devolver periodos de tiempo completos, aunque el contexto de filtro actual sea un periodo parcialmente cubierto.

De la misma forma que en otras ocasiones, puedes adaptar los argumentos de PARALELPERIOD para ajustarlos al número y tipo de periodo necesarios. También debemos recordar que el primer argumento de esta función requiere la columna clave de la tabla marcada como calendario del modelo:

```
--Variable para crear una tabla con fechas desplazadas en el tiempo--
VAR _periodoAnt =    PARALLELPERIOD(
                         dimCalendario[fecha],
                         -1,      --Adaptar según necesidades
                         YEAR     --Adaptar según necesidades
                         )
```

Como hemos podido comprobar, en PARALELPERIOD podemos ajustar, mediante el segundo y tercer argumento, la cantidad y tipo de periodo al que nos referimos. Pero también tendríamos la opción de usar funciones como PREVIOUSDAY, PREVIOUSMONTH, PREVIOUSQUARTER o PREVIOSYEAR. Son más fáciles de configurar (solo tienen un argumento, que es la columna clave de la tabla de fechas), pero son específicas para cada tipo de periodo que necesitamos comparar.

Utilicemos alguna de las funciones anteriores o la propia función PARALELPERIOD, obtenemos una tabla que será la que le sirva a la siguiente función CALCULATE en su segundo argumento para modificar el contexto de filtro:

```
--Cálculo de las ud vendidas en el periodo anterior completo---------
VAR _result =        CALCULATE(
                         SUM( factPedidos[Ud] ),
                         _periodoAnt
                     )
```

Esta medida ha de establecerse, durante la compilación del objeto visual medidor, en el panel Formato>Eje medidor>Destino>botón fx>Elegir medida #03 Periodo anterior completo.

Plantilla 3. Título comparativo dinámico

Nuestro objetivo es obtener un texto del tipo: Ud vendidas en el año en curso vs. año n. Para ello, debemos captar el periodo (en este caso, el año de comparación más antiguo) del contexto de filtro. Esto lo hacemos almacenando en una variable el resultado de una función `MAX` sobre la columna año de la tabla de fechas. Posteriormente, le restamos los periodos que queremos retroceder en el tiempo:

```
--Variable para obtener el año anterior completo a comparar----------
VAR _periodoAnt =   MAX( dimCalendario[año] ) - 1
```

A lo anterior, podemos concatenarle un texto que ayude a describir la comparación. Por ejemplo, así:

```
--Concatenación del texto fijo y la variable que contiene el año-----
VAR _result =       "Ud vendidas en el año en curso vs. año " &
                    _periodoAnt
```

Para implementar esta medida en un objeto visual medidor (este será nuestro ejemplo) debemos hacerlo en el Panel formato>Título>botón fx>Elegir medida #03 Título comparativo dinámico.

Plantilla 4. Título comparativo dinámico (máx)

La medida que nos ocupa ahora es la que en su momento construimos para que sirviera como la etiqueta de comparación que simboliza el valor máximo:

```
[#03 Periodo anterior completo] *1.5
```

Como podemos ver, la explicación del código es sencilla: se trata de usar la medida que proporciona el valor de la magnitud en el periodo anterior, multiplicada por un valor que la sitúa por encima de sí misma. Ese valor lo hemos establecido en 1,5, pero podemos cambiarlo. Para implementar esta medida en un objeto visual medidor (este será nuestro ejemplo) debemos hacerlo en el Panel formato>Eje medidor>Máx>Elegir medida #03 Título comparativo dinámico (máx).

Revisión de resultados

En la figura 5.12 vemos un objeto visual medidor que está ofreciendo la cantidad de unidades vendidas en el año en curso (valor principal del gráfico), respecto de las unidades vendidas en la totalidad del año anterior (valor de la derecha).

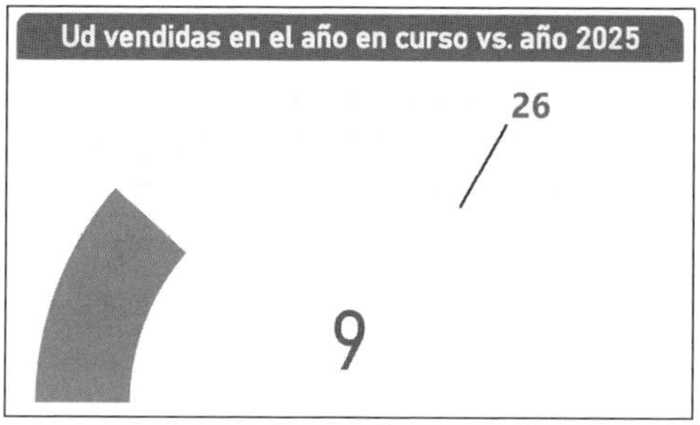

Figura 5.12. La interpretación del gráfico debe ser entre el valor principal (9) y el valor objetivo (26), considerando a este último como el valor de la magnitud en el año anterior.

Podemos ver en la anterior imagen el título dinámico, gracias a las medidas implementadas a tal efecto. El valor del año en curso (9 ud) es la medida Acumulado año actual que se ha establecido en el apartado Valor del panel Compilar objeto visual.

El valor de comparación (26 ud) es el valor del año anterior completo y se ha determinado como un valor Destino u "objetivo". Es un valor establecido en el panel Formato, dentro del apartado Eje medidor.

El extremo máximo (a la derecha) del semicírculo tiene oculta la etiqueta de datos para evitar confusiones. Pero lo relevante es que el valor de comparación y este extremo máximo tienen una determinada separación y no coinciden en un mismo punto. Recordemos que esto lo hemos provocado asignando al extremo máximo una medida que multiplicaba su propio valor por 1,5.

Por lo tanto, el gráfico representa el estado o progreso de las ventas de unidades, comparado con las ventas que se consiguieron en el ejercicio pasado. Esto le permite a la empresa vigilar la gestión de forma continua, especialmente si construye también indicadores que muestren variaciones porcentuales.

Comparación entre periodos variables

Hasta el momento, hemos creado plantillas que comparan magnitudes que se devengan en periodos distintos. En todos los casos, se compara el periodo actual (el rango de fechas que el usuario tiene seleccionadas) con periodos anteriores que responden a distintos criterios. En el apartado actual, vamos a diseñar un sistema de comparación de magnitudes que permitirán al usuario elegir, de forma libre y discrecional. Es decir, cada uno de los periodos a comparar podrá ser elegido por el usuario de forma independiente y sin limitación en el rango de fechas. Gráficamente, la idea es la que se muestra en la figura 5.13.

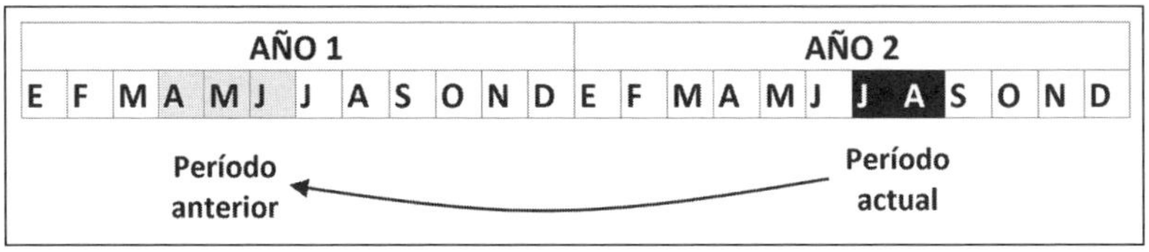

Figura 5.13. En la imagen vemos representado un ejemplo de periodos distintos elegidos libremente.

NOTA:

Puesto que estas plantillas requerirán la creación de tablas calculadas, no es posible su aplicación a Power Pivot.

Una cuestión importante para este tipo de comparación es que tenemos que calcular promedios en cada una de las magnitudes a comparar (al igual que hicimos en algún apartado anterior). Solo de esta forma la comparación será justa en una situación en la que los periodos son independientes y distintos.

NOTA:

El sistema que hemos usado para el cálculo de los promedios tiene en cuenta como denominador todos los días del contexto. De esta forma, si hay días que no tienen ventas, es una circunstancia que penaliza el resultado, puesto que se supone que la empresa quiere tener en cuenta esos días en los que no fue capaz de realizar ventas, pero sí debió o pudo hacerlas.

Ejemplo de uso

Seguro que hay múltiples ejemplos de uso para las comparativas con periodos libres de distinta duración, pero, a continuación y a modo de ejemplo, exponemos dos de ellos.

Retail y punto de venta

Un minorista puede utilizar la venta diaria promedio para comparar el desempeño de temporadas altas de un año a otro, por ejemplo, analizar las ventas de diciembre de este año frente al pasado, ajustando por el número de días de compra efectiva.

Sector hostelería y restauración

Restaurantes y hoteles a menudo enfrentan variaciones semanales significativas. Comparando la venta diaria promedio, pueden ajustar por factores como eventos locales que atraen turistas o cierres temporales, y así medir la eficacia de las promociones o eventos especiales en periodos equivalentes.

Código DAX

En este apartado, vamos a explicar los procesos necesarios para conseguir el objetivo de obtener una comparación de las ventas devengadas en periodos distintos.

Como decíamos antes, para que la comparación sea justa, debemos realizar el cálculo del promedio de ventas diarias como valor representativo del nivel de actividad económica en ambos periodos.

Comenzamos por orden y, en este caso, lo primero debe ser la creación de dos tablas calculadas desde la vista de tabla de Power BI.

Plantilla 1. Tabla calculada dimPeriodo_1

Desde la Vista de tabla de Power BI>Ficha Herramientas de tabla>Nueva tabla escribimos el siguiente código en el editor de DAX:

Personalizar el código en negrita

```
dimPeriodo_1 =
VAR _anioMin =  YEAR( MIN( factPedidos[fechaPedido] ) )
VAR _anioMax =  YEAR( MAX( factPedidos[fechaEnvio] ) )
VAR _result =   CALENDAR(
                    DATE( _anioMin, 1, 1 ),
                    DATE( _anioMax, 12, 31 )
                )
RETURN          _result
```

Plantilla 2. Tabla calculada dimPeriodo_2

Continuamos desde la Vista de tabla de Power BI>Ficha Herramientas de tabla>-Nueva tabla y, ahora, escribimos el siguiente código que es prácticamente igual, excepto el nombre que asignamos a la tabla:

Personalizar el código en negrita

```
dimPeriodo_2 =
VAR _anioMin =  YEAR( MIN( factPedidos[fechaPedido] ) )
VAR _anioMax =  YEAR( MAX( factPedidos[fechaEnvio] ) )
VAR _result =   CALENDAR(
                    DATE( _anioMin, 1, 1 ),
```

```
                    DATE( _anioMax, 12, 31 )
                )
RETURN          _result
```

Esta tabla calculada tiene el mismo código que la de la plantilla 1, excepto el nombre.

Relaciones de las tablas creadas

Aunque estamos en un apartado donde se expone el código DAX necesario para nuestro objetivo, debemos hacer una excepción y explicar el proceso por el cual las tablas recién creadas deben ser relacionadas con la tabla de hechos protagonista del modelo. Todo ello debemos hacerlo estando en la Vista de modelo de Power BI:

1. Relacionar la tabla dimPeriodo_1 con la tabla de hechos del modelo. En nuestro ejemplo, lo haremos con la tabla factPedidos mediante los campos factPedidos[fechaPedido] y dimPeriodo_1[Date]. Esto se hace con un clic y, sin soltar, arrastrando un campo hacia el otro.
2. Repetimos el paso anterior para la tabla dimPeriodo_2, debiendo establecer ahora la relación entre los campos factPedidos[fechaPedido] y dimPeriodo_2[Date].
3. En este tercer paso, debemos cambiar las propiedades de la relación factPedidos[fechaPedido] y dimPeriodo_1[Date] mediante un clic con el botón secundario del ratón sobre la flecha que hay en el centro de la línea de la relación. Una vez hecho esto, elegimos la opción Propiedades y, en el cuadro emergente, desactivamos la casilla Activar esta relación y hacemos clic en Aceptar.
4. Ahora, debemos repetir el paso 3 para la relación factPedidos[fechaPedido] y dimPeriodo_2[Date] con los mismos procesos.

Con todo lo anterior, ya tenemos las relaciones preparadas para nuestro objetivo y podemos pasar a la siguiente fase, que es la creación de dos medidas que ofrecerán los resultados de las ventas en un periodo y en otro.

Comenzamos por la medida que nos dará la magnitud 1.

Plantilla 3. Periodo 1 a comparar (venta diaria)

Personalizar el código en negrita

```
#04 Periodo 1 a comparar (venta diaria) =
/*--------------------------------------------------------------
Medida para calcular las ventas medias diarias ocurridas en uno de
los dos periodos personalizados que el usuario puede elegir mediante
un segmentador.
```

```
-----------------------------------------------------------------*/
--Cálculo de las ventas totales en el periodo 1 seleccionado---------
VAR _ventas =   CALCULATE(
                    SUM( factPedidos[totalVenta] ),
                    USERELATIONSHIP(
                        dimPeriodo_1[Date],
                        factPedidos[fechaPedido]
                    )
                )

--Cálculo de los días totales en el periodo seleccionado------------
VAR _numDias =  DISTINCTCOUNT( dimPeriodo_1[Date] )

--Cálculo del promedio de ventas diarias----------------------------
VAR _result =   DIVIDE( _ventas, _numDias )

RETURN          _result
```

Plantilla 4. Periodo 2 a comparar (venta diaria)

Personalizar el código en negrita

```
#04 Periodo 2 a comparar (venta diaria) =
/*-----------------------------------------------------------------
Medida para calcular las ventas medias diarias ocurridas en uno de
los dos periodos personalizados que el usuario puede elegir mediante
un segmentador.
-----------------------------------------------------------------*/
--Cálculo de las ventas totales en el periodo 2 seleccionado---------
VAR _ventas =   CALCULATE(
                    SUM( factPedidos[totalVenta] ),
                    USERELATIONSHIP(
                        dimPeriodo_2[Date],
                        factPedidos[fechaPedido]
                    )
                )

--Cálculo de los días totales en el periodo seleccionado------------
VAR _numDias =  DISTINCTCOUNT( dimPeriodo_2[Date] )

--Cálculo del promedio de ventas diarias----------------------------
VAR _result =   DIVIDE( _ventas, _numDias )

RETURN          _result
```

Plantilla 5. Título comparativo (fechas)

Este código servirá para mostrar en el título del objeto visual los periodos de la comparación que pretendemos hacer:

```
#04 Título comparativo (fechas) =
/*-----------------------------------------------------------------
Medida para calcular un título que se adapte a los periodos usados en
las medidas de comparación.
```

```
------------------------------------------------------------------*/
--Variables para obtener las fechas de comparación (ambos periodos)--
VAR _minPerAnt =    MIN( dimPeriodo_1[Date] )
VAR _maxPerAnt =    MAX( dimPeriodo_1[Date] )
VAR _minPerAct =    MIN( dimPeriodo_2[Date] )
VAR _maxPerAct =    MAX( dimPeriodo_2[Date] )

--Concatenación del texto fijo y las variables----------------------
VAR _result =       "Desde " & _minPerAnt &
                    " hasta " & _maxPerAnt & " ( periodo 1 )" &
                    UNICHAR(10) &
                    "Desde " & _minPerAct &
                    " hasta " & _maxPerAct & " ( periodo 2 ) "
```

En el apartado "Explicación del código" se mostrará el procedimiento para implementar la medida en un objeto visual.

Explicación del código

Plantilla 1. Tabla calculada dimPeriodo_1

Lo primero a comentar sobre el código de la plantilla son las dos primeras variables. Estas almacenan los años mínimo y máximo de las columnas que contienen las fechas de recepción y envío de pedidos, respectivamente:

```
VAR _anioMin =  YEAR( MIN( factPedidos[fechaPedido] ) )
VAR _anioMax =  YEAR( MAX( factPedidos[fechaEnvio] ) )
```

Por último, una tercera variable almacena una tabla de fechas formada por la función `CALENDAR` con la ayuda de dos funciones `DATE` y de las primeras dos variables y de otros parámetros que establecen los días de inicio y final de año (debemos tener en cuenta que la función `DATE` necesita los argumentos año, mes y día):

```
VAR _result =   CALENDAR(
                    DATE( _anioMin, 1, 1 ),
                    DATE( _anioMax, 12, 31 )
                )
```

Esta tabla calculada tendrá una sola columna de fechas con formato `dd/mm/aaaa`. Será una tabla que sirva para filtrar la tabla de hechos con el periodo más antiguo establecido en un segmentador (periodo 1).

Se han usado las columnas factPedidos[fechaPedido] y factPedidos[fechaEnvio] porque hay posibilidades de que las fechas devengadas en la segunda contengan años posteriores a la primera.

Plantilla 2. Tabla calculada dimPeriodo_2

El código de esta tabla calculada es prácticamente igual que la anterior, excepto el nombre que se le asigna.

Relaciones de las tablas creadas

La creación de relaciones entre las tablas no requiere más explicación que la dada en el apartado correspondiente.

Plantilla 3. Periodo 1 a comparar (venta diaria)

La primera medida que vamos a comentar es la del primer periodo a comparar. Se trata de una función `CALCULATE` que:

- Ejecuta una suma de las ventas con la función `SUM` en el primer argumento.
- La suma anterior se evalúa en el contexto que establece la función `USERELATIONSHIP` en el segundo argumento. Esta función activa la relación que por defecto está inactiva entre las columnas dimPeriodo_1[Date] y factPedidos[fechaPedido]. De esta forma, la medida se evalúa con la suma filtrada por la tabla calculada dimPeriodo_1. El resultado se almacena en una variable:

```
--Cálculo de las ventas totales en el periodo 1 seleccionado---------
VAR _ventas =    CALCULATE(
                     SUM( factPedidos[totalVenta] ),
                     USERELATIONSHIP(
                         dimPeriodo_1[Date],
                         factPedidos[fechaPedido]
                     )
                 )
```

El siguiente paso es calcular la cantidad de días que hay en este periodo 1. Esto lo haremos almacenando en una variable el resultado de un recuento de los días visibles (que han superado el filtro del usuario) en la tabla de fechas dimPeriodo_1:

```
--Cálculo de los días totales en el periodo seleccionado------------
VAR _numDias =  DISTINCTCOUNT( dimPeriodo_1[Date] )
```

Para terminar, con una función `DIVIDE`, calculamos el promedio de ventas diarias:

```
--Cálculo del promedio de ventas diarias----------------------------
VAR _result =   DIVIDE( _ventas, _numDias )
```

Plantilla 4. Periodo 2 a comparar (venta diaria)

La explicación para esta medida es idéntica a la realizada en el apartado anterior para el periodo 1.

Plantilla 5. Título comparativo (fechas)

La explicación de este código debe comenzar con las cuatro variables que detectan las fechas mínimas y máximas que hay visibles o disponibles en las tablas calculadas filtradas por el usuario que elige los periodos 1 y 2:

```
--Variables para obtener las fechas de comparación (ambos periodos)--
VAR _minPerAnt =   MIN( dimPeriodo_1[Date] )
VAR _maxPerAnt =   MAX( dimPeriodo_1[Date] )
VAR _minPerAct =   MIN( dimPeriodo_2[Date] )
VAR _maxPerAct =   MAX( dimPeriodo_2[Date] )
```

Una vez almacenadas las fechas en variables, las concatenamos de forma adecuada con textos fijos y los espacios necesarios:

```
--Concatenación del texto fijo y las variables----------------------
VAR _result =          "Desde " & _minPerAnt &
                       " hasta " & _maxPerAnt & " ( periodo 1 )" &
                       UNICHAR(10) &
                       "Desde " & _minPerAct &
                       " hasta " & _maxPerAct & " ( periodo 2 ) "
```

Las funciones `UNICHAR` que veíamos en el código anterior sirven para generar un salto de línea en el título dinámico.

El texto resultante anterior se almacena en una variable para que sea devuelta posteriormente como resultado de la medida.

La implementación de esta medida en el objeto visual se hace de la siguiente forma:

1. Seleccionamos el objeto visual.
2. Desde el panel Formato, expandir el apartado Título.
3. Hacemos clic en el botón fx.
4. Seleccionamos la medida #04 Título comparativo (fechas).
5. Establecemos el resto de las configuraciones del título como se ve en la figura 5.14.
6. Expandimos el apartado Subtítulo.
7. Establecemos las siguientes configuraciones que aparecen en la figura 5.15.
8. Ya podemos contraer el apartado Título y, ahora, expandimos el apartado Tamaño y estilo.
9. Establecemos en Espaciado, **2** px, como se ve en la figura 5.16.

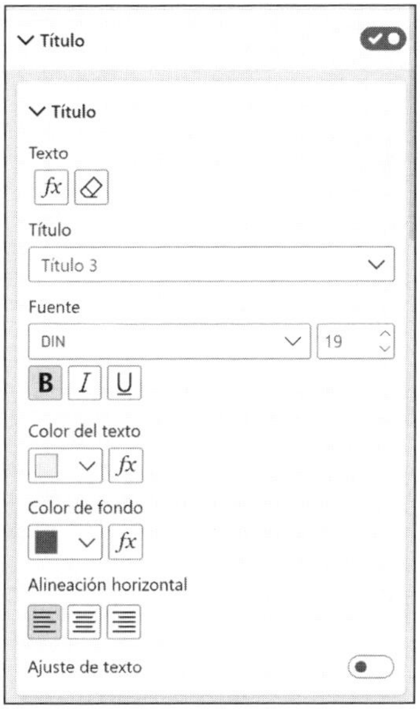

Figura 5.14. En esta imagen podemos ver cómo queda la configuración del título.

Figura 5.15. Esta es la configuración del subtítulo. En este caso, el texto (**Comparativa entre periodos variables**) se aporta manualmente escribiéndolo, no con una medida.

Figura 5.16. La configuración que vemos en esta imagen hace que el título aparezca a una distancia correcta respecto del borde superior el objeto visual.

Todo lo anterior permitirá tener un resultado similar al título de la figura 5.17.

Figura 5.17. Es importante fijarse en los detalles del panel **Formato** para que nuestro título quede igual que el de la imagen.

Revisión de resultados

Los resultados de todo lo construido en relación con las comparaciones entre periodos variables son los que se muestran en la figura 5.18.

En este caso, vemos que el objeto visual se ha compilado con las marcas de productos en el eje *x*. También vemos en la parte superior dos segmentadores de tipo deslizante para facilitar la selección de los periodos de tiempo.

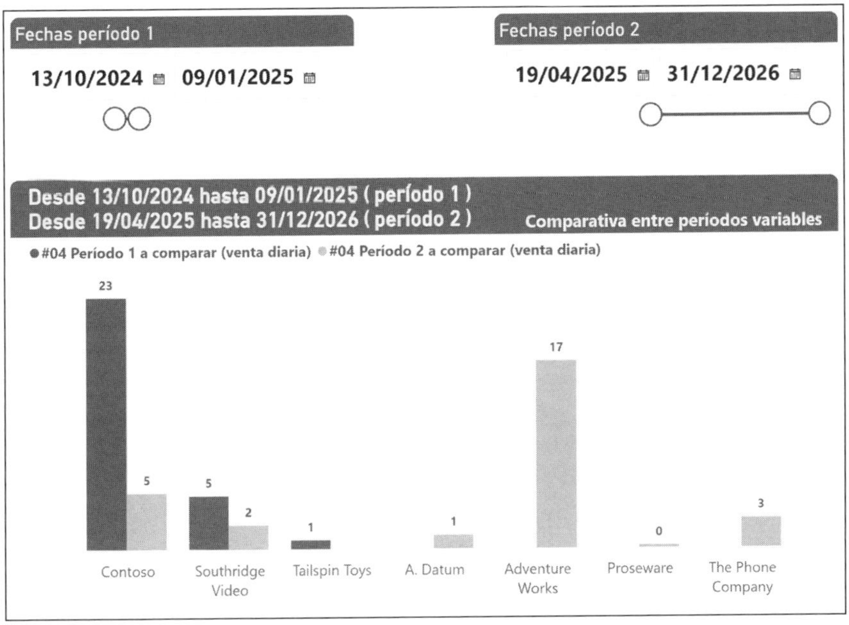

Figura 5.18. Así quedarían las medidas una vez compiladas en un objeto visual de columnas agrupadas.

Última semana vs. misma semana año anterior

A través de este apartado, exploraremos unas plantillas de código DAX diseñadas para comparar las métricas de la última semana con las de la misma semana, pero del año anterior. También practicaremos con una exigencia más: la comparación se debe hacer solo para las horas punta, es decir, para las horas que la empresa considera que suelen tener mayor volumen de ventas.

Cuando hablamos de comparar semanas, nos referimos a comparar semanas naturales completas. Esta comparación se basa en el número de semana que aparece en cada fila de la tabla de calendario del modelo. Por lo tanto, nuestro modelo debe tener una columna a tal efecto. Y, como se decía en el anterior párrafo, la comparación se hará para las horas punta, por lo que el modelo también deberá tener una tabla de dimensión horaria con una columna que determine las horas y minutos que pertenecen a lo que la empresa llama horas punta (para nuestros ejemplos, será entre las 12:00 h y las 16:00 h, como podemos ver en la tabla dimHoras del modelo, en el archivo PBIX que contiene los ejercicios).

Ejemplos de uso

Análisis de tendencias en ventas al detalle

Un ejemplo de uso del tipo de comparaciones que nos ocupa es una empresa minorista que quiere entender cómo están funcionando sus promociones y estrategias de ventas. De esta forma, podrá evaluar el impacto de las campañas promocionales recientes y ajustes en la estrategia de precios. Esto le ayudará a entender si las tácticas actuales están superando el rendimiento del año anterior.

Evaluación de campañas de marketing

Otro ejemplo de uso podría ser una empresa que lanza una nueva campaña de marketing y desea evaluar su efectividad. Usar las medidas para comparar el tráfico de la web o las ventas *online* durante la semana posterior al lanzamiento de la campaña con las del mismo periodo del año anterior. Esto proporciona una medida clara del impacto de la campaña en términos de atracción de clientes o incremento en las ventas.

Código DAX

Vayamos con las plantillas de código que nos proporcionarán la posibilidad de comparar semanas. En nuestro caso, adoptaremos como supuesto una empresa que quiere comparar las ventas de la última semana seleccionada en el contexto de filtro, respecto de la misma semana del año anterior. Una condición adicional es que el estudio se hará solamente para las horas que la empresa considera como horas punta.

Plantilla 1. Última semana

Comenzamos por la medida que nos da la cantidad de ventas totales en la semana más reciente del contexto de filtro:

Personalizar el código en negrita

```
#05 Última semana =
/*-------------------------------------------------------------------
Medida para calcular las ventas ocurridas en la última semana del
contexto.
-------------------------------------------------------------------*/
--Variable para almacenar el n.° de la última semana del contexto----
VAR _numSemAct =    MAX( dimCalendario[numeroSemana] )

--Cálculo de las ventas de la última semana del contexto de filtro---
```

```
VAR _result =        CALCULATE(
                         SUM( factPedidos[totalVenta] ),
                         dimCalendario[numeroSemana] = _numSemAct,
                         dimHoras[HoraPunta] = TRUE()
                     )

RETURN               _result
```

Plantilla 2. Misma semana, año anterior

En segundo lugar, vamos con la medida que devuelve el valor de las ventas de la misma semana con el mismo número que la actual, pero del año anterior:

Personalizar el código en negrita

```
#05 Misma semana año anterior =
/*-------------------------------------------------------------------
Medida para calcular las ventas ocurridas en la semana con el mismo
número que la actual, pero del año anterior.
-------------------------------------------------------------------*/
--Variables para almacenar el n.° semana actual y el n.° año anterior
VAR _numSemana =     MAX( dimCalendario[numeroSemana] )
VAR _numAnioAnt =    MAX( dimCalendario[año] ) - 1

--Cálculo de las ventas del n.° semana actual, pero 1 año atrás-------
VAR _result =        CALCULATE(
                         SUM( factPedidos[totalVenta] ),
                         dimCalendario[numeroSemana] = _numSemana,
                         dimCalendario[año] = _numAnioAnt,
                         dimHoras[HoraPunta] = TRUE()
                     )

RETURN               _result
```

Plantilla 3. Título comparativo dinámico

El trozo de código que vamos a ofrecer ahora es el que permite que el título de un objeto visual sea dinámico y se adapte al contexto. En el apartado "Revisión de resultados" podremos visualizar el título mostrado dentro de un objeto visual:

Personalizar el código en negrita

```
#05 Título comparativo dinámico =
/*-------------------------------------------------------------------
Medida para calcular un título que se adapte al número de semana y el
número de año del contexto.
-------------------------------------------------------------------*/
--Variables para obtener el n.° semana y el n.° año actual----------
VAR _semanaActual = MAX( dimCalendario[numeroSemana] )
VAR _anioActual =   MAX( dimCalendario[año] )
```

```
--Composición final de variables y el texto necesario fijo----------
VAR _result =       "Ventas sem. " &
                    _semanaActual &
                    " de " &
                    _anioActual &
                    " vs. ventas sem. " &
                    _semanaActual &
                    " de " &
                    _anioActual - 1

RETURN              _result
```

En el apartado "Explicación del código" se comentará el procedimiento para implementar la medida en un objeto visual.

Plantilla 4. Título comparativo dinámico (máx)

Esta medida sirve para establecer (en un objeto visual medidor) un valor máximo de comparación para la medida que calcula la magnitud del periodo actual.

El código necesario es:

```
#05 Título comparativo dinámico (máx) =
[#05 Misma semana año anterior] *1.5
```

Como podemos ver, hemos hecho referencia a una de las medidas previamente creadas.

En el apartado "Explicación del código" se comentará el procedimiento para implementar la medida en un objeto visual.

Explicación del código

Plantilla 1. Última semana

Comenzamos la explicación del código de la plantilla con la primera variable. Esta almacena el número de la semana más reciente del contexto de filtro mediante una función `MAX`. Es decir, si el usuario quiere comparar una semana reciente, la última fecha que debe tener seleccionada debe pertenecer a la semana actual de la comparación:

```
--Variable para almacenar el n.° de la última semana del contexto----
VAR _numSemAct =    MAX( dimCalendario[numeroSemana] )
```

El siguiente cálculo también se almacena en una variable. En este caso, se trata de la suma de las ventas, como podemos ver en el primer argumento de la siguiente función `CALCULATE`:

```
VAR _result =           CALCULATE(
                            SUM( factPedidos[totalVenta] ),
                            dimCalendario[numeroSemana] = _numSemAct,
                            dimHoras[HoraPunta] = TRUE()
                        )
```

También veíamos en la función anterior que la suma de las ventas se evaluará en un contexto al que se le aplican dos filtros con pruebas booleanas (con resultado `True/False`) en el segundo y tercer argumento de `CALCULATE`:

- En el primer argumento de `CALCULATE` está la función `SUM` que sumará las ventas de la columna factPedidos[totalVenta].
- En el segundo argumento, hay un filtro que usa el número de semana almacenado en la primera variable.
- En el tercer argumento, el segundo filtro hace una segunda comprobación: que la venta se haya producido en hora punta. Esto se puede hacer porque nuestro modelo tiene una tabla de dimensión horaria en la que existe una columna Tiempo. Esta identifica cada hora y minuto con valores `True` o `False`, dependiendo de si es o no hora punta.

Plantilla 2. Misma semana, año anterior

Ahora es el momento de explicar la medida que devuelve el valor de las ventas de la misma semana con el mismo número que la actual, pero del año anterior.

La medida comienza declarando dos variables para almacenar el número de la semana protagonista y el número del año anterior al contexto de filtro vigente actualmente:

```
--Variables para almacenar el n.° semana actual y el n.° año anterior
VAR _numSemana =        MAX(dimCalendario[numeroSemana])
VAR _numAnioAnt =       MAX( dimCalendario[año] ) - 1
```

A continuación, una función `CALCULATE` evalúa la suma de las ventas en un contexto determinado por los argumentos segundo, tercero y cuarto de esta forma:

- El número de semana debe ser el de la semana protagonista del estudio. Esto se consigue con la prueba booleana `dimCalendario[numeroSemana] = _numSemana`.
- El número de año debe ser el anterior al del actual contexto de filtro. Esto se consigue con la prueba booleana `dimCalendario[año] = _numAnioAnt`.
- La hora debe estar clasificada como hora punta. Esto se consigue con la línea de código `dimHoras[HoraPunta] = TRUE()`.

Aquí podemos ver todo lo anterior:

```
--Cálculo de las ventas del n.° semana actual, pero 1 año atrás-------
VAR _result =        CALCULATE(
                         SUM( factPedidos[totalVenta] ),
                         dimCalendario[numeroSemana] = _numSemana,
                         dimCalendario[año] = _numAnioAnt,
                         dimHoras[HoraPunta] = TRUE()
                     )
```

Esta medida ha de establecerse, durante la compilación del objeto visual medidor, en el panel Formato>Eje medidor>Destino> botón fx>Elegir medida #05 Misma semana año anterior.

Plantilla 3. Título comparativo dinámico

Expliquemos ahora este código que nos proporcionará un título dinámico para nuestro objeto visual.

En principio, dos variables para captar el número de la semana y el año actuales, es decir, las últimas del contexto de filtro vigente seleccionado por el usuario:

```
--Variables para obtener el n.° semana y el n.° año actual------------
VAR _semanaActual = MAX( dimCalendario[numeroSemana] )
VAR _anioActual =   MAX( dimCalendario[año] )
```

Ahora, solo queda concatenar las variables y los textos fijos para componer una frase con sentido que informe de las semanas a comparar:

```
--Composición final de variables y el texto necesario fijo---------
VAR _result =        "Ventas sem. " &
                     _semanaActual &
                     " de " &
                     _anioActual &
                     " vs. ventas sem. " &
                     _semanaActual &
                     " de " &
                     _anioActual - 1
```

Para implementar esta medida en un objeto visual medidor (este será nuestro ejemplo) debemos hacerlo en el Panel Formato>Título>botón fx>Elegir medida #05 Título comparativo dinámico.

Plantilla 4. Título comparativo dinámico (máx)

Esta medida es la que servirá como valor máximo en el semicírculo del objetivo visual medidor:

```
[#05 Misma semana año anterior] *1.5
```

Se trata de usar la medida que proporciona el valor de la magnitud en el periodo anterior, multiplicada por un valor que la sitúa por encima de sí misma. Ese valor lo hemos establecido en 1,5, pero podemos cambiarlo.

Para implementar esta medida en un objeto visual medidor (este será nuestro ejemplo) debemos hacerlo en el Panel Formato>Eje medidor>Máx>Elegir medida #05 Título comparativo dinámico (máx).

Revisión de resultados

Los resultados de la comparación que estamos estudiando los vamos a representar con un objeto visual medidor en la figura 5.19.

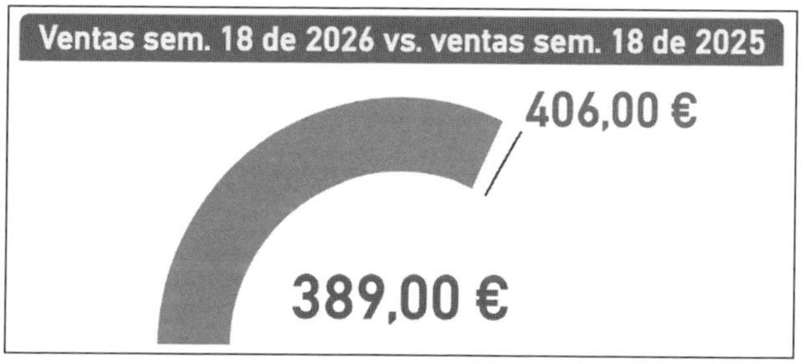

Figura 5.19. Podemos ver el título dinámico, gracias a las medidas implementadas a tal efecto.

El valor de la semana actual (389,00 €) es la medida Última semana que se ha establecido en el apartado Valor del panel Compilar objeto visual.

El valor de comparación (406,00 €) es el valor de esa misma semana, pero en el año anterior. Se ha determinado como un valor Destino u "objetivo". Es un valor establecido en el panel Formato, dentro del apartado Eje medidor.

El extremo máximo (a la derecha) del semicírculo tiene oculta la etiqueta de datos para evitar confusiones. Pero lo relevante es que el valor de comparación y este extremo máximo tienen una determinada separación y no coinciden en un mismo punto. Recordemos que esto lo hemos provocado asignando al extremo máximo una medida que multiplicaba su propio valor por 1,5.

Si echáramos un vistazo a la tabla de hechos en la figura 5.20, veríamos que las semanas 18 de 2025 y 2026 (corresponden al pedido del 30/04/2025 y al del 30/04/2026) tienen movimientos equivalentes a los valores que veíamos en el gráfico (406,00 € y 389,00 € respectivamente).

También veíamos que ambos movimientos de la semana 18 están realizados dentro de las horas punta que considera la empresa (entre las 12:00 h y las 16:00 h).

Ud	precioVentaUd	precioCosteUd	totalVenta	fechaPedido	fechaEnvio	horaPedido
1	58,80 €	19,49 €	58,80 €	30/03/2025	31/03/2025	19:31:00
1	406,00 €	186,70 €	406,00 €	30/04/2025	01/05/2025	14:11:00
7	18,06 €	8,31 €	126,42 €	30/05/2025	06/06/2025	11:54:00
3	404,93 €	206,45 €	1.214,79 €	30/06/2025	03/07/2025	18:34:00
3	143,40 €	73,11 €	430,20 €	28/07/2025	31/07/2025	19:17:00
1	149,00 €	68,52 €	149,00 €	04/08/2025	05/08/2025	19:53:00
1	233,99 €	107,60 €	233,99 €	30/09/2025	01/10/2025	9:33:00
1	43,81 €	20,15 €	43,81 €	30/10/2025	31/10/2025	19:26:00
1	39,99 €	20,39 €	39,99 €	30/11/2025	01/12/2025	11:38:00
5	268,50 €	88,97 €	1.342,50 €	30/12/2025	04/01/2026	19:57:00
1	143,40 €	73,11 €	143,40 €	05/01/2026	06/01/2026	19:54:00
1	6,99 €	3,56 €	6,99 €	28/02/2026	01/03/2026	15:06:00
3	791,00 €	363,75 €	2.373,00 €	30/03/2026	02/04/2026	8:13:00
1	389,00 €	128,88 €	389,00 €	30/04/2026	01/05/2026	16:32:00
3	50,99 €	23,45 €	152,97 €	11/05/2026	14/05/2026	11:34:00

Figura 5.20. La imagen muestra una tabla de hechos resumida para poder localizar y mostrar los valores de semanas de años distintos.

Franja horaria del mes actual vs. misma franja horaria del mes anterior

La comparación de franjas horarias entre diferentes periodos puede revelar patrones ocultos, tendencias emergentes y proporcionar detalles cruciales para la toma de decisiones estratégicas en los negocios. En este capítulo, abordaremos cómo las medidas DAX pueden ser utilizadas no solo para medir una magnitud en un momento dado, sino también para comparar este rendimiento con un periodo equivalente en el pasado, en este caso, el mes anterior.

El modelo sobre el que trabajamos (lo vimos al principio de este capítulo y lo podemos ver en realidad en el archivo de ejercicios que acompaña a este libro) tiene una tabla llamada dimFechas que contiene una columna donde, en cada una de sus celdas, se especifica mediante una expresión `True` o `False` si la hora y minuto pertenece a una franja horaria considerada como hora punta.

Ejemplos de uso

Retail y comercio electrónico

Analizar las ventas durante horas punta para determinar la efectividad de las promociones y campañas publicitarias. Comparar las ventas de estas franjas horarias mes a mes ayuda a ajustar las estrategias de marketing y promoción para maximizar el retorno de la inversión. Dentro de este ejemplo de uso en *retail* y comercio electrónico también podemos señalar la prevención de la demanda de productos populares durante horas punta y ajustar los niveles de inventario en consecuencia para evitar roturas de *stock* o excedentes.

Restaurantes y servicios de alimentación

En estos sectores, es muy útil usar la comparación de ventas en horas punta para planificar eficientemente la asignación de personal y recursos. Entender las tendencias mensuales permite a los gerentes ajustar los horarios del personal y la preparación de alimentos según la demanda esperada.

También sería importante poder evaluar el impacto de nuevas ofertas o cambios en el menú comparando las ventas en horas punta antes y después de su introducción.

Telecomunicaciones y servicios de IT

Evaluar la carga de trabajo y el uso de recursos durante horas punta para anticipar necesidades de infraestructura y soporte técnico. Esto es crucial para asegurar la continuidad del servicio y la satisfacción del cliente, especialmente en momentos de alta demanda.

Transporte y logística

En transporte y logística sería interesante usar datos de ventas y tráfico en horas punta para optimizar las rutas y horarios de entrega. Analizar las tendencias mensuales ayuda a las empresas de logística a mejorar la eficiencia en la entrega y a reducir los tiempos de tránsito.

Código DAX

Ahora, trabajaremos con una granularidad mayor y esto significará usar la tabla de dimensión horaria. Debemos establecer la premisa de que la franja horaria considerada en la empresa como hora punta es entre las 12:00 PM y las 16:00 PM (incluidas). Esto está configurado ya así en la tabla `dimHoras`.

Plantilla 1. Horas punta del mes actual

En primer lugar y como ejemplo, calcularemos las ventas devengadas en la franja horaria considerada como hora punta, en el mes actual o contexto de filtro vigente:

Personalizar el código en negrita

```
#06 Hora punta mes actual =
/*------------------------------------------------------------------
Medida para calcular las ventas ocurridas en todas las horas punta
del último mes del contexto de filtro actual.
------------------------------------------------------------------*/
--Precálculo del número del último mes ([numMes]) en el contexto-----
VAR _mesActual =    MAX( dimCalendario[numMes] )

--Cálculo de las ventas en horas punta para el últ. mes del contexto-
VAR _result =       CALCULATE(
                        SUM( factPedidos[totalVenta] ),
                        dimHoras[HoraPunta] = TRUE(),
                        dimCalendario[numMes] = _mesActual
                    )

RETURN              _result
```

Plantilla 2. Horas punta del mes anterior

En segundo lugar, vamos con la medida que devuelve el valor de las ventas ocurridas en las horas punta, pero del mes anterior:

Personalizar el código en negrita

```
#06 Hora punta mes anterior =
/*------------------------------------------------------------------
Medida para calcular las ventas ocurridas en todas las horas punta
del mes anterior, respecto del último mes del contexto de filtro.
------------------------------------------------------------------*/
--Variable para calcular un periodo desplazado 1 mes hacia el pasado-
VAR _periodoAnt =   DATEADD(
                        dimCalendario[fecha],
                        -1,      --Adaptar según necesidades
                        MONTH    --Adaptar según necesidades
                    )

--Cálculo de las ventas en horas punta del mes anterior-------------
VAR _result =       CALCULATE(
                        SUM( factPedidos[totalVenta] ),
                        _periodoAnt,
                        dimHoras[HoraPunta] = TRUE()
                    )

RETURN              _result
```

Plantilla 3. Título comparativo dinámico

El último trozo de código que vamos a ofrecer es el que permite que el título de un objeto visual sea dinámico y se adapte al contexto. En el apartado "Revisión de resultados" podremos visualizar el título luciendo dentro de un objeto visual:

Personalizar el código en negrita

```
#06 Título comparativo dinámico =
/*------------------------------------------------------------
Medida para calcular un título que se adapte al mes-año actual y al mes-año
anterior.
------------------------------------------------------------*/
--Variable para obtener el mes y el año actual (contexto de filtro)--
VAR _mesAnioAct =    UPPER( MAX( dimCalendario[mesAño] ) )

--Variable para calcular un periodo desplazado 1 mes hacia el pasado-
VAR _periodoAnt =    DATEADD(
                         dimCalendario[fecha],
                         -1,      --Adaptar según necesidades
                         MONTH    --Adaptar según necesidades
                     )

--Variable para obtener el mes-año anterior al contexto-------------
VAR _mesAnioAnt =    UPPER(
                         CALCULATE(
                             MAX( dimCalendario[mesAño] ),
                             _periodoAnt
                         )
                     )

VAR _result =        "Ventas en horas punta " &
                     _mesAnioAct &
                     " vs. " &
                     _mesAnioAnt

RETURN               _result
```

Explicación del código

Plantilla 1. Horas punta del mes actual

La medida que calcula las ventas de las horas punta del mes actual comienza por la declaración de una variable que almacena el número del mes actual o mes del contexto filtrado por el usuario actualmente:

```
--Precálculo del número del último mes ([numMes]) en el contexto-----
VAR _mesActual =    MAX( dimCalendario[numMes] )
```

A continuación, otra variable almacena el importe de las ventas del periodo comentado con la anterior variable. El cálculo se hace mediante una función `CALCULATE`:

- Que en el primer argumento tiene una función `SUM` para calcular las ventas en el contexto que "ordenen" los siguientes argumentos.

- Como segundo argumento tenemos una prueba booleana con `dimHoras[HoraPunta] = TRUE()`, que hace que el contexto de evaluación de las ventas se limite a las horas punta.
- Por último, como tercer argumento, está la línea de código `dimCalendario[numMes] = _mesActual`, que asegura que el contexto de evaluación de la función `SUM` sea únicamente las filas de la tabla de hechos que corresponde al último mes del contexto.

```
--Cálculo de las ventas en horas punta para el últ. mes del contexto-
VAR _result =       CALCULATE(
                        SUM( factPedidos[totalVenta] ),
                        dimHoras[HoraPunta] = TRUE(),
                        dimCalendario[numMes] = _mesActual
                    )
```

Plantilla 2. Horas punta del mes anterior

La medida que calcula las ventas de las horas punta en el mes anterior comienza también por una variable. Pero, en este caso, la variable almacena una tabla. Esta tabla actuará como filtro, posteriormente, al ser incluida en uno de los argumentos de `CALCULATE`.

Como veremos a continuación, se usa la función `DATEADD` para desplazar el contexto de evaluación *n* periodos al pasado:

- En el primer argumento de la función `DATEADD` debe ser establecida la columna clave de la tabla marcada como calendario del modelo.
- En el segundo argumento se utiliza el número `-1` para que el contexto se desplace un periodo hacia atrás en el calendario.
- El hecho de que el periodo desplazado sea un mes se determina mediante el argumento `MONTH` en el tercer argumento (las opciones son `DAY`, `MONTH`, `QUARTER` y `YEAR`).

Esta es la variable de la función `DATEADD`:

```
--Variable para calcular un periodo desplazado 1 mes hacia el pasado-
VAR _periodoAnt =   DATEADD(
                        dimCalendario[fecha],
                        -1,      --Adaptar según necesidades
                        MONTH    --Adaptar según necesidades
                    )
```

Y ahora, analicemos la siguiente variable, que no es otra que la que ofrece el resultado final que buscamos: las ventas, evaluadas en un contexto de horas punta y del mes anterior. Podemos ver que se usa una función `CALCULATE`:

- En el primer argumento aparece la función que calcula la suma de las ventas.
- En el segundo argumento, está la variable que contiene una tabla. Esta servirá para filtrar el contexto de evaluación de forma que solo sean tenidas en cuenta las fechas del contexto actual, pero desplazado un mes al pasado.
- En el tercer argumento de `CALCULATE` vemos una prueba booleana que genera internamente una tabla que filtra la tabla de hechos solo con las horas punta.

A continuación, el trozo de código:

```
--Cálculo de las ventas en horas punta del mes anterior-------------
VAR _result =       CALCULATE(
                        SUM( factPedidos[totalVenta] ),
                        _periodoAnt,
                        dimHoras[HoraPunta] = TRUE()
                    )

RETURN              _result
```

Plantilla 3. Título comparativo dinámico

La medida que aportará un título dinámico comienza con la declaración de una variable que almacena la combinación de mes-año más reciente del contexto de filtro. Esto se hace mediante la función `MAX` sobre la columna dimCalendario [mesAño]. Además, vemos que esta función está anidada en una función `UPPER`, que lo único que hace es convertir a mayúsculas la combinación mes-Año:

```
--Variable para obtener el mes y el año actual (contexto de filtro)--
VAR _mesAnioAct =   UPPER( MAX( dimCalendario[mesAño] ) )
```

La siguiente variable almacena una tabla y la explicación es idéntica a la de otra variable que se usaba en la medida explicada en el apartado inmediatamente anterior. Se trata de la variable que ofrece el resultado final que buscamos: las ventas, evaluadas en un contexto de horas punta y del mes anterior. Podemos ver que se usa una función `CALCULATE`:

- En el primer argumento aparece la función que calcula la suma de las ventas.
- En el segundo argumento, está la variable que contiene una tabla. Esta servirá para filtrar el contexto de evaluación de forma que solo sean tenidas en cuenta las fechas del contexto actual, pero desplazado un mes al pasado.
- En el tercer argumento de `CALCULATE` vemos una prueba booleana que genera internamente una tabla que filtra la tabla de hechos solo con las horas punta.

Esta es la variable y el código cuyo resultado almacena:

```
--Variable para calcular un periodo desplazado 1 mes hacia el pasado-
VAR _periodoAnt =    DATEADD(
                         dimCalendario[fecha],
                         -1,      --Adaptar según necesidades
                         MONTH    --Adaptar según necesidades
                     )
```

El siguiente código está protagonizado por una función CALCULATE:

- Lo que hace es obtener el último mes y año del contexto actual (primer argumento).
- Este resultado estará desplazado en el tiempo *n* periodos, gracias a la variable explicada anteriormente y que está en el segundo argumento de CALCULATE.
- La función UPPER convierte a mayúsculas el resultado de CALCULATE.

```
--Variable para obtener el mes-año anterior al contexto-------------
VAR _mesAnioAnt =    UPPER(
                         CALCULATE(
                             MAX( dimCalendario[mesAño] ),
                             _periodoAnt
                         )
                     )
```

Por último, almacenamos en otra variable la concatenación de textos fijos y variables para formar el título dinámico:

```
VAR _result =        "Ventas en horas punta " &
                     _mesAnioAct &
                     " vs. " &
                     _mesAnioAnt
```

Revisión de resultados

Los resultados de las medidas que hemos construido para la comparación de franjas horarias entre distintos meses los vamos a reflejar esta vez en un simple objeto visual de tabla como el que vemos en la figura 5.21.

Ventas en horas punta ENE-25 vs. DIC-24

mesAño	#06 Hora punta mes anterior	#06 Hora punta mes actual
ene-25	284,70 €	65,21 €

Figura 5.21. La tabla muestra claramente la comparación, aunque podríamos haber utilizado otros objetos visuales.

Si quisiéramos comprobar los resultados, podríamos hacerlo mediante una tabla origen resumida como la mostrada en la figura 5.22.

Ud	precioVentaUd	precioCosteUd	totalVenta	fechaPedido	fechaEnvio	horaPedido
1	65,21 €	29,99 €	65,21 €	01/01/2025	02/01/2025	14:38:00
2	4,49 €	2,29 €	8,98 €	01/01/2025	03/01/2025	9:53:00
1	284,70 €	94,33 €	284,70 €	25/12/2024	26/12/2024	13:46:00

Figura 5.22. Tabla origen resumida.

Es fácil e intuitivo identificar las ventas de enero de 2025 que veíamos en el objeto visual de tabla. En este caso, solo debemos considerar los 65,21 € de la columna factPedidos[totalVenta] para el mes de enero de 2025. El motivo es que es la única línea que tiene una hora de pedido (14:38:00) incluida en la franja horaria considerada por la empresa como hora punta.

En cuanto a las ventas de diciembre de 2024, en esta tabla resumida solo tenemos la línea cuyas ventas son de 284,70 €.

6 Variaciones porcentuales

En este capítulo aprenderás:

- La fórmula general para calcular la variación porcentual.
- A conocer algunos resultados conflictivos no interpretables directamente.
- A crear y entender plantillas DAX que generan una variación porcentual (variación que existe en una magnitud en dos momentos distintos a lo largo del tiempo).
- A proporcionar un formato adecuado a los resultados de las plantillas de variaciones porcentuales.

Características generales

En este capítulo, nos enfocaremos en proporcionar plantillas de código DAX diseñadas para calcular variaciones porcentuales. Estas variaciones se refieren a la comparación del valor de una determinada magnitud en un periodo actual con su valor en un periodo anterior, expresada como un porcentaje.

A diferencia del capítulo anterior, aquí, nuestro principal objetivo es cuantificar la diferencia relativa entre las magnitudes en términos de porcentaje. Esto permite una comprensión más profunda y un análisis más intuitivo de los cambios a lo largo del tiempo, ya que las variaciones porcentuales ofrecen una perspectiva normalizada de crecimiento, disminución o estabilidad de una magnitud.

La plantilla de código DAX que presentaremos es fundamental para cualquier análisis de tendencias en negocios y economía. Esta plantilla es ideal para usarla juntamente con las plantillas de comparaciones entre periodos.

El lector, como siempre, solo tendrá que sustituir los nombres de tablas y los nombres de columnas por los homólogos en su modelo de datos. También podrá modificar los tipos de periodos que se analizan (años, trimestres, meses, etc.) para adaptarlos a sus necesidades.

El objetivo es alcanzar un nivel de comprensión suficiente para poder usar la plantilla en su propio contexto empresarial. Para ello y como siempre, es fundamental que se tengan asimilados los conocimientos y conceptos incluidos en los **apéndices A, B, C y D** de este libro.

Fórmula de la variación porcentual

En multitud de bibliografía podemos ver que la fórmula de la variación porcentual generalmente aceptada es la siguiente:

$$\frac{\text{Magnitud periodo actual} - \text{Magnitud periodo anterior}}{Magnitud\ periodo\ anterior}$$

¿CORRECTO?

A continuación, vamos a demostrar matemáticamente que la anterior fórmula no puede utilizarse debido a que, en algunas ocasiones, el resultado podría ser erróneo.

La fórmula general para calcular la variación porcentual debe ser:

$$\frac{\text{Magnitud periodo actual} - \text{Magnitud periodo anterior}}{|Magnitud\ periodo\ anterior|}$$

Esta fórmula, al igual que la primera que nos hemos apresurado a declarar como errónea, genera también algunos resultados que deben pasar por el filtro de la interpretación humana. Pero, al menos, nunca dará resultados erróneos que pudieran pasar desapercibidos por el analista de datos (como sí lo hace la primera fórmula).

Debemos fijarnos en el denominador, concretamente en el hecho de que se trata de un valor absoluto del periodo anterior. El objetivo de esta conversión a número absoluto (positivo siempre) es evitar resultados erróneos que se dan cuando las magnitudes de los periodos anterior y actual toman determinados valores.

Por ejemplo, si usáramos la primera fórmula propuesta como errónea (con el denominador sin convertir a valor absoluto) y las magnitudes anterior y actual tuvieran los valores -5 y 5, respectivamente, el resultado de la fórmula sería:

$$\frac{5-(-5)}{-5}=\frac{5+5}{-5}=-2=-200\%$$

Es evidente que esto es un resultado erróneo, puesto que, si habláramos de temperaturas (por ejemplo), no tiene sentido una variación porcentual de -200 % si la temperatura actual es diez grados mayor que la temperatura anterior.

Si aplicáramos la fórmula que utiliza el valor absoluto en el denominador, el resultado sería:

$$\frac{5-(-5)}{|-5|}=\frac{5+5}{5}=2=+200\%$$

Lo anterior ya se ajusta a la realidad. Esto ha sido solo un ejemplo, pero hay otros casos en los que usar el valor absoluto en el denominador es importante. Uno de los casos más frecuentes en el ámbito empresarial sería la variación porcentual de los beneficios de una empresa (es muy similar al caso de las temperaturas, al ser posible cantidades negativas). En el análisis de datos no podemos permitirnos decir simplemente "si hay pérdidas, no puedo analizar la variación porcentual de los beneficios".

Aun dejando claro que la fórmula adecuada es la que hemos propuesto con el denominador, quedan algunas cosas por solventar. Si bien la fórmula que proponemos arroja resultados "correctos" desde un punto de vista matemático, algunos de esos resultados debemos interpretarlos desde un punto de vista de la realidad de un ámbito profesional.

Abordamos, pues, esta problemática de interpretación de algunos de los resultados de la fórmula de la variación porcentual.

Problemática de las variaciones porcentuales

El hecho de que algunos resultados de la fórmula de la variación porcentual podrían no ajustarse a una lógica empresarial no es algo único y propio de este tipo de cálculos.

A veces, determinados algoritmos matemáticos hacen su trabajo desconectados de la realidad empresarial (uno entre muchos ejemplos es la tasa interna de rentabilidad o TIR, que en Microsoft Excel tiene una función con el algoritmo original, TIR, y otra función con un algoritmo modificado y mejorado, TIRM, para evitar errores en situaciones puntuales).

En las variaciones porcentuales, ya vimos en anteriores apartados que los valores negativos generaban problemas en forma de resultados incorrectos. A pesar de que esto lo solucionamos con la utilización del valor absoluto en el denominador de la fórmula, aún debemos solucionar otra cuestión: los valores iguales a cero generan problemas de interpretación en algunos casos.

Para continuar describiendo y dando solución a la problemática, vamos a considerar la premisa de que la fórmula, al usarla en DAX, será implementada mediante una función `DIVIDE`. De esta forma, las divisiones entre cero ofrecerán resultados `BLANK` que deberán ser interpretados de alguna forma.

Ahora, crearemos unas tablas donde se van a contemplar, en dos columnas, los posibles tipos de valores que pueden tomar las magnitudes que intervienen en la fórmula.

En otra columna, veremos la fórmula con los valores aplicados. Una columna adicional mostrará el resultado que tomaría la fórmula en el caso de ser aplicada por una función `DIVIDE` de `DAX`. En otra columna más, habrá una interpretación con una lógica empresarial para comprobar si es satisfactoria o no desde ese punto de vista.

Anterior y/o actual son iguales a cero

Comenzamos con una primera tabla donde hemos considerado solo los casos en los que, al menos, hay un cero entre los valores anterior y actual, es decir, cinco posibilidades distintas. Entre las cinco posibilidades que veremos en la tabla 6.1, en cuatro de ellas habrá números distintos de cero que, como ejemplo, hemos representado por 1 y -1 como valores ejemplifican todo lo que hay por encima y por debajo de cero.

Tabla 6.1. En esta tabla aislamos los casos en los que aparecen ceros.

N	Actual	Anterior	Fórmula	Resultado (DIVIDE)	Interpretación empresarial
N1	0	0	$\frac{0-0}{\lvert 0 \rvert}$	BLANK	Debe ser 0 %
N2	0	>0	$\frac{0-1}{\lvert 1 \rvert}$	-100 %	¿OK?
N3	0	<0	$\frac{0-(-1)}{\lvert -1 \rvert}$	100 %	¿OK?
N4	>0	0	$\frac{1-0}{\lvert 0 \rvert}$	BLANK	¿Cómo interpretar?
N5	<0	0	$\frac{-1-0}{\lvert 0 \rvert}$	BLANK	¿Cómo interpretar?

- **N1:** En este primer caso, una función `DIVIDE` ofrecería `BLANK` y está claro que deberíamos forzar el resultado con DAX a un 0 %, puesto que la variación porcentual entre 0 y 0, desde un punto de vista lógico y empresarial, es 0 %.
- **N2:** Si nos fijamos en la segunda interpretación, la lógica sería OK solo si consideráramos que pasar de cero a un número positivo equivale a un incremento del 100 %. Más adelante, haremos un estudio profundo de ello. La ocasión lo merece, puesto que, con una interpretación teórica matemática, pasar de 0 a algo que es mayor que 0 sería un incremento infinito.
- **N3:** En cuanto a la interpretación de valores N3, ocurre algo similar a lo comentado para N2, pero con signo contrario.
- **N4 y N5:** El resto de interpretaciones, inevitablemente, debemos forzarlas a valores que sean entendibles en un ámbito empresarial. Por ejemplo, un director financiero no podría interpretar un resultado "en blanco" para tomar una decisión en una empresa.

Anterior y actual son distintas de cero

Para analizar los casos en los que las magnitudes anterior y actual son distintas de cero, hemos creado otra tabla. Para contemplar todos los casos posibles dentro de esa lógica, vamos a considerar unos valores de ejemplo que serán: 1, 2, -1 y -2. Esto está reflejado en la tabla 6.2.

Tabla 6.2. En esta tabla proponemos los casos con resultados ortodoxos.

N	Actual	Anterior	Fórmula	Resultado (DIVIDE)	Interpretación empresarial
N6	1	1	$\frac{1-1}{\lvert 1 \rvert}$	0 %	OK siempre
N7	2	1	$\frac{2-1}{\lvert 1 \rvert}$	+100 %	OK siempre
N8	1	2	$\frac{1-2}{\lvert 2 \rvert}$	-50 %	OK siempre
N9	2	2	$\frac{2-2}{\lvert 2 \rvert}$	0 %	OK siempre
N10	-1	-1	$\frac{-1-(-1)}{\lvert -1 \rvert}$	0 %	OK siempre
N11	-2	-1	$\frac{-2-(-1)}{\lvert -1 \rvert}$	-100 %	OK siempre
N12	-1	-2	$\frac{-1-(-2)}{\lvert -2 \rvert}$	+50 %	OK siempre
N13	-2	-2	$\frac{-2-(-2)}{\lvert -2 \rvert}$	0 %	OK siempre

Hemos comprobado que, si los valores anterior y actual son ambos distintos de cero, podemos estar confiados en que los resultados se ajustan a una lógica empresarial en todos los casos estudiados y con cualesquiera otros valores con las mismas características.

Casos conflictivos

Con todos los casos estudiados ya, sabemos que es necesario decidir cómo interpretar algunos casos especiales en los que el resultado de una fórmula DAX con la función `DIVIDE` sería, o bien `BLANK`, o bien unos dudosos +100 % y -100 %. Recordamos en la tabla 6.3 los casos donde DAX debe sustituir un resultado incomprensible para las personas, en un resultado analizable.

Ya podemos dar como seguro que N1 debe ser cero y eso es objetivo a nivel de interpretación empresarial. Por lo tanto, mediante DAX, está claro que debemos forzar un resultado igual a cero para todas aquellas ocasiones en las que el valor anterior y el valor actual sean, simultáneamente, cero. Primer caso (N1), resuelto.

Tabla 6.3. La tabla que vemos en la imagen muestra resultados que debemos sustituir o forzar hacia otros que sean entendibles por las personas.

N	Actual	Anterior	Fórmula	Resultado (DIVIDE)	Interpretación empresarial
N1	0	0	$\frac{0-0}{\lvert 0 \rvert}$	BLANK	Debe ser 0 %
N2	0	>0	$\frac{0-1}{\lvert 1 \rvert}$	-100 %	¿OK?
N3	0	<0	$\frac{0-(-1)}{\lvert -1 \rvert}$	100 %	¿OK?
N4	>0	0	$\frac{1-0}{\lvert 0 \rvert}$	BLANK	¿Cómo interpretar?
N5	<0	0	$\frac{-1-0}{\lvert 0 \rvert}$	BLANK	¿Cómo interpretar?

Pero ¿cómo interpretamos el resto de casos de la anterior tabla 6.3 (N2, N3, N4 y N5)? Vamos a discutirlo en el siguiente apartado.

Interpretación de variaciones de 0 a <>0 y de <>0 a 0

Como veíamos en la anterior tabla 6.3, debemos forzar un resultado con DAX para los casos N2, N3, N4 y N5. Ahora, la cuestión es: ¿qué resultado forzamos para que sea lo más entendible e intuitivo posible? Aquí entramos en cuestiones subjetivas, puesto que el entendimiento y lo intuitivo son percepciones particulares de cada persona.

Interpretación +100 % y -100 %

Veamos una primera posibilidad de interpretación. Esta sería considerar los porcentajes +100 % y -100 %, aplicables a los casos de variaciones porcentajes de 0 a <>0 y de <>0 a 0, respectivamente. En otras palabras, la tabla quedaría con la última columna (Interpretación empresarial) como la tabla 6.4.

Tabla 6.4. La tabla que vemos sustituye los resultados que no son interpretables por las personas por resultados que el usuario podría considerar como entendibles.

N	Actual	Anterior	Fórmula	Resultado (DIVIDE)	Interpretación empresarial
N1	0	0	$\frac{0-0}{\lvert 0 \rvert}$	BLANK	0 %

N	Actual	Anterior	Fórmula	Resultado (DIVIDE)	Interpretación empresarial
N2	0	>0	$\frac{0-1}{\lvert 1 \rvert}$	-100 %	-100 %
N3	0	<0	$\frac{0-(-1)}{\lvert -1 \rvert}$	100 %	+100 %
N4	>0	0	$\frac{1-0}{\lvert 0 \rvert}$	BLANK	+100 %
N5	<0	0	$\frac{-1-0}{\lvert 0 \rvert}$	BLANK	-100 %

Pero es necesario que conozcamos algunos entresijos de este tipo de interpretación. Imaginemos, como ejemplo, un valor actual de 300 y un valor anterior de 150. La aplicación en la fórmula sería:

$$\text{Variación } \% = \frac{300\text{-}150}{\lvert 150 \rvert} = +100\%$$

Ahora, aceptando la lógica de asignar +100 % y -100 % para los casos de variaciones porcentuales de 0 a <>0 y de <>0 a 0, respectivamente, vamos a probar con otros valores distintos. Concretamente, un valor actual de 300 y valor anterior de 0. La aplicación en la fórmula sería:

$$\text{Variación } \% = \frac{300\text{-}0}{\lvert 0 \rvert} = \text{BLANK} \Longrightarrow +100\%$$

Si lo ponemos todo en una tabla, para tener una mejor perspectiva de la situación, tendríamos una similar a la tabla 6.5.

Tabla 6.5. En esta tabla contrastamos las dos situaciones distintas para reflexionar si un mismo valor +100 % es representativo.

Actual	Anterior	Interpretación empresarial
300	150	+100 % (=el doble)
300	0	+100 % (¿el doble?)

Como podemos observar, estamos asignando una variación porcentual idéntica que implica un significado de "el doble" (+100 % tiene un significado matemático igual a multiplicado por dos) a situaciones muy distintas (300 sí es el doble de 150, pero 300 no es el doble de 0).

En definitiva, esta forma de interpretar variaciones porcentuales de 0 a <>0 y de <>0 a 0 es discutible por la razones que acabamos de comentar y también porque, matemáticamente, pasar de cero a "algo" o de "algo" a cero equivale a pasar de cero a infinito o de infinito a cero.

Pero también es cierto que utilizar para estos casos la interpretación +100% o -100% es una de las más aceptadas debido a que la expresión 100%, para las personas, tiene un significado intrínseco de "algo completo". Por ello, solemos interpretar que pasar de cero a 100 es como pasar de nada a algo.

Interpretación como +∞ (+ infinito) o como -∞ (- infinito)

Continuando con las formas de interpretar los resultados, una empresa podría, por convención, preferir interpretar las variaciones porcentuales de 0 a <>0 y de <>0 a 0 visualizando el símbolo +∞ (+ infinito) o el símbolo -∞ (-infinito) para ajustarse más a la teoría matemática.

NOTA:

Conceptualmente, cualquier cambio desde cero hasta un valor o desde un valor hasta cero es igual a infinito o indeterminado.

Veamos en la tabla 6.6 todo lo anterior con un poco más de perspectiva y con el ejemplo del apartado anterior.

Tabla 6.6. Esta es una alternativa a la opción +100% y -100%.

Actual	Anterior	Interpretación empresarial
300	150	+∞
300	0	-∞

Aunque esta sea un opción más "técnica", si la empresa establece por convención que esta es una buena forma de identificar de forma inequívoca las variaciones porcentuales de 0 a <>0 y de <>0 a 0, podría ser una solución aceptable.

Conclusiones

Ya sea la opción +100%/-100% o la opción +∞/-∞ (o cualquier otra), lo importante es que sea comprensible por las personas encargadas de la interpretación y la toma de decisiones. En el apartado "Revisión de resultados", al final del capítulo, veremos tablas con datos ofrecidos por plantillas de código DAX que muestran ambas opciones de interpretación que hemos comentado.

Modelo

En la figura 6.1 vemos el modelo de datos de ejemplo con el que vamos a diseñar el código de las plantillas de este capítulo.

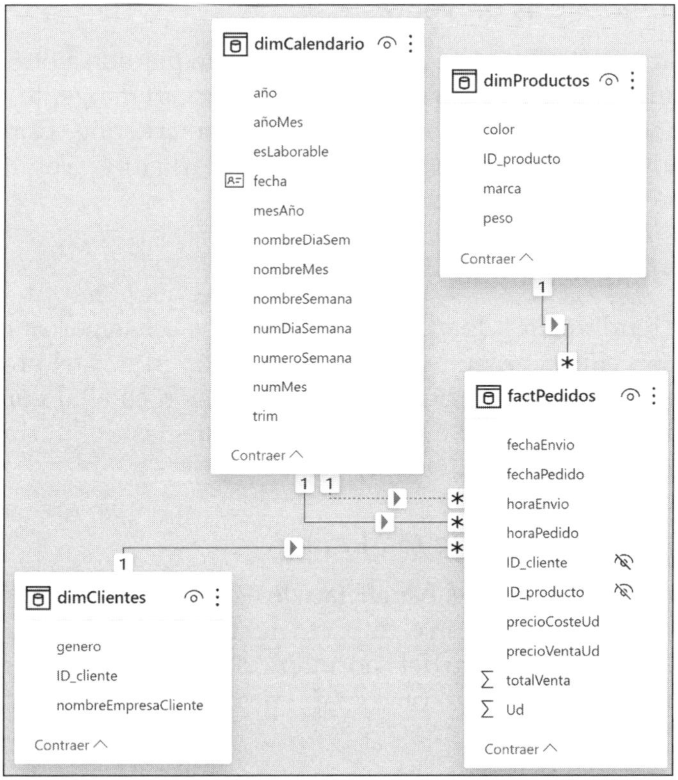

Figura 6.1. A este modelo se le han introducido algunas modificaciones respecto del usado en los primeros capítulos de este libro.

FactPedidos	225.616.948 filas.
dimCalendario	4.018 filas.
dimClientes	1.868.084 filas.
dimProductos	2.517 filas.
dimAlmacenes	74 filas.
dimHoras	1.440 filas.

Es importante señalar que cada fila de la tabla de hechos (factPedidos) representa un pedido de un cliente, de un producto, en un día concreto. Por lo tanto, en un mismo día, puede haber varios pedidos de un mismo cliente.

Variación porcentual

Ejemplos de uso

Análisis de tendencias de ventas

Calcular la variación porcentual en las ventas de un periodo a otro (como mes a mes o año a año) es crucial para identificar tendencias emergentes, temporadas de alta demanda o efectividad de estrategias de marketing. Esto ayuda a las empresas a adaptar sus estrategias de ventas y marketing, planificar el inventario y establecer objetivos realistas.

Evaluación de desempeño de productos

Comparar el rendimiento de diferentes productos o categorías de productos en periodos específicos permite a las empresas identificar qué productos están ganando o perdiendo popularidad. Esta información es vital para la toma de decisiones sobre el desarrollo de productos, estrategias de precios y enfoques promocionales.

Evaluación de campañas de marketing

Las campañas de marketing se benefician de esta comparación al permitir que los equipos de marketing midan el impacto de sus campañas actuales contra las realizadas en el mismo periodo del año anterior. Esto puede ser particularmente útil para campañas estacionales como las de vacaciones de verano o de fin de año.

Comparaciones financieras

En el análisis financiero, comparar periodos actuales con los anteriores es esencial para la planificación financiera y la proyección de ingresos. Las empresas pueden comparar el flujo de caja, los costes y los márgenes de beneficio actuales con los del año anterior para tomar decisiones sobre presupuestos y pronósticos.

Código DAX

Llega el momento de ofrecer una plantilla que calcule la variación porcentual entre dos magnitudes referidas a momentos distintos.

Después de haber debatido en apartados anteriores sobre la idoneidad de interpretar de una forma u otra las variaciones porcentuales susceptibles de confusión, tenemos que trasladar todo ello a código DAX.

Vamos a ofrecer dos opciones de plantilla para reflejar las dos posibilidades de interpretación de variaciones porcentuales 0 a <>0 y de <>0 a 0 que comentamos en su momento (**opción 1**: +100% y -100%; **opción 2**: +∞/-∞).

Código DAX. Opción 1

Comenzamos proponiendo un código que nos ofrecerá la variación porcentual entre una magnitud anterior y otra magnitud actual. Para los casos de resultados de difícil interpretación, usaremos la opción +100% y -100%:

Personalizar el código en negrita

```
#01 Variación porcentual OP1 =
/*-----------------------------------------------------------------
Medida que calcula la variación porcentual entre las ventas de un mes
y del anterior en el contexto de filtro actual.
-----------------------------------------------------------------*/
--Variable que almacena las ventas del periodo actual---------------
VAR _act =       SUM( factPedidos[totalVenta] )

--Variable que almacena las ventas del periodo anterior-------------
VAR _ant =       CALCULATE(
                     SUM( factPedidos[totalVenta] ),
                     DATEADD(
                         dimCalendario[fecha],
                         -1,
                         MONTH
                     )
                 )

--Variable que almacena el resultado de las comprobaciones----------
VAR _result =    SWITCH(
                     TRUE(),
                     _ant <> 0 && _act <> 0, DIVIDE(
                                                 _act - _ant,
                                                 ABS( _ant )
                                             ),
                     _ant = 0 && _act = 0, BLANK(), --o cero
                     _ant <= 0 && _act >= 0, 1,
                     _ant >= 0 && _act <= 0, -1
                 )

RETURN           _result
```

Código DAX. Opción 2

Ahora, proponemos una plantilla similar a la anterior. En este caso, para los casos conflictivos se ofrecen valores del tipo +∞/-∞. El resto de la plantilla es idéntica.

Personalizar el código en negrita

```
#01 Variación porcentual OP2 =
/*-------------------------------------------------------------------
Medida que calcula la variación porcentual entre las ventas de un mes
y del anterior en el contexto de filtro actual.
-------------------------------------------------------------------*/
--Variable que almacena las ventas del periodo actual---------------
VAR _act =        SUM( factPedidos[totalVenta] )

--Variable que almacena las ventas del periodo anterior-------------
VAR _ant =        CALCULATE(
                      SUM( factPedidos[totalVenta] ),
                          DATEADD(
                              dimCalendario[fecha],
                              -1,
                              MONTH
                          )
                  )

--Variable que almacena el resultado de las comprobaciones----------
VAR _result =     SWITCH(
                      TRUE(),
                      _ant <> 0 && _act <> 0, DIVIDE(
                                                  _act - _ant,
                                                  ABS( _ant )
                                              ),
                      _ant = 0 && _act = 0, BLANK(), --o cero
                      _ant <= 0 && _act >= 0, "+ ∞",
                      _ant >= 0 && _act <= 0, "— ∞"
                  )

RETURN            _result
```

Explicación del código

Código DAX. Opción 1

La medida comienza declarando una variable para almacenar la suma de las ventas del periodo actual (periodo que hay en el contexto de filtro):

```
--Variable que almacena las ventas del periodo actual---------------
VAR _act =        SUM( factPedidos[totalVenta] )
```

A continuación, otra variable almacenará las ventas del periodo anterior (en el ejemplo utilizamos un periodo mensual para desplazar hacia el pasado el contexto de filtro):

```
--Variable que almacena las ventas del periodo anterior-------------
VAR _ant =        CALCULATE(
                      SUM( factPedidos[totalVenta] ),
                      DATEADD(
```

```
                    dimCalendario[fecha],
                    -1,
                    MONTH
                )
            )
```

Ahora, una variable almacenará el resultado final. Este estará condicionado por las distintas situaciones que se pueden dar según los valores del periodo anterior y del periodo actual. La función `SWITCH` es la que gestiona qué resultado será el devuelto dependiendo de las comprobaciones siguientes:

- **Comprobación 1:** Si los valores anterior y actual son ambos distintos de cero.

  Si es cierta la comprobación, se realiza la división que responde a la fórmula que presentamos al principio del capítulo:

```
_ant <> 0 && _act <> 0, DIVIDE(
                                _act - _ant,
                                ABS( _ant )
                            ),
```

- **Comprobación 2:** Si los valores anterior y actual son ceros.

  Si es cierta la comprobación, la variable almacenará un `BLANK()`:

```
_ant = 0 && _act = 0, BLANK(), --o cero
```

- **Comprobación 3:** Si el valor anterior es menor o igual que cero y, además, el valor actual es mayor o igual que cero.

  Si es cierta la comprobación, la variable almacenará un 1, que equivale a un +100 %:

```
_ant <= 0 && _act >= 0, 1,
```

NOTA:

En esta comprobación nunca estarán incluidos los casos en los que tanto la magnitud anterior como la magnitud actual son, simultáneamente, menores y mayores que cero, respectivamente. El motivo es que esos casos hubieran sido aceptados como válidos en una comprobación anterior y esta comprobación que nos ocupa no habría tenido lugar.

- **Comprobación 4:** Si el valor anterior es mayor o igual que cero y, además, el valor actual es menor o igual que cero.

  Si es cierta la comprobación, la variable almacenará un -1, que equivale a un -100 %:

```
_ant >= 0 && _act <= 0, -1
```

NOTA:

En esta comprobación nunca estarán incluidos los casos en los que tanto la magnitud anterior como la magnitud actual son, simultáneamente, mayores y menores que cero, respectivamente. El motivo es que esos casos hubieran sido aceptados como válidos en una comprobación anterior y esta comprobación que nos ocupa no habría tenido lugar.

Código DAX. Opción 2

La explicación de esta **opción 2** de plantilla es idéntica a la **opción 1**, excepto para los argumentos de la función `SWITCH` que mostramos a continuación:

```
_ant <= 0 && _act >= 0, "+ ∞",
_ant >= 0 && _act <= 0, "— ∞"
```

Revisión de resultados

Formato

A la hora de ser mostrado en objetos visuales, la variación porcentual debe ser mostrada de forma adecuada. Por ello, es aconsejable que el formato aplicado a las medidas DAX que expresan variaciones porcentuales sea:

+#,##0.00\ %;-#,##0.00\ %;#,##0.00\ %

Este formato personalizado se puede aplicar desde la Vista de modelo>Propiedades>Formato>Elegir formato personalizado y escribir **+#,##0.00\ %;-#,##0.00\ %;#,##0.00\ %.**

Este formato proporcionará la forma adecuada para expresar una variación porcentual, donde las variaciones positivas van precedidas de un signo más (para dejar claro que el porcentaje representa a una cantidad que se suma a la magnitud más antigua en el tiempo) y las variaciones negativas van precedidas de un signo menos (para dejar claro que el porcentaje representa a una cantidad que se resta a la magnitud más antigua en el tiempo).

Por ejemplo, si consideramos una magnitud anterior igual 5 y una magnitud actual igual a 10, la variación porcentual se expresará como +100 %, enfatizando de esta forma que a la magnitud anterior (5) se le debe "sumar" su 100 % (5) para conseguir llegar a la magnitud actual (10).

Resultados en tabla

En la figura 6.2 podemos ver los resultados de las dos opciones de plantillas que hemos creado en este capítulo.

Variaciones porcentuales

mesAño	#00 Ventas anteriores	#00 Ventas actuales	#01 Variación porcentual OP1	#01 Variación porcentual OP2
ene-24			0,00 %	0,00 %
feb-24			0,00 %	0,00 %
mar-24			0,00 %	0,00 %
abr-24			0,00 %	0,00 %
may-24			0,00 %	0,00 %
jun-24			0,00 %	0,00 %
jul-24		255,96 €	+100,00 %	+ ∞
ago-24	255,96 €	829,5 €	+224,07 %	+224,07 %
sep-24	829,50 €	22.491 €	+2.611,39 %	+2.611,39 %
oct-24	22.491,00 €	2.065,5 €	-90,82 %	-90,82 %
nov-24	2.065,50 €	153,38 €	-92,57 %	-92,57 %
dic-24	153,38 €	284,7 €	+85,62 %	+85,62 %
ene-25	284,70 €	74,19 €	-73,94 %	-73,94 %
feb-25	74,19 €	5.016,85 €	+6.662,16 %	+6.662,16 %
mar-25	5.016,85 €	58,8 €	-98,83 %	-98,83 %
abr-25	58,80 €	406 €	+590,48 %	+590,48 %
may-25	406,00 €	126,42 €	-68,86 %	-68,86 %
jun-25	126,42 €	1.214,79 €	+860,92 %	+860,92 %
jul-25	1.214,79 €	430,2 €	-64,59 %	-64,59 %
ago-25	430,20 €		-100,00 %	− ∞
sep-25		233,99 €	+100,00 %	+ ∞
oct-25	233,99 €	43,81 €	-81,28 %	-81,28 %
nov-25	43,81 €		-100,00 %	− ∞
Total	**47.649,40 €**	**47.656,28 €**	**+0,01 %**	**+0,01 %**

Figura 6.2. Las dos últimas columnas muestran ceros si en la línea de código correspondiente de la plantilla ponemos 0 (cero) en vez de `BLANK()`.

Podemos apreciar que, en las dos últimas columnas de la anterior tabla, aparecen las medidas de las opciones 1 y 2 mostrando resultados que responden a casi todos los casos que hemos estudiado en el apartado "Problemática de las variaciones porcentuales".

Si nos fijamos en los datos del mes ago-25 (figura 6.3), nos daremos cuenta de que #00Ventas anteriores y #00 Ventas actuales son 430,20 € y 0 €, respectivamente.

jul-25	1.214,79 €	430,2 €	-64,59 %	-64,59 %
ago-25	430,20 €		-100,00 %	− ∞
sep-25		233,99 €	+100,00 %	+ ∞

Figura 6.3. En la imagen vemos, de forma aislada, una fila de la tabla de resultados para estudiar los valores.

Esto significa que estamos ante uno de los casos "conflictivos" en los que pasar de un valor positivo a cero debemos expresarlo de alguna forma. La columna #01 Variación porcentual OP1 refleja esta variación mediante un -100%, intentando inferir en el usuario que interpreta los datos la idea de que la totalidad de una cantidad desaparece.

Por otro lado, podemos ver la columna #01 Variación porcentual OP2, donde vemos que la variación se expresa mediante un símbolo -∞. La filosofía de esta representación ya se comentó en apartados anteriores, pero, de forma resumida, debemos comentar que intenta ajustarse a la idea matemática que asegura que cualquier cambio desde algún valor positivo hasta cero es un cambio infinito.

Tengamos preferencia por un sistema o por otro, lo importante es que el usuario final perciba lo correcto y pueda tomar decisiones acertadas.

En cuanto a los casos normales en los que las variaciones porcentuales aparecen con resultados intuitivos, debemos resaltar la esencia de la expresión de una variación porcentual:

- Expresar qué parte del valor anterior está representada en el valor actual.
- Expresar si el valor actual ha disminuido o aumentado (mediante el signo).

7 Acumulados en el tiempo

En este capítulo aprenderás:

- A realizar sumas acumuladas desde la fecha inicial del modelo.
- A realizar sumas acumuladas desde la fecha inicial del contexto de filtro.
- A realizar cálculos acumulados con la función `WINDOW`.
- A realizar sumas acumuladas con reinicio mensual, trimestral y anual.

Características generales

Debemos abordar en este capítulo uno de los cálculos más frecuentes e importantes en el mundo empresarial. Nos referimos al cálculo de la suma de valores acumulados a lo largo del tiempo.

Un cálculo de suma acumulada es una técnica que permite sumar determinados valores a lo largo de una dimensión (en nuestro caso, a lo largo del tiempo), de forma que el resultado es la agregación de todos los valores que haya desde el inicio del periodo a acumular hasta el final de este.

Quizá una descripción gráfica sea más intuitiva. Lo podemos ver en la figura 7.1.

Ítems	Columna original		SUMA ACUMULADA
Enero	5		5
Febrero	2		7
Marzo	10		17
Abril	4		21
Mayo	15		36
Junio	6		42

Figura 7.1. Este sería un cálculo acumulado sobre valores del tipo flujo.

Aunque también debemos tener en cuenta la posibilidad de que los valores a acumular tengan signos distintos. Veámoslo en la figura 7.2.

Ítems	Columna original		SUMA ACUMULADA
Enero	5		5
Febrero	-2		3
Marzo	10		13
Abril	4		17
Mayo	-1		16
Junio	-6		10

Figura 7.2. Con este esquema representamos los cálculos acumulados sobre valores positivos y negativos.

Las plantillas de código DAX que presentaremos son fundamentales para el análisis de valores de tipo flujo (ventas, gastos, etc.), pero especialmente importantes para cálculos con valores del tipo *stock* (saldos bancarios, deudas pendientes, movimientos de almacén, etc.).

El lector, como siempre, solo tendrá que sustituir los nombres de tablas y los nombres de columnas por los homólogos en su modelo de datos.

El objetivo es alcanzar un nivel de comprensión suficiente para poder usar la plantilla en su propio contexto empresarial. Para ello y como siempre, es fundamental que se tengan asimilados los conocimientos y conceptos incluidos en los **apéndices A, B, C y D** de este libro.

Modelo

En la figura 7.3 vemos el modelo de datos de ejemplo con el que vamos a diseñar el código de las plantillas de este capítulo.

Figura 7.3. Es un modelo con un esquema de constelación, donde vemos dos tablas de hechos: una para ventas y otra para movimientos de productos en almacén.

Es un modelo cuyas tablas de hechos tienen muy pocas filas, lo que nos permitirá realizar comprobaciones con agilidad.

En ocasiones, tendremos que realizar pruebas de rendimiento. Es entonces cuando usaremos este modelo más grande que vemos en la figura 7.4.

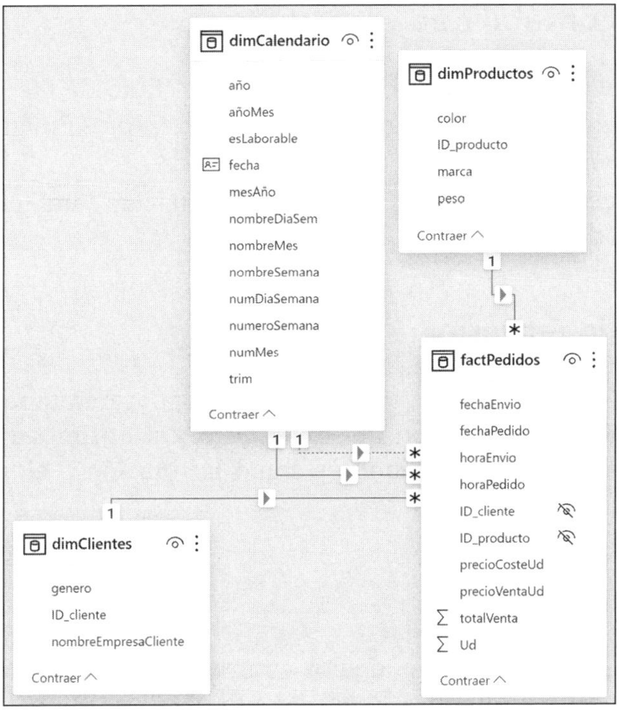

Figura 7.4. Para que las medidas sean más ajustadas a la realidad de una empresa, algunas mediciones las haremos con tablas que contienen muchas filas.

FactPedidos	225.616.948 filas
dimCalendario	4.018 filas
dimClientes	1.868.084 filas
dimProductos	2.517 filas
dimAlmacenes	74 filas
dimHoras	1.440 filas

Ejemplos de uso

Análisis de ventas

Un uso típico de las sumas acumuladas es medir el rendimiento de las ventas desde el inicio del año hasta la fecha actual y compararlo con periodos anteriores.

Finanzas y contabilidad

Con los acumulados también podemos seguir el flujo de efectivo entrante y saliente a lo largo del año y asegurarse de que la empresa mantiene una posición de liquidez saludable.

Otros informes contables como el balance de situación también requieren del uso de acumulados.

Gestión de inventario

Analizar cómo se acumula el inventario a lo largo del tiempo ayuda a identificar tendencias en la gestión del inventario y a optimizar los niveles de *stock*. Todo ello mediante indicadores como la rotación o el saldo medio de existencias.

Recursos humanos

Con los cálculos acumulados podemos controlar las horas trabajadas por los empleados a lo largo del tiempo. Puede ser útil para la gestión de proyectos y el cálculo de la productividad.

También es posible rastrear el número de días de ausencia a lo largo del año por empleado con los cálculos acumulados, lo que puede ayudar a identificar patrones y necesidades de intervención.

Código DAX

Vamos a ofrecer varias plantillas para crear acumulados con DAX. Por ello, necesitamos crear una clasificación lógica para hacerlo de forma ordenada.

Vamos a crear cálculos acumulados con:

- **Opción 1:** Con la función `FILTER`.
- **Opción 2:** Con la función `WINDOW`.
- **Opción 3:** Con la función `TOTALQTD`.

Estos serán nuestros siguientes apartados para ofrecer las plantillas correspondientes.

Opción 1. FILTER

Calcular acumulados con FILTER nos va a dar la posibilidad de personalizar las fechas de inicio y final de la acumulación. Vamos a ofrecer un código que acumula las sumas desde la primera fecha del modelo hasta la fecha más reciente del contexto de filtro. Por lo tanto, los resultados siempre comenzarán a acumular desde la fecha inicial del modelo.

Por cierto, el código está preparado para que el usuario utilice segmentadores a nivel de día y a nivel de mes-año (como podemos ver dentro de la función ALL).

Personalizar el código en negrita

```
#01 Acum. Mov. Almacén (FILTER) =
/*---------------------------------------------------------------
Medida que calcula la suma acumulada de las unidades de productos que
hay en el almacén (acumulado desde la fecha inicial del modelo)
---------------------------------------------------------------*/
--Variable que almacena la fecha máxima del registro de Ud de almacén
VAR _fechaMax =     MAX(dimCalendario[fecha])

--Cálculo principal---------------------------------------------
VAR _result =       CALCULATE(
                        SUM( factMovAlmacen[ud] ),
                        FILTER(
                            ALL(
                                dimCalendario[fecha],
                                dimCalendario[mesAño]
                            ),
                            dimCalendario[fecha] <= _fechaMax
                        )
                    )

RETURN              _result
```

Opción 2. WINDOW

Ahora, proponemos una plantilla similar a la anterior. En este caso, utilizaremos la función WINDOW para realizar el mismo acumulado que conseguimos mediante FILTER en la opción 1.

El hecho de ofrecer una opción similar para crear un acumulado es que la función WINDOW, con algunas variaciones, ofrece múltiples posibilidades para crear contextos muy personalizados.

En este caso, también vamos a ofrecer un código que acumula las sumas desde la primera fecha del modelo hasta la fecha más reciente del contexto de filtro. Por lo tanto, los resultados siempre comenzarán a acumular desde la fecha inicial del modelo.

Por cierto, el código está preparado para que el usuario utilice segmentadores a nivel de día y a nivel de mes-año (como podemos ver dentro de la función ALL).

Personalizar el código en negrita

```
#02 Acum. Mov. Almacén (WINDOW) =
/*-------------------------------------------------------------------
Medida que calcula la suma acumulada de las unidades de productos que
hay en el almacén (acumulado desde la fecha inicial del modelo)
-------------------------------------------------------------------*/
--Tabla que marcará el contexto donde se evaluará el acumulado-------
VAR _periodo =  WINDOW(
                    1, ABS,      //Desde la primera fila
                    0, REL,      //Hasta la fila del contexto actual
                    ALL(
                        dimCalendario[fecha],
                        dimCalendario[mesAño]
                    )
                )

--Cálculo principal--------------------------------------------------
VAR _result =       CALCULATE(
                        SUM( factMovAlmacen[ud] ),
                        _periodo
                    )

RETURN              _result
```

Opción 3. TOTALQTD

Por último, ofrecemos un ejemplo de acumulado con la función de inteligencia de tiempo TOTALQTD. Esta no es más que una de las funciones de inteligencia de tiempo que generan sumas acumuladas.

Usaremos TOTALQTD a modo de ejemplo, pero el lector puede intercambiar esta función por las "compañeras" TOTALYTD y TOTALMTD.

Las funciones TOTALYTD, TOTALQTD y TOTALMTD generan sumas acumuladas hasta el día actual. La diferencia es que TOTALYTD lo hace iniciando el acumulado cada día 1 de enero, TOTALQTD lo hace iniciando los acumulados los días en los que se inician los trimestres y TOTALMTD lo hace cada primero de mes.

Como vemos, son plantillas para cálculos muy concretos, pero son extremadamente sencillas gracias a las funciones de inteligencia de tiempo.

Personalizar el código en negrita

```
#03 Acum. Ventas (TOTALQTD) =
/*-------------------------------------------------------------------
Medida que calcula la suma acumulada de las ventas de la empresa en
cada trimestre.
-------------------------------------------------------------------*/
```

```
TOTALQTD(
    SUMX(
        factVentas,
        factVentas[ud] * factVentas[eurosUdVenta]
    ),
    dimCalendario[fecha]     --Columna clave de la tabla calendario
)
```

Explicación del código

Opción 1. FILTER

La medida que proponemos comienza declarando una variable para almacenar la fecha máxima en cada contexto que se tenga que evaluar la medida. Esta fecha almacenada en la variable será el "tope" hasta el cual debe calcularse la suma acumulada. Ya dijimos que la fecha mínima será la primera fecha del contexto de filtro que permita el usuario.

```
--Variable que almacena la fecha máxima del registro de Ud de almacén
VAR _fechaMax =     MAX( dimCalendario[fecha] )
```

A continuación, otra variable almacenará el cálculo principal:

```
--Cálculo principal---------------------------------------------------
VAR _result =       CALCULATE(
                        SUM( factMovAlmacen[ud] ),
                        FILTER(
                            ALL(
                                dimCalendario[fecha],
                                dimCalendario[mesAño]
                            ),
                            dimCalendario[fecha] <= _fechaMax
                        )
                    )
```

Con el código anterior realizamos la propia suma acumulada en el contexto que hemos planeado.

`CALCULATE`, primero, construye un nuevo contexto de filtro "inyectándole" la tabla que devuelve `FILTER` y dejándolo sobrescrito. Esto ocurre en cada celda o punto de datos de un objeto visual.

Cada contexto de evaluación será filtrado por una tabla de fechas que comenzará en la primera fecha del contexto de filtro y terminará en la fecha más reciente de este, como se ve en la figura 7.5.

Esto es lo que hace que en cada celda del objeto visual aparezca un acumulado.

Pero ¿cómo consigue `FILTER` crear tablas con esas características de acumulación?

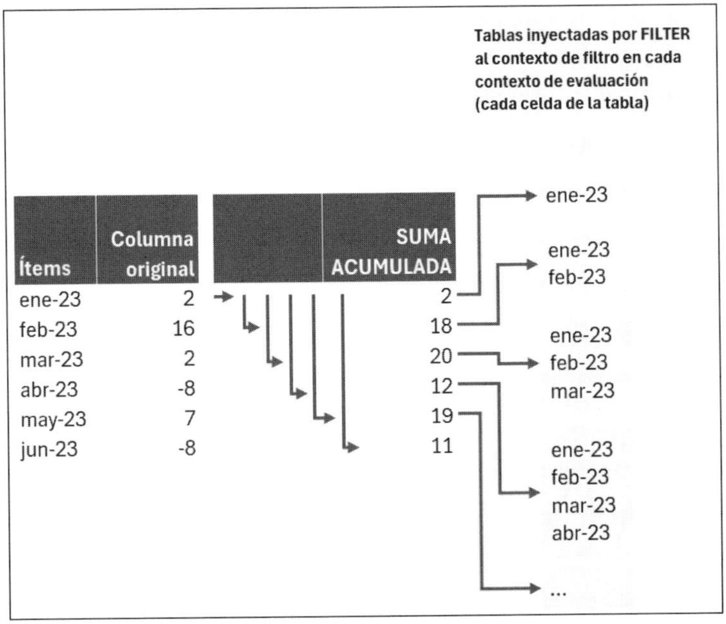

Figura 7.5. Tablas inyectadas por FILTER al contexto de filtro en cada contexto de evaluación.

La respuesta la encontramos en la labor de `ALL`, que quita los filtros de dimCalendario[fecha] y de dimCalendario[mesAño] y devuelve una tabla con esas dos columnas y todos los registros desde el inicio de las fechas del modelo. El resultado acumulado se calculará siempre desde la fecha más antigua. De aquí, obtenemos una importante conclusión para nuestra medida.

NOTA:

Si el usuario acota el rango de fechas con segmentadores de los campos dimCalendario[fecha] *y de* dimCalendario[mesAño], *la medida no reiniciará el acumulado desde la fecha más antigua del contexto de filtro seleccionado, sino que mantendrá como fecha inicial la más antigua del modelo (ver apartado "Revisión de resultados").*

Si el usuario necesita que el acumulado comience en la primera fecha visible del contexto de filtro, debe cambiar la función `ALL` *por la función* `ALLSELECTED`.

Si sustituimos la inicialmente propuesta función `ALL` por la función `ALLSELECTED`, conseguimos que los segmentadores o filtros externos impuestos por el usuario afecten a la medida (`ALL` lo impedía) y, por lo tanto, la fecha inicial visible pase a ser la del rango seleccionado por el usuario.

NOTA:

Debemos saber que, gracias a una gestión de contextos especial llamada contexto de filtro sombra, la función `ALLSELECTED` *quita los filtros del objeto visual donde está implementada la medida, pero restaura los filtros explícitos del usuario.*

Opción 2. WINDOW

Esta plantilla comienza con la declaración de una variable que almacenará una tabla. Esta tabla será la encargada de establecer el contexto de filtro en el segundo argumento de una función `CALCULATE`:

```
--Tabla que marcará el contexto donde se evaluará el acumulado-------
VAR _periodo =  WINDOW(
                    1, ABS,       //Desde la primera fila
                    0, REL,       //Hasta la fila del contexto actual
                    ALL(
                        dimCalendario[fecha],
                        dimCalendario[mesAño]
                    )
                )
```

Como estamos viendo en esta opción 2, la tabla la proporciona una función `WINDOW`. Es una estrategia distinta a la opción 1, pero con resultados idénticos desde el punto de vista de los valores obtenidos.

La tabla devuelta por `WINDOW` debe ser configurada mediante cinco argumentos (aunque hay otras opciones).

Los dos primeros argumentos (`<From>` y `<FromType>`) determinan el inicio de la tabla que marcará el contexto de evaluación. En nuestro ejemplo, son: `1, ABS,`.

Estos argumentos indican que la tabla que necesitamos comienza en la posición o fila 1 de la tabla que pasaremos más adelante, en el quinto parámetro configurado.

Los siguientes dos argumentos (`<To>` y `<ToType>`) determinan el final de la tabla que marcará el contexto de evaluación. En nuestro ejemplo, son `0, REL,`.

Esta pareja de argumentos, con los valores `0, REL,` indican que la tabla que necesitamos termina en la última fila visible del contexto actual. En la figura 7.6 vemos, de forma esquemática, cómo funcionan los cuatro primeros argumentos.

Hasta ahora, los cuatro argumentos vistos definían qué parte de la tabla que establecerá el contexto de evaluación será tenida en cuenta.

El quinto argumento `<Relation>` evitará que se puedan aplicar filtros a los campos dimCalendario[fecha] y dimCalendario[mesAño] al proporcionar una tabla con todas las combinaciones de fecha y mesAño mediante la función

ALL. Es decir, este quinto argumento es el que construye realmente la acumulación, puesto que estarán todas las fechas desde la fecha más antigua del modelo.

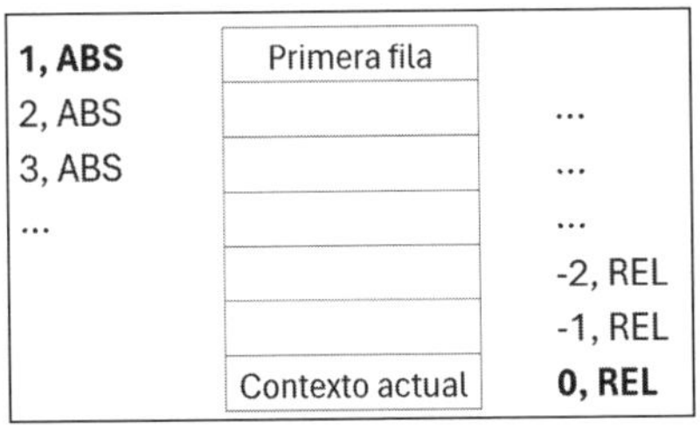

Figura 7.6. Vemos, de forma gráfica y para el caso que nos ocupa, los significados de los cuatro primeros argumentos de la función WINDOW.

Al igual que dijimos al final de la explicación de la opción 1 de código:

NOTA:

Si el usuario acota el rango de fechas con segmentadores de los campos dimCalendario[fecha] *y de* dimCalendario[mesAño], *la medida no reiniciará el acumulado desde la fecha más antigua del contexto de filtro seleccionado, sino que mantendrá como fecha inicial la más antigua del modelo (ver apartado "Revisión de resultados").*

Si el usuario necesita que el acumulado comience en la primera fecha visible del contexto de filtro, debe cambiar la función ALL *por la función* ALLSELECTED.

Si sustituimos la inicialmente propuesta función ALL por la función ALLSELECTED, conseguimos que los segmentadores o filtros externos impuestos por el usuario afecten a la medida (ALL lo impedía) y, por lo tanto, la fecha inicial visible pase a ser la del rango seleccionado por el usuario.

NOTA:

Debemos saber que, gracias a una gestión de contextos especial llamada contexto de filtro sombra, la función ALLSELECTED *quita los filtros del objeto visual donde está implementada la medida, pero restaura los filtros explícitos del usuario.*

Ahora, ya solo nos queda comentar la última parte del código:

```
--Cálculo principal--------------------------------------------
VAR _result =        CALCULATE(
                         SUM( factMovAlmacen[ud] ),
                         _periodo
                     )
```

Se trata de una función `CALCULATE` que ejecuta una expresión de suma. Y lo hace en el contexto de filtro que su segundo argumento determina con la variable que almacena la tabla que, conocemos, se han construido mediante la función `WINDOW`.

Opción 3. TOTALQTD

La estructura de esta plantilla es muy sencilla. Se trata de una función `TOTALQTD` que tiene dos argumentos. Esta es su sintaxis general:

```
TOTALQTD(
  <expresión>,
  <fechas>
  [, <filtro>]
)
```

Donde:

- `<expresión>` es la expresión que resuelve el cálculo que necesitamos.
- `<fechas>` es la columna clave de la tabla de fechas del modelo (aconsejado).
- `[, <filtro>]` es una expresión booleana que define un filtro (no la usaremos).

Y, recordemos, este es el código:

```
TOTALQTD(
    SUMX(
        factVentas,
        factVentas[ud] * factVentas[eurosUdVenta]
    ),
    dimCalendario[fecha]     --Columna clave de la tabla calendario
)
```

Con solo esos argumentos, la función ya crea el acumulado. En el caso de `TOTALQTD` el acumulado se inicia todos los primeros días de cada trimestre y termina el último día de este. Como ya dijimos en el apartado "Opción 3. TOTALYTD", donde presentábamos el código, si el lector necesita otro tipo de acumulado, solo tiene que cambiar la función `TOTALQTD` por `TOTALYTD` (acumulados que se reinician cada año natural) o `TOTALMTD` (acumulados que se reinician cada mes).

Revisión de resultados

FILTER vs. WINDOW

ALL para cambiar el contexto

Comenzamos por ver los resultados de las dos primeras opciones de código que proporcionamos: acumulados con `FILTER` y acumulados con `WINDOW`. En ambos casos, usamos la función `ALL` para acumular desde la fecha inicial del modelo. Lo vemos en la figura 7.7.

Acumulados con FILTER/ALL vs. WINDOW/ALL			
mesAño	**Suma Mov. Ud almacén**	**#01 Acum. Mov. Almacén (FILTER)**	**#02 Acum. Mov. Almacén (WINDOW)**
⊞ ene-24	2	2	2
⊞ feb-24	16	18	18
⊞ mar-24	2	20	20
⊞ abr-24	-8	12	12
⊞ may-24	7	19	19
⊞ jun-24	-8	11	11
⊞ jul-24	5	16	16
⊞ ago-24	-1	15	15
⊞ sep-24	-7	8	8
⊞ oct-24	-3	5	5
⊞ nov-24	15	20	20
⊞ dic-24	-3	17	17
Total	**65**	**65**	**65**

Figura 7.7. Mientras que la segunda columna de esta tabla muestra los movimientos de productos en cada contexto (en este caso, en cada mes), las columnas tercera y cuarta muestran los acumulados construidos con las plantillas de las opciones 1 y 2.

Evidentemente, los resultados son idénticos para ambas opciones de código (opción 1 y opción 2).

Como ya se explicó en el apartado "Explicación del código", es interesante mostrar lo que ocurre si el usuario acota el contexto de filtro con un segmentador de mes-año, por ejemplo. Podemos ver los resultados en la figura 7.8.

Se confirma lo que ya adelantábamos. La utilización de la función `ALL` hace que el resultado de la medida no esté filtrado nunca por los campos dimCalendario [fecha] y dimCalendario[mesAño]. Ni en la segmentación que hacen los objetos visuales ni en filtros explícitos.

Fijémonos en el hecho de que el objeto visual (el campo mes-Año) queda filtrado y solo se visualizan los meses mar-24, abr-24 y may-24, pero la medida ofrece resultados en otro contexto: en un contexto "no filtrable" bajo el amparo de la función `ALL`. El resultado de 20 ud que se ve en mar-24 es un acumulado que se inició en la fecha más antigua del modelo, no en mar-24.

ALLSELECTED para cambiar el contexto

Si usamos `ALLSELECTED` (en vez de `ALL`) para modificar el contexto donde se evalúa la medida, los resultados serían los que se muestran en la figura 7.9.

Acumulados con FILTER/ALL vs. WINDOW/ALL

mesAño	Suma Mov. Ud almacén	#01 Acum. Mov. Almacén (FILTER)	#02 Acum. Mov. Almacén (WINDOW)
mar-24	2	20	20
abr-24	-8	12	12
may-24	7	19	19
Total	**1**	**19**	**19**

- [ ] feb-24
- [x] mar-24
- [x] abr-24
- [x] may-24
- [ ] jun-24

Figura 7.8. Si nos fijamos, marzo de 2024 comienza ya con las unidades acumuladas que realmente hay desde el inicio de las fechas del modelo.

Acumulados con FILTER/ALLSELECTED vs. WINDOW/ALLSELECTED

mesAño	Suma Mov. Ud almacén	#01 Acum. Mov. Almacén (FILTER) v2	#02 Acum. Mov. Almacén (WINDOW) v2
ene-24	2	2	2
feb-24	16	18	18
mar-24	2	20	20
abr-24	-8	12	12
may-24	7	19	19
jun-24	-8	11	11
jul-24	5	16	16
ago-24	-1	15	15
sep-24	-7	8	8
oct-24	-3	5	5
nov-24	15	20	20
Total	**65**	**65**	**65**

Figura 7.9. `ALLSELECTED` ofrece el mismo resultado si no hay filtros explícitos para los campos dimCalendario[fecha] o dimCalendario [mesAño].

Que resulta ser un resultado idéntico al caso donde se utilizaba `ALL`.

Pero todo cambia si establecemos un filtro explícito como el siguiente que vemos en la figura 7.10.

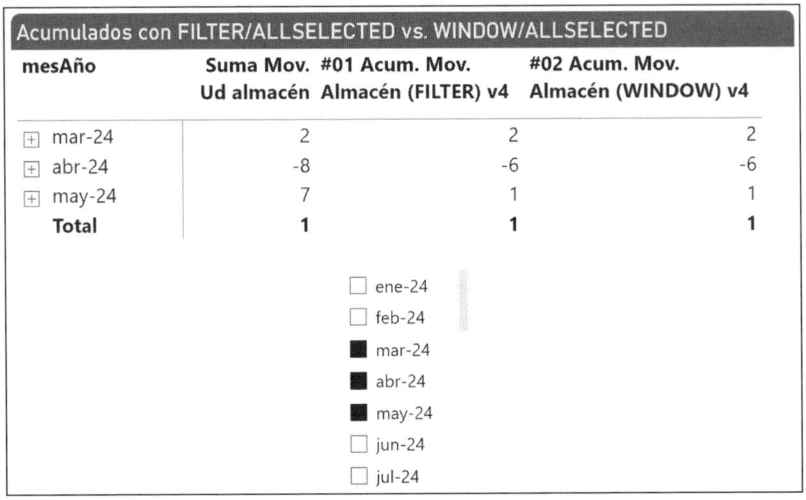

Acumulados con FILTER/ALLSELECTED vs. WINDOW/ALLSELECTED			
mesAño	Suma Mov. Ud almacén	#01 Acum. Mov. Almacén (FILTER) v4	#02 Acum. Mov. Almacén (WINDOW) v4
mar-24	2	2	2
abr-24	-8	-6	-6
may-24	7	1	1
Total	**1**	**1**	**1**

Figura 7.10. Cuando hay filtros explícitos, para los campos dimCalendario[fecha] o dimCalendario [mesAño], ALLSELECTED los respeta y el acumulado comienza en el contexto de filtro.

Nos damos cuenta en la anterior imagen que al filtro explícito del segmentador sí afecta al resultado de la medida. Ya dijimos en anteriores apartados que:

NOTA:

ALLSELECTED *quita los filtros del objeto visual donde está implementada la medida (por ello los resultados se visualizan acumulados), pero restaura los filtros explícitos del usuario (por ello, el cálculo acumulado tiene como fecha inicial la primera fecha del contexto de filtro).*

El usuario decide: ALL vs. ALLSELECTED

Será el usuario quien decida usar una u otra función según sus necesidades o preferencias. Si no se quiere perder de vista nunca el inicio más antiguo de los datos, ALL es la opción a elegir.

Si se quiere analizar periodos concretos de forma aislada y sin tener en cuenta otros periodos anteriores, ALLSELECTED será la opción preferida.

TOTALQTD

Los resultados usando la función TOTALQTD los podemos ver en la figura 7.11.

Acumulados con TOTALQTD		
año	Suma ventas	#03 Acum. Ventas (TOTALQTD)
⊟ **2024**		
⊟ **Trim-1**		
ene-24	35,28	35,28
feb-24	270,48	305,76
mar-24	94,08	399,84
⊟ **Trim-2**		
abr-24	176,40	176,40
may-24	31,36	207,76
jun-24	123,48	331,24
⊟ **Trim-3**		
jul-24	19,60	19,60
ago-24	23,52	43,12
sep-24	137,20	180,32
⊞ **Trim-4**	**68,60**	**68,60**
⊞ **2025**	**1.690,24**	**111,72**

Figura 7.11. En la imagen vemos que los acumulados de TOTALQTD se reinician cada principio de trimestre.

A título de ejemplo, vemos en la figura 7.12 los resultados obtenidos si usáramos una función de la misma familia, pero que acumula desde inicio de año: TOTALYTD.

Acumulados con TOTALYTD		
año	Suma ventas	#03 Acum. Ventas (TOTALYTD)
⊟ **2024**		
⊟ **Trim-1**		
ene-24	35,28	35,28
feb-24	270,48	305,76
mar-24	94,08	399,84
⊟ **Trim-2**		
abr-24	176,40	576,24
may-24	31,36	607,60
jun-24	123,48	731,08
⊟ **Trim-3**		
jul-24	19,60	750,68
ago-24	23,52	774,20
sep-24	137,20	911,40
⊞ **Trim-4**	**68,60**	**980,00**
⊞ **2025**	**1.690,24**	**1.690,24**

Figura 7.12. Como vemos, es sencillo e intuitivo usar otras funciones de la familia TOTALxTD.

Rendimiento

Si investigamos el rendimiento de estas medidas (especialmente las que consideramos equivalentes) en DAX Studio, comprobamos lo que podemos ver en las figuras 7.13 y 7.14.

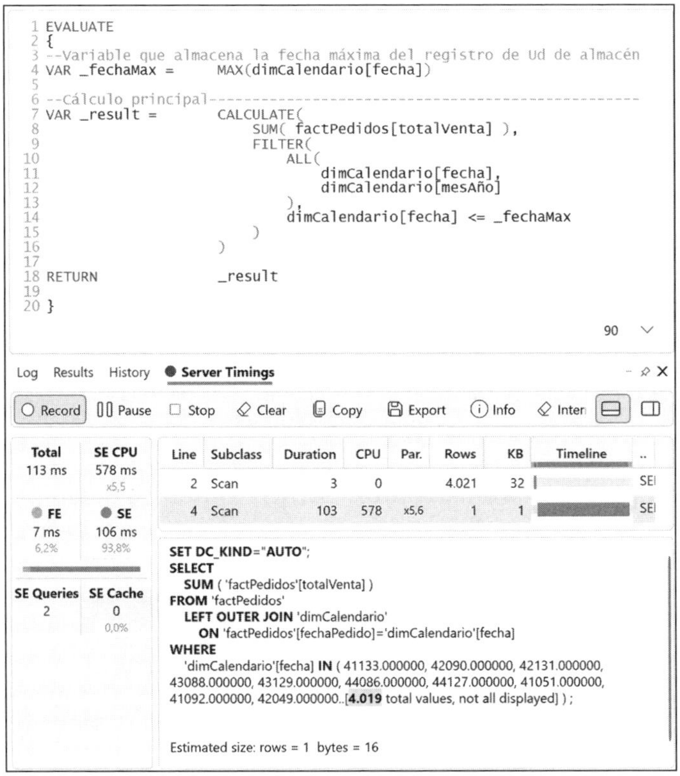

Figura 7.13. Prueba en DAX Studio sobre el rendimiento de la medida que calcula un acumulado con la función `FILTER`.

Si nos fijamos en las dos consultas analizadas, en relación con Storage Engine, todo es prácticamente igual: tiempos y SE Query.

Sin embargo, llama la atención la gran diferencia de tiempo que le ocupa a Formula Engine resolver su trabajo. Mientras la versión de `FILTER` figura con 7 ms, en el caso de la medida con `WINDOW`, figura con 305 ms.

Si analizáramos los dos Query Plan que genera Formula Engine nos daríamos cuenta de que, en el caso de la medida con `WINDOW`, ambos planes de consulta son mucho más largos y complejos.

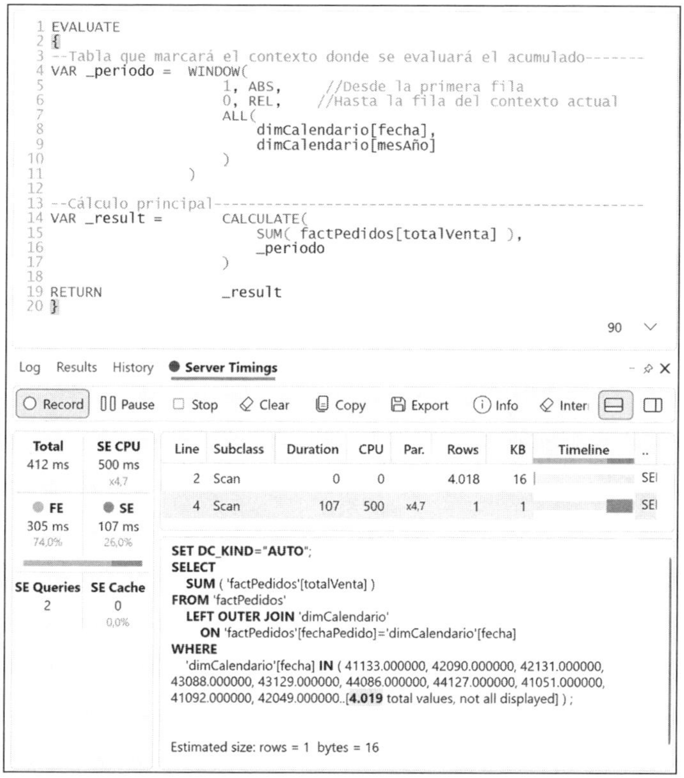

Figura 7.14. Prueba en DAX Studio sobre el rendimiento de la medida que calcula un acumulado con la función `WINDOW`.

NOTA:

Volvemos a aconsejar al usuario que realice pruebas en el contexto donde la medida deba ser utilizada. Nosotros hemos hecho también pruebas de este tipo (con la medida implementada en un objeto visual) y siempre sale favorecida la opción `FILTER` *frente a la opción* `WINDOW`*.*

8 Rotaciones

En este capítulo aprenderás:

- El concepto de rotación.
- Ejemplos de uso de la rotación en distintos ámbitos de la empresa.
- A calcular, con DAX, la rotación como indicador clave en una sola plantilla de código.
- A entender el código utilizado para el cálculo de la rotación.
- A calcular otros indicadores derivados de la rotación, como son el índice de permanencia o la permanencia en días.

Características generales

En este capítulo, vamos a ofrecer tres plantillas de código DAX que nos permitirán calcular el indicador llamado rotación y otros derivados de este, como son el índice de permanencia y la permanencia en días.

Concepto de rotación

La rotación es un concepto teórico y abstracto que requiere de una cierta dosis de imaginación para entenderlo. En adelante, parte de ese esfuerzo intentaremos hacerlo en este capítulo para facilitar la tarea al lector.

NOTA:

En el mundo empresarial, la rotación expresa el número de veces (en un periodo de tiempo que suele ser el año, pero que puede ser otro distinto) que un conjunto lleno de elementos queda vacío debido al flujo de entradas y salidas de esos elementos.

Más adelante, veremos ejemplos de esto que acabamos de definir.

Fórmula de la rotación

La fórmula de la rotación, en un periodo determinado que suele ser el año, es la siguiente:

$$\text{Rotación}_{\text{periodo}}(\text{ud}) = \frac{\text{Salidas}_{\text{periodo}}\ (\text{ud})}{\text{Saldo medio}_{\text{periodo}}\ (\text{ud})}$$

Donde:

- **Salidas$_{\text{periodo}}$ (ud)**: Es la cantidad de elementos que salen del conjunto en el periodo estudiado (trabajadores que cesan su actividad, productos que salen del almacén, facturas cobradas, etc.).
- **Saldo medio$_{\text{periodo}}$ (ud)**: Es la cantidad media de elementos que permanecen en el conjunto (cantidad media de productos que permanecen en el almacén, cantidad media de trabajadores en la empresa, etc.).

También podríamos calcular la rotación en unidades monetarias:

$$\text{Rotación}_{\text{periodo}}(€) = \frac{\text{Salidas}_{\text{periodo}}\ (€)}{\text{Saldo medio}_{\text{periodo}}\ (€)}$$

Fórmulas derivadas de la rotación

Partiendo de la fórmula principal de la rotación, podemos obtener otras que resultan ser complementarias y, quizás, más adecuadas o esclarecedoras en determinadas circunstancias.

Índice de permanencia

El índice de permanencia es el indicador inverso a la rotación.

NOTA:

El índice de permanencia es el número de periodos que, por término medio, permanece un elemento dentro de un conjunto, debido al flujo de entradas y salidas que se producen en él.

La fórmula es:

$$\text{Permanencia}_{\text{periodo}}(€) = \frac{1}{\text{Rotación}_{\text{periodo}}\ (€)}$$

Veremos, en apartados sucesivos, ejemplos de aplicación del índice de permanencia.

Permanencia en días

La permanencia en días es una aplicación concreta del anterior índice de permanencia.

NOTA:

La permanencia en días es la cantidad de días que, por término medio, permanece un elemento en un conjunto, debido al flujo de entradas y salidas que se produce en él.

La fórmula es:

$$\text{Permanencia}_{\text{días}}(€) = \frac{\text{N.º días del periodo}}{\text{Rotación}_{\text{periodo}}\ (€)}$$

Es importante hacer notar que el numerador y el denominador deben estar referidos a un mismo periodo. Por ejemplo, si la rotación del denominador está referida a un año, el número de días que debe expresar el numerador deberá ser 365.

Ejemplos de uso

Para consolidar adecuadamente los conceptos descritos anteriormente y poder establecer las relaciones adecuadas para su total entendimiento, vamos a describir distintas situaciones empresariales en las que se usa la rotación como un indicador clave para ser controlado y gestionado.

Rotación de los trabajadores

Es el número de veces, en un periodo de tiempo, que la empresa se quedaría sin trabajadores debido al abandono o despido de estos.

Una alta rotación de trabajadores significa que la empresa despide (o no renueva sus contratos o los trabajadores causan baja voluntaria) constantemente a sus empleados para sustituirlos por otros.

De forma complementaria podríamos usar, por ejemplo, el índice de permanencia y decir que, por término medio, los trabajadores de una empresa permanecen en plantilla *x* años. Para muchas personas y hablando de este caso, usar este índice puede ser más aclaratorio que la propia rotación.

Rotación de la deuda de clientes

Es el número de veces, en un periodo de tiempo, que la empresa se quedaría sin facturas pendientes de cobro debido a la liquidación de estas por parte de los clientes. Una alta rotación de la deuda de clientes significa que el periodo de cobro medio (desde que se emite la factura hasta que se cobra) es muy corto y que nuevas facturas se emiten constantemente para ser cobradas.

Como podemos imaginar, el indicador de la rotación nos habla mucho de cómo gestionamos los cobros a clientes. Si usáramos el indicador de permanencia en días para el ejemplo que nos ocupa, tendríamos información sobre la cantidad de días que, por término medio, permanece una factura sin cobrar, lo cual puede ser un indicador importante si lo mostramos como una evolución a lo largo del tiempo y vemos su tendencia como resultado de nuestra gestión.

Rotación de las existencias

Es el número de veces, en un periodo de tiempo, que la empresa se quedaría sin productos en el almacén debido a su venta (si son mercancías) o incorporación al proceso de fabricación (si son materias primas).

Una alta rotación significa que, constantemente, muchos productos son vendidos o incorporados a la producción y que otros deben ser comprados para restituir el almacén y evitar la llamada "rotura de stock" o insuficiencia de productos para poder servir a los clientes.

Una baja rotación significaría que la empresa no es capaz de vender los productos de forma rápida y que sus compras son excesivas para el ritmo de ventas. Como consecuencia y combinación de estos dos factores, los productos permanecen gran cantidad de tiempo en los almacenes, generando costes financieros y costes de mantenimiento.

NOTA:

El concepto de rotación, pues, depende de dos factores: el ritmo de salidas de los elementos y el saldo o cantidad de elementos que se mantienen en el conjunto gracias a las entradas de otros nuevos.

En otros casos distintos al mundo de los almacenes y la logística, una baja rotación es un buen síntoma (una baja rotación en el número de trabajadores significa un ahorro en costes de formación, una plantilla de empleados comprometida y satisfecha, etc.).

En definitiva, no se puede obviar un indicador como la rotación si queremos optimizar la gestión de una empresa desde determinados ámbitos.

Modelo

En la figura 8.1 vemos el modelo de datos de ejemplo con el que vamos a diseñar el código de las plantillas de este capítulo.

Es un modelo cuyas tablas de hechos tienen muy pocas filas, lo que nos permitirá realizar comprobaciones con agilidad.

Para las plantillas de este capítulo también haremos pruebas de rendimiento. Para ello, usaremos otro modelo más grande donde la tabla de hechos tiene 225.616.948 filas y la tabla de fechas tiene 4.018 filas. Con estas circunstancias, podremos simular situaciones exigentes para ver el rendimiento de las consultas DAX.

Después de que el lector lea este capítulo, como siempre y para usar las plantillas, solo tendrá que sustituir los nombres de tablas y los nombres de columnas por los homólogos en su modelo de datos.

Figura 8.1. Es un modelo con un esquema de constelación, donde vemos dos tablas de hechos: una para ventas y otra para movimientos de productos en almacén.

El objetivo es alcanzar un nivel de comprensión suficiente para poder usar la plantilla en su propio contexto empresarial. Para ello y como siempre, es fundamental que se tengan asimilados los conocimientos y conceptos incluidos en los **apéndices A, B, C y D** de este libro.

Código DAX

Código DAX. Rotación

Vamos a ofrecer una plantilla de código para calcular la rotación. Además, lo haremos tomando como ejemplo una de las aplicaciones prácticas clásicas e importantes: la rotación de las existencias. A pesar de poder ser calculada la rotación eligiendo distintas estrategias de código, el motivo de ofrecer concretamente esta plantilla es que, después de realizar múltiples pruebas con nuestro habitual modelo de datos grande, los resultados han sido claramente favorables al código que vamos a ofrecer. En el apartado "Rendimiento" valoraremos esas pruebas y ofreceremos más detalles sobre las mismas y sus resultados.

El código de la plantilla es el siguiente:

Personalizar el código en negrita

```
#01 Rotación existencias =
/*-----------------------------------------------------------------
Medida que calcula la rotación de las existencias de un almacén.
-----------------------------------------------------------------*/
--Variable que almacena el N.° de productos que salen del almacén----
--Las salidas son Ud que figuran en negativo en la tabla origen------
VAR _salidas =      CALCULATE(
                        SUM( factMovAlmacen[ud] )* -1,
                        factMovAlmacen[ud] < 0
                    )

--Cálculo del promedio de Ud acumuladas en almacén cada fin de mes
VAR _promAcum =     AVERAGEX(
                        VALUES( dimCalendario[añoMes] ),
                        CALCULATE(
                            VAR diaMax = MAX( dimCalendario[fecha] )
                            RETURN
                            CALCULATE(
                                SUM( factMovAlmacen[ud] ),
                                dimCalendario[fecha] <= diaMax
                            )
                        )
                     )

--Cálculo de la rotación-------------------------------------------
VAR _result =       DIVIDE( _salidas, _promAcum )

RETURN _result
```

Código DAX. Índice de permanencia

El código para calcular el índice de permanencia lo podemos construir a partir de la medida de la rotación, anteriormente expuesta:

```
#02 Índ permanencia =
/*-----------------------------------------------------------------
Medida que calcula el índice de rotación de las existencias.
-----------------------------------------------------------------*/
DIVIDE( 1, [ #01 Rotación existencias] )
```

Código DAX. Permanencia en días

El código para calcular la permanencia en días también lo podemos construir a partir del ratio de rotación:

Personalizar el código en negrita

```
#03 Permanencia en días =
/*-------------------------------------------------------------------
Medida que calcula el N.º de días que, por término medio, permanecen
los productos en almacén.
-----------------------------------------------------------------*/
DIVIDE(
    COUNTROWS( dimCalendario ),
    [#01 Rotación existencias]
)
```

Explicación del código

Rotación

Recordemos que la fórmula de la rotación es:

$$\text{Rotación}_{\text{periodo}}(\text{ud}) = \frac{\text{Salidas}_{\text{periodo}}\ (\text{ud})}{\text{Saldo medio}_{\text{periodo}}\ (\text{ud})}$$

Por ello, nuestro primer objetivo es calcular el numerador y el denominador de la fórmula.

Cálculo de las salidas de productos

La medida que proponemos comienza declarando una variable para almacenar la cantidad de salidas de productos del almacén. Puesto que lo más frecuente es encontrarnos este dato en negativo en las tablas origen de datos (las entradas al almacén serán unidades positivas y las salidas, negativas), para saber la cantidad de unidades que han salido del almacén, lo haremos con una función `CALCULATE` que evalúa la suma de unidades en un contexto en el que solo habrá valores menores que cero (<0).

Para evitar que el resultado sea negativo, multiplicamos por –1 en el primer argumento de `CALCULATE`:

```
VAR _salidas =        CALCULATE(
                          SUM( factMovAlmacen[ud] )* -1,
                          factMovAlmacen[ud] < 0
                      )
```

Cálculo del promedio acumulado (saldo medio)

A continuación, otra variable almacenará el promedio de las cantidades acumuladas en cada mes del contexto de filtro. Para conseguir esto, debemos aplicar la plantilla clásica del promedio de un acumulado (que ya vimos en un capítulo anterior). El código es el siguiente:

```
--Cálculo del promedio de Ud acumuladas en almacén cada fin de mes
VAR _promAcum =      AVERAGEX(
                         VALUES( dimCalendario[añoMes] ),
                         CALCULATE(
                             VAR diaMax = MAX( dimCalendario[fecha] )
                             RETURN
                             CALCULATE(
                                 SUM( factMovAlmacen[ud] ),
                                 dimCalendario[fecha] <= diaMax
                             )
                         )
                     )
```

Determinación de promedio mensual

Podemos ver que el promedio lo realiza una función `AVERAGEX`. En su primer argumento se obtiene una tabla devuelta por `VALUES` que tiene todos los meses del contexto de filtro. Reproducimos de nuevo el trozo de código:

```
VAR _promAcum =      AVERAGEX(
                         VALUES(dimCalendario[añoMes]),
```

Esta es una clave importante, porque el acumulado que se calculará en el segundo argumento de `AVERAGEX` se distribuirá para cada mes mediante una transición de contextos.

Cálculo del acumulado de unidades

En el segundo argumento de `AVERAGEX` se calcula el acumulado de unidades existentes en el almacén. Este es el trozo de código:

```
VAR diaMax = MAX( dimCalendario[fecha] )
RETURN
CALCULATE(
    SUM( factMovAlmacen[ud] ),
    dimCalendario[fecha] <= diaMax
)
```

El acumulado se hace gracias a un contexto proporcionado por el segundo argumento del `CALCULATE` más interior. Ese contexto es el que genera el acumulado de unidades, porque, para cada contexto de evaluación, el cálculo se realizará desde el inicio de las fechas de la tabla **dimCalendario** (`dimCalendario[fecha] <= diaMax`).

Una cuestión importante es que usamos una variable llamada diaMax. El motivo es evitar que la expresión MAX(dimCalendario[fecha]) sea calculada repetidamente en cada iteración en el contexto de fila que, de forma implícita, hay en el segundo argumento del CALCULATE interior. Recordemos que detrás de la sencillez de una *syntax sugar* como dimCalendario[fecha] <= diaMax, el motor de DAX genera una función FILTER implícita que ofrece un contexto de fila en su segundo argumento:

```
FILTER(
     ALL( dimCalendario[fecha] ),
     dimCalendario[fecha] <= diaMax
)
```

La transición de contextos forzada

Como último comentario para el cálculo del promedio acumulado, hablaremos del CALCULATE exterior que envuelve al CALCULATE interior:

```
CALCULATE(
    VAR diaMax = MAX( dimCalendario[fecha] )
    RETURN
    CALCULATE(
        SUM( factMovAlmacen[ud] ),
        dimCalendario[fecha] <= diaMax
    )
)
```

Se trata de un CALCULATE necesario para generar una transición de contextos y permitir que el acumulado total calculado por el CALCULATE más interior se distribuya a cada mes de la tabla devuelta por VALUES en el primer argumento de AVERAGEX.

Muchas veces no es necesario anidar un CALCULATE dentro de otro cuando necesitamos una transición de contextos. Pero en este caso es necesario. El motivo es que la transición de contextos que en teoría podría hacerse con el CALCULATE interior que genera el acumulado queda anulada por la función ALL que agrega el motor de DAX dentro del FILTER implícito. Por ello, aunque se puede decir que una función CALCULATE dentro de un contexto de fila es sinónimo de transición de contextos, también hay que decir que es una regla que tiene su excepción.

NOTA:

Si una función CALCULATE *tiene en su segundo o siguientes argumentos modificadores de contexto del tipo* ALL, *la transición de contextos que pudiera hacerse quedaría anulada.*

Para entender mejor esto, podemos recordar los cinco pasos que realiza CALCULATE interiormente, leyendo el **apéndice D** (apartado "¿Cómo es una transición de contextos?") de este libro.

Relacionada con lo anterior, también está la posibilidad de que el acumulado sea generado por una medida externa a la plantilla que estamos creando. En ese caso, para conseguir el promedio del acumulado, tendríamos un código como este:

```
VAR _promAcum =         AVERAGEX(
                            VALUES(dimCalendario[añoMes]),
                            [#03 Ud acum almacén]
                        )
```

Como hemos visto, en este caso, no es necesaria una función CALCULATE envolviendo la medida, sino que ya está implícita (ver apéndice correspondiente a la transición de contextos).

Cálculo final

Con una simple división, aplicamos los cálculos almacenados en las variables para obtener la rotación en el contexto seleccionado:

```
--Cálculo de la rotación------------------------------------------
VAR _rotacion =         DIVIDE( _salidas, _promAcum )
```

Revisión de resultados

Rotación

El promedio de las ud acumuladas

Vamos a comenzar comprobando la corrección de algunos cálculos parciales. Para ello, hemos creado algunas medidas que recogen trozos de código de la plantilla principal. En la figura 8.2 podemos ver la cantidad neta de unidades que se mueven (entran y salen), el acumulado de esas cantidades netas y el promedio de esos acumulados. Todo lo anterior está segmentado en el objeto visual por trimestres, pero podríamos haberlo hecho por meses o años y los resultados serían también correctos.

Para comprobar por separado el promedio de los acumulados, hemos creado una medida con el código correspondiente de la plantilla original:

```
#04 Prom acum Averg =
VAR diaMax =            MAX( dimCalendario[fecha] )
VAR _promAcum =         AVERAGEX(
                        VALUES(dimCalendario[añoMes]),
```

```
                        CALCULATE(
                            SUM( factMovAlmacen[ud] ),
                            dimCalendario[fecha] <= diaMax
                        )
                    )
RETURN              _promAcum
```

Comprobación de promedio acumulado

Trim	Ud mov	Ud acum
Trim-1	20	20
Trim-2	-9	11
Trim-3	-3	8
Trim-4	9	17
Total	**17**	**17**

2024
2025

13,58
Promedio de acumulados

Figura 8.2. Podemos ver que, efectivamente, 13,58 es el promedio de 20, 11, 8 y 17. Estas son las unidades que aparecen como acumuladas en los distintos trimestres.

Comprobación del resultado final de la rotación

Ahora, vamos a comprobar la corrección del indicador protagonista: la rotación. En la figura 8.3 vemos una matriz que contiene medidas construidas *ad hoc* para comprobar que cada cifra de rotación corresponde a la división entre las unidades que salen del almacén y el promedio de las unidades acumuladas (saldo de unidades).

Rotación de las existencias

Trim	Ud salidas	Prom Acum	Rotación
Trim-1	14	13,33	1,05
Trim-2	26	14,00	1,86
Trim-3	8	13,00	0,62
Trim-4	9	14,00	0,64
Total	**57**	**13,58**	**4,20**

2024
2025

4,20
Rotación existencias

Figura 8.3. Una vez comprobado en su momento que el promedio acumulado es correcto, la rotación debe ser comprobada como resultado de dividir las salidas entre el promedio acumulado.

También debemos entender que la rotación anual no es la suma de las rotaciones parciales de los periodos inferiores (en la imagen, trimestres). Esto es así porque, en cada periodo trimestral, entre las unidades salidas y el promedio de los acumulados se establece una relación distinta a la que se produce de forma global en las cifras anuales.

Permanencia

Para el índice de permanencia y la permanencia en días vamos a exponer unas matrices y gráficos que muestran un ejemplo de visualización para estos indicadores. Lo vemos en la figura 8.4.

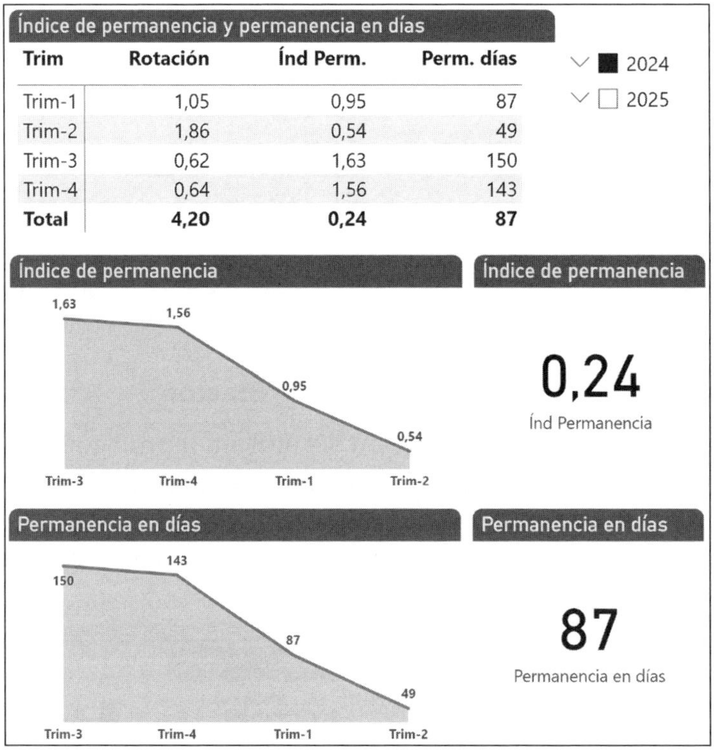

Trim	Rotación	Índ Perm.	Perm. días
Trim-1	1,05	0,95	87
Trim-2	1,86	0,54	49
Trim-3	0,62	1,63	150
Trim-4	0,64	1,56	143
Total	**4,20**	**0,24**	**87**

Figura 8.4. En determinados casos y para determinadas personas, estos indicadores son más esclarecedores que la propia rotación.

Volvemos a recordar, para estos indicadores, que los valores que se visualizan sin segmentación (las tarjetas y los totales) no son la suma de los valores parciales en cada subperiodo.

Rendimiento

La investigación que hemos tenido que hacer para asegurarnos de ofrecer la medida óptima para esta plantilla ha sido extensa. La rotación es un indicador que, en DAX, se traduce en un código muy exigente para los motores de DAX. No en vano, la consulta DAX subyacente debe:

- Crear una suma de las unidades filtrando por aquellas que son negativas (salidas).
- Crear unas cifras acumuladas a lo largo del tiempo (meses) de las unidades netas (positivas y negativas) que han tenido movimiento en la tabla de hechos.
- Sobre las unidades acumuladas del punto anterior, calcular un promedio.
- Dividir las salidas (primer punto) ente el promedio de las cifras acumuladas.

Por supuesto, la parte del código más susceptible de optimizar es la que calcula el promedio de las unidades acumuladas. En relación con ello, teníamos varias opciones para diseñar un código lo más eficiente posible. Había que medir y, posteriormente, decidir.

Opción AVERAGEX

En cuanto a la forma de crear el promedio de las cifras acumuladas, una opción era usar la función `AVERAGEX`.

En sus argumentos utilizaríamos `VALUES` para realizar una transición de contextos iterando por los meses devueltos por esta función. En el segundo argumento, `CALCULATE` se encarga de salir del contexto de fila y calcular una suma acumulada desde el inicio temporal. Con la transición de contextos, la suma evaluada por `CALCULATE` se distribuye a cada mes.

Puesto que `CALCULATE` puede crear un acumulado mediante una prueba booleana (*syntax sugar* de `FILTER`, como ya se ha dicho anteriormente en este capítulo) o mediante la función `WINDOW`, probamos ambas opciones.

Cuando nos dispusimos a usar DAX Studio para obtener cifras de rendimiento sobre una tabla de hechos de más de 225 millones de filas y una tabla de fechas de algo más de 4.000 filas, los resultados fueron claros.

Opción AVERAGEX-WINDOW

En la figura 8.5 vemos los tiempos empleados por los motores de DAX. Llama la atención la gran proporción de trabajo que realiza Formula Engine. Esto no suele ser un buen síntoma, puesto que, si el motor más lento es el que más tiempo está trabajando, los tiempos quizá no serán óptimos.

Aunque la opción de código que hemos visto con la función `WINDOW` tiene una apariencia más sencilla (al no ser necesaria ni una función `CALCULATE` usada exclusivamente para generar una transición de contextos, ni una variable para evitar una evaluación múltiple del cálculo de la fecha más actual de la tabla de hechos), no debemos dejarnos guiar por las apariencias y por la longitud del código.

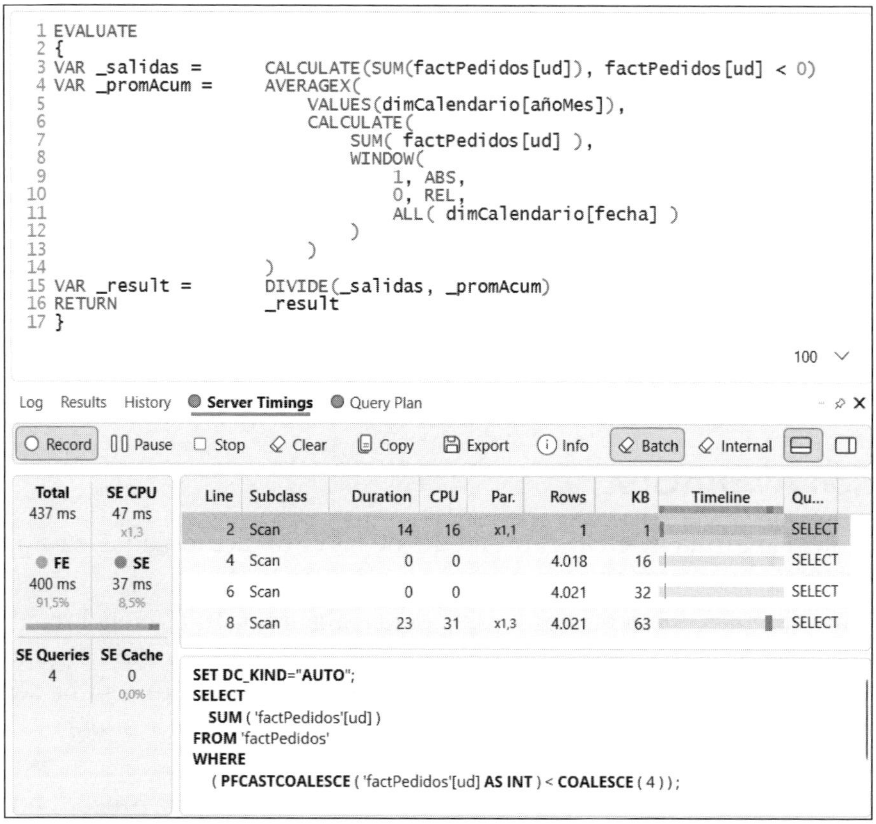

Figura 8.5. El tiempo de ejecución de esta consulta es mejorable.

Opción AVERAGEX-filtro booleano (FILTER implícito)

La otra opción por considerar para generar el acumulado con `CALCULATE` era usar un filtro booleano en su segundo argumento. Como ya dijimos en apartados anteriores, esto equivale a considerar que usamos una función `FILTER` en combinación con una función `ALL` y el propio filtro booleano.

Esta opción tenía, *a priori*, cuestiones que pudieran parecer perjudiciales, puesto que la existencia implícita de una combinación `FILTER-ALL` provocaba la necesaria utilización de otra función `CALCULATE` externa para provocar la transición de contextos (leer el apartado "Revisión de resultados").

La cuestión es que, si nos fijamos en los resultados obtenidos en DAX Studio con un modelo igual al usado en las pruebas para la opción `WINDOW`, veremos que esta es una de las opciones más eficientes y la que, al fin y a la postre, ofrecemos como plantilla. Veámoslo en la figura 8.6.

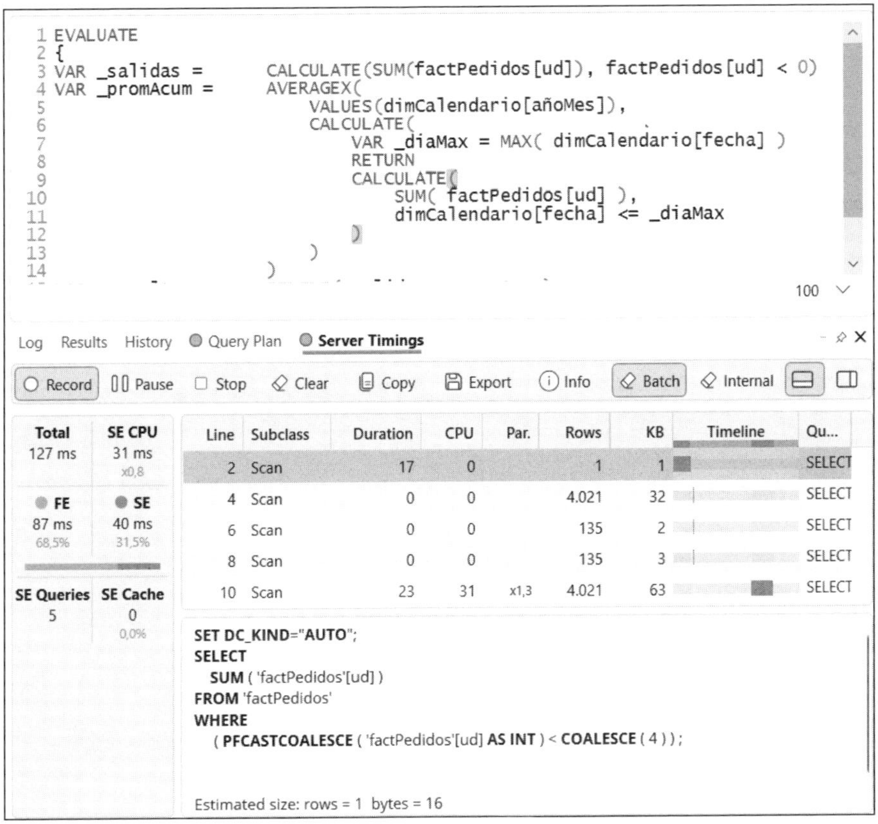

Figura 8.6. Este es un ejemplo que demuestra que un código más largo no es sinónimo de un código menos eficiente (al contrario de lo que piensan muchos usuarios que comienzan a aprender DAX).

En la imagen veíamos que Storage Engine tiene más protagonismo y que el tiempo total de ejecución de la consulta es considerablemente menor que en el caso de la utilización de la función `WINDOW` para generar el acumulado.

Opción TABLA VIRTUAL

Otra de las posibilidades que podíamos evaluar era crear una tabla virtual con una combinación de funciones `ADDCOLUMNS-SUMMARIZE` y almacenarla en una variable. Esta tabla reflejaría una lista de meses, acompañados de otra columna con la cantidad de unidades de producto acumulados a través del tiempo. Posteriormente, faltaría calcular el promedio. Esto lo haríamos usando una simple división del total de las cifras acumuladas en la tabla virtual, entre el número de meses del contexto de filtro.

Aunque el lector puede acceder al código de la medida que estamos describiendo, lo ofrecemos a continuación para facilitar la comprensión de las explicaciones:

```
#06 Rotación TBL VIRTUAL =
/*---------------------------------------------------------------------
Medida que calcula la rotación de las existencias de un almacén.
---------------------------------------------------------------------*/
--Variable que almacena el N.° de productos que salen del almacén----
--Las salidas son Ud que figuran en negativo en la tabla origen------
VAR _salidas =  CALCULATE(
                    SUM( factPedidos[ud] )* -1,
                    factPedidos[ud] < 0
                )

--Creación de tabla virtual con meses y ud acumuladas---------------
VAR _tabla =    ADDCOLUMNS(
                    SUMMARIZE(
                        dimCalendario,
                        dimCalendario[AñoMes]
                    ),
                    "@Ud Acum",
                    CALCULATE(
                        VAR _diaMax = MAX(dimCalendario[fecha])
                        RETURN
                        CALCULATE(
                            SUM(factPedidos[ud]),
                            dimCalendario[fecha] <= _diaMax
                        )
                    )
                )

--Determinación del N.° de meses que tienen datos--------------------
VAR _conDat =   FILTER(
                    _tabla,
                    [@Ud Acum] > 0
                )
VAR _nMeses =   COUNTROWS(_conDat)

--Creación del promedio sobre las cifras acumuladas-----------------
VAR _totAcum =  SUMX(_tabla, [@Ud Acum])
VAR _promAcum = DIVIDE(_totAcum, _nMeses)

--Cálculo final------------------------------------------------------
VAR _result =   DIVIDE(_salidas, _promAcum)

RETURN          _result
```

Con esta opción de código, la transición de contextos ocurre en el tercer argumento de `ADDCOLUMNS`. Esto es así porque ahí existe un contexto de fila que, combinado con una función `CALCULATE`, provoca que las cifras de unidades acumuladas (segunda columna de la tabla ofrecida por `ADDCOLUMNS`) se distribuyan a cada mes (primera columna que ofrece `ADDCOLUMNS` gracias a `SUMMARIZE`).

Los resultados obtenidos en DAX Studio para esta posible opción los vemos en la figura 8.7.

Figura 8.7. Esta opción de código ha tenido unos resultados muy eficientes.

Como hemos visto, los resultados son extremadamente parecidos a la opción `AVERAGEX`-filtro booleano.

Conclusiones

La opción de código que usa `AVERAGEX`-filtro booleano y la opción que utiliza una tabla virtual son muy similares en cuanto a rendimiento una vez vistos los parámetros principales: tiempo total de la consulta, tiempos parciales de uso de Formula Engine y Storage Engine, número de *queries*, cantidad de escaneos por parte de Vertipaq, etc.

Únicamente el paralelismo es algo más acusado en el caso de la opción de tabla virtual. Este parámetro indica que la medida ha conseguido estos tiempos de ejecución gracias a un trabajo paralelo entre varios hilos del procesador. La conclusión que obtenemos de aquí es que esta medida, en ordenadores con menos recursos (núcleos de procesador), podría, quizá, resentirse en cuanto a rendimiento.

En cuanto a la opción de usar `WINDOW` como generadora de las cifras acumuladas, hemos visto en los resultados que no aporta ventajas, sino más bien lo contrario, a la luz de las pruebas realizadas.

Las anteriores reflexiones, junto con la evidencia de que la opción de la tabla virtual requiere de un código más extenso y complejo para la comprensión humana, son los motivos que han decantado nuestra decisión a favor de la opción `AVERAGEX`-filtro booleano como la plantilla a ofrecer en este capítulo.

9 Situación de clientes y tasa de abandono o *churn rate*

En este capítulo aprenderás:

- A segmentar, en varios periodos, las ventas a clientes ocurridas en el tiempo.
- A determinar grado de fidelidad de los clientes, según las ventas que se le han realizado a lo largo del tiempo.
- A conocer la evolución de la cartera de clientes a lo largo del tiempo.
- A calcular el número y la tasa de abandono de clientes o *churn rate*.

Características generales

De todos es sabido que el apartado comercial es el verdadero motor y factor indiscutible de impulso de las empresas. Por ello, es fundamental un seguimiento y control de la cartera de clientes que pueda ofrecer criterios y elementos de juicio suficientes para la toma de decisiones en ese ámbito.

Entre las herramientas que tiene el departamento comercial y la gerencia para el seguimiento de la cartera de clientes, están los indicadores de estado de clientes y la *churn rate* o tasa de abandono de clientes.

En este capítulo vamos a ofrecer esos indicadores y varias perspectivas de ellos para el control de la cartera de clientes. Concretamente, serán los siguientes:

- Evolución del número de clientes activos en cada momento.
- Estado de cada cliente (nuevo, perdido, recuperado, fiel, etc.).
- Días desde la última compra de cada cliente.
- Número de clientes en cada estado (nuevo, perdido, recuperado, fiel, etc.).
- Tasa de abandono de clientes (*churn rate*).

Las plantillas DAX propuestas no son más que ejemplos donde solo será necesario sustituir los nombres de tablas y nombres de columnas por los homólogos que tiene el lector en su modelo.

Como en todas las plantillas de este libro, el objetivo es que el lector alcance un nivel de comprensión suficiente para poder usar la plantilla en su propio contexto empresarial. Es fundamental que se tengan previamente asimilados los conocimientos y conceptos incluidos en los **apéndices A, B, C y D** de este libro.

Modelo

En la figura 9.1 vemos el modelo de datos de ejemplo con el que vamos a diseñar el código de las plantillas de este capítulo.

El modelo tiene unas 1.500 filas en su tabla de hechos. En este capítulo era imprescindible tener una cantidad suficiente de registros para que se generen resultados entendibles para la comprobación final de las medidas. En relación con la tabla de dimensión de clientes, tan solo hay 15 para facilitar la revisión de resultados.

Conviene resaltar que este modelo tiene datos, en su tabla de hechos, desde el día 01/07/2020 hasta el 23/08/2026. Se supone que cada fila de esa tabla es una factura. En ocasiones, tendremos que realizar pruebas de rendimiento. Es entonces cuando usaremos este modelo más grande que vemos en la figura 9.2.

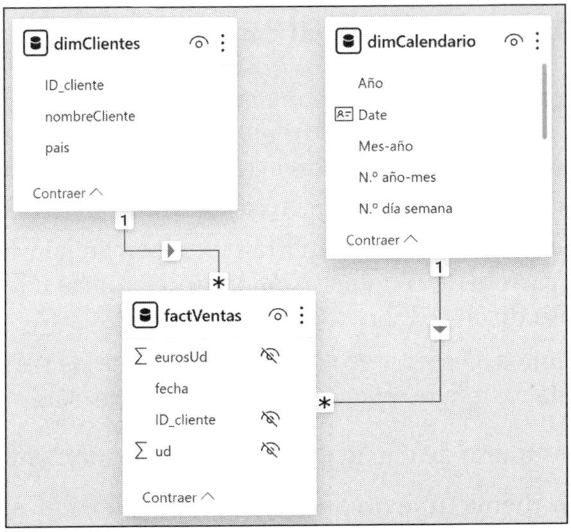

Figura 9.1. Es un modelo con un esquema de estrella muy sencillo para enfocarnos en las tablas que intervienen en las plantillas que ofrecemos.

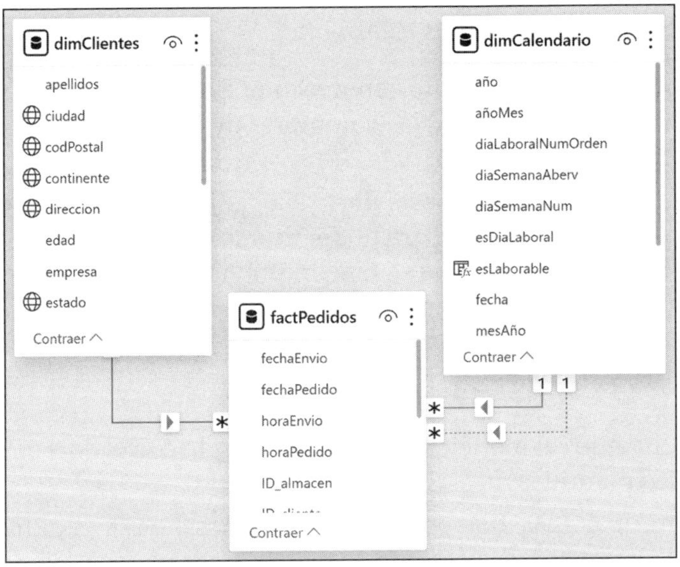

Figura 9.2. Para que las medidas sean más ajustadas a la realidad de una empresa, algunas mediciones las haremos con tablas que contienen muchas filas.

FactPedidos: 225.616.948 filas

dimCalendario: 4.018 filas

dimClientes: 1.868.084 filas

Ejemplos de uso

En este capítulo no vamos a dividir los casos de uso por sectores, dado que los indicadores y KPIs que presentamos en este capítulo son aplicables a casi la totalidad de sectores y tipología de empresas.

Simplemente, vamos a ofrecer ejemplos de aplicaciones prácticas concretas para cada uno de los indicadores.

Evolución del número de clientes

Este indicador es crucial para medir el crecimiento orgánico del negocio. Las empresas lo utilizan para evaluar la efectividad de sus estrategias de marketing, ventas y servicios. Por ejemplo, una compañía que lanza una nueva campaña de marketing puede utilizar este KPI para medir el impacto de dicha campaña en la adquisición de nuevos clientes.

Estado de cada cliente

Este indicador permite a las empresas segmentar su base de clientes y diseñar estrategias de marketing personalizadas. Por ejemplo, los clientes fieles pueden recibir ofertas exclusivas como parte de un programa de lealtad, mientras que para los clientes recuperados se podrían diseñar campañas específicas para reforzar su fidelidad.

Días desde la última compra de cada cliente

Monitorear este indicador ayuda a identificar clientes que podrían estar interesados en hacer una nueva compra o en adquirir productos o servicios complementarios. También sirve para detectar a tiempo posibles clientes en riesgo de abandono.

Número de clientes en cada estado

Este KPI ofrece una vista panorámica del ciclo de vida del cliente dentro de la empresa. Permite identificar qué estrategias de fidelización están funcionando y cuáles necesitan ajustes. Por ejemplo, un aumento en el número de clientes fieles indicaría una estrategia de fidelización exitosa.

Cantidad de clientes que dejan de serlo

Este indicador es esencial para entender la retención de clientes y para identificar tendencias o patrones en la pérdida de clientes. Ayuda a las empresas a identificar posibles áreas de mejora en productos, servicios o experiencia del cliente, por ejemplo.

Tasa de abandono de clientes (*churn rate*)

Este KPI mide el porcentaje de clientes que la empresa ha perdido en un periodo específico. Es fundamental para evaluar la salud del negocio y la satisfacción del cliente a lo largo del tiempo. Un aumento en la *churn rate* puede ser un indicador anticipado de problemas subyacentes que necesitan ser abordados.

División de periodos de tiempo

Antes de presentar las plantillas de este capítulo, necesitamos saber que muchas de ellas están basadas en dividir el espacio temporal de nuestra tabla de calendario en tres periodos. La duración de estos la podemos configurar desde las variables que se incluyen las plantillas. Los periodos se definirán así:

- **Periodo reciente:** Son los *n* últimos meses completos anteriores a la última factura emitida a algún cliente (donde *n* es un número configurable). Por ejemplo, si la última factura emitida a algún cliente ha sido el 23 de agosto, los dos meses anteriores completos son junio y julio. Lo podemos ver en el esquema de la figura 9.3.

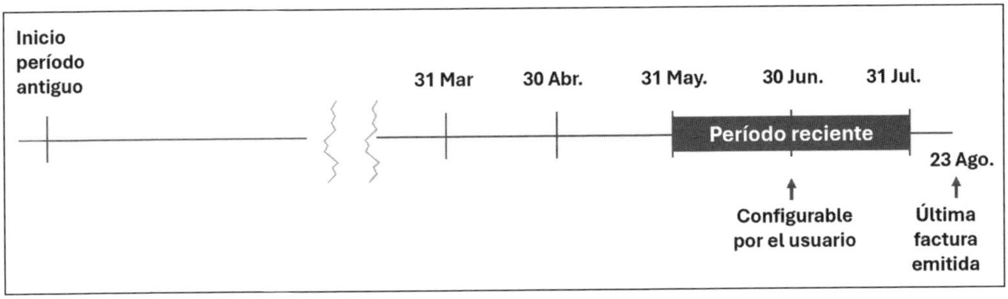

Figura 9.3. Cada empresa deberá decidir la duración del periodo reciente en función de las características de sus clientes y frecuencia de compra.

- **Periodo intermedio:** Son los *n* meses completos anteriores al periodo reciente (donde *n* es un número configurable). Por ejemplo, si el periodo reciente va desde el 1 de junio hasta el 31 de julio y el periodo intermedio lo configuráramos también con 2 meses de duración, este irá desde el 1 de abril hasta el 31 de mayo. En la figura 9.4 lo podemos ver.
- **Periodo antiguo:** Este periodo se extiende desde el día antes del inicio del periodo intermedio (28 de febrero en nuestro ejemplo), hasta *n* meses hacia el pasado, configurables por el lector desde el código DAX. Para configurar

la duración del periodo antiguo, el usuario puede establecer (mediante una variable que veremos a tal efecto en la medida) un número global de meses al que se le restará la cantidad de meses que se haya configurado antes para los periodos inicial e intermedio. Esto se entenderá mejor mediante la figura 9.5.

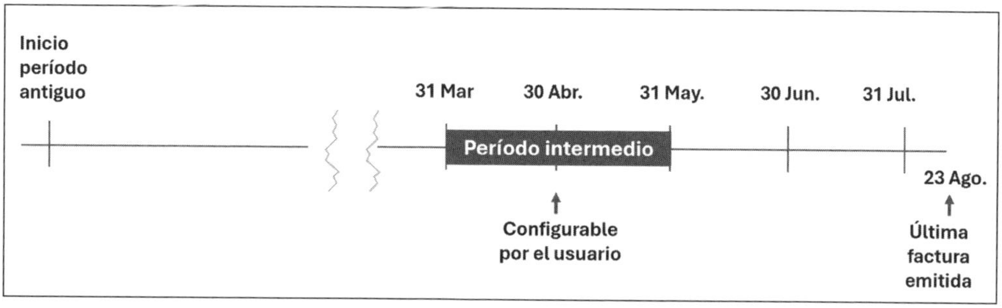

Figura 9.4. Cuando la frecuencia de compra de los clientes es muy grande debido al sector y al tipo de empresa, los periodos deberán ser más cortos.

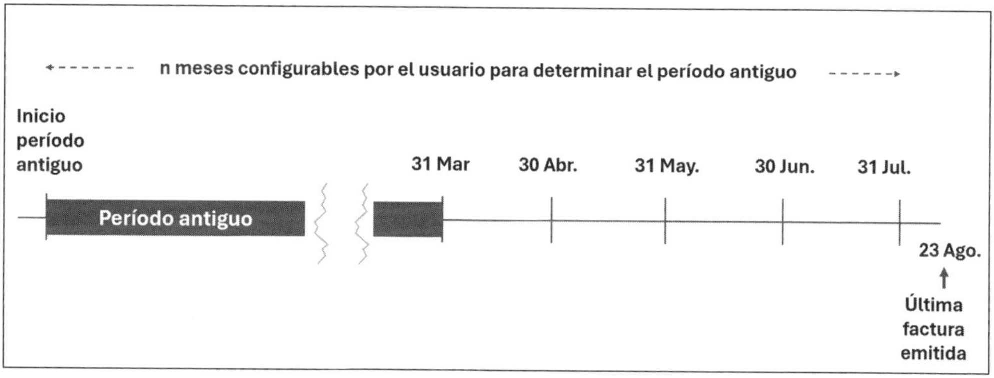

Figura 9.5. Podremos configurar un periodo antiguo que comienza en la fecha inicial de todo el histórico de datos, o bien más recientemente.

Cuando el usuario configure los *n* meses globales que abordan los tres periodos, debe tener en cuenta que la consideración de clientes nuevos, perdidos, etc., se hará en relación con esos *n* periodos globales. Por ejemplo, si un cliente compró antes del inicio del periodo antiguo que hemos configurado, esas compras no serán consideradas y, si el cliente vuelve a comprar dentro de los *n* meses, será considerado como cliente nuevo en el momento de esa nueva compra. En otras palabras, después de no comprar durante todos los meses configurados, el cliente dejó de ser configurado como tal.

Si el usuario no quiere este comportamiento, puede configurar los *n* meses con un número todo lo elevado que desee para asegurarse de abarcar todos los meses del histórico de datos.

La comprensión de los anteriores periodos es fundamental para los indicadores de estado de los clientes, número de clientes en cada estado.

Criterios para los estados de los clientes

El estado de los clientes depende de las compras que hayan realizado en cada uno de los periodos definidos:

- **Clientes nuevos:** Serán los que hayan comprado en el periodo reciente, pero nunca compraron antes.
- **Clientes perdidos:** Serán los que compraron alguna vez en los *n* meses configurados, pero no han comprado en el periodo reciente.
- **Clientes recuperados:** Serán los que compraron en el periodo antiguo, dejaron de comprar en el periodo intermedio y han vuelto a comprar en el periodo reciente.
- **Clientes fieles:** Serán los que han comprado, al menos, durante los periodos intermedio y reciente. También serán considerados fieles los clientes que compraron en todos los periodos.

Características de nuestras medidas

Hemos querido ser exigentes y nuestras medidas cumplirán con los siguientes requisitos:

- Para una mayor exactitud y coherencia con los datos ofrecidos por las medidas, los periodos de tiempo serán meses naturales, no aproximaciones del tipo 30 días, 60 días, 90 días, etc.
- Los tres periodos de tiempo podrán ser configurables por el usuario para adaptarlos a las características de la empresa y del sector. Si el lector lo desea, esta configuración se podría hacer por interfaz de usuario sustituyendo en las medidas las constantes que determinan los meses de los periodos, por los nombres de las medidas generadas por un parámetro numérico (*slicer*).
- Configurando tres periodos de tiempo dejamos la posibilidad (si al lector le interesa en el futuro) de poder agregar más tramos de clasificación de los clientes. Por ejemplo, agregando "muy fieles" (compraron en todos los

periodos) para distinguirlos de "fieles" (solo compraron en los dos últimos) o para distinguir "perdidos" (compraron en un periodo intermedio, pero no en un periodo reciente) y "muy perdidos" (no compraron ni en el periodo reciente ni en el periodo intermedio).

- Las medidas susceptibles de ello serán dinámicas para que, además de tarjetas, puedan ser utilizados objetos visuales como gráficos o tablas para mostrar evolución a lo largo del tiempo.

Comencemos a mostrar el código de las plantillas.

Número de clientes activos

Esta es la primera plantilla que vamos a presentar. Es extremadamente sencilla, pero muy útil: ofrece el número de clientes que están en activo en cada momento.

Código DAX

Personalizar el código en negrita

```
#01 N.° Clientes activos =
/*--------------------------------------------------------------
Medida para calcular el número de clientes activos en el contexto.
--------------------------------------------------------------*/
COUNTROWS(VALUES(factVentas[ID_cliente]))
```

Explicación del código

Si explicamos el código de esta plantilla desde dentro hacia afuera, veremos que la función `VALUES` genera una tabla de una sola columna con los códigos de cliente únicos que hay en la tabla de hechos. Si un ID_cliente está en la tabla de hechos, significa que eso es una venta y el cliente está activo en el contexto.

Puesto que el objetivo de la medida es mostrar el número de clientes, usamos `COUNTROWS` para contar el número de registros de la tabla que, virtualmente, ofrece la función `VALUES`.

Revisión de resultados

La medida, usada en un objeto visual, se mostraría como vemos en la figura 9.6.

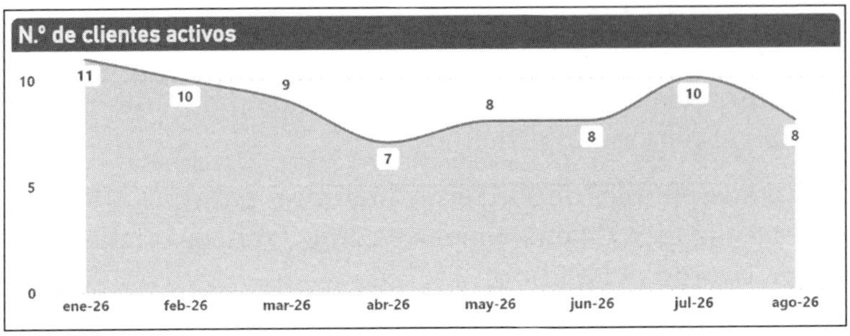

Figura 9.6. Si un cliente ha comprado en un determinado mes, se considera activo para ese periodo.

Podemos comprobar, con una tabla de valores, que los resultados son ciertos. Esa tabla es la que podemos ver en la figura 9.7 (está disponible dentro del archivo PBIX asociado descargable desde la web de Anaya Multimedia).

ID_cliente	jul-20	ago-20	sep-20	oct-20	nov-20	dic-20	ene-21	feb-21	mar-21	abr-21	may-21	jun-21	jul-21	ago-21	sep-21	oct-21
⊞ 1	1	4	2	1	6	2	1	2		3	1	5	2	2	1	1
⊞ 2	3		1	3	3	3	1	1	4	2	2	2	1	2	4	1
⊞ 3	4	3	4	1	1		3	1	4		2	4	2	2	1	2
⊞ 4	1	2	1	3		1	1	1	1		1	2	4		1	2
⊞ 5	4	3	3	1	3	3	3	1	2	2	3			2	1	3
⊞ 6	3	2	1	4	3	3		3	7	3		2	4		2	
⊞ 7	1	3	1	1	1	2	3	1		2	3	1	2	3	2	2
⊞ 8	1	2	1	3	1	1	2		3	5	3	4	1	3	3	3
⊞ 9	3	1	1	2	2	4	3	7	1	2	3		4	2	3	3
⊞ 10		1	4	3		4	3	1	1	2	1		2		3	2
⊞ 11																
⊞ 12																
⊞ 13																
⊞ 14																
⊞ 15	1															

Figura 9.7. Esta tabla es muy útil para comprobaciones.

Estado de cada cliente

Esta plantilla es una medida que devuelve una etiqueta de texto que califica al cliente según las compras que haya o no haya realizado durante los tres periodos establecidos (antiguo, intermedio y reciente).

NOTA:

Este indicador es uno de los más potentes y de más valor añadido que presentamos en este capítulo, puesto que permite aplicar políticas comerciales ajustadas a cada cliente (o grupo de clientes) para optimizar el trato que se le da y para decidir acciones comerciales personalizadas de alto rendimiento.

Código DAX

Personalizar el código en negrita

```
#02 Estado clientes =
/*-------------------------------------------------------------------
Medida para determinar el estado de cada cliente.
-------------------------------------------------------------------*/
--Variables que almacenan las fechas que acotan los tres periodos-----
VAR _fechUltFra =   CALCULATE( MAX( factVentas[fecha] ), ALL() )
VAR _nMesesRecien = 2 //Personalizar N.° meses del periodo reciente
VAR _nMesesInterm = 2 //Personalizar N.° meses del periodo intermedio
VAR _nMesesAntig =  96 - _nMesesRecien - _nMesesInterm
VAR _postRecient =  EOMONTH( _fechUltFra, -1 ) + 1
VAR _iniReciente =  EDATE( _postRecient, - _nMesesRecien )
VAR _finIntermed =  _iniReciente - 1
VAR _iniIntermed =  EDATE ( _iniReciente, -_nMesesInterm )
VAR _finAntiguo =   _iniIntermed - 1
VAR _iniAntiguo =   EDATE( _iniIntermed, -_nMesesAntig )
VAR _antesAntiguo = _iniAntiguo - 1

--Variable que almacena los clientes en el periodo reciente-----------
VAR _cliRec =       CALCULATETABLE(
                        VALUES( factVentas[ID_cliente] ),
                        dimCalendario[fecha] > _finIntermed,
                        dimCalendario[fecha] < _postRecient
                    )

--Variable que almacena los clientes en el periodo intermedio---------
VAR _cliInt =       CALCULATETABLE(
                        VALUES( factVentas[ID_cliente] ),
                        dimCalendario[fecha] < _iniReciente,
                        dimCalendario[fecha] > _finAntiguo
                    )

--Variable que almacena los clientes en el periodo antiguo------------
VAR _cliAnt =       CALCULATETABLE(
                        VALUES( factVentas[ID_cliente] ),
                            dimCalendario[fecha] < _iniIntermed,
                            dimCalendario[fecha] > _antesAntiguo
                    )

--Variable que almacena el texto que cataloga a los clientes----------
VAR _result =       SWITCH(
                        TRUE(),
                        _cliInt > 0 && _cliRec > 0,
                        "4. FIEL",
                        ( _cliAnt > 0 || _cliInt > 0 ) && _cliRec = 0,
                        "2. PERDIDO",
                        _cliAnt = 0 && _cliInt = 0 && _cliRec > 0,
                        "1. NUEVO",
                        _cliAnt > 0 && _cliInt = 0 && _cliRec > 0,
```

```
                         "3. RECUPERADO",
                         "5. SIN COMPRAS"
                    )

RETURN              _result
```

Explicación del código

El código comienza con la declaración de todas las variables que serán necesarias para acotar los periodos de tiempo. Especial atención merecen las cuatro primeras variables. Tres de ellas pueden ser configuradas por el usuario:

```
VAR _fechUltFra =   CALCULATE( MAX( factVentas[fecha] ), ALL() )------
VAR _nMesesRecien = 2 //Personalizar N.° meses del periodo reciente
VAR _nMesesInterm = 2 //Personalizar N.° meses del periodo intermedio
VAR _nMesesAntig =  96 - _nMesesRecien - _nMesesInterm
```

La primera variable calcula la fecha de la última factura emitida en toda la línea temporal del modelo de datos.

La segunda y tercera variable son las que determinan la duración (en meses) de los periodos reciente e intermedio. El usuario puede modificar los números para adaptar la duración.

La cuarta variable tiene como objetivo almacenar la cantidad de meses que tendrá el periodo llamado antiguo. Debe ser configurada cambiando el número que vemos al principio. Ese número debe ser la duración total de los tres periodos. Como vemos en el código anterior, a ese número se le resta la duración de los periodos reciente e intermedio.

Solo queda puntualizar que las variables `_postRecient` y `_antesAntiguo` corresponden a la fecha posterior al periodo reciente y anterior al periodo antiguo, respectivamente.

Las siguientes siete variables acotan los periodos de tiempo aprovechando las cuatro primeras presentadas anteriormente. Las vemos a continuación:

```
VAR _postRecient =  EOMONTH( _fechUltFra, -1 ) + 1
VAR _iniReciente =  EDATE( _postRecient, - _nMesesRecien )
VAR _finIntermed =  _iniReciente - 1
VAR _iniIntermed =  EDATE ( _iniReciente, -_nMesesInterm )
VAR _finAntiguo =   _iniIntermed - 1
VAR _iniAntiguo =   EDATE( _iniIntermed, -_nMesesAntig )
VAR _antesAntiguo = _iniAntiguo - 1
```

Después, tenemos las variables que almacenan listas virtuales de clientes. Hay tres variables de este tipo, para sendos periodos de tiempo. Todas operan mediante una función `CALCULATETABLE` que establece una tabla en su primer argumento mediante la función VALUES. En el segundo argumento, se aporta el contexto de filtro que acota el periodo de tiempo correspondiente. A continuación, vemos las tres variables de los tres periodos:

```
--Variable que almacena los clientes en el periodo reciente----------
VAR _cliRec =        CALCULATETABLE(
                         VALUES( factVentas[ID_cliente] ),
                         dimCalendario[fecha] > _finIntermed,
                         dimCalendario[fecha] < _postRecient
                     )

--Variable que almacena los clientes en el periodo intermedio---------
VAR _cliInt =        CALCULATETABLE(
                         VALUES( factVentas[ID_cliente] ),
                         dimCalendario[fecha] < _iniReciente,
                         dimCalendario[fecha] > _finAntiguo
                     )

--Variable que almacena los clientes en el periodo antiguo-----------
VAR _cliAnt =        CALCULATETABLE(
                         VALUES( factVentas[ID_cliente] ),
                             dimCalendario[fecha] < _iniIntermed,
                             dimCalendario[fecha] > _antesAntiguo
                     )
```

La siguiente variable es la que realiza el cálculo principal usando las variables anteriores. Se trata de una función SWITCH que, en sus argumentos, comprueba si las tablas tienen algún contenido. Dependiendo de los resultados de la comprobación, se obtiene una etiqueta de estado de cliente u otra. El código es el siguiente:

```
--Variable que almacena el texto que cataloga a los clientes---------
VAR _result =        SWITCH(
                         TRUE(),
                         _cliInt > 0 && _cliRec > 0,
                         "4. FIEL",
                         ( _cliAnt > 0 || _cliInt > 0 ) && _cliRec = 0,
                         "2. PERDIDO",
                         _cliAnt = 0 && _cliInt = 0 && _cliRec > 0,
                         "1. NUEVO",
                         _cliAnt > 0 && _cliInt = 0 && _cliRec > 0,
                         "3. RECUPERADO",
                         "5. SIN COMPRAS"
                     )
```

Es importante señalar tres cuestiones:

- La primera es que, en DAX, las comparaciones del tipo _cliRec > 0 están comprobando si las tablas calculadas por CALCULATETABLE contienen alguna fila, lo que es equivalente a decir que el recuento de filas es mayor que cero. Por lo tanto, aunque no se use explícitamente COUNTROWS, la lógica de comparación implícitamente hace esta verificación.

- Otra cuestión es que podemos no incluir el último argumento para evitar que los clientes sin compras sean devueltos en el objeto visual.
- La otra es que el orden de las comprobaciones podría cambiarse, pero es más eficiente establecer como primeras comprobaciones las que, estadísticamente, son más probables. El motivo es que la función `SWITCH` deja de evaluar cuando encuentra una respuesta `True`.

Si queremos entender las comprobaciones lógicas, podemos contrastarlas con en el apartado "Criterios para los estados de los clientes".

Revisión de resultados

La de la figura 9.8 podría ser una tabla muy interesante para analizar en una empresa.

Clientes clasificados por estados

Nombre cliente ▲	#02 Estado clientes
Albaruler Ltd	3. RECUPERADO
Arcafiesta rollup	2. PERDIDO
Compañía Cielo Azul	4. FIEL
Compañía Monumental	4. FIEL
Compañía Tech Móviles	4. FIEL
Corporación Arco Iris	4. FIEL
Corporación Latam	2. PERDIDO
Corporación Moderna	4. FIEL
Distribuidora Gloria	4. FIEL
Distribuidora Horizonte	4. FIEL
Importaciones Libertad	4. FIEL
Importaciones Tecnológicas	4. FIEL
Pisonade agrícola	1. NUEVO
Trading & Trading SA	2. PERDIDO
Yoyma Ribadesella SL	2. PERDIDO

Figura 9.8. Tener una tabla como esta es un verdadero "lujo" para una empresa, puesto que a partir de ella es posible tomar decisiones importantes.

Días desde la última compra

Esta sencilla plantilla (que sería posible tenerla sin la necesidad de crear el código de otras plantillas) también es muy valiosa, puesto que ofrece información muy útil para el departamento comercial de una empresa.

Código DAX

Personalizar el código en negrita

```
#03 Días desde últ compra =
/*---------------------------------------------------------------
Medida para determinar los días transcurridos desde la última compra.
----------------------------------------------------------------*/
--Variable para almacenar la fecha de la última factura en el contexto
VAR _ultFra =    MAX( factVentas[fecha] )

--Variable para almacenar la fecha del día actual--------------------
VAR _hoy =       TODAY()

--Cálculo principal-----------------------------------------------
VAR _result =    _hoy - _ultFra

RETURN           VALUE( _result )
```

Explicación del código

El código comienza con una variable que almacena el cálculo de la fecha de la última factura realizada en cada contexto:

```
--Variable para almacenar la fecha de la última factura en el contexto
VAR _ultFra =    MAX( factVentas[fecha] )
```

Lo siguiente que nos encontramos en el código es otra variable que almacena la fecha del día actual:

```
--Variable para almacenar la fecha del día actual--------------------
VAR _hoy =       TODAY()
```

Por último, se realiza una simple resta de las dos variables anteriores:

```
--Cálculo principal-----------------------------------------------
VAR _result =    _hoy - _ultFra
```

Revisión de resultados

Una sencilla medida como la de este apartado puede generar una gran utilidad en los departamentos comerciales de las empresas. Un ejemplo de esa utilidad lo tenemos en la tabla de la figura 9.9.

Número de clientes en cada situación

Este tipo de plantilla, entre otras, puede ofrecer dos perspectivas interesantes, según la utilicemos con un objeto visual u otro:

- Por un lado, el número de clientes que están considerados en un determinado estado. Para esto, es ideal un objeto visual de tarjeta, por ejemplo.
- Por otro, la evolución del número de clientes que la empresa consigue captar como nuevos. Para ello, sería ideal un gráfico de área o de columnas.

Especialmente el segundo punto anterior (la evolución del número de clientes) es útil en la toma de decisiones empresariales relacionadas con la gestión de la cartera de clientes.

Clientes clasificados por estados

Nombre cliente	#02 Estado clientes	#03 Días desde últ compra
Albaruler Ltd	3. RECUPERADO	9
Arcafiesta rollup	2. PERDIDO	2251
Compañía Cielo Azul	4. FIEL	11
Compañía Monumental	4. FIEL	7
Compañía Tech Móviles	4. FIEL	13
Corporación Arco Iris	4. FIEL	23
Corporación Latam	2. PERDIDO	193
Corporación Moderna	4. FIEL	21
Distribuidora Gloria	4. FIEL	12
Distribuidora Horizonte	4. FIEL	15
Importaciones Libertad	4. FIEL	30
Importaciones Tecnológicas	4. FIEL	37
Pisonade agrícola	1. NUEVO	32
Trading & Trading SA	2. PERDIDO	217
Yoyma Ribadesella SL	2. PERDIDO	280

Figura 9.9. Esta es una tabla mejorada con la columna de los días desde la última compra. También podemos enriquecerla con formatos condicionales, por ejemplo.

Código DAX

Número de clientes nuevos

Personalizar el código en negrita

```
#04 N.° Clientes nuevos =
/*-------------------------------------------------------------------
Medida para calcular el N.° de clientes considerados nuevos.
-------------------------------------------------------------------*/
--Variables que almacenan las fechas que acotan los tres periodos-----
VAR _fechUltFra =   MAX( factVentas[fecha] )
VAR _nMesesRecien = 2 //Personalizar N.° meses del periodo reciente
VAR _nMesesInterm = 2 //Personalizar N.° meses del periodo intermedio
VAR _nMesesAntig =  96 - _nMesesRecien - _nMesesInterm
VAR _postRecient =  EOMONTH( _fechUltFra, -1 ) + 1
VAR _iniReciente =  EDATE( _postRecient, - _nMesesRecien )
```

```
VAR _finIntermed =  _iniReciente - 1
VAR _iniIntermed =  EDATE ( _iniReciente, -_nMesesInterm )
VAR _iniAntiguo =   EDATE( _iniIntermed, -_nMesesAntig )
VAR _antesAntiguo = _iniAntiguo - 1

--Variable que almacena los clientes en el periodo reciente----------
VAR _cliRecientes = CALCULATETABLE(
                        VALUES( factVentas[ID_cliente] ),
                        dimCalendario[fecha] > _finIntermed,
                        dimCalendario[fecha] < _postRecient
                    )

--Variable que almacena los clientes en el per. intermedio + antiguo--
VAR _cliInterAnt =  CALCULATETABLE(
                        VALUES( factVentas[ID_cliente] ),
                        dimCalendario[fecha] < _iniReciente,
                        dimCalendario[fecha] > _antesAntiguo
                    )

--Variable que almacena una tabla con los clientes nuevos------------
VAR _nuevos =       EXCEPT( _cliRecientes, _cliInterAnt )

--Variable que almacena el recuento de clientes nuevos---------------
VAR _result =       COUNTROWS( _nuevos )

RETURN              _result
```

Número de clientes perdidos

Personalizar el código en negrita

```
#05 N.° Clientes perdidos =
/*-------------------------------------------------------------------
Medida para calcular el N.° de clientes considerados perdidos.
-------------------------------------------------------------------*/
--Variables que almacenan las fechas que acotan los tres periodos-----
VAR _fechUltFra =   MAX( factVentas[fecha] )
VAR _nMesesRecien = 2 //Personalizar N.° meses del periodo reciente
VAR _nMesesInterm = 2 //Personalizar N.° meses del periodo intermedio
VAR _nMesesAntig =  96 - _nMesesRecien - _nMesesInterm
VAR _postRecient =  EOMONTH( _fechUltFra, -1 ) + 1
VAR _iniReciente =  EDATE( _postRecient, - _nMesesRecien )
VAR _finIntermed =  _iniReciente - 1
VAR _iniIntermed =  EDATE ( _iniReciente, - _nMesesInterm )
VAR _iniAntiguo =   EDATE( _iniIntermed, - _nMesesAntig )
VAR _antesAntiguo = _iniAntiguo - 1

--Variable que almacena los clientes en el periodo reciente----------
VAR _cliRecientes = CALCULATETABLE(
                        VALUES( factVentas[ID_cliente] ),
                        dimCalendario[fecha] > _finIntermed,
                        dimCalendario[fecha] < _postRecient
                    )
```

```
--Variable que almacena los clientes en el per. antiguo + intermedio--
VAR _cliInterAnt =  CALCULATETABLE(
                        VALUES( factVentas[ID_cliente] ),
                        dimCalendario[fecha] < _iniReciente,
                        dimCalendario[fecha] > _antesAntiguo
                    )

--Variable que almacena una tabla con los clientes perdidos-----------
VAR _perdidos =     EXCEPT( _cliInterAnt, _cliRecientes  )

--Variable que almacena el recuento de clientes perdidos-------------
VAR _result =       COUNTROWS( _perdidos )

RETURN              _result
```

Número de clientes recuperados

Personalizar el código en negrita

```
#06 N.° Clientes recuperados =
/*-------------------------------------------------------------------
Medida para calcular el N.° de clientes considerados recuperados.
-----------------------------------------------------------------*/
--Variables que almacenan las fechas que acotan los tres periodos-----
VAR _fechUltFra =   MAX( factVentas[fecha] )
VAR _nMesesRecien = 2 //Personalizar N.° meses del periodo reciente
VAR _nMesesInterm = 2 //Personalizar N.° meses del periodo intermedio
VAR _nMesesAntig =  96 - _nMesesRecien - _nMesesInterm
VAR _postRecient =  EOMONTH( _fechUltFra, -1 ) + 1
VAR _iniReciente =  EDATE( _postRecient, - _nMesesRecien )
VAR _finIntermed =  _iniReciente - 1
VAR _iniIntermed =  EDATE ( _iniReciente, - _nMesesInterm )
VAR _finAntiguo =   _iniIntermed - 1
VAR _iniAntiguo =   EDATE( _iniIntermed, - _nMesesAntig )
VAR _antesAntiguo = _iniAntiguo - 1

--Variable que almacena los clientes en el periodo reciente----------
VAR _cliRecientes = CALCULATETABLE(
                        VALUES( factVentas[ID_cliente] ),
                        dimCalendario[fecha] > _finIntermed,
                        dimCalendario[fecha] < _postRecient
                    )

--Variable que almacena los clientes en el periodo intermedio--------
VAR _cliIntermed =  CALCULATETABLE(
                        VALUES( factVentas[ID_cliente] ),
                        dimCalendario[fecha] < _iniReciente,
                        dimCalendario[fecha] > _finAntiguo
                    )

--Variable que almacena los clientes en el periodo antiguo-----------
VAR _cliAntiguos =  CALCULATETABLE(
                        VALUES( factVentas[ID_cliente] ),
                        dimCalendario[fecha] < _iniIntermed,
```

```
                    dimCalendario[fecha] > _antesAntiguo
                )

--Variable que almacena una tabla con los clientes recuperados--------
VAR _recuperados =  EXCEPT(
                    INTERSECT( _cliAntiguos, _cliRecientes ),
                    _cliIntermed
                )

--Variable que almacena el recuento de clientes recuperados----------
VAR _result =       COUNTROWS( _recuperados )

RETURN              _result
```

Número de clientes fieles

Personalizar el código en negrita

```
#07 N.° Clientes fieles =
/*-----------------------------------------------------------------
Medida para calcular el N.° de clientes considerados fieles.
-----------------------------------------------------------------*/
--Variables que almacenan las fechas que acotan los tres periodos-----
VAR _fechUltFra =   MAX( factVentas[fecha] )
VAR _nMesesRecien = 2 //Personalizar N.° meses del periodo reciente
VAR _nMesesInterm = 2 //Personalizar N.° meses del periodo intermedio
VAR _nMesesAntig =  96 - _nMesesRecien - _nMesesInterm
VAR _postRecient =  EOMONTH( _fechUltFra, -1 ) + 1
VAR _iniReciente =  EDATE( _postRecient, - _nMesesRecien )
VAR _finIntermed =  _iniReciente - 1
VAR _iniIntermed =  EDATE ( _iniReciente, - _nMesesInterm )
VAR _finAntiguo =   _iniIntermed - 1
VAR _iniAntiguo =   EDATE( _iniIntermed, - _nMesesAntig )
VAR _antesAntiguo = _iniAntiguo - 1

--Variable que almacena los clientes en el periodo reciente----------
VAR _cliRecientes = CALCULATETABLE(
                    VALUES( factVentas[ID_cliente] ),
                    dimCalendario[fecha] > _finIntermed,
                    dimCalendario[fecha] < _postRecient
                )

--Variable que almacena los clientes en el periodo intermedio--------
VAR _cliIntermed =  CALCULATETABLE(
                    VALUES( factVentas[ID_cliente] ),
                    dimCalendario[fecha] < _iniReciente,
                    dimCalendario[fecha] > _finAntiguo
                )

--Variable que almacena los clientes en el periodo antiguo-----------
VAR _cliAntiguos =  CALCULATETABLE(
                    VALUES( factVentas[ID_cliente] ),
                        dimCalendario[fecha] < _iniIntermed,
                        dimCalendario[fecha] > _antesAntiguo
```

```
                    )

--Variable que almacena una tabla con los clientes fieles------------
VAR _fieles =        INTERSECT(
                         INTERSECT( _cliIntermed, _cliRecientes ),
                         _cliAntiguos
                     )

--Variable que almacena el recuento de clientes fieles---------------
VAR _result =        COUNTROWS(_fieles)

RETURN               _result
```

Explicación del código

La estrategia general que hemos adoptado para estas plantillas responde, en todos los casos, a esta secuencia:

1. Declaración de variables para acotar los periodos temporales.
2. Evaluación de la tabla de hechos para saber los clientes que están presentes en las transacciones. Esto se hace almacenando en tres variables las tablas virtuales obtenidas con la lista de clientes en cada uno de los tres periodos.
3. Combinar las tablas basándonos en la teoría de conjuntos para obtener tablas finales que excluyan e incluyan los clientes que deseamos para cada estado.
4. Contar las filas de la tabla resultante.

Declaración de variables para fechas

Puesto que casi todas son comunes, vamos a explicar el significado de las variables que se declaran al principio de las medidas **Número de clientes nuevos**, **Número de clientes perdidos**, **Número de clientes recuperados** y **Número de clientes fieles**. Este es el código:

```
--Variables que almacenan las fechas que acotan los tres periodos-----
VAR _fechUltFra =   MAX( factVentas[fecha] )
VAR _nMesesRecien = 2 //Personalizar N.° meses del periodo reciente
VAR _nMesesInterm = 2 //Personalizar N.° meses del periodo intermedio
VAR _nMesesAntig =  96 - _nMesesRecien - _nMesesInterm
```

La primera variable calcula la fecha de la última factura emitida en toda la línea temporal del modelo de datos.

La segunda y tercera variable son las que determinan la duración (en meses) de los periodos reciente e intermedio. El usuario puede modificar los números para adaptar la duración.

La cuarta variable tiene como objetivo almacenar la cantidad de meses que tendrá el periodo llamado antiguo. Debe ser configurada cambiando el número que vemos al principio. Ese número debe ser la duración total de los tres periodos. Como vemos en el código anterior, a ese número se le resta la duración de los periodos reciente e intermedio.

Solo queda puntualizar que las variables `_postRecient` y `_antesAntiguo` corresponden a la fecha posterior al periodo reciente y anterior al periodo antiguo, respectivamente.

Las siguientes siete variables acotan los periodos de tiempo aprovechando las cuatro primeras presentadas anteriormente. Las vemos a continuación:

```
VAR _postRecient =  EOMONTH( _fechUltFra, -1 ) + 1
VAR _iniReciente =  EDATE( _postRecient, - _nMesesRecien )
VAR _finIntermed =  _iniReciente - 1
VAR _iniIntermed =  EDATE ( _iniReciente, -_nMesesInterm )
VAR _finAntiguo =   _iniIntermed - 1
VAR _iniAntiguo =   EDATE( _iniIntermed, -_nMesesAntig )
VAR _antesAntiguo = _iniAntiguo - 1
```

Tablas virtuales para cada periodo

Después de la declaración de las variables, debemos crear unas tablas virtuales que devuelvan tablas con los clientes que compraron en cada periodo. Esto lo podemos hacer con funciones `CALCULATETABLE` como vemos en el código siguiente:

```
VAR _cliIntermed =  CALCULATETABLE(
                        VALUES( factVentas[ID_cliente] ),
                        dimCalendario[fecha] < _iniReciente,
                        dimCalendario[fecha] > _finAntiguo
                    )
```

El primer argumento es el que utiliza una función `VALUES` para crear la tabla de clientes (únicos, sin duplicados).

El segundo argumento es el que inyecta en el contexto de filtro el periodo de tiempo definido por las variables que lo acotan.

Dependiendo de la medida que necesitemos, necesitaremos dos o tres tablas similares a esta para definir los clientes que compraron en cada periodo.

Combinación de tablas

Ya tenemos tablas que contienen clientes que compraron en unos periodos y tablas con clientes que compraron en otros. Ahora, podemos combinar esas tablas aprovechando las capacidades de las funciones de manipulación de tablas y la teoría de conjuntos.

Clientes nuevos

Para lograr una tabla que contenga solo clientes nuevos, necesitamos que una de las tablas virtuales creada anteriormente con CALCULATETABLE contenga los clientes que compraron en dos periodos: el antiguo y el intermedio. Esta tabla se llamará _cliInterAnt.

Por otro lado, debemos saber que se ha creado otra variable que contiene los clientes que compraron en el periodo reciente. Esa tabla se llama _cliRecientes.

Después, utilizaremos una función EXCEPT para combinar las dos tablas comentadas antes. Y lo haremos con el objetivo de obtener una tabla que contenga los clientes pertenecientes a la tabla _cliRecientes, pero que no pertenezcan a la tabla _cliInterAnt. Este es el código:

```
--Variable que almacena una tabla con los clientes nuevos-------------
VAR _nuevos =        EXCEPT( _cliRecientes, _cliInterAnt )
```

Clientes perdidos

La explicación y lógica aplicada para el caso de los clientes perdidos es la misma que para los nuevos, excepto en el momento de la combinación de tablas. Para estos clientes, el código es este:

```
--Variable que almacena una tabla con los clientes perdidos-----------
VAR _perdidos =      EXCEPT( _cliInterAnt, _cliRecientes  )
```

Clientes recuperados

Para estos clientes, la combinación se hace mediante las tablas _cliRecientes, cliIntermed y _cliAntiguos. El código es este:

```
--Variable que almacena una tabla con los clientes recuperados--------
VAR _recuperados =   EXCEPT(
                         INTERSECT( _cliAntiguos, _cliRecientes ),
                         _cliIntermed
                     )
```

Explicando primero la combinación más interna, la función INTERSECT obtiene una tabla con los clientes antiguos que también han comprado recientemente. Ahora, solo queda asegurarnos de que en esa tabla no estén los clientes que también compraron en el periodo intermedio. Esto se consigue con la función EXCEPT.

Clientes fieles

La combinación de tablas virtuales para conseguir una lista con los clientes fieles es la del siguiente código:

```
--Variable que almacena una tabla con los clientes fieles------------
VAR _fieles =        INTERSECT(
                         INTERSECT( _cliIntermed, _cliRecientes ),
                         _cliAntiguos
                     )
```

En este caso, comentando la función `INTERSECT` interior, lo que hace es obtener únicamente los clientes que compraron en los periodos intermedio y reciente. Si esa tabla se combina con otra que contenga los clientes que compraron en el periodo antiguo, conseguiremos una tabla con los clientes que compraron en todos los periodos. Esto último se hace con otra función externa `INTERSECT`.

Recuento de filas

El recuento de filas se realiza siempre mediante una función `COUNTROWS`. Este es un ejemplo seleccionado desde la medida que calcula el número de clientes nuevos:

```
--Variable que almacena el recuento de clientes nuevos---------------
VAR _result =        COUNTROWS( _nuevos )
```

Revisión de resultados

Podemos mostrar con una tarjeta múltiple la cantidad de clientes en cada situación. Un ejemplo de esto es la figura 9.10.

Figura 9.10. En la imagen, vemos un ejemplo de tarjetas múltiples para mostrar el número de clientes en cada estado.

Otra perspectiva es poner las medidas en objetos visuales que muestran la evolución, como se ve en la figura 9.11.

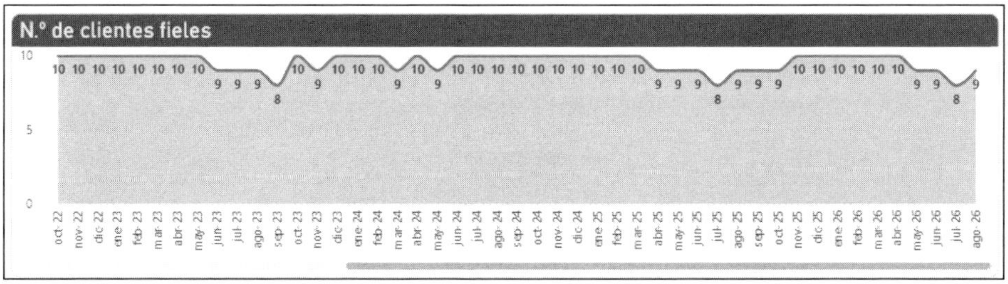

Figura 9.11. Ver la evolución de un indicador a lo largo del tiempo siempre es una buena idea.

Rendimiento

Hay varias formas de construir medidas que calculan la situación de los clientes en cuanto a su fidelidad. Hemos sido exigentes en cuanto a los resultados esperados y la utilidad que se espera de nuestras plantillas. Por ello, se trata de código DAX muy "caro" en cuanto a consumo de recursos.

¿Qué hemos comparado?

Hemos comparado varias estrategias para calcular una de las medidas más exigentes de las plantillas que ofrecemos: el **número de clientes nuevos**. Entre las estrategias probadas están las siguientes.

Uso de una tabla virtual creada con ADDCOLUMNS

El código es este:

```
/*----------------------------------------------------------------------
Medida para calcular el N.° de clientes considerados nuevos.
----------------------------------------------------------------------*/
VAR _uFra = MAX( factPedidos[fechaPedido] )
VAR _fRec = EOMONTH( _uFra, -1 )
VAR _iRec = EOMONTH( _uFra, -3 ) +1
VAR _iInt = EOMONTH( _iRec, -3 ) +1

VAR _tbl =  ADDCOLUMNS(
                VALUES(dimClientes[ID_cliente]),
                "@Antiguo", CALCULATE(
                                VALUES(factPedidos[ID_cliente]),
                                DATESBETWEEN(
                                    dimCalendario[fecha],
                                    BLANK(),
                                    _iInt -1
                                )
                            ),
                "@Interm",  CALCULATE(
                                VALUES(factPedidos[ID_cliente]),
                                DATESBETWEEN(
                                    dimCalendario[fecha],
                                    _iInt,
                                    _iRec -1
                                )
                            ),
                "@Recien",  CALCULATE(
                                VALUES(factPedidos[ID_cliente]),
                                DATESBETWEEN(
                                    dimCalendario[fecha],
                                    _iRec,
                                    _fRec
                                )
                            )
            )
```

```
VAR _nuevos =         FILTER(
                          _tbl,
                          [@Antiguo] = 0 &&
                          [@Interm] = 0 &&
                          [@Recien] > 0
                      )

VAR _result =         COUNTROWS(_nuevos)

RETURN                _result
```

Como vemos en el código anterior, en esta estrategia:

- Se usa `ADDCOLUMNS/VALUES` para crear una tabla virtual con tres columnas que contienen los `ID_cliente` que compraron en el periodo reciente. Para filtrar el periodo se usa `DATESBETWEEN`, que es una función de inteligencia de tiempo.
- Se usa la función `FILTER` para obtener la tabla que contendrá los registros que cumplen con los criterios de cliente nuevo.

Los resultados en DAX Studio son pésimos para esta opción de código. Lo vemos en la figura 9.12.

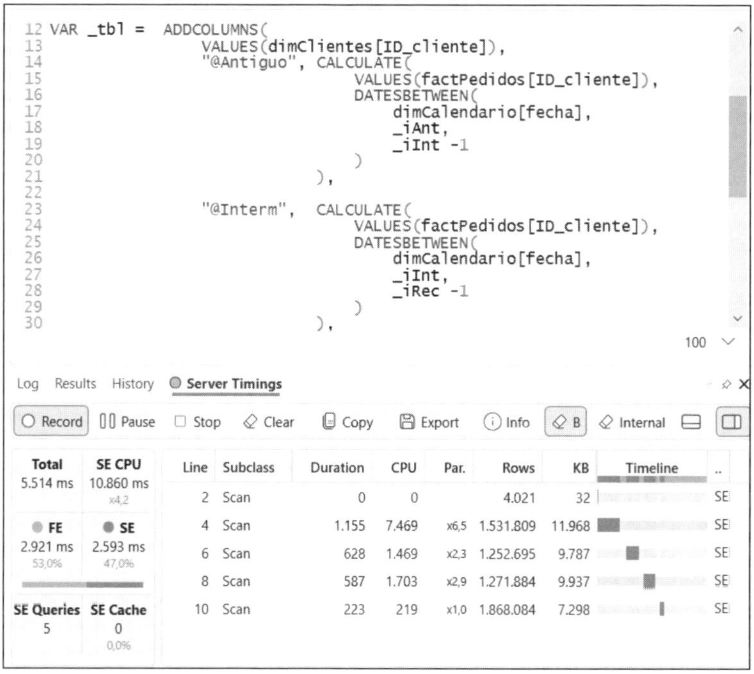

Figura 9.12. Los resultados de las mediciones no son muy aceptables y debemos seguir buscando una estrategia de código más eficaz.

Podemos ver el gran esfuerzo de Formula Engine con ese porcentaje que llega al 53 % del total del tiempo de cálculo. Grandes esfuerzos de Formula Engine no suelen ser buenos presagios, pues es un motor menos rápido respecto de Vertipaq Storage Engine. Además, vemos que Vertipaq ha tenido que hacer cuatro grandes escaneos en cuatro de las cinco consultas.

Uso de funciones de manipulación de tabla

La plantilla que finalmente hemos elegido es la más eficiente de las pruebas realizadas. Utiliza la estrategia de crear varias tablas virtuales (para cada periodo) que serán filtradas con filtros booleanos. Pero una de las características diferenciales de esta plantilla es el uso de funciones de manipulación de tabla para combinaciones basadas en teoría de conjuntos. Los resultados en DAX Studio los vemos en la figura 9.13.

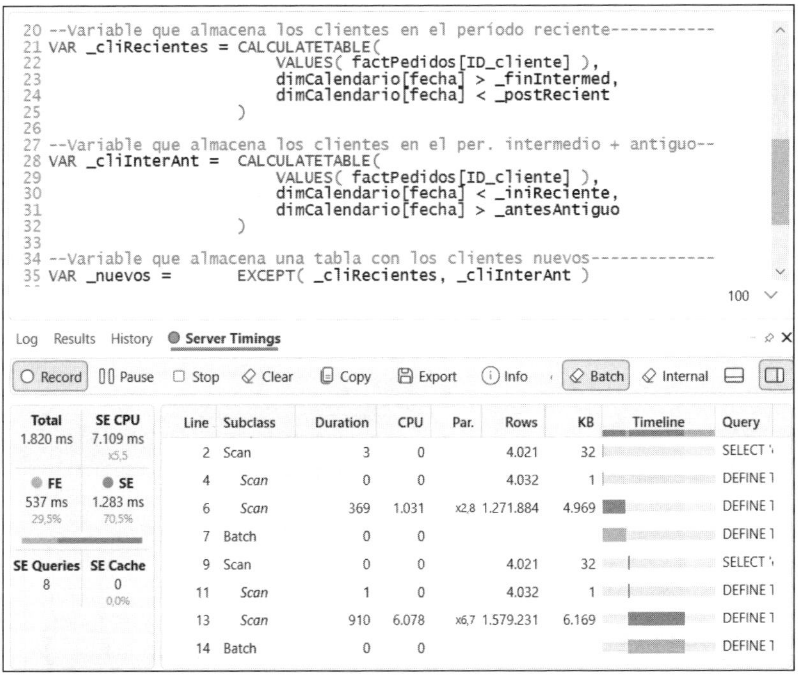

Figura 9.13. En los resultados de estas pruebas vemos que tan solo hay dos escaneos por la tabla de hechos. Eso es ya un avance muy importante respecto de las pruebas anteriores.

Tiene solo dos consultas con dos grandes escaneos de la columna ID_cliente de la tabla de hechos. No aparecen `CallBacksDataID`. Aunque los tiempos conseguidos son altos, debemos recordar que quizá no es muy habitual encontrarnos con bases de datos que tengan casi dos millones de clientes.

NOTA:

Si tenemos que implementar estas medidas en la realidad de un dashboard *que tiene una alta cantidad de registros en la tabla de clientes, quizá deberíamos pensar en usar otras estrategias que podrían incluir agregaciones y precálculos en Power Query o más cerca del origen de datos.*

Tasa de abandono de clientes (*churn rate*)

NOTA:

La tasa de abandono de clientes o, en inglés, churn rate *es un indicador que sirve para mostrar la proporción de clientes que dejan de serlo, respecto de la cantidad de clientes que, por término medio, lo han sido durante un periodo de tiempo.*

Si hemos leído el capítulo 8 de este libro, podremos darnos cuenta de que la tasa de abandono o *churn rate* se corresponde con el concepto de rotación. Aunque puede haber otros medios de cálculo, en este capítulo vamos a calcular la tasa de abandono de clientes mediante las medidas que ya tenemos calculadas, es decir:

$$Churn\ rate = \frac{\text{Clientes perdidos}}{\text{Promedio de clientes}}$$

o lo que es lo mismo:

$$Churn\ rate = \frac{\text{Clientes perdidos}}{\left(\frac{\text{N.º clientes perdidos periodo antiguo} + \text{N.º clientes perdidos periodo reciente}}{2}\right)}$$

Como venimos haciendo en este capítulo, el código que ofrecemos no está "troceado" en varias medidas, sino que se ofrecen plantillas autónomas con todo el código necesario. El motivo es doble:

- Por un lado, la legibilidad puede resentirse si invocamos repetidas veces a otras medidas dentro de una plantilla.
- Por otro lado, quizá el lector no quiere usar todas las plantillas y solo quiere usar algunas determinadas (que no deberían depender de otras).

Por ello, aunque la tasa de abandono de clientes utiliza el código íntegro de la medida **Número de clientes perdidos**, en la plantilla de la *churn rate* incluimos de forma explícita todo el código sin hacer alusión a la medida, posiblemente, realizada anteriormente por el lector.

Código DAX

Personalizar el código en negrita

```
#08 Churn =
/*-----------------------------------------------------------------------
Medida para calcular el N.° de clientes considerados nuevos.
------------------------------------------------------------------------*/
--Variables que almacenan las fechas que acotan los tres periodos-----
VAR _fechUltFra =  MAX( factVentas[fecha] )
VAR _nMesesRecien = 2 //Personalizar N.° meses del periodo reciente
VAR _nMesesInterm = 2 //Personalizar N.° meses del periodo intermedio
VAR _nMesesAntig =  96 - _nMesesRecien - _nMesesInterm
VAR _postRecient =  EOMONTH( _fechUltFra, -1 ) + 1
VAR _iniReciente =  EDATE( _postRecient, - _nMesesRecien )
VAR _finIntermed =  _iniReciente - 1
VAR _iniIntermed =  EDATE ( _iniReciente, -_nMesesInterm )
VAR _finAntiguo =   _iniIntermed - 1
VAR _iniAntiguo =   EDATE( _iniIntermed, -_nMesesAntig )
VAR _antesAntiguo = _iniAntiguo - 1

--Variable que almacena los clientes en el periodo reciente----------
VAR _cliRecientes = CALCULATETABLE(
                        VALUES( factVentas[ID_cliente] ),
                        dimCalendario[fecha] > _finIntermed,
                        dimCalendario[fecha] < _postRecient
                    )

--Variable que almacena los clientes en el periodo intermedio--------
VAR _cliIntermed =  CALCULATETABLE(
                        VALUES( factVentas[ID_cliente] ),
                        dimCalendario[fecha] < _iniReciente,
                        dimCalendario[fecha] > _finAntiguo
                    )

--Variable que almacena los clientes en el periodo antiguo-----------
VAR _cliAntiguos =  CALCULATETABLE(
                        VALUES( factVentas[ID_cliente] ),
                            dimCalendario[fecha] < _iniIntermed,
                            dimCalendario[fecha] > _antesAntiguo
                    )

--Variable que almacena el número de clientes perdidos---------------
VAR _perdidos =     COUNTROWS(
                        EXCEPT(
                            DISTINCT(
                                UNION( _cliAntiguos, _cliIntermed )
                            ),
                            _cliRecientes
                        )
                    )

--Variable que almacena el promedio de clientes activos--------------
VAR _promedio =     DIVIDE(
```

```
                        COUNTROWS(
                            UNION( _cliAntiguos, _cliIntermed )
                        ),
                        2
                    )

--Variable que almacena el resultado del cálculo de la tasa Churn-----
VAR _result =       DIVIDE( _perdidos, _promedio )

RETURN              _result
```

Explicación del código

Esta plantilla está compuesta de:

- Variables que calculan las fechas que acotan los periodos de referencia.
- Variables que obtienen la lista de clientes con actividad en cada periodo.
- Variables destinadas a calcular la cantidad de clientes perdidos.
- Una variable que calcula la cantidad media de clientes en los periodos intermedio y antiguo.
- Una variable que realiza el cálculo final (la división del ratio).

Declaración de variables para fechas

Puesto que casi todas son comunes, vamos a explicar el significado de las variables que se declaran al principio de la medida. Este es el código:

```
--Variables que almacenan las fechas que acotan los tres periodos-----
VAR _fechUltFra =   MAX( factVentas[fecha] )
VAR _nMesesRecien = 2 //Personalizar N.° meses del periodo reciente
VAR _nMesesInterm = 2 //Personalizar N.° meses del periodo intermedio
VAR _nMesesAntig =  96 - _nMesesRecien - _nMesesInterm
```

La primera variable calcula la fecha de la última factura emitida en toda la línea temporal del modelo de datos.

La segunda y tercera variable son las que determinan la duración (en meses) de los periodos reciente e intermedio. El usuario puede modificar los números para adaptar la duración.

La cuarta variable tiene como objetivo almacenar la cantidad de meses que tendrá el periodo llamado antiguo. Debe ser configurada cambiando el número que vemos al principio. Ese número debe ser la duración total de los tres periodos. Como vemos en el código anterior, a ese número se le resta la duración de los periodos reciente e intermedio.

Solo queda puntualizar que las variables `_postRecient` y `_antesAntiguo` corresponden a la fecha posterior al periodo reciente y anterior al periodo antiguo, respectivamente.

Las siguientes siete variables acotan los periodos de tiempo aprovechando las cuatro primeras presentadas anteriormente. Las vemos a continuación:

```
VAR _postRecient =  EOMONTH( _fechUltFra, -1 ) + 1
VAR _iniReciente =  EDATE( _postRecient, - _nMesesRecien )
VAR _finIntermed =  _iniReciente - 1
VAR _iniIntermed =  EDATE ( _iniReciente, -_nMesesInterm )
VAR _finAntiguo =   _iniIntermed - 1
VAR _iniAntiguo =   EDATE( _iniIntermed, -_nMesesAntig )
VAR _antesAntiguo = _iniAntiguo - 1
```

Clientes con actividad en cada periodo

A continuación, se declaran tres variables que contienen tablas con los ID_cliente que tienen actividad en la tabla de hechos en los tres periodos de referencia en este capítulo. Las tres variables son casi idénticas, a excepción de los filtros booleanos que se usan para delimitar los distintos periodos.

En cada una de las tres variables se usa `CALCULATETABLE` para obtener una tabla con los ID_cliente únicos (mediante la función `VALUES`) que han tenido actividad en sendos periodos.

El código de las tres variables es:

```
--Variable que almacena los clientes en el periodo reciente----------
VAR _cliRecientes = CALCULATETABLE(
                        VALUES( factVentas[ID_cliente] ),
                        dimCalendario[fecha] > _finIntermed,
                        dimCalendario[fecha] < _postRecient
                    )

--Variable que almacena los clientes en el periodo intermedio---------
VAR _cliIntermed =  CALCULATETABLE(
                        VALUES( factVentas[ID_cliente] ),
                        dimCalendario[fecha] < _iniReciente,
                        dimCalendario[fecha] > _finAntiguo
                    )
--Variable que almacena los clientes en el periodo antiguo-----------
VAR _cliAntiguos =  CALCULATETABLE(
                        VALUES( factVentas[ID_cliente] ),
                        dimCalendario[fecha] < _iniIntermed,
                        dimCalendario[fecha] > _antesAntiguo
                    )
```

Podemos apreciar el uso de las variables con signos de comparación para crear filtros booleanos. En definitiva, esto no es más que la *syntax sugar* del uso explícito de las funciones `FILTER/ALL`.

Número de clientes perdidos

Continuamos con la explicación del código y llegamos a las funciones de manipulación de tabla. Concretamente, para obtener los clientes perdidos (el numerador de la tasa de abandono o *churn rate*), necesitamos:

- Saber qué clientes compraron en periodos anteriores al reciente. Esto lo conseguiremos con una función `UNION`, que apila la tabla de los clientes que tuvieron actividad en el periodo antiguo y los que tuvieron actividad en el periodo intermedio. Envolvemos esta función con otra, llamada `DISTINCT`, para evitar que un cliente pueda aparecer repetido en la tabla resultado de la unión.
- Con la tabla obtenida al final del punto anterior, debemos aplicar una función `EXCEPT` que devuelva una tabla con los clientes de las combinaciones anteriores, pero quitándole los clientes que estén en el periodo reciente.
- Contar los registros resultantes de la tabla anterior con la función `COUNTROWS`.

El trozo de código es el siguiente:

```
--Variable que almacena el número de clientes perdidos----------------
VAR _perdidos =     COUNTROWS(
                        EXCEPT(
                            DISTINCT(
                                UNION( _cliAntiguo, _cliIntermed )
                            ),
                            _cliRecientes
                        )
                    )
```

Promedio de clientes activos

A continuación, tenemos un código que calcula el promedio de clientes activos que ha habido hasta el momento antes del periodo reciente. Vamos a asumir que este promedio será el resultado de sumar los clientes que estaban activos en los periodos antiguo e intermedio, dividido entre dos. El código necesario para esto es:

```
--Variable que almacena el promedio de clientes activos---------------
VAR _promedio =     DIVIDE(
                        COUNTROWS(
                            UNION( _cliAntiguo, _cliIntermed )
                        ),
                        2
                    )
```

Donde vemos que la función `UNION` realiza el trabajo de apilar las tablas virtuales de clientes que compraron en los periodos antiguo e intermedio. Puesto que esta suma está destinada a crear un promedio dividiendo entre dos después, debemos dejar que haya duplicados. Por ejemplo, si el cliente número 15 está en la tabla _cliAntiguo y también en _cliIntermad, debe contar en ambos casos. `COUNTROWS` cuenta el resultado de la unión y `DIVIDE` lo divide entre 2.

Cálculo final

El cálculo final es una simple división para crear el propio ratio o tasa de abandono de clientes (*churn rate*). Se usan las últimas dos variables creadas como numerador y denominador del ratio:

```
--Variable que almacena el resultado del cálculo de la tasa Churn-----
VAR _result =         DIVIDE( _perdidos, _promedio )
```

Revisión de resultados

Podemos utilizar la *churn rate* con objetos visuales que muestran evolución y con tarjetas. Un ejemplo es la figura 9.14.

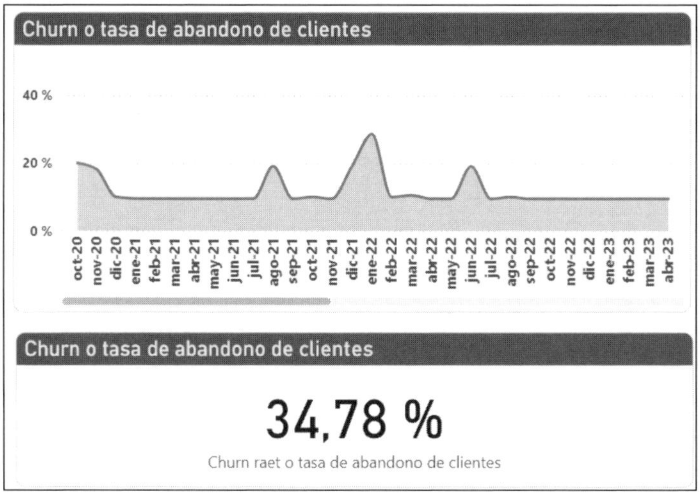

Figura 9.14. Con esta tasa de abandono, de cada 10 clientes, como mínimo, 3 dejan de comprar a la empresa. Este tipo de estudio puede ser filtrado, por ejemplo, por productos y el análisis sería muy interesante.

Rendimiento

El estudio del rendimiento de la medida *churn rate* obtiene resultados en la línea de las otras plantillas. Los tiempos de ejecución son relativamente altos debido a la alta exigencia de esta medida: tiene que calcular los clientes perdidos, el promedio de clientes activos y, después, dividir los resultados. En la figura 9.15

vemos unos resultados con tiempos de ejecución muy altos debido a la exigencia de nuestra base de datos de pruebas (casi 2 millones de clientes y más de 225 millones de filas en la tabla de hechos).

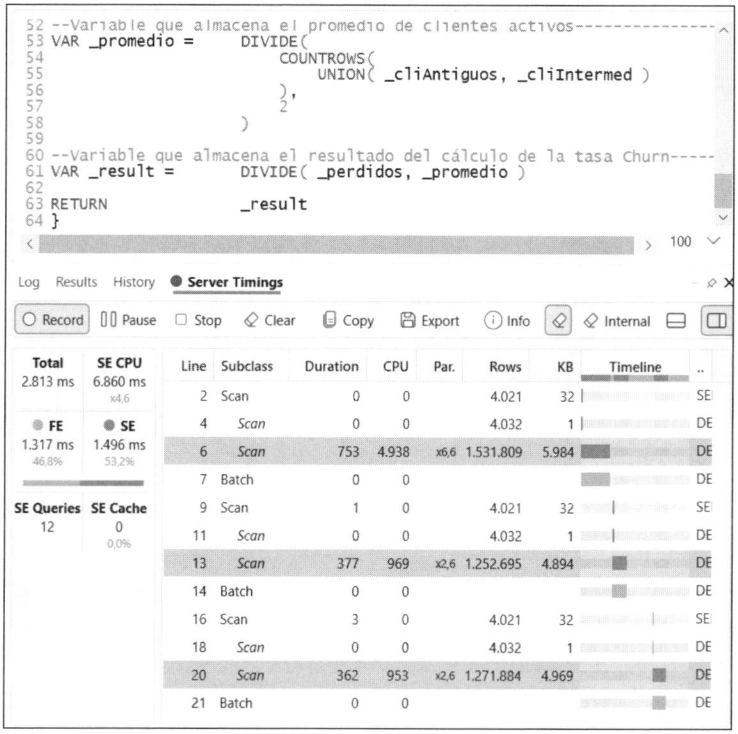

Figura 9.15. Este tipo de medidas ofrecen siempre tiempos de ejecución muy altos.

Veíamos en las pruebas de DAX Studio que los tiempos no son todo lo buenos que desearíamos.

NOTA:

Si tenemos que implementar estas medidas en la realidad de un dashboard *que tiene una alta cantidad de registros en la tabla de clientes, quizá deberíamos pensar en usar otras estrategias que podrían incluir agregaciones y precálculos en Power Query o más cerca del origen de datos.*

En la imagen anterior veíamos tres escaneos (resaltados en azul) con una gran cantidad de datos interviniendo en ellos y un gran coste de tiempo asociado. Esto es debido a que el cálculo de cada tabla virtual con los clientes que compran en cada periodo debe hacerse sin más remedio.

10 Análisis ABC de clientes

En este capítulo aprenderás:

- El concepto de análisis ABC y casos de usos aplicados en distintos sectores.
- A crear una medida óptima para generar una clasificación de clientes en función del criterio ABC.
- Otras opciones de código basado en funciones iteradoras.
- A analizar las consultas DAX generadas por las medidas de análisis ABC y entender los procesos internos.

Características generales

Definición

El análisis ABC de clientes es una herramienta indispensable para la gestión estratégica del valor de la cartera de clientes dentro de las empresas. Podríamos proporcionar la siguiente definición:

NOTA:

El análisis ABC de clientes es una forma de clasificar a los clientes de una empresa en función de su importancia económica, estableciendo una jerarquía que ayuda a optimizar los esfuerzos y recursos dedicados a la gestión de relaciones cliente-empresa.

Por lo tanto, se trata de un enfoque que apoya la toma de decisiones en áreas críticas como la asignación de recursos, estrategias de fidelización y personalización de la comunicación y ofertas. Este enfoque estructurado y estratégico hacia la gestión de la cartera de clientes no solo mejora la eficiencia en la asignación de recursos, sino que también impulsa la rentabilidad y sostenibilidad de la empresa a largo plazo.

Es decisión del lector establecer los límites para considerar que un cliente es merecedor de la clasificación A, B o C, pero es muy frecuente considerar que aquellos clientes que mayores ventas tienen y forman parte del 70 % de las ventas totales son clasificados como clientes A. Los clientes que le siguen en cantidad de ventas y forman parte del 90 % de las ventas totales serán clasificados como clientes B. El resto, como clientes C.

Ejemplo de clasificación ABC

El análisis ABC de clientes es un complemento ideal para el análisis de clientes en función de su situación, que vimos en el capítulo 9. En la figura 10.1 vemos un ejemplo de análisis ABC.

Cómo son las plantillas

Las plantillas DAX propuestas no son más que ejemplos donde solo será necesario sustituir los nombres de tablas y nombres de columnas por los homólogos que tiene el lector en su modelo.

ABC clientes			
nombreCliente	#01 Suma ventas	#02 ABC % acum.	#03 ABC clientes
Compañía Monumental	1.089.181 €	14,67 %	A
Corporación Moderna	902.744 €	26,82 %	A
Corporación Latam	875.870 €	38,62 %	A
Compañía Tech Móviles	770.629 €	48,99 %	A
Compañía Cielo Azul	715.102 €	58,62 %	A
Distribuidora Gloria	707.105 €	68,14 %	A
Distribuidora Horizonte	623.746 €	76,54 %	B
Importaciones Tecnológicas	562.022 €	84,11 %	B
Corporación Arco Iris	541.305 €	91,40 %	C
Importaciones Libertad	532.755 €	98,57 %	C
Albaruler Ltd	47.800 €	99,21 %	C
Pisonade agrícola	37.040 €	99,71 %	C
Yoyma Ribadesella SL	12.840 €	99,89 %	C
Trading & Trading SA	8.492 €	100,00 %	C
Arcafiesta rollup		100,00 %	C
Total	7.426.631 €		

Figura 10.1. Podemos ver que los seis primeros clientes con más ventas constituyen, aproximadamente, el 70% de las mismas para toda la cartera de clientes.

Aunque en este capítulo abordaremos el análisis ABC de clientes basado en las ventas que se les realizan, sería posible:

- Hacer un análisis ABC por rentabilidad de cliente (tan solo cambiando la medida de las ventas por otra).
- Hacer un análisis ABC de productos (cambiando el atributo-dimensión utilizado `dimClientes[ID_cliente]` por `dimProductos[ID_producto]`).

En cualquiera de los casos anteriores, los resultados podrán ser filtrados, mediante segmentadores, por la dimensión que no ha sido la protagonista.

Como en todas las plantillas de este libro, el objetivo es que el lector alcance un nivel de comprensión suficiente para poder usar la plantilla en su propio contexto empresarial. Especialmente en este capítulo, es fundamental que se tengan previamente asimilados los conocimientos y conceptos incluidos en los **apéndices A, B, C y D** de este libro.

Modelo

En la figura 10.2 vemos el modelo de datos de ejemplo con el que vamos a diseñar el código de las plantillas de este capítulo.

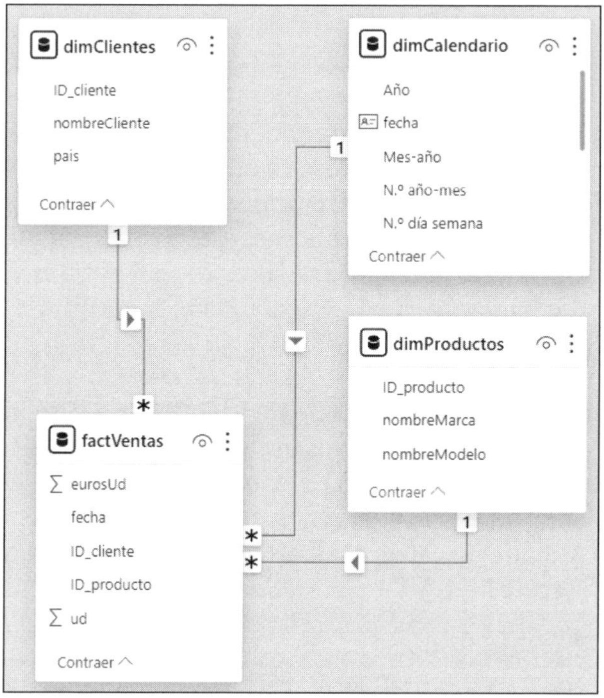

Figura 10.2. Es un modelo con un esquema de estrella parecido al que usamos en el capítulo 9, pero agregándole una tabla de productos.

El modelo tiene unas 1.500 filas en su tabla de hechos. En este capítulo era imprescindible tener una cantidad suficiente de registros para que se generen resultados entendibles para la comprobación final de las medidas. En relación con la tabla de dimensión de clientes, tan solo hay 15 para facilitar la revisión de resultados.

Conviene resaltar que este modelo tiene datos, en su tabla de hechos, desde el día 01/07/2020 hasta el 23/08/2026. Se supone que cada fila de esa tabla es una factura.

En cuanto al modelo que usaremos para realizar las pruebas de rendimiento tiene un esquema prácticamente idéntico al de la figura 10.2 que veíamos antes. La diferencia estriba en la cantidad de filas que contienen las distintas tablas.

En el modelo de pruebas, estos son los datos:

FactPedidos	46.811 filas
dimCalendario	4.018 filas
dimClientes	2.658 filas

Ejemplos de uso

Sector *retail*

En el sector *retail*, una cadena de supermercados utiliza el análisis ABC para segmentar su base de clientes basándose en el valor de sus compras anuales. Esto les permite personalizar las ofertas promocionales y optimizar el inventario según las preferencias de los clientes más valiosos (categoría A), al mismo tiempo que diseñan estrategias de retención para clientes de categoría B y C, aumentando así la rentabilidad general.

Banca y servicios financieros

Un banco implementa el análisis ABC para identificar a sus clientes más rentables (categoría A) y ofrecerles servicios exclusivos, como tasas de interés preferenciales y asesoramiento financiero personalizado. Los clientes de categoría B reciben ofertas para productos y servicios que puedan elevar su contribución al banco, mientras que los de categoría C se gestionan de manera más automatizada para reducir costos.

Fabricación y distribución

Una empresa de fabricación utiliza el análisis ABC para priorizar sus esfuerzos de venta y marketing hacia los clientes que generan la mayor parte de sus ingresos (categoría A). Esto incluye la creación de programas de fidelidad, descuentos por volumen y acceso prioritario a nuevos productos. Para los clientes de categoría B y C, se desarrollan estrategias para aumentar su valor a lo largo del tiempo o reducir los costos de servicio.

Sector tecnológico

Una compañía de software como servicio (SaaS) aplica el análisis ABC para segmentar su base de clientes según el uso del producto y el potencial de crecimiento. Los clientes de categoría A, que son los usuarios más activos y con mayores niveles de suscripción, reciben atención personalizada, acceso a betas exclusivas y un soporte prioritario. Esto no solo mejora la satisfacción y retención de clientes valiosos, sino que también fomenta un mayor crecimiento del ingreso. Comencemos a mostrar el código de las plantillas.

Suma ventas (medida base)

En este apartado vamos a crear una medida base que calculará las ventas de la empresa. Este cálculo común será usado en varios lugares del código principal de este capítulo y nos ayudará a reducir su longitud y a entenderlo mejor.

Código DAX

Personalizar el código en negrita

```
#01 Suma ventas =
/*------------------------------------------------------------------
Medida para calcular las ventas en el contexto de filtro.
------------------------------------------------------------------*/
SUMX(
    factVentas,
    factVentas[ud] * factVentas[eurosUd]
)
```

Explicación del código

Esta medida es una simple suma de las ventas realizada mediante una función iteradora de agregación, como es `SUMX`. Esta función recorre la tabla factVentas iterando por sus filas y, en cada una de ellas, realiza la operación matemática que vemos en el segundo argumento (unidades por precio/ud). Después de la iteración por todas las filas, realiza la suma de las multiplicaciones parciales.

Análisis ABC de clientes

Esta será la medida principal que realiza una clasificación de clientes según la cantidad de sus ventas.

Código DAX

Personalizar el código en negrita

```
#03 ABC clientes =
/*------------------------------------------------------------------
Medida para clasificar a los clientes según el criterio ABC.
------------------------------------------------------------------*/
--Variable para almacenar una tabla virtual con las ventas por cliente
VAR _ventCli =  CALCULATETABLE (
                    ADDCOLUMNS (
                        VALUES( dimClientes[ID_cliente] ),
                        "@ventCli", [#01 Suma ventas]
                    ),
                    ALLSELECTED ( dimClientes )
                )

--Variable que almacena las ventas del contexto
VAR _ventCtx =  [#01 Suma ventas]

--Variable que almacena la tbl virtual _ventProd con acum. por cliente
```

```
VAR _tblAcums = FILTER (
                    _ventCli,
                    [@ventCli] >= _ventCtx
                )

--Variable que calcula las ventas acum. desde una tbl de acumulados
VAR _ventAcum = SUMX (
                    _tblAcums,
                    [@ventCli]
                )

--Variable que almacena las ventas totales permitiendo filtros exter.
VAR _totVent =  CALCULATE (
                    [#01 Suma ventas],
                    ALLSELECTED ( dimClientes )
                )

--Variable que divide cada acumulado, entre el total de ventas
VAR _porcAcum =   DIVIDE ( _ventAcum, _totVent )

--Variable que almacena el resultado ABC para cada contexto de evalua.
VAR _result =   IF(
                    HASONEVALUE( dimClientes[ID_cliente] ),
                    SWITCH (
                        TRUE(),
                        _porcAcum <= 0.7, "A",
                        _porcAcum <= 0.9, "B",
                        "C"
                    )
                )

RETURN          _result
```

Explicación del código

Esta medida tiene como objetivo obtener una letra A, B o C (según criterios del análisis ABC de clientes) en cada contexto de evaluación de un objeto visual de matriz que podría ser el de la figura 10.3.

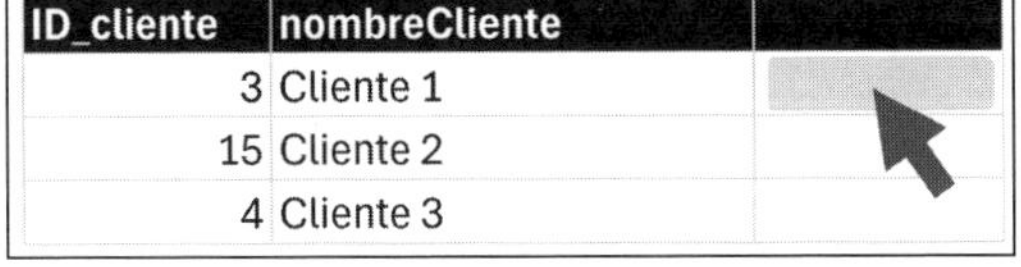

Figura 10.3. La medida está diseñada para funcionar en un objeto visual de matriz donde el campo o campos relativos al clientes deben identificar, de forma única, a cada cliente.

Para que nuestra medida consiga este objetivo final, durante su ejecución se deben, de forma virtual, realizar una serie de cálculos intermedios. Vamos a hacer una lista de esos cálculos para tener perspectiva:

1. **Ventas por cada cliente**.
2. **Ventas del contexto**.
3. **Ventas acumuladas en cada cliente** (explicaremos esto más adelante).
4. **Ventas totales de todos los clientes**.
5. **% de ventas acumuladas/total de ventas**.
6. **Obtener la letra A, B o C**, dependiendo del porcentaje anterior.

Ahora, vamos a explicar cada uno de ellos, puesto que esta será la explicación de las distintas partes de la medida.

Ventas por cada cliente

La primera variable de la medida es la que realiza el primer precálculo de las ventas por cada uno de los clientes existentes:

```
--Variable para almacenar una tabla virtual con las ventas por cliente
VAR _ventCli =  CALCULATETABLE (
                    ADDCOLUMNS (
                        VALUES( dimClientes[ID_cliente] ),
                        "@ventCli", [#01 Suma ventas]
                    ),
                    ALLSELECTED ( dimClientes )
                )
```

Analizando desde la función más interior, podíamos ver en el código anterior que `ADDCOLUMNS` es la función encargada de crear la tabla a partir de una columna de códigos de cliente únicos (mediante `VALUES`) que vemos en su primer argumento.

Después, aprovechando la capacidad de `ADDCOLUMNS` para generar campos calculados adicionales a una tabla base, agregamos uno ("`@ventCli`") que contenga las ventas. Eso se hace invocando la medida `[#01 Suma ventas]`, que asegura una necesaria transición de contextos para que las ventas se distribuyan a cada cliente de la tabla devuelta por `VALUES`.

Después de lo anterior, solo queda comentar que esa tabla se va a calcular en un contexto aportado por `CALCULATETABLE` (que envuelve a `ADDCOLUMNS`). Ese contexto es el definido por `ALLSELECTED ( dimClientes )`, puesto que, si bien esta función permitirá que el usuario pueda filtrar desde segmentadores externos, no permitirá que la lista de ventas por clientes se vea afectada (filtrada) por interacciones de otras funciones de la propia medida o por filtros existentes en el contexto de evaluación de la propia medida (objeto visual).

La tabla virtual resultante podría ser como la siguiente de la figura 10.4.

ID_cliente	nombreCliente	"@ventCli"
3	Cliente 1	200
15	Cliente 2	500
4	Cliente 3	100

Figura 10.4. Debemos imaginar la tabla virtual de esta primera variable de esta forma.

Ventas del contexto

La siguiente variable almacena un valor escalar: las ventas calculadas en el contexto correspondiente. Esto se hace porque esta variable será usada después en un contexto de fila.

¿Cuál es el "contexto"?

Puesto que la medida que nos ocupa está diseñada para ser usada en un objeto visual de matriz (ver figura 10.3), donde en las filas estarán los atributos `dimClientes[ID_cliente]` y `dimClientes[nombreCliente]`, el contexto estará segmentado por cada cliente. Luego la variable que estamos explicando ofrecerá las ventas del cliente que está segmentando en cada contexto de evaluación (en cada celda del objeto visual):

```
--Variable que almacena las ventas del contexto
VAR _ventCtx =  [#01 Suma ventas]
```

NOTA:

La segmentación por filas en el objeto visual debe ser por valores únicos en cada contexto de evaluación. Si dimClientes[nombreCliente] *no tiene valores únicos, la columna clave* dimClientes[ID_cliente] *debe estar presente en el objeto visual.*

Ventas acumuladas en cada cliente

La siguiente variable de nuestra medida almacenará una tabla con las ventas acumuladas en cada cliente.

Si bien es intuitivo entender cómo acumular las ventas a través del tiempo, quizá cueste entender cómo es posible hacerlo a través de los clientes. La clave está en pensar que, para que exista una acumulación, debe haber un orden preestablecido y claro. Por ello, acumular a través del tiempo resulta intuitivo: todos entendemos el orden de las fechas, meses, etc.

Por ejemplo, el mes de enero acumularía las ventas propias y las de ningún mes más, puesto que el criterio de acumulación es según el orden en el que suceden los meses en el tiempo. Si siguiéramos con los meses, febrero acumularía las ventas propias y las de enero, puesto que febrero es el segundo mes del año. Y así, sucesivamente. Dicho lo anterior, la acumulación de ventas a través de los clientes se hará con el siguiente criterio: el primer cliente (el que acumula solo las ventas propias, como era el caso de enero) es el cliente al que más ventas se le haya realizado. El segundo cliente, el siguiente al que más ventas se le haya realizado, etc.

Así pues, como paso intermedio para conseguir el objetivo de la figura 10.3 (obtener la letra), necesitamos el acumulado de ventas para ese cliente. Sabiendo que tenemos una tabla virtual como la de la figura 10.4 (`_ventCli`), esto lo podemos conseguir en dos pasos.

Variable con FILTER

```
--Variable que almacena la tbl virtual _ventProd con acum. por cliente
VAR _tblAcums = FILTER (
                    _ventCli,
                    [@ventCli] >= _ventCtx
                )
```

`FILTER` devuelve una tabla filtrada con los clientes cuyas ventas son mayores o iguales que la del propio cliente del contexto. Es decir, una tabla con las ventas que se deben acumular en el cliente protagonista. Si Cliente 1 fuera el cliente del contexto de evaluación, podríamos imaginar la tabla resultante de `FILTER` como la de la figura 10.5.

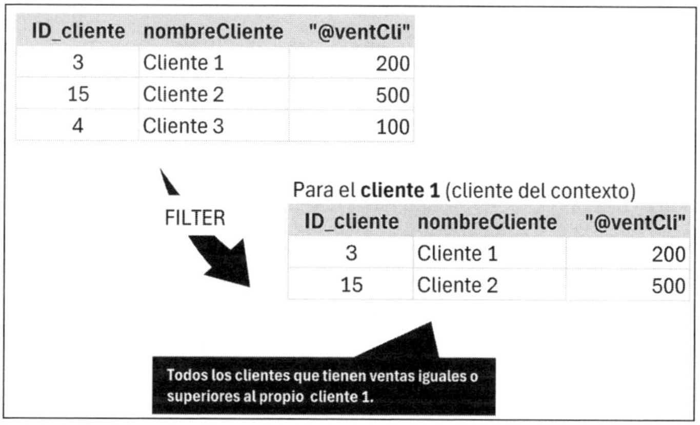

ID_cliente	nombreCliente	"@ventCli"
3	Cliente 1	200
15	Cliente 2	500
4	Cliente 3	100

ID_cliente	nombreCliente	"@ventCli"
3	Cliente 1	200
15	Cliente 2	500

Figura 10.5. Esta sería la tabla virtual que conseguiríamos con `FILTER`, si pudiéramos verla.

Variable con SUMX

```
--Variable que calcula las ventas acum. desde una tbl de acumulados
VAR _ventAcum = SUMX (
                    _tblAcums,
                    [@ventCli]
                )
```

Esta variable almacenará la suma de todas las ventas acumulables de los clientes que sobrevivieron a la función FILTER de la variable anterior. Con esto, ya tenemos las ventas acumuladas para el cliente del contexto. Lo vemos representado en la figura 10.6.

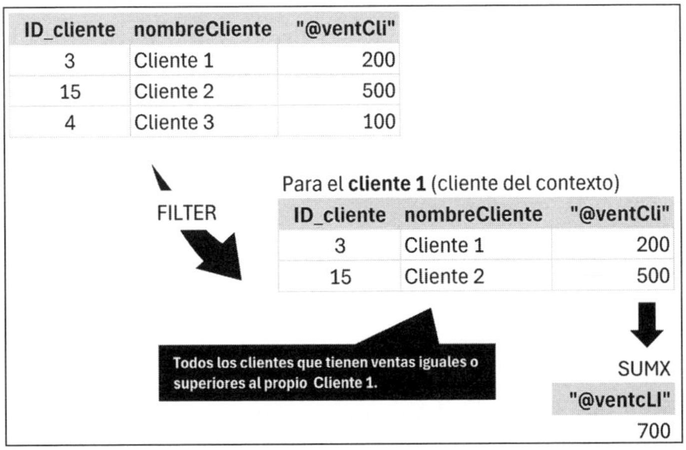

Figura 10.6. Este sería el resultado que obtendríamos con SUMX iterando por la tabla conseguida antes por FILTER. Sería el acumulado para el cliente activo.

Ventas totales de todos los clientes

```
--Variable que almacena las ventas totales permitiendo filtros exter.
VAR _totVent =  CALCULATE (
                     [#01 Suma ventas],
                     ALLSELECTED ( dimClientes )
                )
```

El contenido almacenado en esta variable es el resultado de una función CALCULATE que es relativamente fácil de entender. Simplemente, CALCULATE realiza el cálculo de las ventas en un contexto protegido de los filtros que pudieran afectar a la consulta DAX durante su ejecución, pero expuesto a filtros externos que el usuario puede establecer mediante segmentadores. Esta es la función que hace ALLSELECTED.

% de ventas acumuladas/total de ventas

Teniendo una variable que tiene las ventas acumuladas del cliente del contexto y otra variable que tiene las ventas totales de todos los clientes, es muy fácil obtener el porcentaje de ventas acumuladas que tiene el cliente, respecto del total:

```
--Variable que divide cada acumulado, entre el total de ventas
VAR _porcAcum =   DIVIDE ( _ventAcum, _totVent )
```

Recordemos que todos los cálculos y sus explicaciones van dirigidos a un contexto de evaluación que será una celda de una tabla. Por lo tanto, este será el porcentaje de ventas acumuladas (respecto del total de ventas) para un determinado cliente.

Si pusiéramos (imaginariamente) el resultado de este porcentaje en la tabla virtual, obtendríamos, hasta aquí, lo que vemos en la figura 10.7.

ID_cliente	nombreCliente	
3	Cliente 1	87,50%
15	Cliente 2	
4	Cliente 3	

Figura 10.7. Este sería el porcentaje acumulado del cliente activo.

Recordemos que Cliente 1 tenía un acumulado de 700 y las ventas totales eran 800. Por lo tanto, el cliente uno tendría un porcentaje de ventas acumuladas de un 87,50 %.

Obtener la letra A, B o C

Imaginemos tener ya todos los porcentajes. Ahora solo debemos usar una función `SWITCH` para determinar si el porcentaje conseguido en la variable anterior es merecedor de una A, una B o una C (según los criterios que explicamos en los apartados "Definición" y "Ejemplo de clasificación ABC"):

```
--Variable que almacena el resultado ABC para cada contexto de evalua.
VAR _result =   IF(
                    HASONEVALUE( dimClientes[ID_cliente] ),
                    SWITCH (
                        TRUE(),
                        _porcAcum <= 0.7, "A",
                        _porcAcum <= 0.9, "B",
                        "C"
                    )
                )
```

Puesto que los porcentajes menores corresponden a los clientes que se sitúan arriba (clientes con más ventas), aquellos que tengan un porcentaje acumulado de un 70 % o menos será considerado cliente preferente o A. Para las otras dos clasificaciones, la explicación es evidente ya.

Por último, hay que decir que `SWITCH` solo se ejecutará ofreciendo una letra si el contexto de evaluación está segmentado por un solo cliente. En caso de que el contexto sea, por ejemplo, un total, no obtendremos datos. Esto es gracias a la función `HASONEVALUE`. El motivo de esta medida de seguridad es evitar que aparezcan valores sin sentido en los totales.

Revisión de resultados

Al principio de este capítulo ya veíamos una tabla como ejemplo de clasificación ABC, pero la mostramos de nuevo en la figura 10.8.

ABC clientes

nombreCliente	#01 Suma ventas	#02 ABC % acum.	#03 ABC clientes
Compañía Monumental	1.089.181 €	14,67 %	A
Corporación Moderna	902.744 €	26,82 %	A
Corporación Latam	875.870 €	38,62 %	A
Compañía Tech Móviles	770.629 €	48,99 %	A
Compañía Cielo Azul	715.102 €	58,62 %	A
Distribuidora Gloria	707.105 €	68,14 %	A
Distribuidora Horizonte	623.746 €	76,54 %	B
Importaciones Tecnológicas	562.022 €	84,11 %	B
Corporación Arco Iris	541.305 €	91,40 %	C
Importaciones Libertad	532.755 €	98,57 %	C
Albaruler Ltd	47.800 €	99,21 %	C
Pisonade agrícola	37.040 €	99,71 %	C
Yoyma Ribadesella SL	12.840 €	99,89 %	C
Trading & Trading SA	8.492 €	100,00 %	C
Arcafiesta rollup		100,00 %	C
Total	7.426.631 €		

Figura 10.8. Es muy fácil interpretar la tabla con la clasificación ABC.

En la tabla de la figura 10.8 veíamos tres columnas:

- Una columna que corresponde a las ventas a cada cliente (hemos usado la medida base #01 Suma ventas).
- Otra columna que hemos creado ex profeso para mostrarla en la tabla de la imagen. Se trata de la medida principal de este capítulo, pero quitándole la parte de la variable que contiene la función `SWITCH`. Expresando estos porcentajes, pensamos que queda más clara y justificada la clasificación.
- Otra columna que expresa la letra A, B o C que corresponde a la clasificación de cada cliente.

También podremos filtrar la tabla de clientes por otras dimensiones, como la de la tabla de calendario o la de productos. Lo vemos en la figura 10.9.

Rendimiento

El rendimiento de las medidas que generan una clasificación ABC depende, en gran medida, de la cantidad de clientes que tengamos en nuestro modelo: grandes cantidades de clientes, aún con tablas de hechos con cantidades moderadas de registros, proporcionarán tiempos de ejecución altos en las consultas DAX. Nuestro modelo para pruebas de rendimiento, en este capítulo, tiene una cantidad moderadamente alta (dependiendo del sector y tipo de empresa de la que hablemos): 2.658 filas.

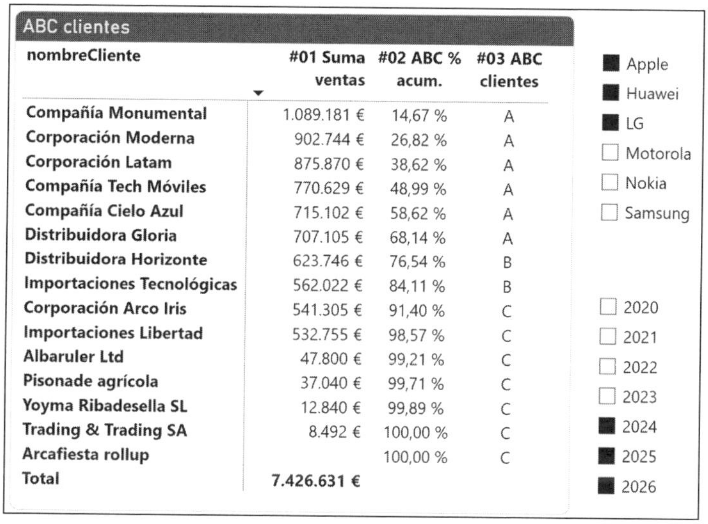

nombreCliente	#01 Suma ventas	#02 ABC % acum.	#03 ABC clientes
Compañía Monumental	1.089.181 €	14,67 %	A
Corporación Moderna	902.744 €	26,82 %	A
Corporación Latam	875.870 €	38,62 %	A
Compañía Tech Móviles	770.629 €	48,99 %	A
Compañía Cielo Azul	715.102 €	58,62 %	A
Distribuidora Gloria	707.105 €	68,14 %	A
Distribuidora Horizonte	623.746 €	76,54 %	B
Importaciones Tecnológicas	562.022 €	84,11 %	B
Corporación Arco Iris	541.305 €	91,40 %	C
Importaciones Libertad	532.755 €	98,57 %	C
Albaruler Ltd	47.800 €	99,21 %	C
Pisonade agrícola	37.040 €	99,71 %	C
Yoyma Ribadesella SL	12.840 €	99,89 %	C
Trading & Trading SA	8.492 €	100,00 %	C
Arcafiesta rollup		100,00 %	C
Total	7.426.631 €		

Figura 10.9. Podemos comprobar que es posible filtrar los resultados por otras dimensiones distintas a la del cliente.

Hemos testeado dos medidas de análisis ABC distintas. Una de ellas, la medida que ofrecemos en este capítulo. Otra, la que vemos a continuación y que está basada en la utilización de las funciones `TOPN` y `RANKX` para crear la acumulación de ventas sobre los clientes.

Medida con TOPN y RANKX

Código DAX

```
#04 ABC clientes (alternativa) =
VAR _venTot =   CALCULATE (
                    [#01 Suma ventas],
                    ALLSELECTED( dimClientes )
                )
VAR _tblAcum =  TOPN (
                    RANKX (
                        ALLSELECTED( dimClientes ),
                        [#01 Suma ventas],,
                        DESC
                    ),
                    ALLSELECTED( dimClientes ),
```

```
                        [#01 Suma ventas],
                        DESC
                    )
VAR _acumVen =      CALCULATE (
                        [#01 Suma ventas],
                        _tblAcum
                    )
VAR _porcAcum =     DIVIDE( _acumVen, _venTot)
VAR _result =       SWITCH(
                        TRUE(),
                        _porcAcum < 0.7, "A",
                        _porcAcum < 0.9, "B",
                        "C"
                    )
RETURN              _result
```

Server timings en DAX Studio

Los resultados de esta medida, en cuanto a rendimiento, no han sido buenos. Mas bien todo lo contrario. Aquí tenemos, en la figura 10.10, una muestra de DAX Studio.

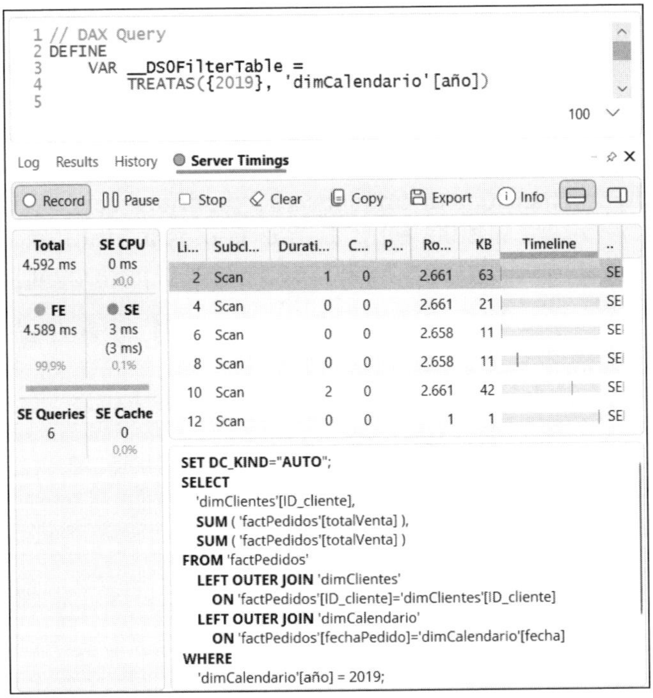

Figura 10.10. No son buenos los resultados en cuanto tiempos de ejecución de esta medida DAX.

Podemos ver que se generan seis consultas y un tiempo de ejecución de 4.592 ms. en nuestro modelo de pruebas.

Tanto en los porcentajes de uso de los motores FE y SE, como en la columna Timeline, se evidencia el poco o nulo trabajo de Storage Engine y el protagonismo de Formula Engine.

En esta medida, Storage Engine debe acceder tres veces a la tabla de calendario y dos veces a la tabla de hechos. Pero ese no es el problema, puesto que los accesos están optimizados por el propio motor y no suponen un coste elevado en tiempo. Además, todo está siempre en función del número de registros de la tabla de clientes, que son poco más de 2.600.

Motivo del mal rendimiento

Los motivos de los tiempos de ejecución tan largos se centran en las funciones utilizadas, `TOPN` y `RANKX`:

- Estas funciones son iteradoras y, si bien por separado son menos problemáticas, la cuestión relevante aquí es que están anidadas en la medida. Esto hace que, iteración dentro de iteración, dé como resultado un trabajo total sobre grandes cantidades de filas (el producto cartesiano del número de filas de cada iteración por separado). En la figura 10.11, vemos un fragmento del Physical Query Plan de la consulta DAX de esta medida. Ahí vemos evidenciado lo que estamos hablando: 3.604.373 filas tratadas (columna Records) como resultado de una operación CrossApply (Line 57).

Line	Records	
57		CrossApply: IterPhyOp LogOp=Sum_Vertipaq IterCols(2)('dimClientes
58	3.604.373	Spool_MultiValuedHashLookup: IterPhyOp LogOp=TableVarProxy
59	3.604.373	AggregationSpool<GroupBy>: SpoolPhyOp #Records=3604373
60		Proxy: IterPhyOp LogOp=TableVarProxy IterCols(2, 3, 4)('dim(
61	3.604.373	Spool_Iterator<SpoolIterator>: IterPhyOp LogOp=TopN It
62	3.604.373	AggregationSpool<GroupBy>: SpoolPhyOp #Records=
63		PartitionIntoGroups: IterPhyOp LogOp=TopN IterCol

Figura 10.11. El Physical Query Plan evidencia que hay cuellos de botella que generan mucho trabajo y este es el motivo de los malos tiempos obtenidos.

- A la problemática de la iteración anidada, se le suma la complejidad de los cálculos. Estamos hablando de generar acumulados de ventas, que deben ser generados con la carga de trabajo adicional de estar ordenados de una determinada forma. Todo ello hace que se forme un "cóctel" explosivo desfavorable al buen rendimiento. Podemos ver en la anterior figura 10.11 (línea 59 y sucesivas) que el Physical Query Plan tiene prevista la creación de particiones internas, agrupaciones, etc.

Formula Engine toma el protagonismo en esta medida y es un motor muy capacitado para cálculos complejos, pero no es el motor más rápido si se trata de grandes cantidades de filas a tratar.

Medida con FILTER

La medida que aludimos en este apartado es la que ofrecemos como mejor opción para la plantilla de este capítulo. Por lo tanto, no reproduciremos el código aquí, pero sí la pantalla capturada de DAX Studio al ejecutar la consulta subyacente. La vemos en la figura 10.12.

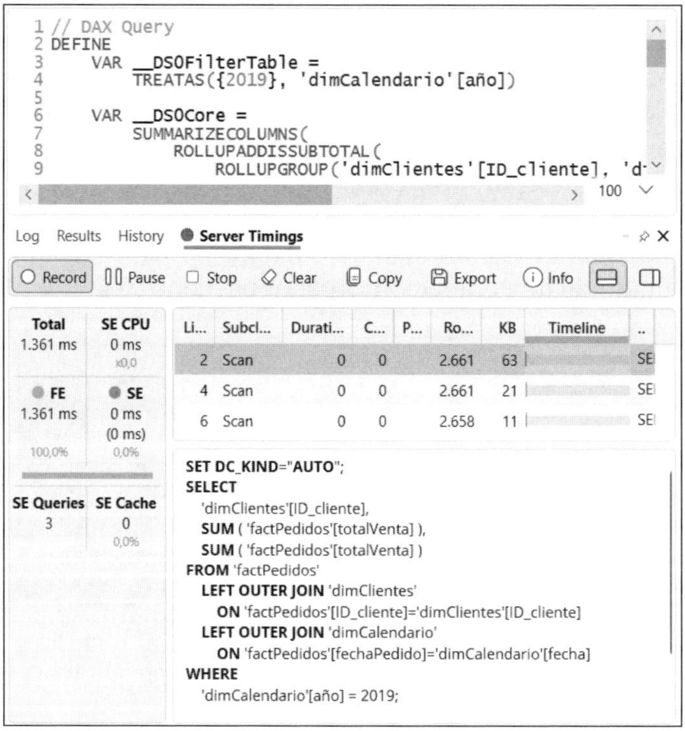

Figura 10.12. Los tiempos no son buenos, pero sí aceptables. Algo más de un segundo es el tiempo total de ejecución para la medida que proponemos (con más de 2.600 filas de la tabla **dimClientes**).

De momento, vemos que se ejecutan solo tres consultas (dos de ellas para obtener datos de la tabla de calendario y otra para escanear la tabla de hechos). Si comparamos esto con lo obtenido con la medida `TOPN/RANKX`, ya es un buen síntoma.

La estructura de la medida hace que haya iteraciones (`ADDCOLUMNS` y `FILTER`, por ejemplo, son funciones iteradoras), pero no anidadas. Además, las iteraciones se realizan sobre tablas que están en memoria (variables) y que, en algunos casos, están ya reducidas en cuanto a número de filas (véanse las variables `_tblAcums` y `_ventAcum`).

11

Presupuestos y PYG

En este capítulo aprenderás:

- El concepto de presupuesto y cómo se implantan a nivel de modelado en un proyecto BI.
- A implantar los cálculos necesarios con las medidas DAX correspondientes.
- A diseñar una medida DAX que permita generar un informe PYG.
- A implementar el concepto de presupuesto en un informe PYG.

Características generales

En este capítulo vamos a presentar, conjuntamente, algunas de las plantillas DAX más demandadas por los usuarios en el mundo del análisis de datos:

- Presupuestos.
- PYG (cuenta de pérdidas y ganancias).

Presupuestos

NOTA:

Un presupuesto es una herramienta de control de gestión que estima los ingresos y gastos de la organización para un periodo futuro, normalmente un año. Es clave para la planificación estratégica y operativa, ya que permite a las empresas prever recursos, administrar el flujo de efectivo, reducir los gastos y lograr sus metas.

El cálculo de los presupuestos en un modelo de datos analítico puede ser un desafío para el experto en BI. Esto se debe a que, a menudo, los presupuestos se establecen con una granularidad menor al día, es decir, que se definen por mes y año, sin especificar la fecha exacta. Esto implica que un presupuesto sea una tabla de hechos sin una fecha regular, lo que plantea algunas dificultades que veremos más adelante.

Por todo lo anterior, la creación de informes que incluyen presupuestos suele recurrir a prácticas de modelado poco recomendables, y DAX ofrece una solución para relacionar tablas de forma virtual.

PYG (pérdidas y ganancias)

NOTA:

*Una cuenta de pérdidas y ganancias o PYG es un informe o estado contable que ofrece información acerca de la cantidad de beneficio o pérdida que se produce en la empresa y de cómo la empresa obtiene ese beneficio o pérdida. A un informe PYG también se le llama cuenta de resultados, cuenta de explotación o P&L (*Profit and Loss *en inglés).*

El PYG es un informe con un formato fijo que cambia según el país y sus normas contables. Se basa en las normas internacionales de información financiera (NIIF) y las normas internacionales de contabilidad (NIC), que hacen más claros y comparables los informes financieros en todo el mundo.

Esta estructura fija hace que sea difícil representar un PYG en un informe de business intelligence. *La fórmula para obtener los importes de una cuenta PYG puede requerir mucho conocimiento de DAX. Y más aún si queremos que sea eficiente. Hay que tener en cuenta que la tabla de un PYG tiene varios subtotales que usan distintas formas de agregación (esto lo veremos mejor en apartados siguientes).*

Cómo son las plantillas

Las plantillas DAX propuestas no son más que ejemplos donde solo será necesario sustituir los nombres de tablas y nombres de columnas por los homólogos que tiene el lector en su modelo.

Ofreceremos seis plantillas de código:

- Tres plantillas para generar unos presupuestos que comparen las cifras reales con las presupuestadas.
- Tres plantillas para generar un informe PYG y su correspondiente comparativa presupuestaria.

El motivo de presentar conjuntamente en este capítulo estas plantillas es doble:

- Por un lado, tienen en común el hecho de usar un modelo con datos propios de una contabilidad.
- Por otro, queremos mostrar la posibilidad de que trabajen conjuntamente. De hecho, algunas de las plantillas del primer grupo son utilizadas dentro de algunas de las medidas del segundo.

Cualquier ERP es capaz de ofrecer un informe PYG con un par de clics, pero, normalmente, tan solo tendrá una comparativa con el ejercicio anterior. DAX es capaz de enriquecer estos estados contables de distintas formas (entre otras, con las variaciones porcentuales que veremos en este capítulo). Pero, además, tener la posibilidad de que unos presupuestos queden implementados en una columna, junto a las cifras del PYG, es algo muy interesante desde el punto de vista analítico.

Como en todas las plantillas de este libro, el objetivo es que el lector alcance un nivel de comprensión suficiente para poder usar la plantilla en su propio contexto empresarial. Es fundamental que se tengan previamente asimilados los conocimientos y conceptos incluidos en los **apéndices A, B, C y D** de este libro.

Modelo

En la figura 11.1 vemos el modelo de datos de ejemplo con el que vamos a diseñar el código de las plantillas de este capítulo.

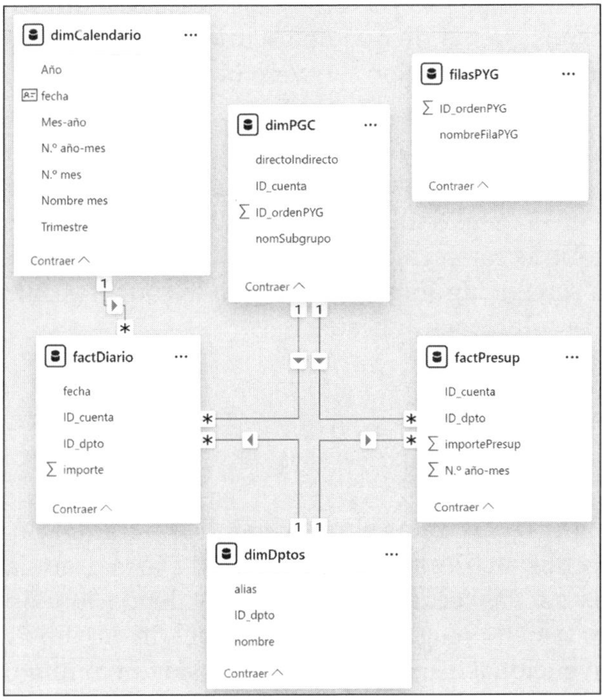

Figura 11.1. Es un modelo con un esquema de constelación, donde vemos dos tablas de hechos, tres tablas de dimensión y una tabla desconectada.

El modelo es un esquema en constelación que contiene datos sobre la contabilidad de la empresa (diario, presupuesto, plan contable y PYG) y otras tablas relacionadas (departamentos y calendario).

El diario contable (la tabla que siempre contendrá más registros en todo el modelo) está filtrado en Power Query para obtener solo los registros relacionados con los ingresos y los gastos, puesto que tanto los presupuestos como el PYG ofrecerán información relativa al aspecto económico de la empresa (no financiero o patrimonial).

Este mismo modelo será el que usaremos para realizar las pruebas de rendimiento:

factDiario: 3.910 filas

factPresup: 344 filas

dimCalendario: 1.096 filas

dimDptos:	5 filas
dimPGC:	703 filas
filasPYG:	21 filas

Es un modelo muy pequeño, pero no será necesario utilizar modelos muy grandes para darnos cuenta de que no estamos ante plantillas muy exigentes en cuanto a tiempos de ejecución. Lo veremos en el apartado "Rendimiento" de este capítulo.

Este es un libro dedicado a DAX y, por ello, en este capítulo abordamos los informes de presupuestos y PYG desde el prisma de las plantillas y el código que contienen. Pero la realidad es que, en este tipo de informes, el modelado y las decisiones que se toman antes de la fase del diseño de medidas es fundamental. Vamos a señalar algunos de los retos a los que nos enfrentamos a nivel de modelado y las soluciones aplicadas.

Granularidad

El problema

Es necesario decidir cómo tratar el problema de la granularidad de las fechas de la tabla de hechos factPresup (presupuesto). Dicha granularidad es a nivel de mes, mientras que las fechas de la tabla de calendario y de la otra tabla de hechos factDiario tienen una granularidad a nivel de día. En estas condiciones, una relación convencional física entre las tablas, sin tomar ninguna otra medida, no sería posible. De hecho, veíamos en la figura 11.1 que no existe relación física entre dimCalendario y factPresup.

La solución

A veces, cuando manejamos modelos relativos al ámbito económico financiero, podemos permitirnos reducir la cardinalidad de las fechas de la tabla factDiario convirtiéndolas a fechas de final de mes (en el mundo de la economía de la empresa, el control de gestión se suele hacer mensualmente). Cuando esto es así, todo es más fácil, puesto que los datos del diario se convierten en comparables respecto del presupuesto (cuyas fechas con formato aaaa-mm, mediante Power Query, podríamos convertir a fechas final de mes).

Pero nosotros hemos optado por una solución que, aunque es algo más compleja a nivel de DAX, es más versátil al ser válida para el caso comentado antes y también para el caso de no tener la posibilidad de reducir la cardinalidad de la tabla factDiario.

La solución consta de dos partes:

1. En la tabla dimCalendario, creamos una columna llamada N.º año-mes que tenga fechas con un formato numérico del tipo aaaamm. Debe ser el mismo formato que tenga la columna N.º año-mes de la tabla de hechos factPresup.
2. Puesto que las columnas mencionadas en el punto 1 no pueden ser relacionadas de forma convencional, cuando necesitemos calcular los importes del presupuesto, deberemos usar la función `TREATAS` para usar una relación virtual. Esto lo veremos en apartados posteriores de este capítulo.

Departamentos

El problema

Puesto que la mayoría de las empresas gestiona los presupuestos por departamentos y existirá un campo similar a ID_dpto en sus tablas, debe existir una dimensión dimDepartamentos en el modelo y también debe haber un campo igual en la tabla factDiario.

La solución

En relación con lo señalado en el párrafo anterior (la necesidad de una columna factDiario [ID_dpto]) significa que, para cada transacción de ingresos o gastos contabilizada, tiene que haber un departamento asignado. La empresa o el departamento de contabilidad deberá implementar los procedimientos y las soluciones tecnológicas adecuadas para conseguir esto.

PYG

El problema

Un informe PYG o cuenta de pérdidas y ganancias está compuesto, básicamente, por dos columnas: una que contiene una lista de partidas o epígrafes y otra con los importes correspondientes. El problema es que, en la columna de los epígrafes o partidas, algunos ítems son subtotales formados por la suma de otros ítems. Esto impide que esa columna pueda ser el resultado de compilar un atributo directamente en el apartado "filas".

La solución

Así las cosas, optamos por la creación de una tabla llamada filasPYG con una lista de los ítems que deben ser representados como epígrafes y subtotales de una cuenta de pérdidas y ganancias. Una posible solución es crear esa tabla en un archivo de Excel externo, el cual será importado mediante Power Query al modelo de datos. Esta tabla contendrá dos columnas: una con los ítems textuales (filasPYG[nombreFilaPYG]) y otra con el número de orden que ese ítem debe ocupar (filasPYG[ID_ordenPYG]). La tabla estará desconectada del modelo y servirá para:

- Aportar los textos de las partidas y de los subtotales a un objeto visual de tabla.
- Determinar el orden que cada ítem debe ocupar. Al mismo tiempo, la columna de orden (filasPYG[ID_ordenPYG]) servirá como referencia para poder asignar importes mediante DAX. Esto será posible porque en la tabla dimPGC hay también una columna dimPGC[ID_ordenPYG] que determinará qué cuentas contables son las incluidas en cada número de orden.

En la figura 11.2 vemos un ejemplo de modelo de PYG para España.

ID_ordenPYG	nombreFilaPYG
1	01. Importe neto de la cifra de negocios
2	02. Variación de existencias de productos terminados y en curso de fabricación
3	03. Trabajos realizados por la empresa para su activo
4	04. Aprovisionamientos
5	05. Otros ingresos de explotación
6	06. Gastos de personal
7	07. Otros gastos de explotación
8	08. Amortización del inmovilizado
9	09. Imputación de subvenciones de inmovilizado no financiero y otras
10	10. Excesos de provisiones
11	11. Deterioro y resultado por enajenaciones del inmovilizado
12	A. RESULTADO DE LA EXPLOTACIÓN (1+2+3+4+5+6+7+8+9+10+11)
13	12. Ingresos financieros
14	13. Gastos financieros
15	14. Variación de valor razonable en instrumentos financieros
16	15. Diferencias de cambio
17	16. Deterioro y resultado por enajenaciones de instrumentos financieros
18	B. RESULTADO FINANCIERO (12+13+14+15+16)
19	C. RESULTADO ANTES DE IMPUESTOS (A-B)
20	17. Impuestos sobre beneficios
21	D. RESULTADO NETO DEL EJERCICIO (C-17)

Figura 11.2. Podemos ver que cuatro de los ítems desplegados en las filas de un informe PYG son subtotales. Dos de ellos provienen de partidas contables (A y B); otro proviene de una resta de otros subtotales (C = A - B); y otro es una resta entre un subtotal y una partida (D = C - 17).

Resumen. Claves para este modelo

1. Las tablas dimCalendario y factPresup deben tener una columna con formato aaaamm llamada [N.° año-mes], que se usará con la función `TREATAS` para hacer cálculos de presupuestos sin relación física.
2. Las tablas de dimensión dimDepartamentos, factDiario y factPresupuesto deben tener una clave común: [ID_dpto].
3. La tabla desconectada filasPYG debe tener una clave [ID_ordenPYG] y un atributo con los nombres de los ítems del informe PYG. La clave [ID_ordenPYG] debe estar también en la tabla dimPGC, que se relaciona con factDiario y factPresup, para identificar los saldos de cada ítem.

Ejemplos de uso

La sección de ejemplos de uso de este capítulo va a ser muy escueta, puesto que, simplemente, hay que decir que todas las empresas, de todos los sectores y de todos los tamaños, necesitan un PYG y pueden hacer unos presupuestos.

Código DAX

Entramos ya en la presentación del código de las plantillas. Lo haremos en dos grupos (presupuestos y PYG), aunque las medidas del segundo grupo usan algunas medidas del primer grupo.

Presupuestos

Suma del presupuesto

Personalizar el código en negrita

```
#01 Sum presup =
/*------------------------------------------------------------------
Medida que calcula la suma de los presupuestos en un contexto
filtrado virtualmente por el calendario mediante la función TREATAS.
------------------------------------------------------------------*/
CALCULATE(
    SUM( factPresup[importePresup] ),
    TREATAS(
        VALUES( dimCalendario[N.° año-mes] ),
        factPresup[N.° año-mes]
    ),
```

```
    //Descarta importes que no están asignados al control de gestión
    KEEPFILTERS( dimPGC[directoIndirecto] <> "4. Sin asignación" )
)
```

Suma de importes reales

Personalizar el código en negrita

```
#02 Sum real =
/*-------------------------------------------------------------------
Medida que calcula la suma de las partidas contables.
-------------------------------------------------------------------*/
SUM( factDiario[importe] )
```

% Variación presupuesto-real

Personalizar el código en negrita

```
#03 % Var presup-real =
/*-------------------------------------------------------------------
Variación porcentual según la tipología de la partida a analizar.
-------------------------------------------------------------------*/
--Variables que almacenan el identificador de fila de objeto visual--
VAR _sub =  SELECTEDVALUE(dimPGC[nomSubgrupo])
VAR _dpto = SELECTEDVALUE(dimDptos[alias])

--Variables que almacenan las sumas de presup y real----------------
VAR _pres = [#01 Sum presup]
VAR _real = [#02 Sum real]

--Variable que almacena el tipo de variación porcentual-------------
VAR _tipV = SWITCH(
                TRUE(),
                _dpto = "Ventas", "Ing",
                _sub =  "63. Tributos", "Imp",
                "Gast"
            )

--Cálculo principal-------------------------------------------------
VAR _res =  SWITCH(
                _tipV,
                ------------------EPÍGRAFFES DE GASTOS---------------
                "Gast", SWITCH(
                            TRUE(),
                            _pres <> 0 && _real <> 0,
                            DIVIDE(
                                ABS( _real ) - ABS( _pres ),
                                ABS( _pres )
                            ),
                            _pres = _real, BLANK(), // o cero
                            _pres >= 0 && _real <= 0, 1,
                            -1
                        ),
                ------------------EPÍGRAFFES DE VENTAS (INGRESOS)------
```

```
"Ing",  SWITCH(
            TRUE(),
            _pres <> 0 && _real <> 0,
            DIVIDE(
                _real - _pres,
                ABS( _pres )
            ),
            _pres = _real, BLANK(), // o cero
            _pres <= 0 && _real >= 0, 1,
            -1
        ),
-----------------EPÍGRAFFE 63. Impuesto beneficio-----
SWITCH(
    TRUE(),
    _pres <> 0 && _real <> 0,
    DIVIDE(
        _real - _pres,
        ABS( _pres )
    )*-1,
    _pres = _real, BLANK(), // o cero
    _pres <= 0 && _real >= 0, -1,
    1
)
        )

RETURN _res
```

PYG

Suma de importes presupuesto PYG

Personalizar el código en negrita

```
#04 Sum presup PYG =
/*----------------------------------------------------------------------
Medida para calcular el importe de las partidas del presupuesto en el
contexto de las filas del PYG.
----------------------------------------------------------------------*/
--Variable que almacena el ID_PYG del contexto de evaluación----------
VAR _fil =  SELECTEDVALUE( filasPYG[ID_ordenPYG] )

--Variable que almacena una tbl virtual con importes por ordenPYG-----
VAR _tbl =  ADDCOLUMNS(
                SUMMARIZE( factPresup, dimPGC[ID_ordenPYG] ),
                "@importe", [#01 Sum presup]
            )

--Variable que almacena la suma de importes de RESULTADOS EXPLOTACIÓN
VAR _12 =   SUMX(
                FILTER(
                    _tbl,
                    VAR _ID12 = dimPGC[ID_ordenPYG] RETURN
                    _ID12 >= 1 && _ID12 <= 11
```

```
            ),
            [@importe]
        )

--Variable que almacena la suma de importes de RESULTADO FINANCIERO
VAR _18 =   SUMX(
                FILTER(
                    _tbl,
                    VAR _ID18 = dimPGC[ID_ordenPYG] RETURN
                    _ID18 >= 13 && _ID18 <= 17
                ),
                [@importe]
            )

--Variable que almacena RESULTADO ANTES DE IMPUESTOS------------------
VAR _19 =   _12 + _18

--Variable que almacena el impuesto sobre beneficios------------------
VAR _20 =   SUMX(
                FILTER( _tbl, dimPGC[ID_ordenPYG] = 20 ),
                [@importe]
            )

--Variable que almacena el RESULTADO NETO-----------------------------
VAR _21 =   _19 + _20

--Variable que almacena el importe de la partida del contexto de eval.
VAR _imp =  SUMX(
                FILTER( _tbl, dimPGC[ID_ordenPYG] = _fil ),
                [@importe]
            )

--Variable que almacena resultado final-------------------------------
VAR _res =  SWITCH(
                TRUE(),
                _fil = 12, _12,    // EPÍGRAFE A
                _fil = 18, _18,    // EPÍGRAFE B
                _fil = 19, _19,    // EPÍGRAFE C (A-B)
                _fil = 21, _21,    // EPÍGRAFE D (C-Imp. Benef.)
                _imp               // Resto de partidas
            )

RETURN _res
```

Suma de importes reales PYG

Personalizar el código en negrita

```
#05 Sum real PYG =
/*-------------------------------------------------------------------
Medida para calcular el importe de las partidas del diario en el
contexto de las filas del PYG.
-------------------------------------------------------------------*/
--Variable que almacena el ID_PYG del contexto de evaluación----------
VAR _fil =  SELECTEDVALUE( filasPYG[ID_ordenPYG] )
```

```
--Variable que almacena una tbl virtual con importes por ID_ordenPYG--
VAR _tbl =  ADDCOLUMNS(
                SUMMARIZE( factDiario, dimPGC[ID_ordenPYG] ),
                "@importe", [#02 Sum real]
            )

--Variable que almacena la suma de importes de RESULTADOS EXPLOTACIÓN
VAR _12 =   SUMX(
                FILTER(
                    _tbl,
                    VAR _ID12 = dimPGC[ID_ordenPYG] RETURN
                    _ID12 >= 1 && _ID12 <= 11
                ),
                [@importe]
            )

--Variable que almacena la suma de importes de RESULTADO FINANCIERO
VAR _18 =   SUMX(
                FILTER(
                    _tbl,
                    VAR _ID18 = dimPGC[ID_ordenPYG] RETURN
                    _ID18 >= 13 && _ID18 <= 17
                ),
                [@importe]
            )

--Variable que almacena RESULTADO ANTES DE IMPUESTOS------------------
VAR _19 =   _12 + _18

--Variable que almacena el impuesto sobre beneficios------------------
VAR _20 =   SUMX(
                FILTER( _tbl, dimPGC[ID_ordenPYG] = 20 ),
                [@importe]
            )

--Variable que almacena el RESULTADO NETO-----------------------------
VAR _21 =   _19 + _20

--Variable que almacena el importe de la partida del contexto de eval.
VAR _imp =  SUMX(
                FILTER( _tbl, dimPGC[ID_ordenPYG] = _fil ),
                [@importe]
            )

--Variable que almacena resultado final-------------------------------
VAR _res =  SWITCH(
                TRUE(),
                _fil = 12, _12, // EPÍGRAFE A
                _fil = 18, _18, // EPÍGRAFE B
                _fil = 19, _19, // EPÍGRAFE C (A-D)
                _fil = 21, _21, // EPÍGRAFE D (C-Imp. Benef.)
                _imp            // Resto de partidas
            )

RETURN _res
```

% Variación presupuesto-real PYG

Personalizar el código en negrita

```
#06 % Var presup-real PYG =
/*------------------------------------------------------------------
Variación porcentual según la tipologóa de la partida a analizar.
------------------------------------------------------------------*/
--Variable que almacena el ID_PYG del contexto de evaluación---------
VAR _fil = SELECTEDVALUE( filasPYG[ID_ordenPYG] )

--Variables que almacenan las sumas de presup y real-----------------
VAR _pres = [#04 Sum presup PYG]
VAR _real = [#05 Sum real PYG]

--Variable que almacena el tipo de variación porcentual--------------
VAR _TipV = SWITCH(
                TRUE(),
                _fil IN {4,6,7,8,14}, "Gast",   //Gastos
                _fil = 20, "Imp",               //Impuesto beneficios
                "Ing"                           //Resto: Ing. y sub.
            )

--Cálculo principal--------------------------------------------------
VAR _res =  SWITCH(
                _TipV,
                ------------------EPÍGRAFFES DE GASTOS---------------
                "Gast", SWITCH(
                            TRUE(),
                            _pres <> 0 && _real <> 0,
                            DIVIDE(
                                ABS( _real ) - ABS( _pres ),
                                ABS( _pres )
                            ),
                            _pres = _real, 0,
                            _pres >= 0 && _real <= 0, 1,
                            -1
                        ),
                ------------------EPÍGRAFFE 63. Impuesto beneficio-----
                "Imp",  SWITCH(
                            TRUE(),
                            _pres <> 0 && _real <> 0,
                            DIVIDE(
                                _real - _pres,
                                ABS( _pres )*-1
                            ),
                            _pres = _real, 0,
                            _pres <= 0 && _real >= 0, -1,
                            1
                        ),
                ------------------EPÍGRAFFES DE VENTAS (INGRESOS)------
                SWITCH(
                    TRUE(),
                    _pres <> 0 && _real <> 0, DIVIDE(
                                                _real - _pres,
```

```
                                    ABS( _pres )
                                ),
                _pres = _real, 0,
                _pres <= 0 && _real >= 0, 1,
                -1
            )
        )
RETURN _res
```

Explicación del código

Presupuestos

Suma del presupuesto

Esta medida es la que hace posible que puedan ser calculados los importes de la tabla presupuestos y que, además, puedan ser filtrados por la tabla dimCalendario sin que haya una relación física entre ambas tablas:

```
CALCULATE(
    SUM( factPresup[importePresup] ),
    TREATAS(
        VALUES( dimCalendario[N.° año-mes] ),
        factPresup[N.° año-mes]
    ),
    //Descarta importes que no están asignados al control de gestión
    KEEPFILTERS( dimPGC[directoIndirecto] <> "4. Sin asignación" )
)
```

La función `CALCULATE` ejecuta el cálculo de la función `SUM` de su primer argumento, pero lo hace en el contexto de filtro que se genera mediante las expresiones del segundo y tercer argumento.

En el segundo argumento, `TREATAS` aplica la columna de su primer argumento como filtro para la columna de su segundo argumento. Esto es equivalente a crear una relación virtual entre la columna generada por `VALUES` y la columna de su segundo argumento.

En el tercer argumento, ocurren dos cosas:

- Se aplica un filtro booleano que descarta los registros cuyas cuentas contables no se deben aplicar al control de gestión (el valor `"4. Sin asignación"` así lo indica).
- Se evita que el filtro booleano anterior sobrescriba el contexto de filtro, permitiendo que los valores de la columna dimPGC[directoIndirecto] sean filtrados. Esto solo es necesario para usar la medida en un objeto visual donde esa columna esté compilada segmentando los datos.

Suma de importes reales

Esta medida es una simple suma de la columna factDiario[importe] que utiliza la función SUM:

```
SUM( factDiario[importe] )
```

Esta medida será usada dentro de las medidas #03 % Var presup-real y #05 Sum real PYG.

% Variación presupuesto-real

Esta plantilla es una versión ampliada de la que el lector puede encontrar en el capítulo 6, "Variaciones porcentuales".

NOTA:

El motivo de usar una versión ampliada de la plantilla general de la variación porcentual es que estamos ante cuentas de resultados y, en general, informes donde conviven ingresos y gastos con signos distintos. Por ello, es necesario que la medida sea "inteligente" para saber si debe devolver un valor u otro, dependiendo del valor que esté filtrando como atributo en el objeto visual.

Por ejemplo: imaginemos un gasto presupuestado de -10 € y el mismo gasto real de -30 € (los costes se representan con valores negativos). Si nos damos cuenta, un mayor gasto está representado por un número menor, porque -30 < -10. Esta "incongruencia" y la que se produce con las partidas de impuestos sobre beneficios (que son gastos que, contablemente, pueden tener signo positivo o negativo, pero que deben ser interpretados con la idea de gasto) debe ser solucionada con una lógica de cálculo que discrimine el contexto de evaluación.

Comenzando con el análisis, en la plantilla, las primeras variables almacenan identificadores de los atributos que estarán filtrando en el objeto visual. SELECTEDVALUE nos ofrece el valor que está filtrando el contexto de evaluación donde la medida debe devolver el valor. Esto será fundamental para saber, posteriormente, qué lógica aplicar para determinar la variación porcentual:

```
--Variables que almacenan el identificador de fila de objeto visual--
VAR _sub =  SELECTEDVALUE( dimPGC[nomSubgrupo] )
VAR _dpto = SELECTEDVALUE( dimDptos[alias] )
```

Las siguientes variables almacenan, para evitar redundancia de cálculos, los resultados de las medidas que serán necesarias:

```
--Variables que almacenan las sumas de presup y real----------------
VAR _pres = [#01 Sum presup]
VAR _real = [#02 Sum real]
```

La siguiente variable es prescindible, pero se declara para hacer el código más legible posteriormente. Se almacena en la variable una abreviatura que corresponde a los identificadores de fila que queremos detectar para usar después un tipo de variación porcentual u otra:

```
--Variable que almacena el tipo de variación porcentual-------------
VAR _tipV = SWITCH(
                TRUE(),
                _dpto = "Ventas", "Ing",
                _sub =  "63. Tributos", "Imp",
                "Gast"
            )
```

La siguiente variable es la que almacena el resultado final de la medida. Este será el ofrecido por la función `SWITCH` que, a su vez, contiene otras funciones `SWITCH`. La función exterior decide si hay que devolver un valor para las ventas, para los gastos o para la partida del impuesto sobre beneficio:

```
--Cálculo principal---------------------------------------------------
VAR _res =  SWITCH(
                _tipV,
                ------------------EPÍGRAFFES DE GASTOS---------------
                "Gast", SWITCH(
                            TRUE(),
                            _pres <> 0 && _real <> 0,
                            DIVIDE(
                                ABS( _real ) - ABS( _pres ),
                                ABS( _pres )
                            ),
                            _pres = _real, BLANK(), // o cero
                            _pres >= 0 && _real <= 0, 1,
                            -1
                        ),
                ------------------EPÍGRAFFES DE VENTAS (INGRESOS)------
                "Ing",  SWITCH(
                            TRUE(),
                            _pres <> 0 && _real <> 0,
                            DIVIDE(
                                _real - _pres,
                                ABS( _pres )
                            ),
                            _pres = _real, BLANK(), // o cero
                            _pres <= 0 && _real >= 0, 1,
                            -1
                        ),
                ------------------EPÍGRAFFE 63. Impuesto beneficio-----
                SWITCH(
                    TRUE(),
                    _pres <> 0 && _real <> 0,
                    DIVIDE(
                        _real - _pres,
                        ABS( _pres )
```

```
                    )*-1,
                    _pres = _real, BLANK(), // o cero
                    _pres <= 0 && _real >= 0, -1,
                    1
                )
            )
```

Podíamos ver antes cómo las funciones `SWITCH` interiores devuelven valores que dependerán de la lógica contenida en sus argumentos. Esta lógica es muy similar:

- Primero, se determina si tanto el presupuesto como el importe real es distinto de cero. En ese caso, la variación se calculará con la división que corresponde al contexto de evaluación del objeto visual (ventas, gastos o impuesto sobre beneficio).
- Después, se tratan los casos donde en el presupuesto y en el importe real hay ceros o no hay datos.
- Por último, se tratan los casos donde, o bien en el presupuesto, o bien en el importe real, hay un cero o no hay datos.

PYG

Suma de importes presupuesto PYG

N° de orden del informe PYG

La primera variable almacena el `ID_ordenPYG` del contexto de filtro, es decir, el relacionado con la celda donde se va a evaluar la medida.

Por ejemplo, la primera celda (la primera etiqueta de fila) de un informe PYG de España es "01. Importe neto de la cifra de negocios". Entonces, la variable almacenará el número 1, porque en la tabla filasPYG ese es el número que corresponde a la fila de esa etiqueta de texto:

```
--Variable que almacena el ID_PYG del contexto de evaluación---------
    VAR _fil =  SELECTEDVALUE( filasPYG[ID_ordenPYG] )
```

Tabla virtual principal

La segunda variable almacena una tabla virtual con dos columnas: dimPGC [IDordenPYG] y [@importe]. Esta última se construye en el contexto de fila de `ADDCOLUMNS` mediante una transición de contextos provocada por la medida [#03 Sum real].

Esta tabla virtual es la más importante de toda la medida, pues será la utilizada en los posteriores cálculos para cada contexto de evaluación del objeto visual de tabla donde se representará el informe PYG:

```
--Variable que almacena una tbl virtual con importes por ordenPYG-----
VAR _tbl =  ADDCOLUMNS(
                SUMMARIZE( factPresup, dimPGC[ID_ordenPYG] ),
                "@importe", [#01 Sum presup]
            )
```

Importes de los subtotales

Las siguientes variables almacenarán los valores de los subtotales. Estos serán las sumas que corresponden a cada contexto de evaluación del objeto visual de tabla. Por ejemplo, en la posición 12 del objeto visual de tabla, se debe evaluar el subtotal llamado "A. RESULTADO DE LA EXPLOTACIÓN ...".

La suma que corresponde a "A. RESULTADO DE LA EXPLOTACIÓN ..." se consigue con la función `SUMX` iterando por la tabla virtual que ya tenemos en la variable anterior. Esa tabla virtual (`_tbl`) quedará filtrada por una función `FILTER`, donde solo sobrevivirán las filas que correspondan a los ID incluidos en la condición de filtro protagonizada por las variables:

```
--Variable que almacena la suma de importes de RESULTADOS EXPLOTACIÓN
VAR _12 =   SUMX(
                FILTER(
                    _tbl,
                    VAR _ID12 = dimPGC[ID_ordenPYG] RETURN
                    _ID12 >= 1 && _ID12 <= 11
                ),
                [@importe]
            )

--Variable que almacena la suma de importes de RESULTADO FINANCIERO
VAR _18 =   SUMX(
                FILTER(
                    _tbl,
                    VAR _ID18 = dimPGC[ID_ordenPYG] RETURN
                    _ID18 >= 13 && _ID18 <= 17
                ),
                [@importe]
            )

--Variable que almacena RESULTADO ANTES DE IMPUESTOS-----------------
VAR _19 =   _12 + _18

--Variable que almacena el impuesto sobre beneficios-----------------
VAR _20 =   SUMX(
                FILTER( _tbl, dimPGC[ID_ordenPYG] = 20 ),
```

```
                    [@importe]
                )

--Variable que almacena el RESULTADO NETO----------------------------
VAR _21 =   _19 + _20
```

También veíamos que, en el contexto de fila de las funciones `FILTER`, se creaba una variable para almacenar el valor de la columna dimPGC[ID_ordenPYG] de cada fila iterada. Esta técnica se utiliza para mejorar el rendimiento evitando la necesidad de evaluar la expresión en cada iteración. Concretamente en este caso, al tratarse de una tabla virtual y, además, muy pequeña, la optimización en rendimiento es escasa o nula, pero mantenemos la buena práctica del uso de variables por cuestiones didácticas.

Importes de las partidas

La siguiente variable es muy similar a las anteriores. Lo que cambia es que la expresión booleana de la función `FILTER` aplica un filtro según la variable `_fil`. Lo que significa que el valor obtenido no será un subtotal, sino que será solo el valor que corresponde a la partida del PYG del contexto de evaluación:

```
--Variable que almacena el importe de la partida del contexto de eval.
VAR _imp =  SUMX(
                FILTER( _tbl, dimPGC[ID_ordenPYG] = _fil ),
                [@importe]
            )
```

Últimas comprobaciones

La última variable almacena el valor que ha de devolver finalmente la medida en el contexto de evaluación. La función `SWITCH` va comprobando el valor que contiene la variable `_fil` y, según sea uno u otro, se devuelve el valor de la variable correspondiente.

Por ejemplo, si el contexto de evaluación es la posición 12 del informe PYG (la variable `_fil` almacena el número 12), el resultado obtenido en esa celda es el del subtotal que almacena la variable `_12` ("A. RESULTADO DE LA EXPLOTACIÓN ..."). Sin embargo, si el contexto de evaluación no es un subtotal, el resultado es el de la variable `_imp`:

```
--Variable que almacena resultado final------------------------------
VAR _res =  SWITCH(
                TRUE(),
                _fil = 12, _12,    // EPÍGRAFE A
                _fil = 18, _18,    // EPÍGRAFE B
                _fil = 19, _19,    // EPÍGRAFE C (A-B)
                _fil = 21, _21,    // EPÍGRAFE D (C-Imp. Benef.)
```

```
            _imp        // Resto de partidas
        )

RETURN _res
```

Suma de importes reales PYG

Esta medida se explica igual que la anterior (#04 Sum presup PYG). El único cambio es que la segunda variable genera una tabla (`_tbl`) con los importes reales del diario asignados a cada dimPGC[ID_ordenPYG] (no con los importes del presupuesto).

% Variación presupuesto-real PYG

Esta medida se explica igual que la medida #03 % Var presup-real. El único cambio es que las variables almacenan los resultados de las medidas correspondientes al informe PYG ([#04 Sum presup PYG] y [#05 Sum real PYG]). Por lo tanto, la variación porcentual está construida para el informe PYG.

Revisión de resultados

Los resultados de las plantillas ofrecidas los podemos sintetizar en dos imágenes: unos presupuestos por departamentos y por subgrupos contables y un informe PYG. Vemos, a continuación, la figura 11.3 con un fragmento de unos presupuestos comparados con los importes reales.

Presupuesto vs. importes reales (por departamentos)

nombre	#01 Sum Presup	#02 Sum real	#03 % Var presup-real
⊟ Ventas	**756.729 €**	**1.015.709 €**	**+34,22 %**
70. Ventas de mercaderías, de ...	756.674 €	1.005.366 €	+32,87 %
71. Variación de existencias	-200 €	633 €	+216,29 %
74. Subvenciones, donaciones ...		9.440 €	-100,00 %
76. Ingresos financieros	255 €	271 €	+6,06 %
⊟ Producción	**-553.459 €**	**-616.792 €**	**+11,44 %**
60. Compras	-481.028 €	-488.879 €	+1,63 %
61. Variación de existencias	28.530 €	36.127 €	+26,63 %
62. Servicios exteriores	-1.984 €	-11.997 €	+504,58 %
64. Gastos de personal	-98.548 €	-137.494 €	+39,52 %
68. Dotaciones para amortizac...	-429 €	-14.549 €	+3.291,14 %
⊟ Finanzas	**-60.761 €**	**-113.184 €**	**+86,28 %**
62. Servicios exteriores	-15.249 €	-33.918 €	+122,43 %
63. Tributos	2.431 €	-8.778 €	+461,12 %
64. Gastos de personal	-38.548 €	-54.997 €	+42,67 %

Figura 11.3. La variación porcentual utiliza criterios distintos según la partida. Por ejemplo, la partida **63. Impuestos** tiene una variación porcentual positiva cuando el crecimiento es hacia números negativos más bajos (que representan a gastos más altos).

En la figura 11.4 vemos un informe PYG comparando los presupuestos con los importes reales.

Cuenta de Pérdidas y ganancias (P&G) vs. presupuesto			
nombreFilaPYG	#04 Sum presup PYG	#05 Sum real PYG	#06 % Var presup-real PYG
01. Importe neto de la cifra de negocios	756.674 €	469.942 €	-37,89 %
02. Variación de existencias de productos t...	-200 €	633 €	+416,29 %
04. Aprovisionamientos	-452.498 €	-208.674 €	-53,88 %
05. Otros ingresos de explotación		9.000 €	+100,00 %
06. Gastos de personal	-180.842 €	-147.520 €	-18,43 %
07. Otros gastos de explotación	-83.973 €	-70.205 €	-16,40 %
08. Amortización del inmovilizado	-17.591 €	-10.253 €	-41,72 %
A. RESULTADO DE LA EXPLOTACIÓN (1+2...	21.571 €	42.924 €	+98,99 %
12. Ingresos financieros	255 €	270 €	+5,65 %
13. Gastos financieros	-5.105 €	-4.283 €	-16,09 %
B. RESULTADO FINANCIERO (12+13+14+1...	-4.849 €	-4.014 €	+17,23 %
C. RESULTADO ANTES DE IMPUESTOS (A-B)	16.722 €	38.910 €	+132,69 %
17. Impuestos sobre beneficios	349 €	-1.651 €	+573,48 %
D. RESULTADO NETO DEL EJERCICIO (C-17)	17.070 €	37.259 €	+118,26 %

Figura 11.4. Aquí vemos cómo DAX resuelve en reto de construir un informe PYG adaptando la lógica de cálculo en cada contexto de evaluación (en cada celda del objeto visual).

Rendimiento

Entre las plantillas que hemos presentado en este capítulo, las que pudieran ser más críticas en cuanto a rendimiento y eficiencia en tiempos de ejecución son las relacionadas con el informe PYG. Pero finalmente esto no será así porque hay algunos elementos que lo harán todo más fácil:

- Crearemos una tabla virtual (`_tbl`).
- Las operaciones matemáticas que se deben hacer al escanear las tablas de hechos son sumas. Esto permite a Vertipaq optimizar internamente muchos procesos y utilizar la caché.

Como vimos en el primer punto, creamos una variable (`_tbl`) con una tabla virtual de 21 filas (una por cada ítem del informe PYG) que guarda las sumas de los importes de la tabla de hechos, para optimizar los resultados. Con esta variable, obtenemos los subtotales y las cantidades del resto de partidas del informe PYG, haciendo varios escaneos sobre la variable en memoria y con pocas filas, lo que mejora el rendimiento.

En la figura 11.5, mostramos las mediciones en DAX Studio para una de las medidas de este capítulo: #05 Sum real PYG.

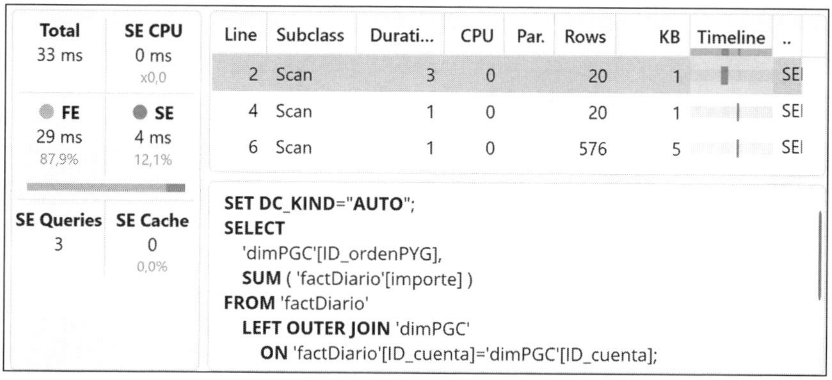

Figura 11.5. Comprobamos en la imagen lo que decíamos en párrafos anteriores: estamos ante una medida poco exigente.

En las comprobaciones con DAX Studio vemos que Storage Engine (SE):

- Tiene un cómodo trabajo al ser operaciones muy sencillas (sumas).
- Necesita acceder pocas veces a las tablas del modelo.
- Tiene que devolver pocas filas.
- No genera paralelismo.
- Si miráramos el Physical Query Plan veríamos que todas las operaciones se almacenarían en caché (en la imagen vemos SE Cache = 0 porque hemos ejecutado la prueba con la caché vacía).

12 Plantillas para cálculos visuales

En este capítulo aprenderás:

- El concepto de cálculo visual.
- A conocer las ventajas e inconvenientes de los cálculos visuales.
- A configurar Power BI para crear cálculos visuales y a insertarlos en objetos visuales.
- A crear plantillas con cálculos visuales para solucionar totales "erróneos" y también para crear porcentajes, comparaciones temporales, variaciones porcentuales, acumulados y promedios móviles.

Características generales

Introducción

Este capítulo será algo especial respecto del resto que hemos ofrecido en este libro. La temática que vamos a tratar y la tipología de sus plantillas así lo requieren. Incluso la estructura de los distintos apartados también será distinta.

Definición y contexto visual

Para comenzar, vamos a hacer una descripción y contextualización de los llamados "cálculos visuales" aparecidos en la actualización de febrero de 2024 de Power BI.

Los cálculos visuales son un nuevo tipo de cálculos en Power BI que se suman a las columnas calculadas y a las medidas explícitas (sin contar las tablas calculadas).

NOTA:

Un cálculo visual es una fórmula DAX que realiza cálculos en el contexto de un objeto visual.

De la definición anterior, obtenemos algunas conclusiones que nos ayudan a contextualizar los cálculos visuales:

- En los cálculos visuales no se trabaja con los contextos de filtro, fila y transición de contextos.
- La fórmula de un cálculo visual se introduce, almacena y edita en el propio objeto visual. Por lo tanto, no reside en el modelo semántico de Power BI, sino en la capa de visualizaciones o informe.
- Los cálculos visuales pueden combinar la utilización de funciones propias con la utilización de la mayoría de funciones tradicionales de DAX.

Ventajas de los cálculos visuales

- Simplifican el uso de algunos cálculos al reducir las capas de abstracción (no todas) que se necesitan manejar con las medidas DAX, permitiendo (no del todo, pero en gran medida) pensar más directamente en lo que vemos "físicamente" en el objeto visual.

- Como los cálculos se hacen en función de la posición de las celdas, filas y columnas del objeto visual, el usuario puede cambiar los atributos que segmentan la tabla o gráfico y el cálculo se mantiene correcto.
- Los cálculos visuales pueden tener beneficios en cuanto al rendimiento en determinadas medidas al trabajar con datos ya agregados.

Inconvenientes de los cálculos visuales

- Los cálculos visuales no pueden ser usados en algunos cálculos complejos donde son imprescindibles la gestión de contextos o la gestión de relaciones.
- Los cálculos visuales se hacen para un único objeto visual y no hay posibilidad de reutilizarlos en otros objetos visuales (salvo copiando y pegando el código).
- La fórmula de un cálculo visual solo puede hacer referencia a celdas del contexto visual, a medidas implícitas, a medidas explícitas, a atributos que formen parte del objeto visual y, por supuesto, a otros cálculos visuales. Eso sí, cuando creamos un cálculo visual, este y las medidas pueden ser ocultados desde el panel Compilar de Power BI y no aparecerán en el objeto visual.
- Los cálculos visuales nacieron con algunas limitaciones como la imposibilidad de ser usado con formato condicional, ser usados con parámetros de campo, aplicarles formato desde la cinta de opciones y ser usados con obtener detalles. Algunas de estas limitaciones irán desapareciendo con sucesivas actualizaciones de Power BI.

Criterios usados en el capítulo

Dadas las ventajas e inconvenientes vistas en el apartado anterior, los criterios que hemos usado para decidir qué plantillas incluimos en este capítulo han sido principalmente:

- La versatilidad de los cálculos visuales para funcionar con cualquier atributo que podemos cambiar en las filas o columnas del objeto visual.
- La sencillez del código.
- La frecuencia de uso en el mundo empresarial.

Por ello, en este libro, intentaremos ofrecer plantillas relativamente sencillas, pero que ofrezcan un valor añadido interesante. La intención es poner en la balanza dificultad y utilidad y maximizar el resultado.

Por otro lado, veremos en algunas plantillas que ofrecen porcentajes que es necesario usar en el código una función FORMAT para que el resultado esté expresado en porcentaje.

Cómo habilitar los cálculos visuales

Los cálculos visuales (hasta que dejen de estar en versión preliminar) deben ser habilitados haciendo clic en la ficha Archivo>Opciones y configuración> Opciones>Características de versión preliminar>Activar la casilla de verificación Cálculos visuales. Aceptamos y reiniciamos Power BI.

Cómo introducir un cálculo visual

Una fórmula de cálculo visual se introduce (y queda almacenada) en el propio objeto visual. Para crear un nuevo cálculo, podemos hacerlo así:

1. Hacemos clic con el botón secundario del ratón en el objeto visual.
2. En el menú emergente, elegimos el comando Nuevo cálculo. También lo podemos hacer mediante clics en la ficha Inicio>Grupo Cálculos>Nuevo Cálculo.

En la figura 12.1 vemos el editor de cálculos visuales.

Cómo editar un cálculo visual

Podemos editar un cálculo visual creado anteriormente:

1. Habilitando el panel Compilar de Power BI y haciendo clic con el botón secundario del ratón sobre la etiqueta del cálculo visual que queremos editar.
2. Eligiendo Editar cálculo.

Medidas base

Para las distintas plantillas de código que veremos, usaremos una medida base que calcula las ventas de una empresa:

```
Ventas cliente =
SUMX(
    factVentas,
    factVentas[ud] * factVentas[eurosUdVenta]
)
```

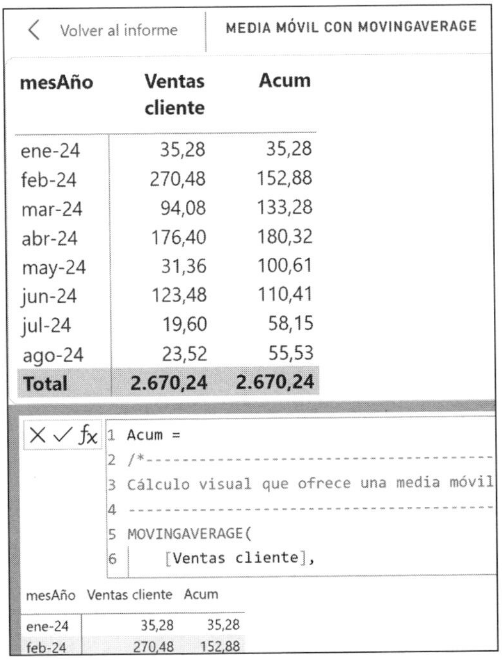

Figura 12.1. Interfaz para interactuar con los cálculos visuales.

En la plantilla que trata el tema de los totales aparentemente incorrectos (llamémosles así), usaremos una medida no aditiva como es el cálculo de las ventas con una suma del valor 500 en cada contexto de evaluación de la medida. Esto hará que las cifras de un nivel de jerarquía no coincidan con la suma de los valores del nivel inferior de jerarquía. La medida es esta:

```
Ventas cliente NO OK =
SUMx(
    factVentas,
    factVentas[ud] * factVentas[eurosUdVenta]
) + 500
```

Ahora sí, comenzamos a exponer plantillas de código de cálculos visuales.

Totales "incorrectos" solucionados

Esta plantilla es para solucionar lo que muchos usuarios consideran que son "totales incorrectos", es decir, totales cuyas cifras no responden a la suma (o la operación intuitivamente correspondiente) de los valores del nivel inferior de jerarquía en el objeto visual.

NOTA:

La comprensión de por qué vemos totales que no son intuitivos requiere de la comprensión de los contextos, pues no es un error de DAX. Debemos recordar que el resultado devuelto por una medida en una celda es el resultado de la evaluación en el contexto de filtro, no el resultado de operar con las celdas de la columna.

Aun no siendo un error de DAX, es cierto que nuestros informes deben ser intuitivos en su interpretación y esta problemática debe ser solucionada muchas veces.

En la figura 12.2 vemos que la columna Ventas NO OK ofrece cifras incorrectas para los años 2024 y 2025 (1.480 y 2.190 no son sumas correctas).

Totales correctos

año	Ventas NO OK	EXPAND, 1	EXPAND, 2	EXPAND, 3	EXPAND (mesAño)	EXPANDALL
	⊗	⊗	⊗	✓	✓	✓
2024	**1.480**	**2.980**	**6.980**	**6.980**	**6.980**	**6.980**
Trim-1	**900**	**1.900**	**1.900**	**1.900**	**1.900**	**1.900**
ene-	535	535	535	535	535	535
feb-24	770	770	770	770	770	770
mar-	594	594	594	594	594	594
Trim-2	**831**	**1.831**	**1.831**	**1.831**	**1.831**	**1.831**
abr-24	676	676	676	676	676	676
may-24	531	531	531	531	531	531
jun-24	623	623	623	623	623	623
Trim-3	**680**	**1.680**	**1.680**	**1.680**	**1.680**	**1.680**
jul-24	520	520	520	520	520	520
ago-	524	524	524	524	524	524
sep-	637	637	637	637	637	637
Trim-4	**569**	**1.569**	**1.569**	**1.569**	**1.569**	**1.569**
oct-24	524	524	524	524	524	524
nov-	500	500	500	500	500	500
dic-24	545	545	545	545	545	545
2025	**2.190**	**3.690**	**7.690**	**7.690**	**7.690**	**7.690**
Total	**3.170**	**3.670**	**6.670**	**14.670**	**14.670**	**14.670**

Figura 12.2. Los totales no intuitivos introducen confusión en el usuario de Power BI.

La solución la podemos ver reflejada en las últimas tres columnas de la tabla. Se trata de tres posibilidades de solución. Dos de ellas, usando la función `EXPAND` (con un argumento numérico = 3 o con el argumento de campo de la jerarquía inferior) y una tercera solución con la función `EXPANDALL`, tan solo haciendo referencia al eje a través del cual queremos el cálculo. Usaremos esta última en nuestra plantilla.

Totales correctos

Personalizar el código en negrita

```
Totales correctos con EXPANDALL =
/*-----------------------------------------------------------
Cálculo visual con sumas correctas en todos los niveles de jerarquía.
-----------------------------------------------------------*/
EXPANDALL(
    SUM([Ventas NO OK]),
    ROWS
)
```

La función EXPANDALL hace que todos los niveles de jerarquía (hasta el más bajo o detallado) se evalúen con los datos de su nivel inmediatamente inferior (también llamado nivel "hijo").

Por ejemplo, en la anterior figura 12.2 vemos que el Total general (nivel de jerarquía más alto) de la columna Ventas NO OK no se corresponde con la suma de las ventas de los años 2024 y 2025 (3.170 ≠ 1.480 + 2.190). Sin embargo, en la última columna, EXPANDALL hace que el Total general se evalúe en el nivel inferior, que es el de año (se dice que el nivel del Total general se expande, porque el nivel de año tiene más cantidad de valores que el propio nivel de Total general). Así pues, este arroja una cifra (14.670) que se ha conseguido en el nivel de año (sumando las cifras 6.980 y 7.690). Esta comprobación la podemos hacer con todos los niveles y serán correctos los datos para esta última columna de la anterior figura 12.2.

Porcentajes

Las plantillas siguientes generan porcentajes de los valores de un nivel de jerarquía, respecto del valor que hay en un nivel de jerarquía superior.

En la figura 12.3 vemos los resultados de las dos plantillas que vamos a estudiar. Son porcentajes de dos tipos:

- Respecto del nivel inmediatamente superior (cálculo visual llamado %/Nivel sup – COLLAPSE).
- Respecto del nivel más alto de jerarquía o Total general (%/TOTAL – COLLAPSEALL).

La función COLLAPSE (sin argumento numérico o 1) hace que se colapsen en cascada todos los niveles hacia arriba desde el más bajo hasta el penúltimo más alto (el Total general, que es el último, no se puede colapsar porque no hay ningún nivel superior para tomar sus datos y evaluarse).

Porcentajes con COLLAPSE y COLLAPSEALL			
año	Ventas cliente	% / Nivel sup - COLLAPSE	% / TOTAL - COLLAPSEALL
⊟ 2024	980,00	36,70%	36,70%
⊟ Trim-1	399,84	40,80%	14,97%
ene-24	35,28	8,82%	1,32%
feb-24	270,48	67,65%	10,13%
mar-24	94,08	23,53%	3,52%
⊞ Trim-2	331,24	33,80%	12,40%
⊞ Trim-3	180,32	18,40%	6,75%
⊞ Trim-4	68,60	7,00%	2,57%
⊟ 2025	1.690,24	63,30%	63,30%
⊞ Trim-1	403,76	23,89%	15,12%
⊞ Trim-2	591,00	34,97%	22,13%
⊞ Trim-3	583,76	34,54%	21,86%
⊞ Trim-4	111,72	6,61%	4,18%
Total	2.670,24	100,00%	100,00%

Figura 12.3. Las soluciones a los porcentajes vienen de la mano de las funciones `COLLAPSE` y `COLLAPSEALL`.

La función `COLLAPSEALL` hace que cualquier nivel se evalúe colapsado en el contexto del nivel más alto de toda la jerarquía (esto equivale a decir que en todas las celdas aparece el Total general).

Explicaremos lo anterior de forma más concreta con las siguientes plantillas.

Porcentaje/nivel superior

Esta plantilla utiliza la función `COLLAPSE`, que navega hasta el nivel inmediatamente superior para calcular una expresión en ese contexto. Es decir, para una celda donde deberíamos obtener las ventas del mes, con `COLLAPSE`, conseguimos que, en esa celda, aparezcan las ventas de trimestre (si este campo está en el objeto visual).

Esta técnica se utiliza para proporcionar el denominador a una división de porcentaje respecto del "padre". Es decir, calcularemos el total de las `[Ventas cliente]` en el nivel de jerarquía inmediatamente superior (por ejemplo, el nivel de año) para que sirva como denominador a las `[Ventas cliente]` de las celdas del nivel actual (por ejemplo, el nivel trimestre).

Podemos ver en la anterior figura 12.3 (columna %/Nivel sup – COLLAPSE) que los resultados de los porcentajes están alineados con lo que hemos comentado. Esta sería la plantilla:

Personalizar el código en negrita

```
% / Nivel sup - COLLAPSE =
/*----------------------------------------------------------------
Cálculo visual que obtiene el porcentaje que representa una cifra
respecto del nivel de jerarquía inmediatamente superior.
----------------------------------------------------------------*/
FORMAT(
    DIVIDE(
        [Ventas cliente],                       // Ventas nivel actual
        COLLAPSE( [Ventas cliente], ROWS )  // Total nivel superior
    ),
    "0.00 %"
)
```

Porcentaje/total general

Esta plantilla utiliza la función `COLLAPSEALL`, que provoca que la evaluación de una celda se haga en el nivel más alto de toda la jerarquía.

Por ejemplo, con `COLLAPSEALL`, en una celda a nivel de mes, lograríamos que apareciera el Total general de la jerarquía (el nivel más alto). Se dice que cada celda se evalúa en un contexto visual colapsado al máximo nivel.

En la medida siguiente, vemos cómo `COLLAPSEALL` proporciona el denominador a una división de porcentaje, calculando el total de las `[Ventas cliente]` en el nivel de jerarquía más alto del objeto visual:

Personalizar el código en negrita

```
% / TOTAL - COLLAPSEALL =
/*----------------------------------------------------------------
Cálculo visual que obtiene el porcentaje que representa una cifra
respecto del total general (nivel de jerarquía considerado más alto).
----------------------------------------------------------------*/
FORMAT(
    DIVIDE(
        [Ventas cliente],                          // Ventas nivel act.
        COLLAPSEALL( [Ventas cliente], ROWS )  // Total general
    ),
    "0.00 %"
)
```

Comparaciones y variaciones %

Las dos plantillas que vamos a tratar ahora nos ofrecerán:

- Una comparación de las ventas de un periodo, respecto de las ventas del periodo inmediatamente anterior.
- La variación porcentual de las ventas entre un periodo y el inmediatamente anterior.

Podemos ver en la figura 12.4 los resultados.

Comparaciones y variaciones % con PREVIOUS

año	Ventas cliente	Comparación / ant - PREVIOUS	Var % / ant - PREVIOUS
⊟ 2024	980,00	+980,00	
⊟ Trim-1	399,84	+399,84	
ene-24	35,28	+35,28	
feb-24	270,48	+235,20	+666,67 %
mar-24	94,08	-176,40	-65,22 %
⊞ Trim-2	331,24	-68,60	-17,16 %
⊞ Trim-3	180,32	-150,92	-45,56 %
⊞ Trim-4	68,60	-111,72	-61,96 %
⊟ 2025	1.690,24	+710,24	+72,47 %
⊞ Trim-1	403,76	+335,16	+488,57 %
⊞ Trim-2	591,00	+187,24	+46,37 %
⊞ Trim-3	583,76	-7,24	-1,23 %
⊞ Trim-4	111,72	-472,04	-80,86 %
Total	2.670,24		

Figura 12.4. La función `PREVIOUS` será usada en estas plantillas y es intuitiva y fácil de entender.

Para conseguir nuestros objetivos en este apartado, hemos usado la función `PREVIOUS`, que hace referencia al elemento previo dentro de un nivel de jerarquía.

Comparación/periodo anterior

Personalizar el código en negrita

```
Comparación / ant - PREVIOUS =
/*-------------------------------------------------------------------
Cálculo visual que obtiene la diferencia de ventas entre periodos.
-------------------------------------------------------------------*/
VAR _res =  IF(
                ISATLEVEL( [Trim] ) || ISATLEVEL( [año] ),
                [Ventas cliente] - PREVIOUS( [Ventas cliente] )
            )
RETURN      FORMAT( _res, "+#,##0.00;-#,##0.00;#,##0.00" )
```

Podemos ver, además de la función `PREVIOUS`, una función `ISATLEVEL` que detecta si estamos en un nivel de jerarquía determinado. Si es así, devuelve `TRUE`. De esta forma, mediante una función `IF`, hacemos que se ejecute el cálculo solo si estamos en los niveles que queremos. Esto lo hacemos para evitar que se ejecute el cálculo del Total general (que no debe ser comparado con nada) y lo veíamos en la anterior figura 12.4. Debemos observar también el formato aplicado mediante la función FORMAT.

Variación porcentual

Personalizar el código en negrita

```
Var % / ant - PREVIOUS =
/*-------------------------------------------------------------
Variación porcentual según la tipología de la partida a analizar.
-------------------------------------------------------------*/
VAR _prev = PREVIOUS( [Ventas cliente] )
VAR _num =  IF(
                ISATLEVEL( [Trim] ) || ISATLEVEL( [año] ),
                [Ventas cliente] - _prev
            )
VAR _res =  DIVIDE( _num, _prev )
RETURN      FORMAT( _res, "+#,##0.00\ %;-#,##0.00\ %;#,##0.00\ %" )
```

Este es un cálculo visual que es parecido al de las comparaciones (ver explicaciones sobre PREVIOUS y sobre ISATLEVEL en el apartado anterior). Lo que cambia es la incorporación de una división para conseguir el porcentaje.

El formato aplicado mediante la función FORMAT es también parecido al caso del código del apartado anterior, aunque le hemos incorporado el símbolo del porcentaje.

Acumulados

Veremos, con las tres plantillas de código DAX de este apartado, cómo nos pueden ayudar los cálculos visuales a crear acumulados de forma muy sencilla con la función RUNNINGSUM.

En la figura 12.4 podemos ver un objeto visual con tres columnas:

- Una columna, Ventas cliente, con las ventas de cada periodo (solo para referencia) y otras dos columnas con cifras acumuladas.
- Otra columna, Acum, muestra cifras que se van acumulando sin cesar (para cada nivel de jerarquía) desde el inicio hasta el final del objeto visual.
- Una última columna, Acum LP, que muestra cifras acumuladas para cada nivel, pero en el que corresponde a los trimestres (el nivel más bajo de jerarquía), el acumulado se reinicia en cada inicio de trimestre.

Vemos lo anterior en las figuras 12.5 y 12.6, donde mostramos una versión en forma de tabla y otra versión (la misma tabla) convertida en gráfico de áreas.

Acumulados absolutos y con reinicio trimestral con RUNNINGSUM

año	Ventas cliente	Acum	Acum LP
⊟ 2024	**980,00**	**980,00**	**980,00**
⊟ Trim-1	**399,84**	**399,84**	**399,84**
ene-24	35,28	35,28	35,28
feb-24	270,48	305,76	305,76
mar-24	94,08	399,84	399,84
⊟ Trim-2	**331,24**	**731,08**	**731,08**
abr-24	176,40	576,24	176,40
may-24	31,36	607,60	207,76
jun-24	123,48	731,08	331,24
⊞ Trim-3	**180,32**	**911,40**	**911,40**
⊞ Trim-4	**68,60**	**980,00**	**980,00**
⊟ 2025	**1.690,24**	**2.670,24**	**2.670,24**
⊟ Trim-1	**403,76**	**1.383,76**	**403,76**
ene-25	215,60	1.195,60	215,60
feb-25	70,56	1.266,16	286,16
Total	**2.670,24**	**2.670,24**	**2.670,24**

Figura 12.5. Un acumulado continuo como el que vemos en la imagen no se reinicia en ningún nivel. En el caso de los cálculos visuales, el inicio del acumulado será la primera fecha que aparezca en el objeto de tabla o gráfico.

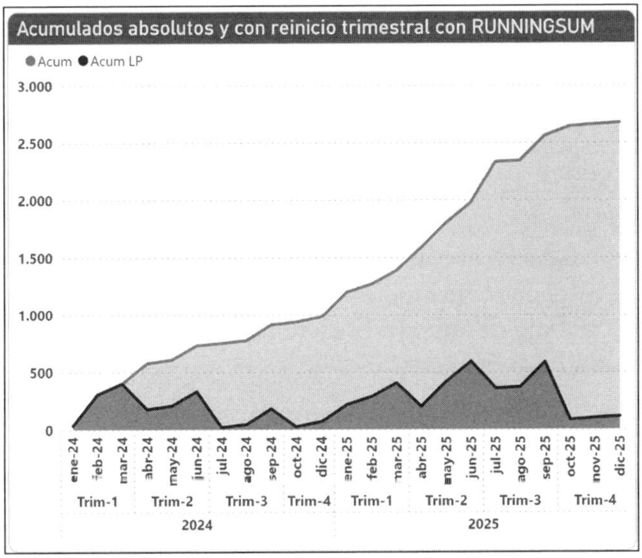

Figura 12.6. Cualquier objeto visual tiene una tabla asociada subyacente, al igual que cualquier tabla se puede convertir en un gráfico.

Ahora, en la figura 12.7, veremos unos acumulados continuos horizontales (a través de columnas) que pueden ser muy prácticos para visualizar la evolución de determinadas cifras (unas previsiones de tesorería, por ejemplo).

Acumulados continuos horizontales con RUNNINGSUM

Cliente	ene-24	feb-24	mar-24	abr-24	may-24	jun-24	jul-24	ago-24	sep-24	oct-24	dic-24	ene-25	feb-25
Cliente 01	35,28	35,28	35,28	35,28	66,64	66,64	72,52	72,52	72,52	72,52	117,60	117,60	164,64
Cliente 02		94,08	188,16	188,16	188,16	311,64	311,64	335,16	472,36	472,36	472,36	472,36	495,88
Cliente 03		176,40	176,40	352,80	352,80	352,80	366,52	366,52	366,52	390,04	390,04	605,64	605,64
Total	**35,28**	**305,76**	**399,84**	**576,24**	**607,60**	**731,08**	**750,68**	**774,20**	**911,40**	**934,92**	**980,00**	**1.195,60**	**1.266,16**

Figura 12.7. Acumulados continuos horizontales.

La función que nos permitirá realizar los todos los cálculos visuales de este apartado es `RUNNINGSUM`, cuya sintaxis y explicación es:

```
RUNNINGSUM(
    <columna>[,         //Columna a acumular
    <axis>] [,          //Dirección de acumulación (opcional)
    <blanks>] [,        //Control de valores blancos (opcional)
    <reset>]            //Nivel a reiniciar el acumulado (opcional)
)
```

Debemos fijarnos en el importante argumento `<axis>`, que nos permitirá elegir entre:

- `ROWS`: Es opcional al ser el valor por defecto. Genera el cálculo acumulado a través de las filas (en vertical hacia abajo).
- `COLUMNS`: Genera el cálculo acumulado a través de las columnas (horizontal hacia la derecha).
- `ROWS COLUMNS`: Genera el cálculo acumulado a través de las filas hacia abajo y, cuando se reinicia, continúa en la siguiente columna desde el principio (arriba) hacia debajo de nuevo. El ciclo se repite. La dirección dibuja imaginariamente una letra "Z".
- `COLUMNS ROWS`: Genera el cálculo acumulado a través de las columnas hacia la derecha y, cuando se reinicia, continúa en la siguiente fila desde el principio (a la izquierda) hacia la derecha de nuevo. El ciclo se repite. La dirección dibuja imaginariamente una letra "И" griega.

Ahora, exponemos el código de los tres acumulados vistos.

Acumulados continuos

Personalizar el código en negrita

```
Acum =
/*------------------------------------------------------------------
Cálculo visual que obtiene un acumulado continuo de cifras.
------------------------------------------------------------------*/
RUNNINGSUM( [Ventas cliente] )
```

El código es extremadamente sencillo gracias a la función `RUNNINGSUM`.

Acumulados MTD (desde inicio de trimestre)

Personalizar el código en negrita

```
Acum LP =
/*------------------------------------------------------------------
Cálculo visual que obtiene un acumulado continuo de cifras. Solo en
el nivel de trimestre se reinician.
------------------------------------------------------------------*/
RUNNINGSUM(
    [Ventas cliente],,,
    LOWESTPARENT
)
```

Podemos ver que solo es necesario usar dos argumentos (vemos las comas sucesivas sin argumentos entre ellas). El segundo argumento es una función `LOWESTPARENT`, que indica que las cifras que deben reiniciarse son las del nivel más bajo de la jerarquía (en el objeto visual, es el mes).

Acumulados continuos horizontales

Personalizar el código en negrita

```
Acum =
/*------------------------------------------------------------------
Cálculo visual que obtiene un acumulado continuo horizontal.
------------------------------------------------------------------*/
RUNNINGSUM(
    [Ventas cliente],
    COLUMNS //EL argumento COLUMNS crea acum. a través de columnas
)
```

Medias móviles

El código para crear una media móvil ya se vio en el capítulo 3, "Promedios". Ahora vamos a proporcionar una solución que intenta ser más sencilla (y en algunos aspectos más versátil) con los cálculos visuales. Utilizaremos la función `MOVINGAVERAGE` y los resultados los vemos, por partida doble, en la figura 12.8.

Media móvil con MOVINGAVERAGE

mesAño	Ventas cliente	Med Móvil 3M
ene-24	35,28	35,28
feb-24	270,48	152,88
mar-24	94,08	133,28
abr-24	176,40	180,32
may-24	31,36	100,61
jun-24	123,48	110,41
jul-24	19,60	58,15
ago-24	23,52	55,53
sep-24	137,20	60,11
oct-24	23,52	61,41
dic-24	45,08	68,60
ene-25	215,60	94,73
feb-25	70,56	110,41
Total	**2.670,24**	**2.670,24**

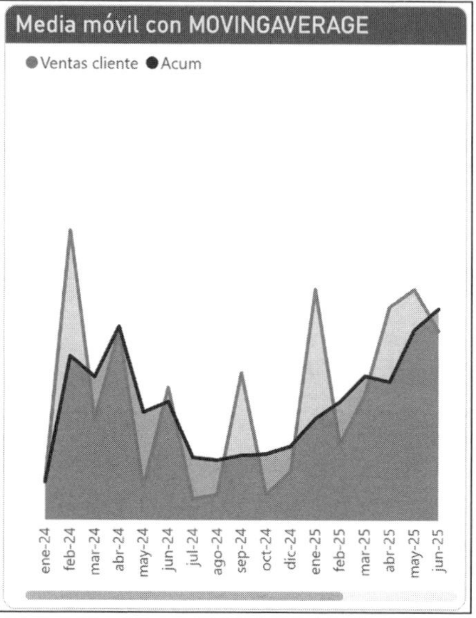

Figura 12.8. Con promedios móviles vemos resultados suavizados.

En la tabla, vemos la columna Med Móvil 3M, que es un promedio móvil que incluye los últimos tres meses desde la celda que tomemos como referencia (se incluye dicha celda, a no ser que cambiemos este comportamiento mediante el argumento `<includeCurrent>` de la función `MOVINGAVERAGE`, para el cual deberíamos establecer el valor `FALSE`).

Los argumentos de la función `MOVINGAVERAGE` son:

```
MOVINGAVERAGE(
    <column>[,              //Columna para calcular la media móvil
    <includeCurrent>][,     //¿Incluir celda actual? (opcional)
    <axis>][,               //Dirección de acumulación (opcional)
    <blanks>][,             //Control de valores blancos (opcional)
    <reset>]                //Nivel a reiniciar (opcional)
)
```

Personalizar el código en negrita

```
Acum =
/*------------------------------------------------------------
Cálculo visual que ofrece una media móvil sobre los últ. 3 meses.
------------------------------------------------------------*/
MOVINGAVERAGE(
    [Ventas cliente],
    3 //Personalizar
)
```

Opinión sobre los cálculos visuales

Hay que reconocer que no todos los profesionales que tienen algún contacto con Power BI y Power Pivot disponen de recursos (especialmente el tiempo) para iniciar un camino de asimilación de conceptos propios del lenguaje DAX tradicional como los contextos de filtro, de fila y la transición de contextos. Implícita o explícitamente, esos profesionales se hacen la pregunta: ¿me compensa?

Los cálculos visuales nacieron proporcionando esperanza a esos usuarios que no desean introducirse en un "relativamente largo" aprendizaje de DAX. Pero, una vez comenzamos a adentrarnos en esta nueva forma de cálculo en Power BI, nos damos cuenta de que una reducción verdaderamente drástica de la dificultad solo ocurre en determinados cálculos (muchas veces, los que son de mediana complejidad en el DAX tradicional).

En cualquier caso, para cálculos complejos, seguiremos necesitando a DAX y sus contextos. Y, para cálculos muy sencillos, DAX ya podría ser asequible a ese usuario "sin tiempo", con la ventaja de que evitará con esta opción los inconvenientes y limitaciones de los cálculos visuales.

Conclusiones

Continuando la opinión del apartado anterior, a modo de conclusiones, consideramos que los cálculos visuales son adecuados:

- Para usuarios que no conocen los contextos, no desean introducirse en profundidad en el mundo DAX y necesitan algunas soluciones de mediana complejidad y poco exigentes en relación a las limitaciones de los cálculos visuales.
- Para cálculos que se hacen de una forma específica para un objeto visual y que no será necesario o posible replicar en otros objetos visuales. Todo ello, si la complejidad de hacerlo mediante medidas DAX se reduce gracias al cálculo visual.
- Para cálculos que van a ser usados en objetos visuales donde los atributos que filtran deben ser intercambiables.

Estamos seguros de que Microsoft impulsará (como lo hace con el resto de características de Power BI) a los cálculos visuales para que puedan ser una alternativa real para cada vez más usuarios.

Es muy posible que las opiniones vertidas aquí puedan cambiar si también los cálculos visuales van eliminando desventajas y sustituyéndolas por ventajas.

A Conceptos de modelado para entender plantillas DAX

En este capítulo aprenderás:

- Conceptos generales sobre los elementos que componen la gestión interna de los modelos de datos tabulares (SSAS).
- El concepto de campo o columna clave en modelos tabulares.
- Los tipos de tablas que se manejan en modelos tabulares.
- Los conceptos de granularidad y cardinalidad.
- Las relaciones entre tablas.
- Los tipos de esquemas de modelos de datos tabulares.
- Qué es la normalización y desnormalización de tablas.

Introducción

Toda la estructura de cálculos, medidas y visualizaciones en un informe de Power BI o de Power Pivot, se asienta sobre la fase anterior, que no es otra que el modelado de los datos.

En este **apéndice A** vamos a ofrecer solo unos pocos puntos o pilares importantes del modelado. No trataremos de hacer un exhaustivo repaso de todos los temas concernientes a estas técnicas, sino de aquellos que estimamos serán importantes para tener una base de conocimiento que permita entender conceptos que aparecerán posteriormente en otros apéndices o a lo largo del libro.

Por lo tanto, el sentido que tiene este apéndice es proporcionar conocimientos que darán soporte a la adquisición de otros nuevos. Por ejemplo, para entender a fondo el concepto llamado contexto de filtro (**apéndice B**) es necesario entender qué es una consulta DAX porque es esta la que recoge mediante código todos los filtros que afectarán a los resultados que vemos en un objeto visual. Y para tener contexto sobre qué es una consulta DAX, es conveniente saber cuál es el flujo de información que se desarrolla en ese "corazón" o núcleo de Power BI y Power Pivot que se llama SSAS (SQL Server Analysis Services).

Si el lector quiere hacer un extenso y especializado repaso sobre modelado de datos y otras bases fundamentales sobre DAX, puede leer en lengua española excelentes libros como *Fundamentos de modelado en estrella*, de Antonio Jurado Lorite (`mlbi.io`, 2022) y *Curso de Power BI* (especialmente los capítulos 5 y 6), de Ana María Bisbé York (Anaya Multimedia, 2022).

Vamos, pues, a ofrecer esos conceptos clave.

Concepto #1: SSAS, el cuartel general de los datos

SSAS es el acrónimo de SQL Server Analysis Services, que es una herramienta de Microsoft que se encuentra como componente interno en aplicaciones como Power BI, Power Pivot de Excel, etc.

Modelos multidimensionales vs. tabulares

De alguna forma, podríamos imaginar a SSAS como una especie de cuartel general o centro de operaciones donde existen, principalmente, dos formas de estructurar y gestionar los datos. Es decir, dos tipos de modelos de datos: multidimensionales y tabulares.

Las bases de datos multidimensionales están orientadas a optimizar la consulta y agregación de datos por parte del usuario. Un ERP de una empresa es un ejemplo de este tipo de bases de datos, que intenta facilitar, por ejemplo, que un contable introduzca, consulte y elimine asientos con agilidad.

Por su parte, las bases de datos tabulares tienen una arquitectura interior distinta: están diseñadas para realizar análisis de datos y extraer conclusiones importantes para la toma de decisiones. Todo ello, de forma rápida e interactiva (Power BI y Power Pivot de Excel son ejemplos).

En la figura A.1 vemos un esquema de lo comentado anteriormente.

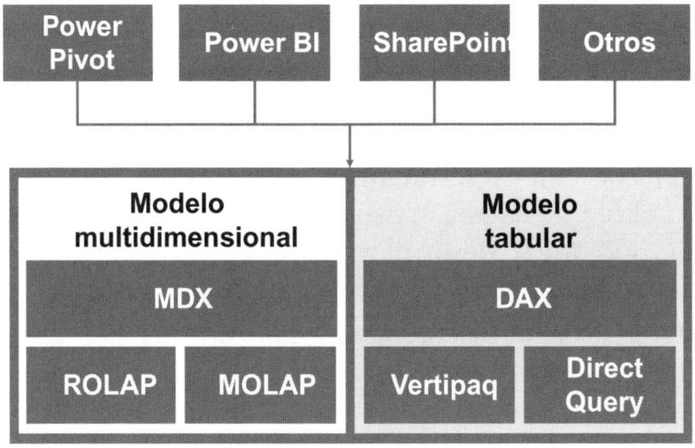

Figura A.1. En la imagen vemos claramente las dos partes de SSAS (modelos multidimensionales y modelos tabulares).

Modelos tabulares

Centrándonos en lo que nos interesa en este libro y, en relación con los modelos tabulares (analíticos), SSAS basa sus operaciones en dos tipos de motores: Formula Engine y Storage Engine.

Formula Engine

Formula Engine es el motor que, en la puerta de entrada de SSAS, recibe órdenes de la interfaz de usuario. Esas órdenes, en los modelos tabulares, se llaman consultas DAX (MDX en el caso de modelos multidimensionales).

Por ejemplo, una orden podría ser un clic del usuario en un filtro segmentador de datos de un informe para que los datos mostrados se reduzcan a los relativos a un año concreto. Esto generaría una consulta DAX en un modelo tabular.

Cuando Formula Engine recibe esa orden o consulta DAX, planifica todos los pasos a seguir para resolver la necesidad plasmándolo en lo que se llaman *query plans* (Logical Query Plan y Physical Query Plan).

Pero este motor no puede acceder a los datos y hacer efectiva su propia planificación. El motivo es que Formula Engine está hecho solo para planificar y calcular. Es el "cerebro" de un modelo tabular.

Por todo lo comentado en el párrafo anterior, Formula Engine delega la ejecución de los planes a otros motores presentes en SSAS y que sí tienen la capacidad de manejar datos: son los Storage Engine.

Storage Engine

Hay dos motores de tipo Storage Engine.

Vertipaq Storage Engine

Es el motor que recibe las órdenes de Formula Engine para acceder a los datos y hacer efectivos los cálculos cuando el usuario está trabajando con un modo de almacenamiento de datos llamado Import.

A Vertipaq Storage Engine se le encarga la tarea de acceder a los datos porque es él quien los organizó y comprimió previamente en el archivo cuando llegaron desde el origen de datos. Por lo tanto, es Vertipaq Storage Engine quien tiene "la llave" de los algoritmos utilizados para la compresión, puesto que serán necesarios esos mismos algoritmos para descomprimir los datos y acceder a ellos plenamente para realizar los cálculos pertinentes.

Aquí, un resumen sobre Vertipaq Storage Engine:

- Si la conexión a los datos origen es del tipo Import, Vertipaq Storage Engine recibe los datos, los organiza y comprime guardándolos físicamente en el archivo de trabajo.
- Para la organización y compresión de los datos, realiza una gestión de datos columnar. Es decir, separa los datos de las tablas por columnas independientes para poder aplicar algoritmos distintos de compresión según el tipo de dato de la columna y otros muchos factores (*Value encoding, Dictionary encoding* y *Run lenght encoding*).
- Los datos comprimidos residen de forma permanente en el archivo de trabajo (y, por lo tanto, en el disco duro del dispositivo), pero, al abrir ese archivo, se ejecuta una instancia de SSAS en la memoria RAM del ordenador que acogerá un duplicado de esos datos. Así pues, Vertipaq Storage Engine, a la

hora de acceder y descomprimir los datos a petición de Formula Engine, lo hará con los datos que están alojados en la memoria RAM del ordenador, lo que proporciona un acceso mucho más rápido a ellos.

- Al contrario que Formula Engine, Vertipaq no tiene capacidades de cálculo avanzadas (solo puede sumar, restar, multiplicar, etc.). Por ello, si Formula Engine delega en Vertipaq cálculos demasiado complejos, este le devolverá parte del trabajo a Formula Engine para que sea realizado entre ambos motores. En esta situación, el rendimiento baja significativamente y a esta situación se le llama `CallBackDataID`. Suele darse cuando Vertipaq necesita escanear columnas y a la vez realizar cálculos complejos: ¡demasiado trabajo para un solo motor!

Direct Query Storage Engine

Es el motor encargado de gestionar los datos cuando el usuario decidió que la conexión y el sistema de almacenamiento debía ser Direct Query.

Direct Query tiene como características principales las siguientes:

- Direct Query Storage Engine es soportado solo por algunas bases de datos SQL.
- No trabaja con los datos almacenados en el archivo PBIX, sino que gestiona las consultas DAX convirtiéndolas a lenguaje SQL y llevándolas hasta el origen de datos para que este ofrezca una respuesta ejecutando los cálculos allí. Por último, Direct Query Storage Engine trae de vuelta los resultados a Power BI.
- Direct Query Storage Engine tiene importantes limitaciones en cuanto al manejo de funciones DAX, pues no es compatible con un buen número de ellas.

NOTA:

En definitiva y como resumen, dependiendo de la forma en la que los datos están almacenados, Formula Engine delega la ejecución a un motor especializado en extraer datos almacenados en el propio archivo (Vertipaq Storage Engine) o a otro motor especializado en ir a buscar los datos a la base de datos original (Direct Query Storage Engine).

Esquema tabular

Veamos ahora en la figura A.2, a modo de resumen, un sencillo esquema de las partes de un modelo tabular en SSAS.

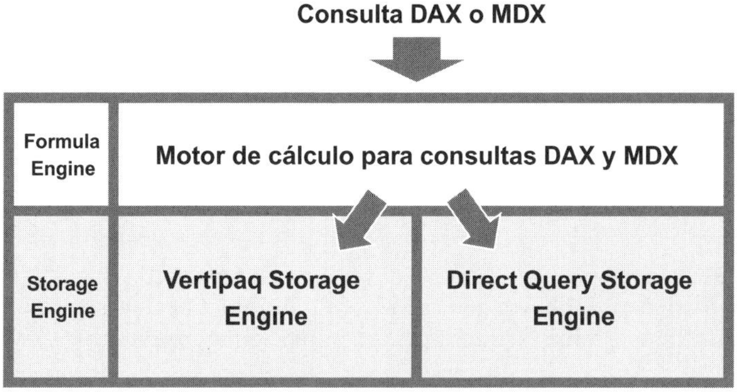

Figura A.2. Si entramos en la parte tabular y detallamos algo más qué hay dentro, nos encontramos dos motores y dos formas de almacenamiento de datos.

Concepto #2: campos o columnas clave

NOTA:

Un campo o columna clave es una columna cuyos valores identifican a cada fila o registro de una tabla.

Aunque un campo clave puede ser de tipo numérico o alfanumérico, para un óptimo rendimiento de nuestro modelo tabular y de las relaciones entre sus tablas, debemos forzar su conversión a tipo numérico entero mediante claves subrogadas. Entre otros motivos, en modo Import, Vertipaq Storage Engine es capaz de comprimir de forma más optimizada los números enteros que los textos.

NOTA:

Los campos o columnas clave se usan para establecer relaciones con otras tablas. Se llaman claves primarias o claves externas (primary keys *o* foreing keys) *dependiendo del tipo de tabla en el que están.*

Los campos clave permiten la integración de datos provenientes de distintas fuentes. Lo hacen siendo los puntos de unión de las relaciones entre tablas y permitiendo que sea posible el filtrado de datos mediante su propagación por las relaciones. En apartados posteriores se tratará la forma en la que se propagan los filtros mediante los campos clave y las relaciones.

En la figura A.3 vemos dos claves externas.

fechaPedido	ID_cliente	ID_producto	Ud	precioVentaUd
25/12/2024	6	1579	1	284,7
01/01/2025	10	1665	2	4,49
01/01/2025	10	1731	1	65,21
01/02/2025	11	2098	3	457,2
01/02/2025	11	1681	3	6,2
22/02/2025	17	165	5	725,33

Figura A.3. En la imagen vemos dos ejemplos de columnas con claves externas (ID_cliente e ID_producto). Sabemos que son externas porque hay claves repetidas y porque se trata de una tabla de hechos o de transacciones (en este caso, ventas).

Concepto #3: tablas de hechos vs. tablas de dimensión

Las tablas son los elementos principales de un modelo tabular, ya que contienen los datos que queremos analizar y visualizar. Podemos cargar tablas de diferentes formas, como conectándonos a una fuente de datos externa, cargando un archivo de Excel, escribiendo una consulta en el editor de Power Query o escribiendo una fórmula para crear una tabla calculada con DAX en el modelo de datos.

Independientemente del origen de las tablas, es importante identificar correctamente el tipo de cada tabla en nuestro modelo, ya que esto nos ayudará a definir las relaciones entre ellas y las medidas que queremos crear.

El esquema, *a priori*, está claro. Hay dos tipos de tablas en los modelos tabulares: tablas de hechos y tablas de dimensión.

Tablas de hechos

Concepto

NOTA:

Las tablas de hechos son aquellas que, mediante sus datos, expresan las transacciones o hechos empresariales que queremos analizar.

Por ejemplo, hay tablas de hechos que relacionan los datos de las facturas emitidas, o las recibidas o los movimientos de productos en un almacén.

Frente a algunas malas prácticas, lamentablemente muy extendidas, las tablas de hechos solo deben contener columnas con tres tipos de datos: los valores numéricos a analizar, fechas y claves externas numéricas.

Columnas con los datos numéricos a analizar

NOTA:

En las tablas de hechos debe haber columnas con los datos numéricos o cuantitativos que queremos medir o calcular.

Por ejemplo, columnas que contengan los valores de las unidades de producto que se venden o la propia cantidad, expresada en unidades monetarias, de las ventas. Si la tabla de hechos expresara hechos contables (por ejemplo, un registro de libro diario de una contabilidad), podríamos hablar de los importes de transacciones contables como el valor de las inversiones, los pagos, los cobros, etc. Las columnas de datos numéricos, en las tablas de hechos, pueden tener distintos formatos: entero, decimal, porcentaje, etc.

Columnas con fechas

Otro de los tipos de datos que debe tener una tabla de hechos son las fechas.

NOTA:

En una tabla de hechos, las fechas expresan el momento en el que se producen los hechos o transacciones que se pretenden estudiar.

En las tablas de hechos, una columna de fecha determinada siempre formará parte de uno de los extremos de una relación con una tabla de dimensión llamada tabla de fechas o tabla calendario (que tratamos en otro apartado).

Además, como figura en el título de este apartado, las fechas deben estar expresadas con granularidad a nivel de día. Por lo tanto, debemos evitar expresiones de fechas como: enero-2025, enero, Ene, etc.

Si por alguna circunstancia una tabla de hechos (por ejemplo, un presupuesto) tiene las fechas con alguna de las granularidades que hemos comentado en el anterior párrafo, debemos convertirlos en fases anteriores al modelado a formatos de fecha corta u otros donde aparezca referencia al día. Por ejemplo: 31/05/2025, 30/4/2026 o incluso como 20250531 o 20260530.

Por supuesto, hay tablas de hechos que requieren más de una columna de fechas. Esto ocurre cuando un hecho empresarial tiene una parte que se produce en un momento del tiempo y otras partes que tienen lugar en otros momentos distintos. Un ejemplo de esto podría ser la venta de producto que se envía al cliente: podríamos tener una columna para expresar el momento o fecha en el que se devenga la venta o pedido y otra columna para expresar el momento o fecha en el que se envía al cliente.

Columnas de claves externas

NOTA:

Las tablas de hechos también deben contener columnas clave llamadas claves externas.

Una columna de clave externa de una tabla de hechos tendrá como única misión ser uno de los extremos de una relación entre la propia tabla de hechos y otra tabla de dimensión (tipo de tabla que veremos en el apartado siguiente).

Así pues, las claves externas de las tablas de hechos identifican (mediante su capacidad de conectar con otras tablas) quién, qué o cómo es el protagonista del hecho acontecido en cada fila.

Una tabla de hechos no debe tener una columna clave primaria que identifique de forma única sus propios registros (sería una grave ineficiencia dada la cardinalidad de este tipo de columnas y la gran cantidad de filas que normalmente tienen o pueden llegar a tener las tablas de hechos).

Dicho lo anterior, también es cierto que las tablas de hechos deben cumplir con otra premisa para evitar errores en determinados cálculos que implican una transición de contextos (veremos este tema en el **apéndice D**): no deben tener filas completas exactamente iguales (si hubiera necesidad, deberían ser agrupadas esas filas en una sola con la misma fecha, mismas claves externas y la agregación adecuada para los valores numéricos).

Los valores de las columnas clave deberían ser del tipo numérico entero. Si desde el origen de datos no tuviéramos este tipo de dato para estas columnas aconsejamos provocarlo con procesos de transformación en Power Query o en el origen de datos (procesos de generación de claves subrogadas).

A continuación, en la figura A.4, vemos una tabla de hechos ajustada a buenas prácticas.

fechaPedido	ID_cliente	ID_producto	Ud	precioVentaUd
25/12/2024	6	1579	1	284,7
01/01/2025	10	1665	2	4,49
01/01/2025	10	1731	1	65,21
01/02/2025	11	2098	3	457,2
01/02/2025	11	1681	3	6,2
22/02/2025	17	165	5	725,33

Figura A.4. Este es un ejemplo de tabla de hechos que cumple con las características comentadas en puntos anteriores.

Tablas de dimensión

Concepto

NOTA:

Las tablas de dimensión son aquellas que contienen los datos categóricos o cualitativos que queremos usar para filtrar, agrupar o segmentar los datos de las tablas de hechos.

Ejemplos de tablas de dimensión son las dedicadas a los productos, los clientes, las regiones geográficas, etc.

Las tablas de dimensión pueden contener dos tipos de columnas.

Columnas de claves primarias

NOTA:

Una tabla de dimensión, en modelos tabulares optimizados, debe tener una (y solo una) columna clave (que se llama clave primaria o primary key*) que, por sí sola, debe identificar de forma única cada fila de la tabla. Esta columna tendrá como única misión ser uno de los extremos de una relación entre la propia tabla de dimensión y otra tabla de hechos.*

De lo anterior se desprende que una tabla de dimensión no puede tener filas duplicadas.

Los valores de las columnas clave de las tablas de dimensión deberían ser del mismo tipo de dato que las columnas clave de las tablas de hechos: numérico entero. Si desde el origen de datos no tuviéramos este tipo de dato para estas columnas, aconsejamos provocarlo generando lo que se llaman claves subrogadas con procesos de transformación en Power Query o en el origen de datos.

Columnas de atributos

NOTA:

Las tablas de dimensión también contendrán columnas con datos que describen los hechos empresariales que están relacionados en las tablas de hechos.

Estos datos descriptivos se llaman atributos y, mediante la implementación de la columna que los contiene en los objetos visuales de Power BI o en las tablas dinámicas de Excel, tendrán la misión de filtrar las tablas de hechos propagando filtros mediante la columna de relación.

Los datos de las columnas de atributos de una tabla de dimensión pueden tener cualquier formato (numérico, texto, fecha, etc.).

Para que los datos de una columna deban ser considerados como atributos, deben tener una relación inherente como el título de la tabla, es decir, con la dimensión. Por ejemplo, el nombre de un cliente es una característica o atributo estrecha y totalmente relacionada con la tabla de dimensión Clientes. Lo mismo ocurre con las columnas que contienen los valores que definen el color o la talla de los productos. Lo vemos en la figura A.5.

ID_cliente	genero	nombreEmpresaCliente
1	Masculino	Baltimore Markets
3	Femenino	Good Guys
5	Femenino	Second Time Around
6	Femenino	Grade A Investment
8	Masculino	MacMarr Stores
9	Femenino	Hamady Bros. Supermarkets
10	Masculino	Paul Harris
11	Masculino	Romp
14	Femenino	Robert Hall
15	Femenino	Electronics Source
16	Masculino	Cut Rite Lawn Care
17	Femenino	Modern Realty
18	Masculino	Virgin Megastores

Figura A.5. En la imagen vemos una tabla de dimensión con atributos que describen cómo son los clientes.

A veces, pueden surgir dudas de la conveniencia de considerar una columna como atributo de una dimensión o como valor de una tabla de hechos. Un ejemplo típico es el precio del producto. En este caso, y en un principio, el precio de un producto es una característica inherente y directamente relacionado con el propio producto. Por lo tanto, en teoría, debería estar en una columna colocada en la tabla de dimensión Productos.

Pero ¡cuidado!, porque existirá una relación estrecha entre precio y producto siempre que el precio sea relativamente estable (precios de catálogo). Porque si para cada transacción (o con mucha frecuencia) ocurre que el precio del producto puede cambiar, entonces podría no ser conveniente que el precio aparezca en una columna de una tabla de dimensión, sino en una columna en la tabla de hechos.

Algo parecido a lo comentado en el párrafo anterior lo podemos encontrar con otros datos. Por ejemplo, el código del vendedor que ha realizado o negociado comercialmente la transacción con el cliente podría ser algo inherente al cliente (si el mismo vendedor siempre trata con los mismos clientes) o podría ser un dato susceptible de colocar en una columna de una tabla de hechos (si cada vendedor puede vender a todos los clientes y, por lo tanto, podría ir cambiando de cliente venta a venta).

Si estamos ante casos de atributos que cambian lentamente a lo largo del tiempo (precios que cambian con cierta frecuencia, por ejemplo), podríamos considerar la dimensión como "lentamente cambiante" o SCD (*Slowly Changing Dimension*). Hay varios sistemas que establecen la forma en la que pueden ser tratados estos casos: `https://playbook.microsoft.com/code-with-dataops/capabilities/analytical-systems/data-distribution/data-modeling/slowly-changing-dimension/`.

Tablas de dimensión temporal

Las tablas de dimensión temporal no son un tercer tipo de tablas, sino que están encuadradas dentro de las tablas de dimensión.

Las tablas de dimensión temporal son tablas muy importantes y, como buena e irrenunciable práctica, en un modelo de datos debe existir, al menos, una tabla de dimensión temporal (ya sea una tabla de fechas o una tabla de dimensión horaria).

Tablas de fechas o tablas de calendario

Las tablas de fechas (o tablas de calendario) son tablas de dimensión que permiten al usuario filtrar y segmentar los datos en función de periodos de tiempo iguales o superiores a un día (días, semanas, meses, trimestres, años, etc.).

Estas tablas deben tener, obligatoriamente y al menos, una columna con fechas con las siguientes características:

- Granularidad a nivel de día.
- Será la columna de clave primaria y servirá para conectar, mediante una relación, la propia tabla de fechas con la tabla de hechos.
- No debe haber fechas repetidas ni fechas ausentes.

La existencia de una tabla de calendario y su columna clave debe ser comunicada a Power BI mediante el comando correspondiente de la ficha contextual Herramientas de tabla.

Las tablas de fechas son necesarias para poder aprovecharnos de las funciones de inteligencia de tiempo de DAX.

Este tipo de tablas se tratan en el **capítulo 1** de este libro.

NOTA:

No se debe usar la característica de inteligencia de tiempo llamada Fecha y hora automáticas que ofrece Power BI. Esto es debido a las enormes deficiencias relativas al almacenamiento y a las limitaciones de esta funcionalidad que está orientada tan solo a usuarios muy noveles que manejan modelos de datos extremadamente sencillos.

Tablas de dimensión horaria o tablas de dimensión tiempo

Las tablas de dimensión horaria son similares a las tablas de fechas, pero se utilizan para segmentar los datos en función de franjas horarias, horas, minutos y segundos (periodos de tiempo inferiores a un día).

Las tablas de dimensión horaria deben tener, como mínimo, una columna con horas que tendrán las siguientes características:

- Será la columna de clave primaria y servirá para conectar, mediante una relación, la propia tabla de dimensión horaria con la tabla de hechos.
- Tendrá un nivel de granularidad a nivel de hora, minuto o segundo, pero, en cualquier caso, será la misma granularidad que la columna relacionada en la tabla de hechos.
- No debe haber horas repetidas ni horas ausentes.

Las tablas de dimensión horaria se tratan en el **capítulo 2** de este libro.

Concepto #4: granularidad vs. cardinalidad

Granularidad

La granularidad es el nivel de detalle máximo que ofrecen los datos. Podemos hablar de granularidad de una columna o de granularidad de una tabla.

NOTA:

La granularidad de una columna estará referida al nivel de detalle en el que están los datos de una columna. Se entiende que en una columna solo debe haber datos en un único nivel de detalle.

Por ejemplo, si una columna tiene fechas detalladas a nivel de día, ese es su nivel de granularidad y esa sería, por ejemplo, una granularidad más alta que tener las fechas con un detalle a nivel de mes, como se ve en la figura A.6.

	fecha	ID_cuenta	importe
1	02/01/2023	6653	7,50
2	02/01/2023	6260	1,95
3	02/01/2023	5720	-9,45
4	04/01/2024	6250	543,22
5	04/01/2024	5720	-543,22
6	02/01/2023	5200	237,34

Figura A.6. La granularidad de la columna fecha está a nivel de día, puesto que se visualiza este detalle en cada celda.

NOTA:

La granularidad de una tabla está referida al concepto más detallado que representa cada fila completa de la tabla.

Por ejemplo, de una tabla de hechos en la que cada fila representa un producto vendido, se dice que la tabla tendrá una granularidad a nivel de producto. De forma distinta, tendríamos una granularidad a nivel de factura si cada fila completa de la tabla representara una factura de venta y no tenemos detalle de los distintos productos que pudieran estar incluidos. Otro ejemplo lo tendríamos con una tabla de un registro diario, en el que cada fila representa un apunte contable. Lo vemos en la figura A.7.

	fecha	ID_cuenta	importe
1	02/01/2023	6653	7,50
2	02/01/2023	6260	1,95
3	02/01/2023	5720	-9,45
4	04/01/2024	6250	543,22
5	04/01/2024	5720	-543,22
6	02/01/2023	5200	237,34

Figura A.7. En este caso, ponemos como ejemplo una tabla de registro diario de una contabilidad. Como analistas, necesitamos tener un cierto conocimiento de qué expresa la tabla y cómo (aunque esto no esté expresado de forma evidente) una tabla de diario contable tiene, como granularidad máxima, el apunte (varios apuntes se agrupan en los llamados asientos y varios asientos pueden estar incluidos en un mismo día).

La granularidad afecta a la utilidad del modelo, ya que una granularidad alta permite más opciones de análisis y visualización. Una granularidad baja permite menos opciones o dificulta algunos tipos de análisis. La granularidad adecuada dependerá de las necesidades y los objetivos de nuestro análisis. Siempre que sea posible, debemos intentar establecer granularidades lo más pequeñas posible porque con toda probabilidad será más eficiente.

Cardinalidad

El concepto de cardinalidad se aplica en varios ámbitos en los modelos tabulares o analíticos: podemos hablar de cardinalidad de una columna o de cardinalidad de una relación.

Cardinalidad de una columna

NOTA:

Es el número de valores distintos que hay en una columna de una tabla de nuestro modelo.

La cardinalidad afecta al tamaño y al rendimiento del modelo, ya que una cardinalidad alta implica menos compresión de los datos y, por lo tanto, más ocupación de espacio físico y de espacio en memoria RAM. El motivo es que los algoritmos de compresión que aplica Vertipaq Storage Engine se basan, principalmente, en agrupar internamente y comprimir todos los valores similares. Cuanto menos valores iguales (mayor cardinalidad), menor grado de compresión.

La cardinalidad es uno de los conceptos clave en la optimización de modelos de datos tabulares o analíticos.

Cardinalidad de una relación

NOTA:

La cardinalidad de una relación hace referencia al tipo de cardinalidad que tiene la columna de una de las partes de la relación y la columna de la otra parte de la relación.

En el apartado "Concepto #5: relaciones entre tablas" extendemos las explicaciones sobre la cardinalidad de una relación.

Cardinalidad vs. granularidad

No hay que confundir los conceptos de granularidad y cardinalidad. La mayoría de las veces, los cambios en una afectan proporcionalmente a la otra. Pero no siempre.

Consideremos la tabla de la figura A.8, en la que hay una columna con fechas cuyos días pueden ser distintos.

	fecha	ID_cuenta	importe
1	02/01/2023	6653	7,50
2	02/01/2023	6260	1,95
3	02/01/2023	5720	-9,45
4	04/01/2024	6250	543,22
5	04/01/2024	5720	-543,22
6	02/01/2023	5200	237,34

Figura A.8. En esta tabla, la cardinalidad de la columna fecha puede llegar a ser 365 por cada año que tenga datos (puede haber 365 días distintos al año).

Por ejemplo, si convertimos las fechas con Power Query a fechas "final de mes" estamos manteniendo la granularidad (que seguirá siendo a nivel de día después de la conversión), pero estaremos bajando la cardinalidad (con la conversión, habrá solo doce fechas distintas a lo largo de cada año), como se ve en la figura A.9.

	fecha	ID_cuenta	importe
1	31/01/2023	6653	7,50
2	31/01/2023	6260	1,95
3	31/01/2023	5720	-9,45
4	31/01/2024	6250	543,22
5	31/01/2024	5720	-543,22
6	31/01/2023	5200	237,34

Figura A.9. La cardinalidad de la columna fecha, en este caso, se ha convertido a 12. Se ha hecho transformando cada fecha en una fecha que tiene el día final de mes (esto es posible con Power Query). Así, solo aparecerán fechas como 31/01/2024, 29/02/2024, 31/03/2024, etc.

Técnicas de reducción de la granularidad como la que hemos visto solo se pueden hacer si los requerimientos de negocio lo permiten.

Concepto #5: relaciones entre tablas

Concepto de relación

NOTA:

Una relación, en el mundo de las bases de datos, es una especie de conexión establecida entre dos tablas.

Una relación se basa en conectar dos tablas desde una columna clave de una de las tablas hasta otra columna clave de la otra tabla.

En un modelo tabular, las relaciones propagan filtros entre tablas para que trabajen en equipo ofreciendo información coherente.

Propagación de filtros

NOTA:

La propagación de filtro es el proceso por el cual los filtros aplicados a una tabla A se transmiten a otra tabla B relacionada, restringiendo así el conjunto de datos que se pueden consultar en la tabla B.

Una de las estrategias principales de DAX para ofrecer resultados mediante sus fórmulas es filtrar las tablas para que esos cálculos se realicen solo sobre una parte concreta del grueso de los datos. Por ello es tan importante entender el proceso de filtrado y de propagación de filtros.

Por ejemplo, si tenemos una tabla de clientes y una tabla de pedidos y filtramos la tabla de clientes por una ciudad específica, la tabla de pedidos también se filtrará por los pedidos realizados por los clientes de esa ciudad. De esta manera, podemos obtener información más precisa y relevante sobre nuestro negocio.

Es posible aplicar filtros a los datos de un modelo de distintas formas: con segmentadores de datos, con atributos implementados en objetos visuales, con medidas DAX que contienen funciones a tal efecto, etc.

En el **apéndice B** se desarrolla ampliamente algunos todos estos aspectos del filtrado. En cualquier caso, en la figura A.10, vamos a exponer el mecanismo básico por el cual un filtro se propaga de una tabla a otra.

Dirección de filtro cruzado

La dirección de filtro cruzado se refiere a la dirección por la cual se propagan los filtros entre las tablas relacionadas. Puede ser unidireccional o bidireccional.

La propagación de filtro depende de la dirección de filtro cruzado, que en Power BI se puede configurar al crear o modificar una relación entre dos tablas.

Establecer una dirección de filtro cruzado unidireccional "uno a varios" en una relación que es de cardinalidad "uno a varios" es la situación normal en la que Power BI catalogará esa relación como ordinaria y no limitada.

Aunque decíamos que la dirección de filtro cruzado puede ser unidireccional o bidireccional, este último tipo está severamente desaconsejado en modelos tabulares debido a la consideración, por parte de Power BI, de relación limitada (ineficiente) a la que usa una dirección de filtro cruzado bidireccional.

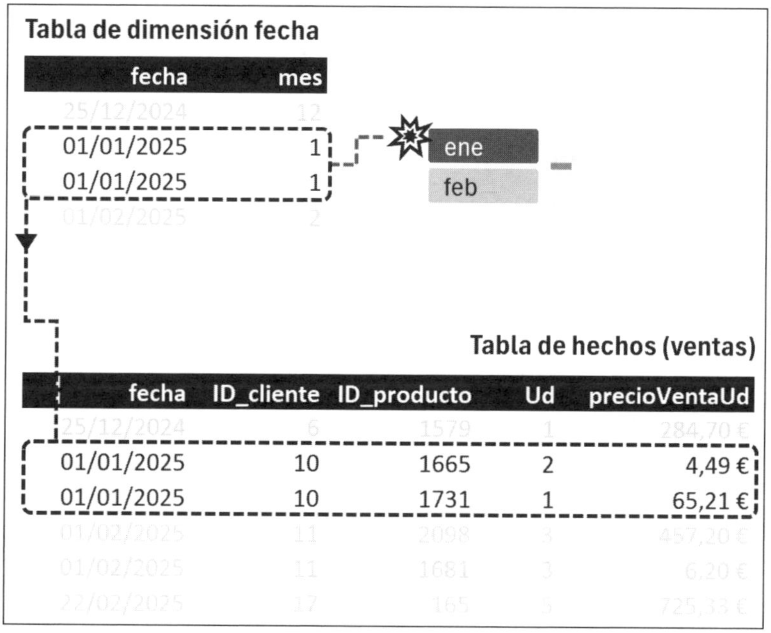

Figura A.10. En la imagen, partiendo de un filtro-segmentador sobre una tabla de dimensión, el filtro se propaga por el atributo mes y por las columnas de fecha hasta los valores numéricos (de la tabla de hechos) que quedarán "visibles" y formarán parte del informe. La flecha que vemos orientada hacia la tabla de hechos indica que la dirección de filtro cruzado va en el sentido normal.

Si alguna vez es necesaria una dirección de filtro cruzado bidireccional debemos activarla en tiempo de consulta desde DAX con la función `CROSSFILTER`. Esta función, trabajando juntamente con `CALCULATE`, puede activar momentáneamente (mientras se ejecuta la consulta DAX) la dirección de filtro cruzado según nuestras necesidades. Pero nunca deberíamos establecer esa dirección de filtro cruzado como bidireccional permanente en las relaciones establecidas "físicamente" en el modelo.

Tipos de relaciones

Físicas vs. virtuales

Podemos crear relaciones de dos tipos: físicas y virtuales.

En este apartado siempre nos referiremos a las relaciones físicas que se pueden establecer mediante la **Vista de modelo** de Power BI o la **Vista de diagrama** en Power Pivot.

Las relaciones virtuales están referidas a las que se pueden realizar con funciones entre tablas que están desconectadas físicamente. Esto se puede hacer mediante funciones como `TREATAS`.

En función de la cardinalidad

En relación con la cardinalidad de las relaciones, hay tres tipos:

- **De uno a uno:** Cuando en las columnas clave de ambos lados de la relación no hay valores repetidos. O, lo que es lo mismo, solo hay valores únicos.
- **De uno a varios:** Cuando en la columna clave de uno de los lados de la relación solo hay valores únicos y en la columna clave del otro lado de la relación existen valores repetidos.
- **Varios a varios:** Cuando en las columnas clave de ambos lados de la relación hay valores repetidos.

En determinadas ocasiones podremos cambiar la dirección de filtro cruzado de relaciones. Esta dirección puede ser unidireccional o bidireccional en Power BI (no en Power Pivot). Este tipo de cardinalidad en las relaciones entre tablas es peligroso y está desaconsejada, especialmente cuando la dirección de filtro cruzado es bidireccional. Hablaremos más en profundidad de esto en los siguientes apartados.

Tenemos, en la figura A.11, un ejemplo de aviso de Power BI para alertar sobre la no conveniencia de establecer una relación de varios a varios.

Relaciones limitadas vs. normales

Relaciones limitadas

Una relación es catalogada por Power BI como limitada cuando se da alguna de estas situaciones:

- Cuando la cardinalidad de la relación es de varios a varios.
- Cuando la relación está establecida entre una tabla que funciona en modo Import (usa Vertipaq Storage Engine) y otra tabla que funciona con Direct Query (Direct Query Storage Engine).

Cuando una relación es considerada como limitada, Power BI no puede usar una característica llamada tablas expandidas. Las tablas expandidas son una especie de combinación virtual de todas las tablas del modelo a modo de desnormalización. Su utilidad es dotar a Power BI de una especie "mapa general del modelo" que va a provocar búsquedas de datos mucho más eficientes.

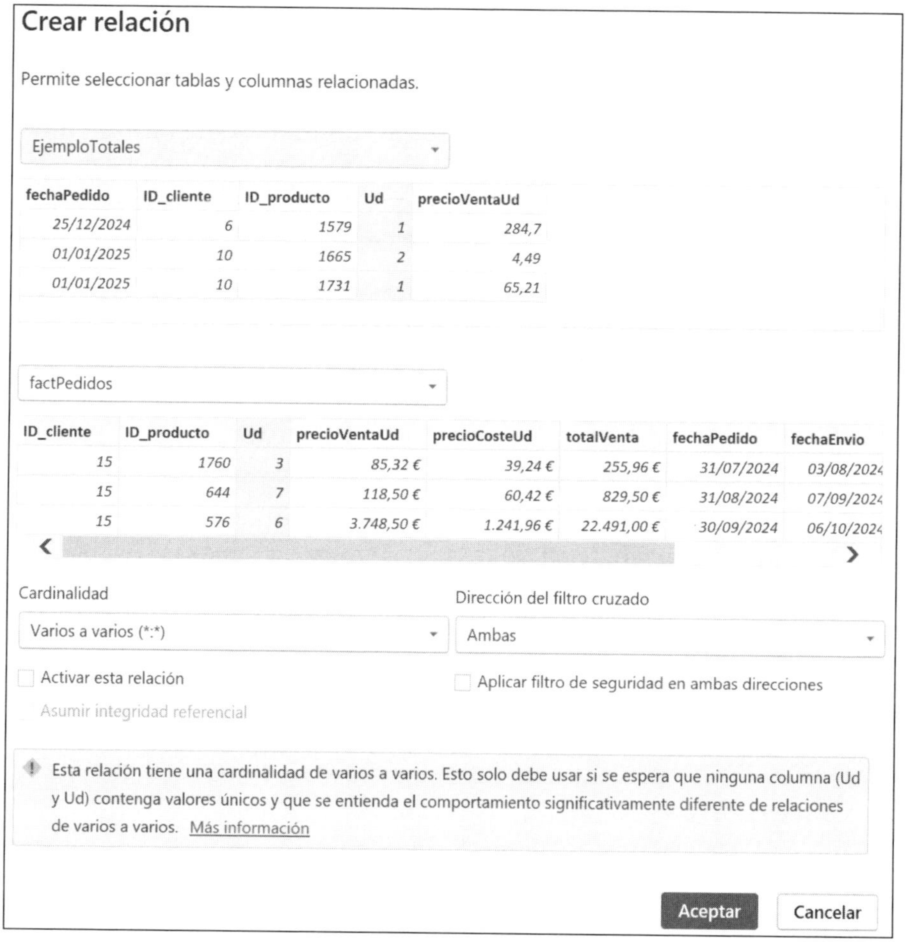

Figura A.11. En la imagen, vemos un cuadro de diálogo que aparece al intentar crear una relación de varios a varios. Debemos fijarnos en la zona resaltada de la parte inferior.

Podemos entender mejor esto si imaginamos uno de esos antiguos y gruesos libros de callejeros de ciudades. A veces, resultaba lento tener que dar seguimiento a una calle cuando la teníamos localizada en una página, pero teníamos que buscar esa misma calle en otra página que le daba continuidad ¿Verdad que todo era más sencillo cuando teníamos un mapa general que daba una visión panorámica de todas las calles?

Por las razones expuestas anteriormente, las relaciones limitadas tienen como principal característica su ineficiencia, al carecer de esas tablas expandidas y obligar a los motores de Power BI a construir relaciones de una forma más "artesanal".

Hay otros motivos por los que una relación limitada no es conveniente. Por ejemplo, enmascaran los problemas de integridad referencial, generando errores de cálculo en los totales.

Por cierto, otra mala noticia para las relaciones limitadas es la imposibilidad de usar la útil función `RELATED` en DAX.

Relaciones normales

Las relaciones consideradas como normales son las que conectan tablas que pertenecen a un mismo tipo de almacenamiento y su cardinalidad es de uno a varios: `https://learn.microsoft.com/es-es/power-bi/transform-model/desktop-relationships-understand`.

Relaciones activas e inactivas

Entre una tabla de hechos y otra de dimensión (al suponer una mala práctica, no contemplamos la posibilidad de relacionar entre sí tablas de hechos) puede haber más de una relación definida. Pero tanto Power BI como Power Pivot no permiten que ambas relaciones sean consideradas relaciones activas de forma simultánea.

Solo la primera de las relaciones que establezcamos entre dos tablas será la considerada como relación "titular" o activa. La otra debe permanecer como inactiva para que la podamos usar en determinados casos de necesidad con la función de DAX `USERELATIONSHIP` dentro de una medida.

Activar una relación u otra mediante DAX nos permitirá realizar medidas que ofrezcan resultados filtrados por unas u otras columnas y esto ofrece una gran potencia al modelo.

Buenas prácticas con relaciones

NOTA:

A pesar de que técnicamente son posibles cardinalidades de uno a uno y de varios a varios (Power BI nos ofrece esas posibilidades, pero no Power Pivot de Excel), en los modelos tabulares analíticos debemos utilizar únicamente relaciones con cardinalidad de uno a varios.

Si tuviéramos dos tablas para establecer entre ellas una relación de uno a uno, significaría que esas dos tablas podrían combinarse (en fases previas de modelado) en una sola y esto sería más eficiente.

Si tuviéramos dos tablas para establecer entre ellas una relación de varios a varios, Power BI la catalogaría como una relación "limitada" y ya hemos comentado en apartados anteriores la no conveniencia de esto.

Antes de llegar a usar una relación de varios a varios habría que agotar las posibilidades de modelar de otra forma nuestros datos, incluyendo el uso de tablas puente o de funciones como `TREATAS`, que pueden crear relaciones virtuales entre tabla.

Recursos en la web sobre relaciones

- `https://learn.microsoft.com/es-es/power-bi/transform-model/desktop-create-and-manage-relationships`.
- `https://www.sqlbi.com/articles/relationships-in-power-bi-and-tabular-models/#Understanding%20Different%20Types%20of%20Many-To-Many%20Relationships`.

Concepto #6: tipos de esquemas de modelos de datos

NOTA:

El esquema de un modelo tabular es la forma en la que organizamos y estructuramos sus tablas y sus relaciones.

Existen diferentes tipos de esquemas que podemos usar, dependiendo de la complejidad y la naturaleza de nuestros datos. Los dos tipos más comunes (y los únicos que vamos a tratar en este apartado y, en general, en el libro) son: el esquema de estrella y el esquema constelación.

Esquema de estrella

NOTA:

Consiste en tener una tabla de hechos en el centro imaginario del modelo y n *tablas de dimensión alrededor, formando una figura similar a una estrella con* n *puntas.*

Cada tabla de hechos se relaciona directamente con cada una de las tablas de dimensión que hubiera mediante una sola relación de uno a muchos y con direcciones de filtro unidireccionales.

Es el tipo de esquema más recomendado, ya que permite crear modelos eficientes, fáciles de entender y escalables.

Además de no aconsejadas, no son propias de los modelos de estrella las relaciones que se establecen entre tablas de dimensión ni las que se establecen entre tablas de hechos.

Este tipo de esquema no evita en gran medida la redundancia de datos, pero reduce el número de relaciones y mejora el rendimiento y la facilidad con la que se diseñan los cálculos mediante DAX.

En la figura A.12 tenemos un esquema de estrella.

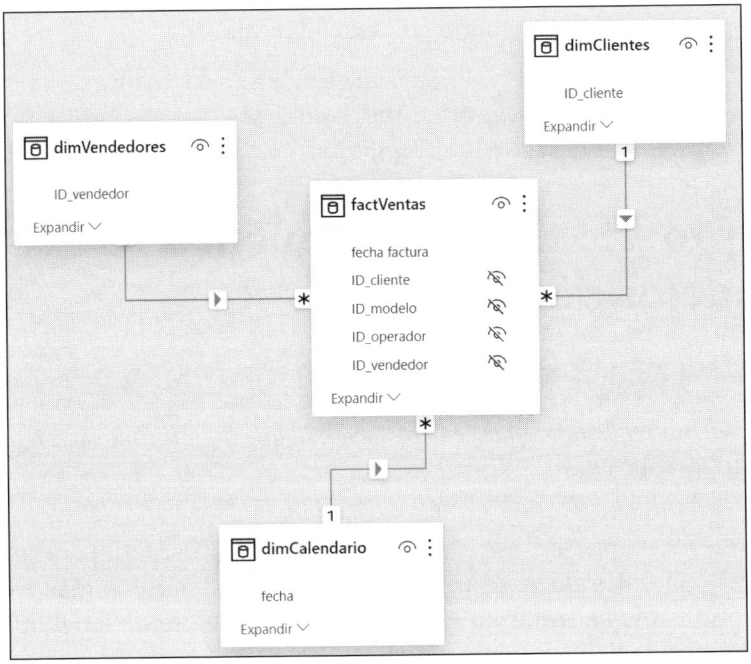

Figura A.12. El esquema que vemos en la imagen es del tipo estrella, puesto que cumple con los requisitos descritos en este apartado.

Esquema constelación

NOTA:

Resulta ser un tipo de esquema de estrella evolucionado donde aparecen varias tablas de hechos (que ocuparían en centro imaginario del conjunto de tablas) y que estarían relacionadas también con varias tablas de dimensión que se situarían alrededor.

Si bien el modelo en forma estrella es una idea "icónica" utilizada constantemente en determinados ámbitos debido a su sencillez, es muy frecuente que el analista de datos se vea obligado a usar un tipo de esquema de constelación en la realidad de las empresas. Por ejemplo, es habitual que una empresa necesite un informe que combine datos de compras, de ventas y de almacenes. En este ejemplo que mencionamos ya necesitaríamos varias tablas de hechos para cumplir con los requerimientos de negocio.

En los esquemas de constelación, cada tabla de hechos se relaciona con una o más tablas de dimensión y una tabla de dimensión puede estar relacionada con más de una tabla de hechos.

Las relaciones deben ser de uno a muchos y con direcciones de filtro unidireccionales. Además de no aconsejadas, no son propias de los modelos de constelación las relaciones entre tablas de dimensión ni entre tablas de hechos. Los esquemas de modelos de datos en constelación son perfectamente recomendados al cumplir con las premisas básicas de los modelos de estrella. La figura A.13 muestra un esquema en constelación.

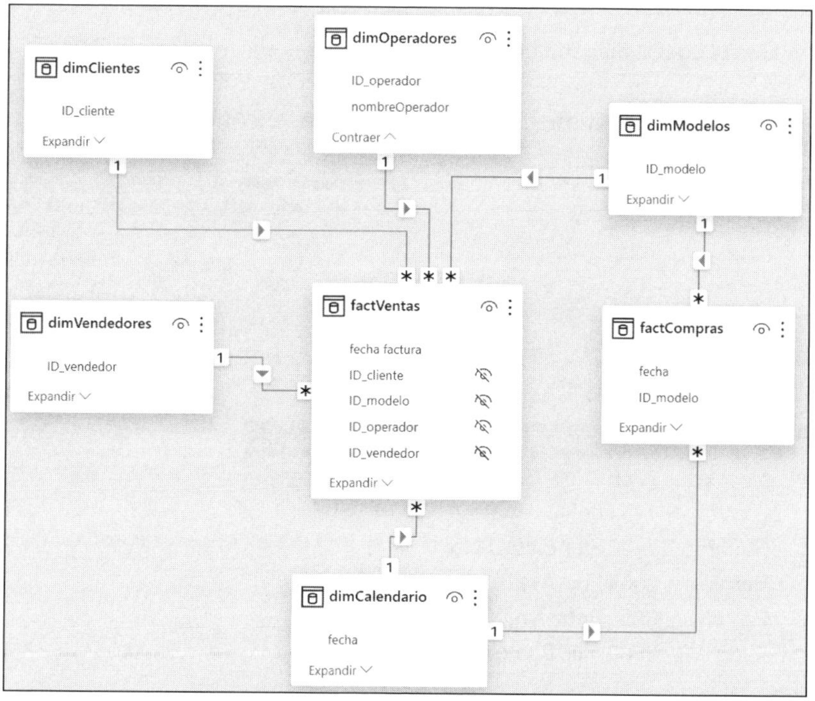

Figura A.13. El esquema que vemos en la imagen es del tipo constelación, puesto que tiene más de una tabla de hechos (**factVentas** y **factCompras**) y cumple con los requisitos de los modelos de estrella.

Concepto #7: normalización de tablas

NOTA:

La normalización de una tabla es el proceso de eliminar o reducir la redundancia de sus datos mediante la división en dos o más tablas más pequeñas que la original y que contendrán menos redundancia en sus datos.

En la figura A.14 se muestra una tabla de dimensión desnormalizada.

Nombre	Apellido	Dirección	Ciudad	Estado
Katlyn	Moseley	7749 Snow Ln	Tulsa	Oklahoma
Walker	Preston	443 Fuel Avenue	Billings	Montana
Keenan	Hedon	7406 Plantation Blvd	Mobile	Alabama
Jaden	Harris	2604 Fish Ave E	St. Petersburg	Florida
Maribel	Foster	8056 Soda Ave N	Mobile	Alabama
Carrie	Radcliff	3568 Milk Boulevard NE	St. Petersburg	Florida

Figura A.14. La tabla de la imagen tiene valores redundantes en las columnas **Ciudad** y **Estado**.

Y ahora, en la figura A.15 vemos, puesto en práctica, el concepto de normalización.

ID_geografía	Ciudad	Estado
1	Tulsa	Oklahoma
2	Billings	Montana
3	Mobile	Alabama
4	St. Petersburg	Florida

Nombre	Apellido	Dirección	ID_geografía
Katlyn	Moseley	7749 Snow Ln	1
Walker	Preston	443 Fuel Avenue	2
Keenan	Hedon	7406 Plantation Blvd	3
Jaden	Harris	2604 Fish Ave E	4
Maribel	Foster	8056 Soda Ave N	3
Carrie	Radcliff	3568 Milk Boulevard NE	4

Figura A.15. En este caso, vemos la tabla de la figura A.14, pero ya normalizada mediante su división en dos tablas. Se puede apreciar la reducción de redundancia en la columnas **Ciudad** y **Estado**. A cambio, deben existir ahora nuevas columnas que permitirán la relación entre ambas tablas.

La normalización de tablas ayuda a ahorrar espacio y memoria, pero tiene efectos perjudiciales en los modelos tabulares. El motivo es doble:

- La normalización genera una mayor cantidad de tablas y, por lo tanto, una mayor cantidad de relaciones. En los modelos tabulares, las relaciones suponen uno de los mayores cuellos de botella en la propagación de filtros a los datos.
- Los modelos tabulares que tienen un tipo de almacenamiento de datos Import tienen como mejor aliado a Vertipaq Storage Engine, que tiene una gran habilidad a la hora de comprimir los datos mediante avanzados algoritmos. Por lo tanto, la ventaja de la normalización de tablas, en cuanto a ahorro de espacio y memoria, pierde gran parte de su sentido.

NOTA:

En Power BI o Power Pivot, no debemos realizar procesos de normalización de tablas que provoquen "cadenas" de varias relaciones entre las tablas de dimensión de nivel de jerarquía más alta.

Por ejemplo, no debemos tener una tabla de dimensión para los productos y otra para las categorías de producto. Deberíamos desnormalizarlas combinándolas en una sola mediante procesos de transformación con Power Query, por ejemplo.

En definitiva, debemos tender a usar modelos en esquema de estrella.

B El contexto de filtro en DAX

En este capítulo aprenderás:

- El concepto de contexto de filtro en DAX.
- Cómo se forma el contexto de filtro y qué componentes lo conforman.
- El orden de prelación de los distintos componentes del contexto de filtro.
- Cómo actúa el contexto de filtro durante la creación de columnas calculadas, tablas calculadas y medidas explícitas.

¿Cómo actúa DAX para resolver cálculos?

En DAX no es posible hacer referencia a celdas de una forma directa y transparente para el usuario (como sí ocurre en Excel). Esto no hay que verlo como una deficiencia de DAX, sino como una característica propia de una aplicación orientada exclusivamente a analizar enormes conjuntos de datos.

DAX necesita estrategias para establecer cuáles serán las celdas que contienen los valores que formarán parte de las operaciones matemáticas que ofrecerán los resultados de las medidas. Para ello usa, básicamente, tres estrategias para conseguir determinar las celdas que serán evaluadas. Esas tres estrategias se llaman: contexto de filtro, contexto de fila y transición de contextos.

El "arte" de escribir código DAX no es, ni mucho menos, la memorización de un buen número de funciones. Al contrario, nuestro éxito con DAX será nuestro éxito en el conocimiento de los contextos, en cómo manejarlos y utilizarlos a nuestro favor. Aunque no es autosuficiente para algunos requerimientos, sí es cierto que el llamado contexto de filtro es, de los tres conceptos relativos a los contextos, el más importante y el de más frecuente uso en DAX.

En este capítulo vamos a intentar poner al descubierto este concepto. Y comenzamos a hacerlo contando una historia. Esa historia describirá el proceso completo desde que hay un requerimiento de actualización de los datos en un objeto visual (lo que se llama una consulta DAX), hasta que se obtiene la respuesta en esa tabla, tarjeta, gráfico, etc.

El paseo por esta historia y su entendimiento nos evidenciará qué es el contexto de filtro y cómo condiciona a toda esa historia.

Si el lector está iniciándose en el mundo de DAX, quizá solo sea necesario que lea los dos primeros apartados de la siguiente sección.

Historia de una consulta DAX

Planteamiento de la situación

Pongamos, como ejemplo, el objeto visual de la figura B.1, en el cual vemos que en la columna de la derecha deberían aparecer datos para cada uno de los meses que vemos a la izquierda.

Como ejemplo, supongamos que la medida que vamos a implementar es una que nos ofrece las ventas de una empresa. La primera conclusión a la que debemos llegar es que las cantidades que aparecerán en la columna de la derecha de la anterior imagen serán el resultado de dividir las ventas de todo el trimestre, con las cantidades correspondientes a cada uno de los meses. Por ello, se dice que cada uno de los meses que vemos a la izquierda "filtra" la cantidad total (dejan como visibles en cada celda del objeto visual solo las ventas de cada mes).

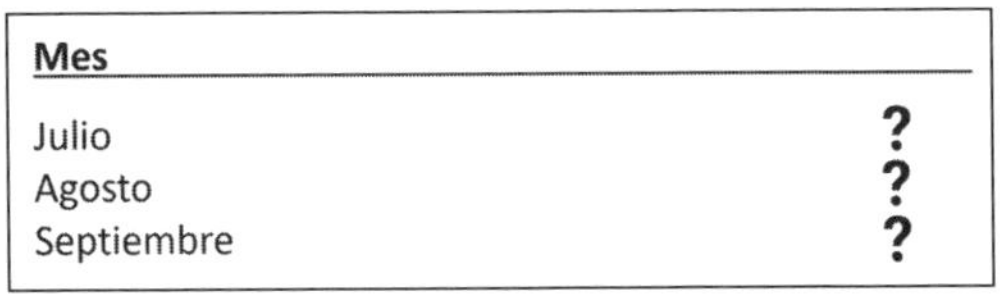

Figura B.1. Los atributos de tablas de dimensión que compilamos en objetos visuales resultan ser filtros que segmentan los resultados de las medidas.

Así pues, acabamos de descubrir que existen una serie de filtros (en la columna de la izquierda) que estarán influyendo en los resultados (en la columna de la derecha). Esos filtros los representaremos mediante unos iconos de embudo en la figura B.2.

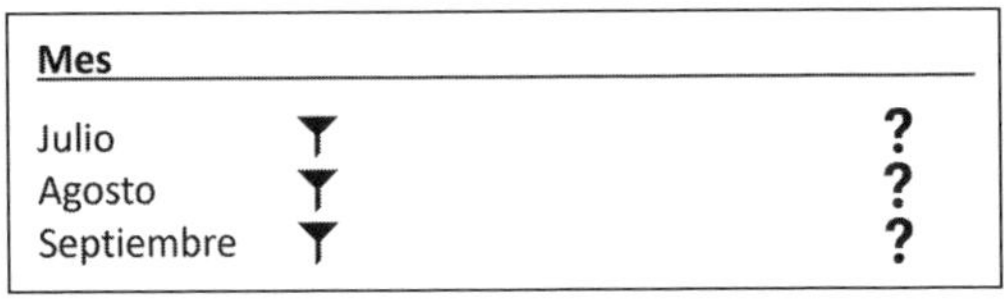

Figura B.2. La medida ofrecerá, para cada uno de los tres contextos de evaluación, la cantidad correspondiente a cada mes.

Ahora, llega el momento de hablar de la medida que estará implementada en el objeto visual. Como ya hemos comentado antes, esta, será la medida Ventas y, como ejemplo, hemos utilizado una función `CALCULATE` que tiene la capacidad de aportar un filtro (el que se puede ver en su segundo argumento) para que el cálculo definido en su primer argumento quede filtrado.

La función `CALCULATE` la podemos ver incorporada a la siguiente imagen, en la figura B.3. En este caso, ya hemos incluido un icono de embudo para indicar que, mediante el propio código DAX de la medida, ya estamos aportando un nuevo filtro que afectará a los resultados (año `2024`).

A continuación, vemos que existe la posibilidad de que el usuario utilice segmentadores de datos que también limitarán los resultados a los ítems elegidos. Lo vemos en la parte superior izquierda de la figura B.4.

En definitiva, los resultados pueden estar influidos por muchos condicionantes en forma de filtro. Estarán, por lo tanto, influidos por lo que se llama el contexto de filtro.

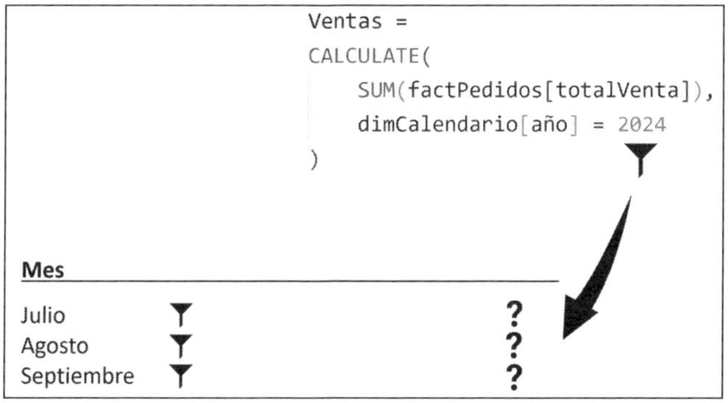

Figura B.3. La propia medida ya incorpora condiciones de filtrado para los resultados (además de las que ya hemos visto que incorpora el propio objeto visual con los meses).

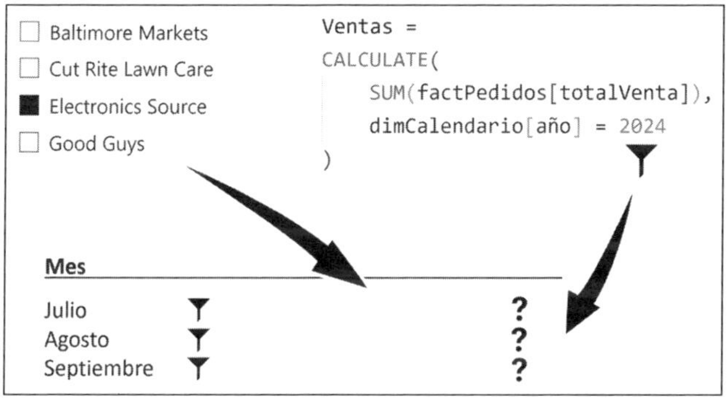

Figura B.4. La medida anterior deberá evaluarse tres veces en el objeto visual: una por cada celda de la columna donde aparecerán los resultados. En cada una de las tres evaluaciones, habrá un contexto de filtro distinto: 1) Electronics Source, 2024 y julio; 2) Electronics Source, 2024 y agosto; 3) Electronics Source, 2024 y septiembre.

NOTA:

El contexto de filtro es el conjunto de filtros que condicionan los resultados de una consulta DAX.

En cada celda del objeto visual donde debe aparecer un resultado de la medida, hay un contexto de evaluación distinto e independiente de los demás. Es decir, la medida que creamos debe evaluarse de forma completa y exclusiva para cada celda de objeto visual.

En la figura B.5 podemos ver una representación imaginaria del contexto de filtro. Se trata de un área que recoge, en forma de tablas, cada una de las columnas que está filtrando de una u otra forma el modelo de datos.

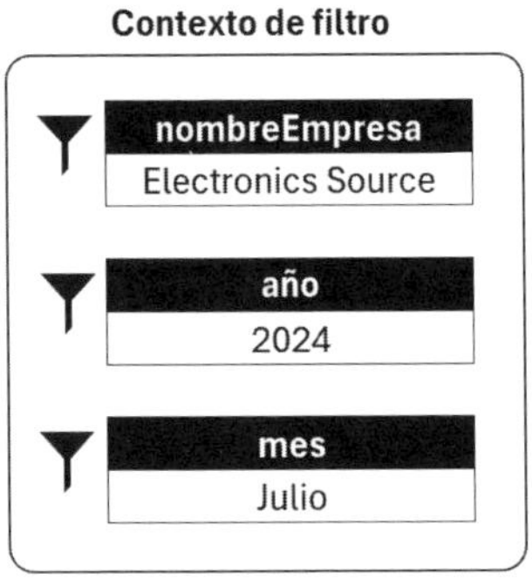

Figura B.5. El contexto de filtro, tradicionalmente, se suele representar mediante tablas expuestas dentro de un conjunto. En Power BI, los filtros son tablas (debemos imaginarlos como tales).

Totales en Power BI y el contexto de filtro

Si queremos poner a prueba el correcto entendimiento del contexto de filtro, una prueba clásica es razonar el origen de la cantidad que aparece en la celda de total de una tabla o matriz en Power BI o en una tabla dinámica de Excel.

Consideremos la siguiente tabla origen de datos que vemos en la figura B.6.

fechaPedido	ID_cliente	ID_producto	Ud	precioVentaUd
25/12/2024	6	1579	1	284,7
01/01/2025	10	1665	2	4,49
01/01/2025	10	1731	1	65,21
01/02/2025	11	2098	3	457,2
01/02/2025	11	1681	3	6,2
22/02/2025	17	165	5	725,33

Figura B.6. Con un ejercicio basado en esta tabla, entenderemos más en profundidad el contexto de filtro.

Si creáramos un objeto visual que calculara el promedio (agrupado por meses) de las unidades vendidas de la anterior tabla llamada EjemploTotales, podríamos usar una medida como esta:

```
Promedio Ud =
AVERAGE(EjemploTotales[Ud])
```

Y el resultado, en un objeto visual de tabla y considerando un filtro explícito de año = 2025, sería el que vemos en la figura B.7.

Insistimos en algo que ya hemos comentado anteriormente, pero debemos repetir incansablemente.

año

- ☐ 2024
- ■ 2025
- ☐ 2026

nombreMes	Promedio Ud
ene	1,50
feb	3,67
Total	**2,80**

Figura B.7. Vemos una simple tabla y un segmentador que limita los datos al año 2025.

NOTA:

Cada una de las celdas del objeto visual donde debe aparecer un resultado es un contexto de evaluación distinto.

Por lo tanto, vemos que la medida Promedio Ud debe evaluarse tres veces: dos para los meses de enero y febrero que están filtrando en la tabla y otra vez más para el total (donde no hay ningún mes ni ningún otro atributo filtrando, puesto que la palabra Total es solo una etiqueta de texto).

Entonces, ¿cómo se construye el resultado de 1,50 ud que está a la altura del mes de enero de 2025? Es decir, ¿en qué contexto de filtro se evalúa la medida que debe ofrecer el resultado exactamente en esa primera celda de la columna Promedio Ud?

La respuesta esta en la figura B.8.

fechaPedido	ID_cliente	ID_producto	Ud	precioVentaUd
01/01/2025	10	1665	2	4,49
01/01/2025	10	1731	1	65,21

Figura B.8. La zona más clara contiene las filas supervivientes al contexto de filtro.

Podemos ver que los valores de unidades que han sobrevivido para el promedio del mes de enero de 2025 son 2 y 1. El promedio es sencillo: 1,5 y lo vemos como resultado en la tabla.

El contexto de filtro en el que se ha evaluado la medida ha sido el que vemos en la figura B.9.

Hasta aquí, todo está claro y podríamos realizar el mismo ejercicio con el mes de febrero y entenderíamos perfectamente de dónde sale el promedio 3,67 ud.

Pero ¿de dónde se obtiene el total que podemos ver que es igual a 2,80 ud?

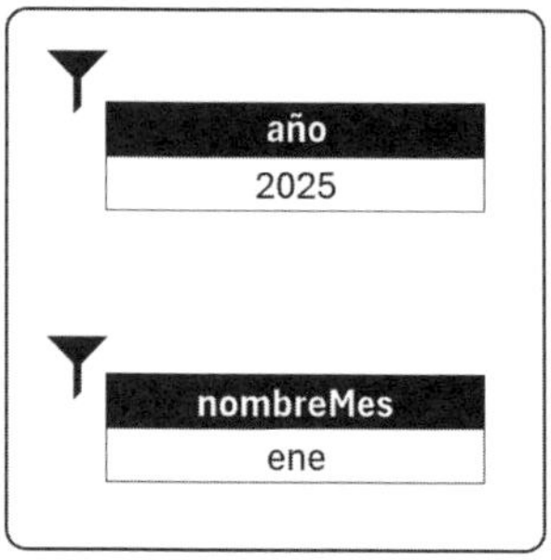

Figura B.9 El contexto de filtro que está influyendo en la primera celda de la columna **Promedio Ud** del objeto visual de tabla es el que vemos en la imagen.

fechaPedido	ID_cliente	ID_producto	Ud	precioVentaUd
01/01/2025	10	1665	2	4,49
01/01/2025	10	1731	1	65,21
01/02/2025	11	2098	3	457,2
01/02/2025	11	1681	3	6,2
22/02/2025	17	165	5	725,33

Figura B.10. Estas son las celdas supervivientes al contexto de filtro para la celda de total del objeto visual de tabla.

Así pues, el promedio de 2,80 ud está calculado sobre los valores 2, 1, 3, 3 y 5 de la columna Ud y es el correcto.

En las celdas de Total del objeto visual de tabla de la figura B.7 no hay atributos que filtren dentro del objeto visual. El contexto de filtro donde se ha evaluado la medida en la celda de total es el siguiente, que se ve en la figura B.11.

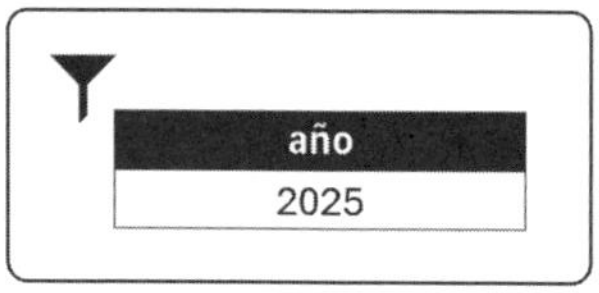

Figura B.11 En el caso de la celda del total, solo el filtro externo del año 2025 forma parte del contexto de filtro.

NOTA:

Por lo tanto, debemos tener claro que el total general de un objeto visual no es el resultado de operaciones matemáticas con las celdas de arriba de la propia columna de total.

Las tablas, como filtros en Power BI

Quizá el usuario no iniciado tenga algún problema en captar el concepto abstracto de que una tabla, como cualquiera de las que veíamos en la figura B.5, tenga la capacidad de filtrar a otra. Invitamos al lector, si fuera necesario, revisar el **apéndice A** de este libro, donde se explican conceptos sobre la propagación de filtros en modelos de datos tabulares. En cualquier caso, abrimos un apartado aquí para explicar no cómo se propaga el filtrado, sino cómo una tabla con varias columnas puede filtrar a otra tabla.

El usuario medio (que a lo mejor ha usado Excel con anterioridad a Power BI) es muy probable que tenga en su imaginario el hecho de que una tabla puede ser filtrada por una "columna imaginaria" de datos eligiendo uno o varios de sus ítems, por ejemplo, de las casillas de verificación que ofrece un botón de filtro en Excel. Lo vemos en la figura B.12.

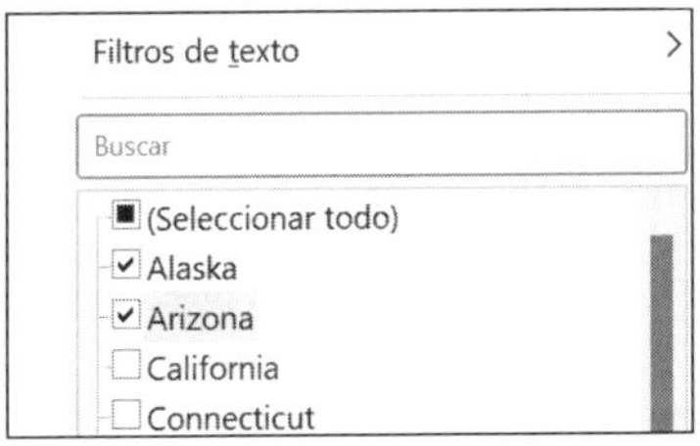

Figura B.12. Es fácil entender qué efecto tiene este filtrado en una columna o tabla.

Esto es correcto y, si representáramos en forma de tabla un filtro como el anterior, sería algo así, como lo que vemos en la figura B.13.

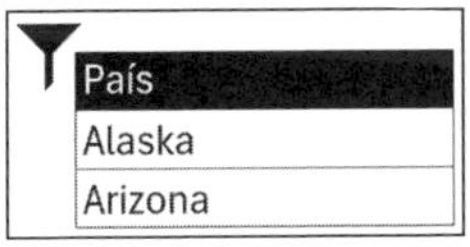

Figura B.13. Contexto de filtro representado por una pequeña tabla de una columna.

De momento, todo esto no requiere gran esfuerzo para imaginarlo. Pero ¿qué hay de las tablas que filtran con más de una columna a otra tabla? Por ejemplo, ¿cómo filtraría la tabla de filtros de la figura B.14?

La respuesta la ofrecemos en la figura B.15.

Hemos visto en la anterior figura que la primera fila, cuya ciudad es Chandler y país Arizona, no ha pasado el filtro, que exige que ambas columnas sean coincidentes.

Ciudad	País
Anchorage	Alaska
Tucson	Arizona

Comprador	Ciudad	País
Walker Barclay	Chandler	Arizona
Crystal Escobar	Arlington	Texas
Alexia Alves	Anchorage	Alaska
Bradyn Spalding	Louisville	Kentucky
Haylee Orton	Davenport	Iowa
River Medina	Tucson	Arizona
Braydon Gaston	San Antonio	Texas
Jaydon Bergeron	Tucson	Arizona

Figura B.14. Las tablas pueden ser filtradas por varias columnas simultáneamente, con lo que cada fila de la tabla que filtra obliga a que se cumplan las condiciones de todas las columnas a la vez.

Ciudad	País
Anchorage	Alaska
Tucson	Arizona

Comprador	Ciudad	País
Walker Barclay	Chandler	Arizona
Crystal Escobar	Arlington	Texas
Alexia Alves	**Anchorage**	**Alaska**
Bradyn Spalding	Louisville	Kentucky
Haylee Orton	Davenport	Iowa
River Medina	**Tucson**	**Arizona**
Braydon Gaston	San Antonio	Texas
Jaydon Bergeron	**Tucson**	**Arizona**

Figura B.15. El resultado del filtrado con múltiples columnas aparece como filas en negrita.

En adelante, así debemos imaginar cómo una tabla de varias columnas filtra a otra tabla.

Hasta aquí, hemos hecho una introducción suficiente para aquellos lectores que no quieran profundizar más en el concepto al encontrarse en estadios iniciales en su aprendizaje de DAX.

En adelante, aportaremos puntos de vista dedicados a usuarios más avanzados sobre el contexto de filtro.

Nacimiento de la consulta DAX

Retomamos ahora el ejemplo que pusimos en el apartado anterior llamado "Planteamiento de la situación". Esta imagen de la figura B.16. era la del planteamiento final.

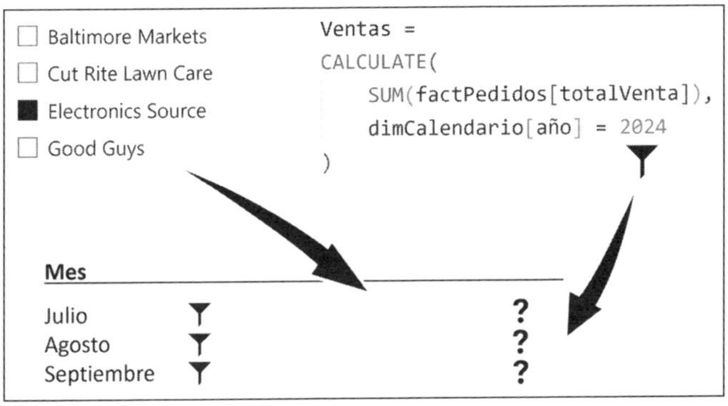

Figura B.16. Planteamiento o vista general del contexto de filtro.

Con el contexto de filtro que hemos definido y planteado, si el usuario exige que se muestren o actualicen los resultados de las ventas en el objeto visual (o bien porque es la primera vez que se compila, o bien porque se debe producir una actualización de los datos que se había debido a un clic del usuario, etc.) se produce el nacimiento o generación de lo que se llama una consulta DAX o consulta semántica.

Esta consulta toma la forma de una serie de líneas de código DAX que reúnen todas las instrucciones necesarias para saber qué hay que calcular y en qué condiciones o contexto de filtro se ha de calcular. El responsable de que se genere esta consulta semántica o consulta DAX es un motor llamado DSE (Data Shape Engine) que actúa cada vez que un objeto visual debe ser rellenado con resultados. Por ejemplo, cuando el usuario interactúa con un clic en un segmentador.

Podemos ver, a continuación, el código generado por el DSE en un planteamiento como el nuestro, con el contexto de filtro que presentamos antes, en apartados anteriores:

```
DEFINE
    VAR __DS0FilterTable =
        TREATAS(
{"Julio", "Agosto", "Septiembre"}, 'dimCalendario'[nombreMes]
        )

    VAR __DS0FilterTable2 =
```

```
        TREATAS({2024}, 'dimCalendario'[año])

    VAR __DS0FilterTable3 =
        TREATAS(
{"Electronics Source"}, 'dimClientes'[nombreEmpresaCliente]
  )

    VAR __DS0Core =
        SUMMARIZECOLUMNS(
            ROLLUPADDISSUBTOTAL(
                ROLLUPGROUP(
                    'dimCalendario'[nombreMes],
                    'dimCalendario'[numMes]),
                    "IsGrandTotalRowTotal"
            ),
            __DS0FilterTable,
            __DS0FilterTable2,
            __DS0FilterTable3,
            "Ventas", '_cap05_medidas'[Ventas]
        )

    VAR __DS0PrimaryWindowed =
        TOPN(
            502,
            __DS0Core,
            [IsGrandTotalRowTotal],
            0,
            'dimCalendario'[numMes],
            1,
            'dimCalendario'[nombreMes],
            1
        )

EVALUATE
    __DS0PrimaryWindowed

ORDER BY
    [IsGrandTotalRowTotal] DESC,
    'dimCalendario'[numMes],
    'dimCalendario'[nombreMes]
```

En el código anterior, que resulta ser nuestra consulta DAX, queda recogido todo el contexto de filtro. Lo podemos ver en las funciones `TREATAS` que hay en las tres primeras variables y, de forma implícita, en la medida que se ejecuta en la cuarta variable `__DS0Core` (donde, recordemos, hay una función `CALCULATE` con un filtro de año en su segundo argumento).

En la variable `__DS0Core` es donde se compone la tabla que será mostrada "físicamente". Esto lo hará la función `SUMMARIZECOLUMNS` haciendo que, en cada celda de una columna que se generará llamada Ventas, aparezca el resultado que ofrece `CALCULATE` en el contexto de filtro que le corresponde a cada una de esas celdas del objeto visual.

NOTA:

Es muy importante remarcar el párrafo anterior: en cada celda del objeto visual hay un contexto de filtro distinto, porque a cada celda le corresponde un mes distinto (aunque el resto de filtros del contexto sean iguales).

También vemos que `SUMMARIZECOLUMNS` prevé, en este caso, una fila de totales con las funciones `ROLLUPADDISSUBTOTAL` y `ROLLUPGROUP`.

Si queremos obtener un código como el presentado anteriormente, en el que podemos detectar todas las "amenazas" de filtro que ejerce el contexto de filtro sobre la medida que hemos creado, podemos hacerlo desde la Vista de informe, haciendo clic en la ficha Optimizar>Analizador de rendimiento>Iniciar grabación, haciendo clic en el icono Analizar este objeto visual y haciendo clic en Ejecución en DAX Vista de consultas. Lo podemos ver en la figura B.17.

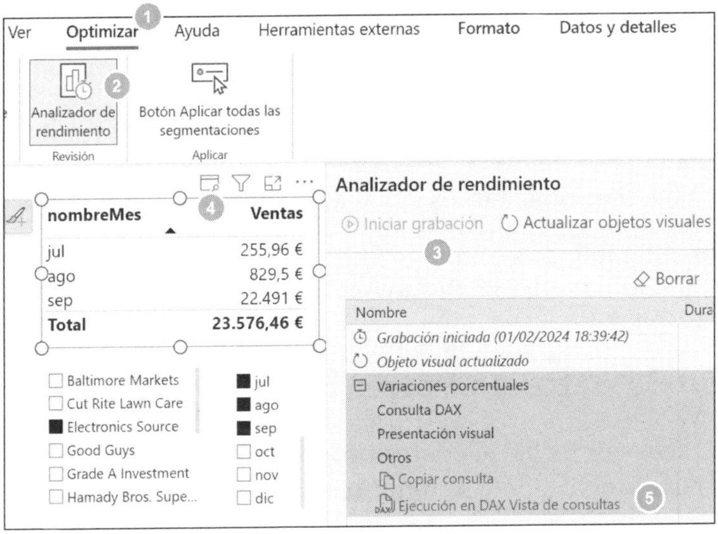

Figura B.17. Con la vista de consultas de DAX de Power BI podemos visualizar el código DAX que se ejecuta en el lanzamiento de una consulta.

La consulta llega a Formula Engine

La consulta DAX lanzada por el DSE llega a un motor llamado Formula Engine, que es el encargado de planificar la forma en la que el código de la consulta se tiene que convertir en acciones que lleven a obtener los resultados requeridos. Podemos aprender más sobre Formula Engine en el apartado "Concepto #1: SSAS, el cuartel general de los datos" del **apéndice A**.

Formula Engine convierte el código de la consulta DAX en un plan de consulta lógico (Logical Query Plan), que establecerá qué acciones deben realizarse mediante una traducción del código DAX de la consulta semántica a unas instrucciones internas entendibles por Analysis Services.

Storage Engine

Una vez está todo planificado por Formula Engine, es el momento de conseguir, de forma efectiva, los datos. Para ello, dependiendo del modo de almacenamiento elegido en nuestro modelo de datos, entrará en funcionamiento uno de estos motores, Vertipaq Storage Engine o Direct Query Storage Engine:

- Si los datos están almacenados con un sistema Import (dentro del propio archivo PBIX), se genera un plan de consulta físico (Physical Query Plan) que será el que usará Vertipaq Storage Engine para acceder a los datos y realizar los cálculos necesarios. Si hay cálculos que no puede realizar, este motor pedirá ayuda a Formula Engine.
- Si se está usando un sistema Direct Query para el acceso a los datos (estos residen en la base de datos original), la consulta semántica se convierte a lenguaje SQL para solicitar los datos al origen.

Podemos aprender más sobre Storage Engine en el apartado "Concepto #1: SSAS, el cuartel general de los datos" del **apéndice A**.

Recepción de datos en Power Bi

Por último, Power BI recibe los datos proporcionados de vuelta por el Storage Engine que haya sido usado y se reflejan en los objetos visuales.

Conclusiones

Con todo lo dicho en estos apartados, hemos querido ofrecer una panorámica general de lo que ocurre con una consulta DAX y qué papel tiene en todo esto el contexto de filtro.

Como hemos podido ver, el contexto de filtro es un elemento modificador y condicionante de los resultados que obtenemos en los objetos visuales de Power BI. Y lo hace desde el principio, cuando es gestada la consulta por el motor DSE.

Composición del contexto de filtro

El ejemplo utilizado en el apartado anterior ha servido como una simplificación del contexto de filtro. Es una simplificación porque solo se han usado como ejemplo tres formas de filtrado: el incluido en el objeto visual con los meses, el incluido en `CALCULATE` mediante un filtro booleano que determina el año y el filtro proveniente de un segmentador de datos.

Ahora, veremos de una forma algo más exhaustiva los condicionantes que podrían componer el contexto de filtro para una consulta.

Componentes directos del contexto de filtro

- Filtros explícitos que aplica el usuario mediante:
    - Segmentadores de datos.
    - Filtrados interactivos entre objetos visuales.
    - El panel de filtros de Power BI.
- Los atributos que filtran en objetos visuales o tablas dinámicas (campos colocados en filas o en columnas de tablas, en puntos de datos de gráficos, etc.).
- Código DAX que afecta al contexto de filtro y forma parte de la medida que debe devolver el resultado:
    - Las operaciones de filtrado y de modificación de filtros que se pueden hace mediante funciones como `CALCULATE`, `WINDOW`, `FILTER`, `KEEPFILTERS`, `REMOVEFILTERS`, funciones de la familia `ALL`, etc.
    - Las relaciones virtuales y filtros (no existentes de forma real o física) que podemos crear mediante la función `TREATAS`.
    - Etc.

Componentes indirectos del contexto de filtro

También, en cierto sentido, se podría considerar que forman parte del contexto de filtro o lo modifican los siguientes elementos o circunstancias:

- Las reglas establecidas por roles creados (RLS y OLS, por ejemplo) para que los usuarios visualicen información filtrada y no completa.
- Las modificaciones que, mediante funciones como `CROSSFILTER`, podemos aplicar a la dirección de filtro cruzado en las relaciones del modelo.

- Las modificaciones, también mediante DAX, que se pueden hacer al estado de las relaciones en el modelo de datos (por ejemplo, la función `USERELATIONSHIP` tiene la capacidad de activar relaciones que *a priori* están inactivas, pero pasan a modificar las condiciones de filtrado).

Orden de prelación

El contexto de filtro se evalúa en todos sus términos para que la consulta ofrezca un resultado final. Pero es conveniente conocer el orden de prelación entre los distintos componentes del contexto de filtro, puesto que conviven de forma simultánea en el momento de evaluar la consulta semántica de DAX que genera el motor DSE:

1. **Roles:** Las reglas establecidas como roles prevalecen sobre cualquier otra forma de filtrado de datos de las que comentamos a continuación en los siguientes puntos.
2. **Código DAX:** Determinadas funciones pueden sobrescribir o eliminar filtros que el usuario intenta establecer de forma explícita. También con código DAX es posible realizar modificaciones de la dirección de filtro cruzado o activación y desactivación de relaciones que el usuario final no podrá evitar. Es decir, el propio código DAX tiene formas de imponerse al usuario final.
3. **Filtros explícitos:** Aplicados por el usuario desde segmentadores, interacciones entre objetos visuales, paneles de filtrado, etc.

¿Dónde actúa el contexto de filtro?

Puesto que DAX tiene dos ámbitos principales de actuación que son la Vista de tabla (creación de tablas calculadas y columnas calculadas) y las Vistas de informe y de modelo (creación de medidas en el modelo de datos), vamos a ver cómo coexiste del contexto de filtro con los dos ámbitos.

El contexto de filtro en la Vista de tabla

Debemos tener claro que el trabajo en la Vista de tabla se reduce casi a solo dos momentos: la agregación de nuevos datos (mediante columnas y tablas calculadas) y a la consulta visual de los datos para algunas comprobaciones. Vamos a ver, a continuación, si afecta o no el contexto de filtro a los datos que vemos en la Vista de tabla. La demostración la tenemos en los siguientes puntos.

Efecto de filtrados explícitos

Los botones de filtrado que hay en las tablas que vemos en la **Vista de tabla** son meras herramientas para visualizar más o menos datos en esa vista, pero no afectarán nunca al contexto de filtro del modelo de datos. En resumen, los filtros de la **Vista de tabla** no se propagan a otras tablas.

De forma contraria, ningún filtro explícito aplicado desde la **Vista de informe** por un usuario afectará a los datos que visualizamos en la **Vista de tabla**.

Efecto de fórmulas DAX

Desde una tabla de la **Vista de tabla** podemos añadir una columna calculada que nos devuelva valores agregados de otra tabla. Un ejemplo sería una supuesta tabla llamada **factVentas**, desde la cual podemos crear una columna calculada con la fórmula `= SUM(dimProductos[Peso])`. Podemos ver esto en la figura B.18.

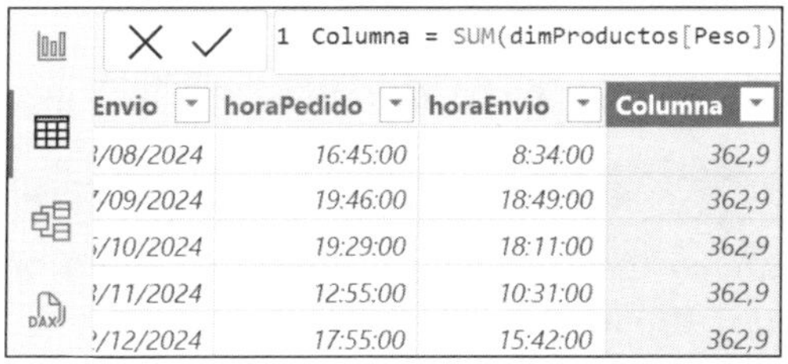

Figura B.18. Vemos que la función `SUM` accede al modelo de datos y nos devuelve la suma de todos los valores de la columna **dimProductos[Peso]**.

La columna que estamos agregando a la tabla **factVentas** siempre ofrece la misma cantidad en todas sus celdas: 362,9 kg. El motivo es que no se propaga el filtro desde la tabla **dimProductos** hasta la tabla **factVentas**, aunque haya una relación en el modelo.

Cada fila de la tabla **factVentas**, aún teniendo un **ID_producto** conectado a otro **ID_producto** de la tabla **dimProductos**, no es capaz de filtrar cada cantidad de 362,9 kg para ajustarla al peso concreto de los productos de cada fila.

Una vez más, vemos que no hay un contexto de filtro que se propague en la **Vista de tabla**.

Podemos forzar el ejemplo del punto anterior aún más para que los valores que aparecen en la tabla **factVentas** se correspondan con los pesos de cada uno de los productos que aparecen en las distintas filas de la tabla **factVentas** en la **Vista de tabla**. Esto lo conseguiríamos con una técnica llamada "transición de contextos", que explicaremos en el **apéndice D** de este libro. Podemos ver, en la figura B.19, un ejemplo de **transición de contextos** forzada por una función `CALCULATE` rodeando la función `SUM` original de la que hablábamos en el anterior punto.

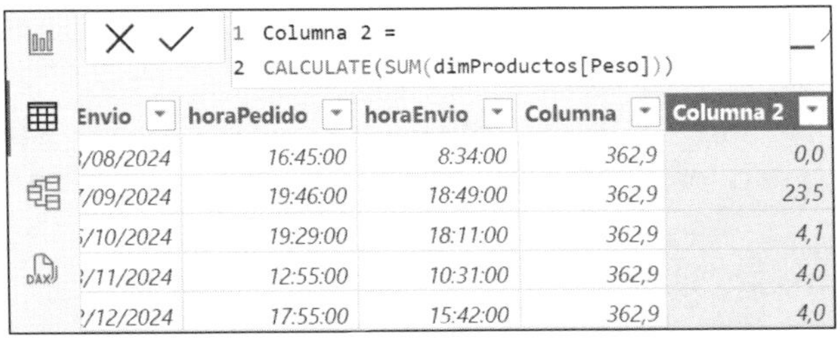

```
1 Columna 2 =
2 CALCULATE(SUM(dimProductos[Peso]))
```

Envio	horaPedido	horaEnvio	Columna	Columna 2
/08/2024	16:45:00	8:34:00	362,9	0,0
/09/2024	19:46:00	18:49:00	362,9	23,5
/10/2024	19:29:00	18:11:00	362,9	4,1
/11/2024	12:55:00	10:31:00	362,9	4,0
/12/2024	17:55:00	15:42:00	362,9	4,0

Figura B.19. Si envolvemos la función `SUM` con una función `CALCULATE` forzamos una transición de contextos. En esta situación cada cifra de cada celda de **Columna 2** queda filtrada por el artículo que hay en cada fila de la tabla y el peso es el que le corresponde. Acabamos de ver alguna acción de filtrado en la **Vista de tabla**, pero no es más que un "artificio" provocado por `CALCULATE`.

Conclusión relativas al contexto de filtro en la Vista de tabla

> **NOTA:**
>
> *Como conclusión, podemos decir que en la* Vista de tabla, *y de forma nativa, no funciona el contexto de filtro (con la excepción de las características de RLS y OLS).*

En el **apéndice C** conoceremos el llamado **contexto de fila**. Es ahí cuando aprenderemos que el contexto natural y automático que funciona en la Vista de tabla es el de fila. Por ello, en el apéndice actual solo nos hemos limitado a hacer referencia a cuestiones relativas al contexto de filtro.

El contexto de filtro en la creación de medidas (Vistas de informe o de modelo)

Al iniciar la creación de una medida

Cuando nos disponemos a crear una medida y tenemos en pantalla tan solo el nombre de la medida y el signo igual, no tenemos acceso al modelo de datos y, por lo tanto, no podemos hacer alusión a ninguna columna ni tabla. Estamos ante lo que podríamos llamar el "no contexto" o "la nada".

Muchos son los usuarios que, en sus primeras fases de aprendizaje de DAX, intentan hacer referencia a alguna columna o tabla de esta forma que vemos en la figura B.20.

```
1 Medida = factPedidos[precioCosteUd]
```

Figura B.20. Esta expresión no será entendida por DAX porque no estamos accediendo a ningún contexto.

Por supuesto, eso no lleva a ningún lugar. El editor de DAX avisará de un error al validar el intento de medida con INTRO. Lo vemos en la figura B.21.

```
1 Medida = factPedidos[precioCosteUd]
No se puede determinar un valor único para la columna 'precioCosteUd' en la tabla 'factPedidos'.
```

Figura B.21. Vemos cómo aparece un error en el editor de DAX.

Por lo tanto, cuando iniciamos la creación de una medida, debemos usar funciones que nos abran una puerta al modelo de datos (sus tablas, sus columnas, sus relaciones, etc.). Es decir, tenemos que usar funciones que hagan algo con esas tablas o columnas que pretendemos usar y que, finalmente, nos ofrezcan un valor único o escalar.

Si intentamos hacer alusión a una columna o a una tabla directamente, DAX no sabrá qué tiene que hacer con ella. En una tabla o en una columna habrá, probablemente, muchas filas ¿Qué debe hacer DAX con esas columnas o tablas que no tienen ninguna indicación más?

Por ejemplo, la expresión de la figura B.22, ¿qué le está diciendo a DAX?

```
1 Medida = factPedidos[precioVentaUd] - factPedidos[precioCosteUd]
No se puede determinar un valor único para la columna 'precioVentaUd' en la tabla 'factPedidos'. Esto puede suceder cuando una fórmula de medida hace re
```

Figura B.22. Fórmula errónea al no usar los contextos correctamente.

¿Que sume el total de una columna y después el total de la otra columna y, por último, reste los totales de las dos columnas? No puede ser, porque en ningún lugar aparece alguna función de suma.

¿Que reste fila a fila y después realice una suma total de los resultados parciales? No puede ser, porque DAX, en la creación de medidas, no puede, por defecto y por sí solo sin indicaciones nuestras, realizar operaciones fila a fila (esto lo veremos más detalladamente en el **apéndice C** que tratará sobre el **contexto de fila**).

En definitiva, la expresión que hemos escrito en la figura B.22 no transmite nada a DAX y no es entendida. De hecho, podíamos ver que aparecen subrayados de color rojo en las expresiones de columna.

Durante la escritura de una medida

Lo que necesitamos son funciones que sean capaces de realizar operaciones con el conjunto de las filas de una columna o de una tabla. Aquí encontramos varios tipos de funciones.

Funciones que nos dan acceso al modelo de datos

Los resultados que devuelven este tipo de funciones están bajo la influencia y las restricciones del contexto de filtro externo a la medida (atributos que filtran en objetos visuales, segmentadores, paneles de filtrado, interacciones entre objetos visuales, etc.).

Por lo tanto, son funciones que se van a evaluar en un contexto de filtro. La gran mayoría de funciones de DAX son de este tipo:

- Funciones agregadores como `SUM`, `AVERAGE`, `MAX`, `MIN`, `COUNT`, etc., nos dan acceso al modelo de datos pasándoles una columna como único argumento para realizar operaciones matemáticas o estadísticas sobre los datos de todas las filas de esa columna. Los resultados estarán bajo las restricciones del contexto de filtro.
- Funciones agregadoras-iteradoras como `SUMX`, `AVERAGEX`, `MAXX`, `MINX`, `COUNTX`, etc., nos dan acceso al modelo de datos pasándoles una tabla por la cual habrá una especie de escaneado fila a fila para poder realizar operaciones de esta forma (veremos esto más detalladamente en el **apéndice C**). En cualquier caso, los resultados de estas funciones también estarán bajo la influencia del contexto de filtro, puesto que este restringirá los datos que incluye la tabla escaneada fila a fila (si hay filtros a tal efecto).
- Funciones de filtro como `SELECTEDVALUE`, `WINDOW`, etc., nos dan acceso al modelo de datos para hacer distintas acciones que, en cualquier caso, estarán también bajo las restricciones y el influjo del contexto de filtro.
- Funciones de filtro que pueden tener un papel dominante en el contexto de filtro, puesto que tienen la capacidad de cambiarlo sobrescribiendo otros filtros establecidos por el usuario o por objetos visuales. Por ejemplo, `CALCULATE`, `ALL`, `KEEPFILTERS`, `REMOVEFILTERS`, `ALLSELECTED`, etc. A su vez, todas estas funciones pueden, según cómo las programemos, estar bajo las restricciones de otros filtros externos.
- Funciones como `CROSSFILTER`, `RELATED`, `USERELATIONSHIP`, etc., modifican el estado o la dirección de filtro cruzado de las relaciones. Pero, al final, sus resultados estarán condicionados por el contexto de filtro.

- Funciones iteradoras que tienen la capacidad de realizar operaciones fila a fila para realizar distintas tareas. Por ejemplo:
  - La función `FILTER`, que filtra una tabla, recorriéndola fila a fila para comprobar si cada una de ellas supera o no las condiciones de filtro que podemos establecer. La tabla que pasamos a la función estará bajo las restricciones del contexto de filtro.
  - La función `ADDCOLUMNS`, que genera una tabla a partir de otra ya existente que le pasamos como primer argumento, pero que es capaz de agregarle más columnas con cálculos que se irán resolviendo fila a fila. La tabla que pasamos a la función estará bajo las restricciones del contexto de filtro.
  - Etc.

Las listas de funciones que acabamos de ofrecer y que trabajan, de una u otra forma, bajo la influencia del contexto de filtro no ha sido exhaustiva ni pretendía serlo.

Funciones independientes del modelo de datos y del contexto de filtro

Al contrario de lo que hemos visto en el apartado anterior, hay funciones que no están bajo la influencia de ningún contexto, ni siquiera el de filtro. Son autónomas y estancas respecto de los contextos:

- Funciones como `GENERATESERIES`, `TODAY` o `NOW` generan tablas o valores que no soportarán ninguna influencia del contexto de filtro. Hacen su trabajo devolviendo el valor o valores que se les pide, sin injerencias externas.
- Funciones como `IF`, `SWITCH` o `DIVIDE` son una especie de funciones-herramienta que no nos ofrecen acceder a columnas o tablas del modelo. Simplemente requieren que les pasemos valores o expresiones que ya deben evaluarse en sus correspondientes contextos. Por ejemplo, `DIVIDE` necesita una expresión como numerador y otra como denominador, pero no pueden ser referencias a columnas (porque `DIVIDE` no ofrece ni un contexto de fila ni acceso al modelo de datos y su contexto de filtro). Las expresiones que le pasemos a `DIVIDE` ya tienen que estar evaluadas de forma autónoma en algún contexto. `DIVIDE` se limita a dividir. Reforzamos esta idea en la figura B.23.

Las medidas ya creadas

Aunque durante la creación de una medida (como hemos visto en el apartado anterior) podemos usar funciones que evitan, permiten y modifican filtros, al final, siempre una medida estará bajo el influjo de alguno de los componentes del contexto de filtro: segmentadores, paneles de filtros, interacciones entre objetos visuales y, de forma segura, bajo las restricciones de las funcionalidades RLS y OLS, si estuvieran en el informe.

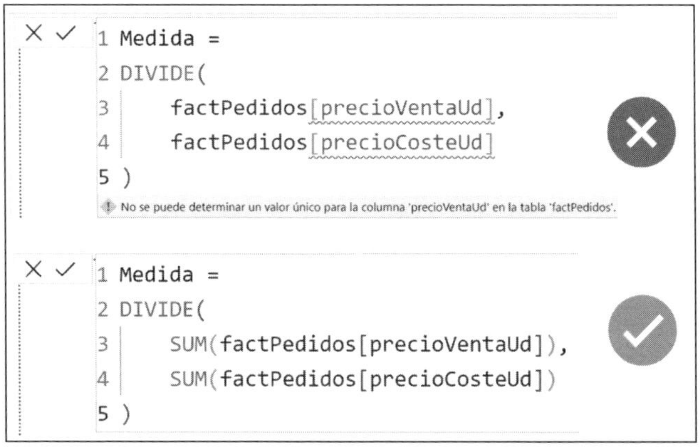

Figura B.23. Fórmula errónea al no usar los contextos correctamente.

Para comprender lo dicho en el párrafo anterior, debemos recordar el apartado anterior llamado "Historia de una consulta DAX". Si lo hemos entendido bien, debemos haber llegado a la conclusión de que escribir una medida (como la medida Ventas que veíamos en el ejemplo de ese apartado) era una "aventura" en la que nosotros, como usuarios desarrolladores de la medida DAX, no controlamos toda la historia. Controlamos la creación de la medida DAX y algunos contextos que podemos modificar desde dentro de esa medida. Pero el resto de contexto de filtro vendrá dado externamente por el usuario y otros condicionantes.

Por lo tanto, como conclusión, podemos decir que:

NOTA:

Todas las medidas ya creadas están bajo las restricciones impuestas por el contexto de filtro (las de las características RLS y OLS y las del resto de filtros explícitos que al usuario se le deje aplicar no imponiendo filtros desde DAX).

C

El contexto de fila en DAX

En este capítulo aprenderás:

- El concepto de contexto de fila en DAX.
- Por qué el contexto de fila constituye una de las estrategias de DAX para realizar cálculos.
- Las distintas formas en las que podemos usar el contexto de fila: evaluar expresiones, filtrar tablas, crear columnas, etc.
- El contexto de fila en la **Vista de tabla** de Power BI y en la **Vista de datos** de Power Pivot de Excel.

El contexto de filtro, ya entendido

Ya debemos haber entendido qué es el contexto de filtro y su utilidad: un conjunto de filtros que acotan las tablas de un modelo de datos para que queden disponibles solo las filas que necesitamos para realizar los cálculos. Este sería un resumen-definición extremadamente escueto.

Nuestro objetivo ahora es conocer y entender el contexto de fila. Pero, para ello, debemos preparar nuestra mente aportándole previamente una visión más panorámica. Es decir, debemos cambiar de perspectiva para estudiar y situar el contexto de fila y ver la relación que tiene con el contexto de filtro.

Necesitamos reflexionar sobre lo que nosotros podemos hacer con las funciones DAX para realizar cálculos. Para entender esto mejor, pensemos en este punto de vista simplificado: con DAX, podemos hacer, básicamente, dos cosas: operaciones globales y operaciones fila a fila.

Operaciones globales

Con el título de este apartado nos referimos a aquellas operaciones que se aplican globalmente a todos los valores de una columna o de una tabla sin que haya necesidad de que DAX haga ninguna acción sobre valores concretos en cada fila de la columna o de la tabla.

Este tipo de operaciones globales se realizan con funciones como `SUM`, `COUNT`, `AVERAGE`, etc. (que necesitan en sus argumentos una sola columna) o como `COUNTROWS` (que necesitan una tabla como argumento), o como `VALUES` (que puede tener una columna o una tabla como argumento). Todas ellas no son más que ejemplos.

Podemos hablar de esas funciones utilizando distintas frases que, todas, tienen un mismo significado:

- **Ofrecen acceso al contexto de filtro existente**, puesto que en su argumento podemos usar una columna (en algunos casos, una tabla) que estará afectada por el contexto de filtro.
- **Se evalúan en el contexto de filtro existente**, puesto que en su argumento podemos usar una columna (en algunos casos, una tabla) que estará afectada por el contexto de filtro.
- **Trabajan en contexto de filtro,** puesto que en su argumento podemos usar una columna (en algunos casos, una tabla) que estará afectada por el contexto de filtro.

Estas funciones son relativamente sencillas a la hora de entender su cometido y sus resultados y pertenecen a ese conjunto de funciones que nos facilitan operaciones globales. El problema es que, solo usando funciones que trabajan en un contexto de filtro, no vamos a tener solucionadas todas las necesidades en un informe para una empresa. Así pues, atendamos al siguiente apartado.

Operaciones fila a fila

Vamos ahora a descubrir otra estrategia que complementa a la de las operaciones globales y su contexto de filtro. Pensemos en la tabla de la figura C.1.

ID_producto	Ud	precioVentaUd	precioCosteUd	totalVenta	fechaPedido
1760	3	85,32 €	39,24 €	255,96 €	31/07/2024
644	7	118,50 €	60,42 €	829,50 €	31/08/2024
576	6	3.748,50 €	1.241,96 €	22.491,00 €	30/09/2024
593	3	688,50 €	228,12 €	2.065,50 €	31/10/2024
1573	2	76,69 €	35,27 €	153,38 €	30/11/2024
1579	1	284,70 €	94,33 €	284,70 €	25/12/2024

Figura C.1. Tabla con la que vamos a entender el concepto de iteración fila a fila.

Con las funciones que relatábamos en el apartado anterior, para esta tabla podríamos obtener cálculos como la suma o el promedio de la columna Ud, la suma total de la columna totalVenta o la obtención de la fecha más actual de fechaPedido. Pero ¿y si es necesario saber el coste total de todas las ventas? Para ello, necesitaríamos realizar, en cada fila, la multiplicación de las unidades vendidas (columna Ud) por el precio de coste por unidad (columna precioCosteUd). Cuando ya tengamos los resultados de todas las multiplicaciones de todas las filas, deberíamos sumarlos y, así, obtendríamos el resultado adecuado.

La conclusión es que a DAX le hace falta una segunda estrategia a la hora de realizar cálculos. Ya tenía la opción de las operaciones globales, pero hemos descubierto que necesitamos realizar operaciones dentro de una fila y, después, iterar por el resto de los registros. Dicho de otra forma, hemos descubierto que necesitamos realizar operaciones en contexto de fila.

El contexto de fila. Otra estrategia para DAX

Concepto

NOTA:

El contexto de fila es el entorno compuesto por las celdas de una fila de una tabla.

Como podemos apreciar, a diferencia del contexto de filtro, el contexto de fila no es algo que actúe filtrando nada. El contexto de fila es un "lugar" de una tabla. El contexto de fila es, simplemente, una fila.

Posteriormente, ampliaremos este concepto y las implicaciones que hay entorno al contexto de fila. Pero, de momento, quedémonos con esta simplificación.

Desgraciadamente, lo que acabamos de descubrir sobre el contexto de fila no ayuda nada a las personas que empiezan a aprender DAX. ¿Por qué? Recapitulemos:

- El contexto de filtro es un conjunto de filtros.
- El contexto de fila es un lugar de una tabla (una fila).

Es de dudosa conveniencia didáctica que algo que es un conjunto de filtros y algo que es un lugar de una tabla compartan el nombre "contexto", por mucho que la palabra contexto sea muy polivalente. Es muy frecuente que el alumno incurra en confusiones. Por ejemplo, pensar que el contexto de fila filtra algo.

Continuamos centrándonos de nuevo en el contexto de fila. La importancia de este es que, en DAX, tenemos la posibilidad de acceder a él mediante determinadas funciones que iteran contexto a contexto (es decir, fila a fila). Esto quiere decir que ya tenemos otra estrategia en DAX, además del contexto de filtro. Se trata de la estrategia de usar funciones que acceden a una tabla para realizar operaciones iterando por cada una de las filas disponibles.

En la figura C.2 podemos ver un esquema de iteración, fila a fila, para realizar operaciones.

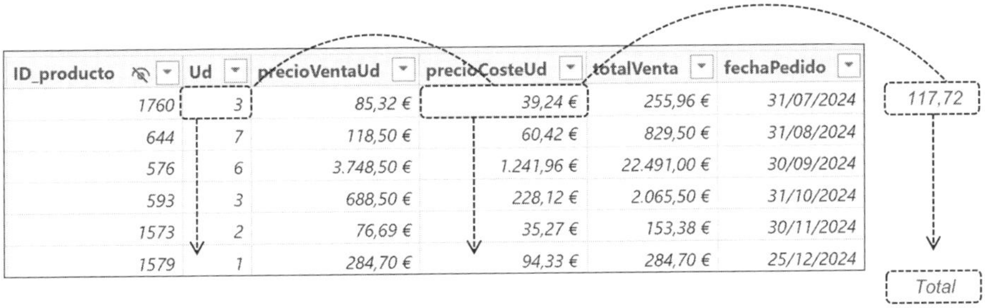

ID_producto	Ud	precioVentaUd	precioCosteUd	totalVenta	fechaPedido
1760	3	85,32 €	39,24 €	255,96 €	31/07/2024
644	7	118,50 €	60,42 €	829,50 €	31/08/2024
576	6	3.748,50 €	1.241,96 €	22.491,00 €	30/09/2024
593	3	688,50 €	228,12 €	2.065,50 €	31/10/2024
1573	2	76,69 €	35,27 €	153,38 €	30/11/2024
1579	1	284,70 €	94,33 €	284,70 €	25/12/2024

Figura C.2. Esquema de iteración fila a fila.

Así pues, el lector verá que el concepto es sumamente sencillo. Lo que queda por aprender ahora es: ¿cómo me ofrece DAX la posibilidad de realizar estas operaciones en un contexto de fila y qué condicionantes tenemos?

La respuesta está en las funciones iteradoras. Es decir, en un tipo de funciones que son capaces de "introducirse" en todas las filas visibles de una tabla (las filas que han sobrevivido al contexto de filtro) para realizar operaciones sobre los valores que hay en cada uno de los contextos de fila (en cada una de las filas).

En DAX hay muchas funciones iteradoras, pero nosotros vamos a realizar un pequeño estudio de tres grupos de funciones iteradoras, puesto que representan tres usos típicos del contexto de fila en DAX.

El contexto de fila como lugar para evaluar expresiones

Un ejemplo de funciones que nos dan acceso al contexto de fila de una tabla para iterar por ella evaluando expresiones son las funciones agregadoras iteradoras `SUMX`, `AVERAGEX`, `MAXX`, etc.

La sintaxis típica de estas funciones es:

```
FUNCION(
  <tabla>,
  <expresión>
)
```

Primer argumento de las funciones agregadoras iteradoras

El primer argumento es la tabla sobre la que se va a realizar la iteración. La tabla de este argumento estará bajo la influencia y las restricciones del contexto de filtro. Es decir, la tabla que pongamos tendrá como filas visibles e iterables aquellas que son permitidas por el contexto de filtro.

Segundo argumento de las funciones agregadoras iteradoras

El segundo argumento es donde la función nos ofrece un contexto de fila. Por lo tanto, aquí es donde tenemos que escribir una expresión que se evaluará para cada una de las filas visibles de la tabla.

Lo "natural" en este contexto de fila es escribir una expresión que haga referencia a las columnas de cada fila de la tabla del primer argumento. Lo vemos a continuación:

```
Función agregadora iteradora =
SUMX(
    factPedidos,
    factPedidos[precioVentaUd] - factPedidos[precioCosteUd]
)
```

El contexto de fila como lugar para filtrar tablas

En el apartado anterior ya hemos conocido la posibilidad de iterar por tablas "sumergiéndonos" en un contexto de fila. Además, lo hemos hecho con un ejemplo en el que en cada iteración se realizaba una operación matemática (recordemos que era una resta en el ejemplo expuesto). Pero la utilidad de acceder a un contexto de fila no solo es realizar operaciones matemáticas. En este apartado veremos otro de los usos, que no es otro que filtrar tablas.

En este caso, la idea consiste en proponer a DAX una tabla y, mediante una iteración por sus filas, comprobar si cada una de ellas cumple con uno o más requisitos que podemos establecer. Al final de la iteración, la tabla resultante estará compuesta solamente por las filas supervivientes a los requisitos que se han ido comprobando fila a fila.

Un ejemplo de lo que comentamos en este apartado es la función `FILTER`. Su sintaxis general es:

```
FILTER(
  <tabla>,
  <expresión de filtro>
)
```

Veámosla anidada como segundo argumento de una función `CALCULATE`:

```
FILTER como iteradora que filtra =
CALCULATE(
    SUM( factPedidos[Ud] ),
    FILTER(
        VALUES( dimCalendario[año] ),
        dimCalendario[año] = 2024
    )
)
```

Aquí, lo que tenemos que entender son los siguientes puntos:

1. `CALCULATE` debe aplicar al contexto de filtro, la tabla resultante en su segundo argumento. Su objetivo es, posteriormente a ese primer paso, evaluar la función `SUM(factPedidos[Ud])` de su primer argumento.

2. Fijándonos en el segundo argumento de `CALCULATE`, la tabla que se va a aplicar como filtro es la que devuelva `FILTER`.

3. En `FILTER` se establece la tabla por la que DAX debe iterar. Esta es la devuelta por `VALUES(dimCalendario[año])` y que estará compuesta por todos los valores únicos de la columna dimCalendario[año]. Recordemos que `VALUES` es una función que devuelve lo que es considerado por DAX como una tabla (independientemente de que solo esté compuesta por una sola columna).

4. En el segundo argumento de `FILTER` tenemos acceso a un contexto de fila de la tabla devuelta por `VALUES`. Así pues, para cada fila se realiza la comprobación `dimCalendario[año] = 2024`.
5. Todas las filas de la tabla iterada que superaron la prueba (por ser cierto que pertenecían al año `2024`) permanecerán como filas de la tabla final resultante que filtrará contexto de filtro en el segundo argumento de `CALCULATE`.
6. Puesto que la tabla resultante es una tabla de una sola columna y una sola fila (`2024`), se introduce en el contexto el filtro `Año = 2024`.

En la historia anterior y a efectos del contexto de fila, lo que más nos interesaba son los puntos 3, 4 y 5.

El contexto de fila como lugar para construir columnas de tabla

Otro ejemplo que vamos a poner es la posibilidad de construir columnas de tabla mediante el uso del contexto de fila. Una función de frecuente uso para este objetivo es `ADDCOLUMNS`. Su sintaxis general es:

```
ADDCOLUMNS(
    <tabla>,
    <nombre de columna>, <expresión>
    [, <nombre de columna>, <expresión> ]
    ...
)
```

La función `ADDCOLUMNS` crea una tabla basada en otra (la de su primer argumento), pero agregándole nuevas columnas mediante pares de argumentos `<nombre de columna>, <expresión>`.

En este caso, para el ejemplo, vamos a usar la **Vistas de consultas DAX** de Power BI. En este entorno podremos recrear la creación de una tabla virtual y visualizar sus resultados. Se trata de un entorno de pruebas para, entre otras cosas, consultas DAX que devuelven tablas. Lo vemos en la figura C.3. Dejando aparte la instrucción `EVALUATE` (necesaria para evaluar una consulta `DAX`), observamos que la última columna de los resultados `[Nuevo peso]` ha sido la creada por `ADDCOLUMNS`. Pero ¿cómo lo hace `ADDCOLUMNS`? La respuesta vuelve a estar en el contexto de fila, que no es otro que el generado en el tercer argumento (`<expresión>`).

La función `ADDCOLUMNS` agrega una nueva columna llamada **Nuevo peso** a la tabla **dimProductos**. Para rellenar la nueva columna, en cada una de sus filas (contexto de fila), evalúa la expresión `dimProductos[peso]`.

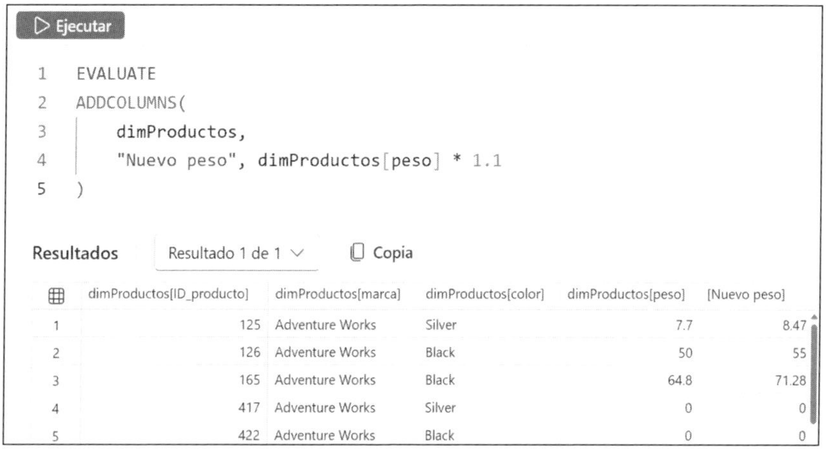

Figura C.3. `ADDCOLUMNS` también nos ofrece un contexto de fila para rellenar las celdas de las nuevas columnas.

Limitaciones en el contexto de fila

Debemos destacar las siguientes limitaciones o condicionantes relacionados con el contexto de fila y las expresiones que se deben usar dentro de él.

No propagación a otras tablas

NOTA:

Desde un contexto de fila, por defecto, solo podremos hacer referencia o acceder a las celdas de la fila de la tabla por la que estamos iterando. No se propaga automáticamente el acceso a otras tablas mediante las relaciones.

De hecho, si intentamos hacer referencia a una columna de otra tabla distinta a la tabla por la que iteramos, no tendremos éxito. DAX no nos dará acceso extendido automático a las filas relacionadas en otras tablas del modelo. Vamos a demostrarlo en la figura C.4, donde, a pesar de los esfuerzos por hacer referencia a la tabla dimProductos, no obtenemos ningún resultado. Intellisense solo nos ofrece lo relacionado con la tabla por la que estamos iterando (factPedidos).

Para forzar la situación de la imagen anterior y que el acceso a columnas se propague a otras tablas de dimensión, podemos usar la función `RELATED`. De esta forma, sí provocamos que el contexto de fila se extienda hacia otra tabla relacionada. Lo vemos en la figura C.5, donde podemos ver cómo Intellisense ya ofrece también acceso a tablas como dimProductos.

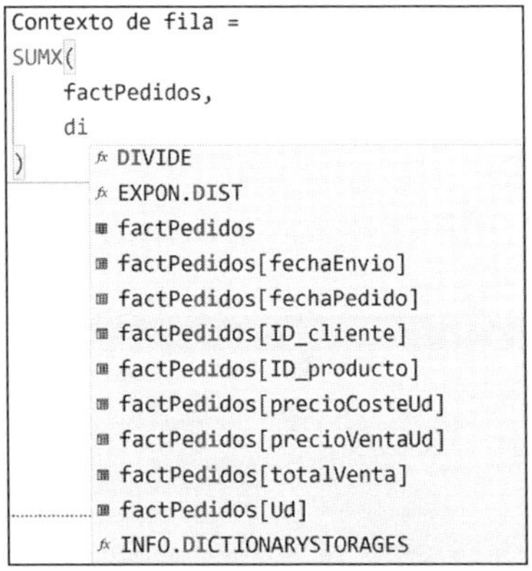

Figura C.4. En el segundo argumento de `SUMX` tenemos acceso solo a las columnas de la tabla que se puso en el primer argumento.

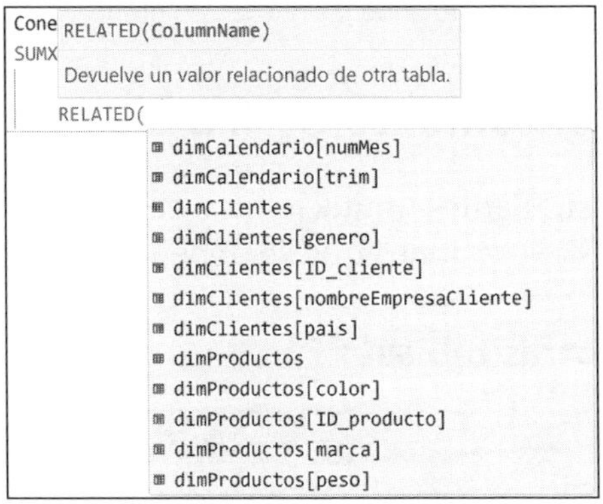

Figura C.5. Podemos forzar el contexto de fila para que se propague a alguna tabla relacionada del modelo. De esta forma, podremos acceder a valores de otras tablas.

No existencia de contexto de filtro

NOTA:

Dentro de un contexto de fila, por defecto, no existe un contexto de filtro.

El ejemplo sería el de la medida errónea que vemos en el código siguiente, donde se pretende obtener (desde la tabla **factPedidos**) el promedio de unidades que se venden a los clientes:

```
Promedio ud x cliente =
AVERAGEX(
    VALUES(factPedidos[ID_cliente]),
    SUM( factPedidos[Ud] )
)
```

Para ello, usamos una función `AVERAGEX` donde, en su primer argumento, establecemos una tabla virtual devuelta por una función `VALUES`. Esa tabla tiene los valores distintos de la columna ID_cliente de la tabla factPedidos. Esa tabla virtual deberíamos imaginarla, pero podría ser la siguiente que vemos en la figura C.6.

ID_cliente
15
6
10
11

Figura C.6. Esta es una tabla que genera interna y virtualmente la medida que hemos creado. Concretamente, es creada gracias a `VALUES`.

En el segundo argumento de `AVERAGEX` (contexto de fila), tenemos una función `SUM` que pretende asignar, a cada `ID_cliente`, la cantidad de ud que le corresponde. Pero aquí hay una circunstancia especial: `SUM` se evalúa en un contexto de filtro (hace la suma de todos los valores de la columna Ud que están disponibles en el contexto de filtro). Por lo tanto, `SUM` abandona el contexto de fila, evalúa la suma de la columna factPedidos[Ud] en un contexto de filtro y regresa al contexto de fila para "depositar" el resultado de la suma. Lo vemos en la figura C.7.

fechaPedido	ID_cliente	Ud	precioVentaUd
31/07/2024	*15*	***3***	*85,32 €*
31/08/2024	*15*	***7***	*118,50 €*
30/09/2024	*15*	***6***	*3.748,50 €*
31/10/2024	*6*	***3***	*688,50 €*
30/11/2024	*6*	***2***	*76,69 €*
25/12/2024	*6*	***1***	*284,70 €*
01/01/2025	*10*	***2***	*4,49 €*
01/01/2025	*10*	***1***	*65,21 €*
01/02/2025	*11*	***3***	*457,20 €*
01/02/2025	*11*	***3***	*6,20 €*

SUM(factPedidos[Ud]) = **31**

Tabla virtual creada por VALUES

ID_cliente	Ud
15	***31***
6	
10	
11	

Figura C.7. Tanto la tabla virtual creada por `VALUES` como el resultado asignado por la función `SUM`, son abstracciones de lo que ocurre en el interior de los motores de DAX.

El resultado que `SUM` aporta siempre será el total de la columna dimProductos [peso] evaluada en el contexto de filtro, pero de ninguna manera van a aparecer resultados propios de cada ID_cliente de la tabla virtual. Lo vemos en la figura C.8.

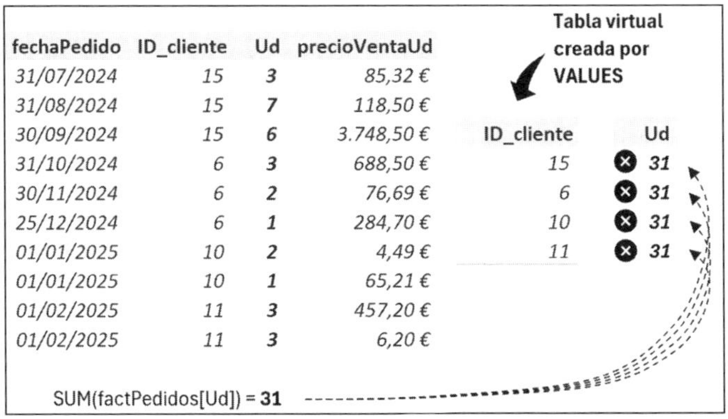

Figura C.8. Internamente, a todos los ID_cliente se les asigna la misma cantidad total de unidades.

En otras palabras: en el contexto de fila de la tabla virtual (que, recordemos, es sobre la que estamos iterando), no es posible que se produzca una asignación correcta de unidades por cada ID_cliente de la tabla virtual. El motivo es que cada uno de los contextos de fila de esa tabla virtual no es capaz de actuar como filtro para la cantidad que "trae" `SUM`.

Acabamos de demostrar la no existencia de contexto de filtro dentro de un contexto de fila. De hecho, si pusiéramos la medida en un objeto visual de tarjeta, obtendríamos esto que vemos en la figura C.9.

Figura C.9. El resultado anterior es erróneo, puesto que el promedio de unidades que se le vende a los clientes no es 31, sino 8.

Podríamos comprobar que el resultado de la tarjeta de la imagen anterior es erróneo si revisamos la tabla de la figura C.6: 16 ud se le vendieron al cliente 15, 6 ud al cliente 6, 3 ud al cliente 10 y 6 ud al cliente 11. Así pues, el promedio de 16, 6, 3 y 6 = 8.

Cualquier lector experimentado sabrá que la no existencia de contexto de filtro dentro de un contexto de fila se soluciona con una transición de contextos. Pero, en lo concerniente al contexto de fila, hasta aquí es hasta donde debemos explicar. La transición de contextos será explicada ampliamente en el **apéndice D**.

El contexto de fila en la Vista de tabla

Antes de entrar de lleno en el tema de este apartado, vamos a resaltar en este momento los dos "mundos" en los que se mueve DAX para proporcionar su utilidad a los analistas de datos.

Creación de medidas

Este es el "mundo" en el que hemos permanecido para aprender el contexto de filtro en el **apéndice B** y, hasta ahora, para aprender el concepto de contexto de fila en el presente apéndice. Básicamente, hemos estado conviviendo con la Vista de informe y su barra de fórmulas como editor de DAX.

Con lo aprendido hasta ahora sobre los contextos en el ámbito de la creación de medidas, podemos obtener la siguiente afirmación:

> NOTA:
>
> *Cuando estamos creando medidas, los contextos se han de conseguir mediante funciones. Es decir, no existe contexto hasta que usamos la función adecuada: ya sea una función de las que acceden al contexto de filtro o una función iteradora que nos ofrezca un contexto de fila.*

Creación de columnas y tablas calculadas

Este otro "mundo" es en el que se crean nuevos datos mediante DAX. Para ello, debemos desenvolvernos en la Vista de tabla de Power BI o en la Vista de datos de Power Pivot (en este último caso, solo para agregar nuevas columnas, al no ser posible la creación de tablas calculadas en este complemento de Excel).

Y, ahora, adelantamos otra afirmación que podemos hacer para la creación de columnas y tablas calculadas:

> NOTA:
>
> *En la* Vista de tabla *de Power BI y en la* Vista de datos *de Power Pivot existe un contexto de fila automático sin necesidad de provocarlo con funciones iteradoras.*

Explicaremos esto que acabamos de decir, con un ejemplo, en el apartado siguiente.

Contexto de fila automático

El contexto de fila automático es una expresión que se refiere al hecho de que en la Vista de tabla de Power BI o en la Vista de datos de Power Pivot, ya tenemos acceso a realizar operaciones con las celdas (columnas) de cada fila de una tabla, sin que tengamos que usar funciones que nos proporcionen ningún contexto. De forma intrínseca, existe el contexto de fila.

Una prueba y demostración de la afirmación anterior es usar, por ejemplo, en la Vista de tabla de Power BI, una función que no de acceso a ningún contexto, como es la función `IF`. Si la afirmación es cierta, deberíamos tener acceso a realizar operaciones entre las celdas de cada fila.

En la figura C.10 podemos ver el ejemplo con la función `IF`. Comprobaremos que, aunque `IF` no nos aporta ningún contexto (en el **apéndice B** ya comentábamos que esta función la podríamos considerar como una función-herramienta, porque no nos da acceso a ningún contexto), tenemos de forma automática el contexto de fila. Fijémonos en la figura C.10.

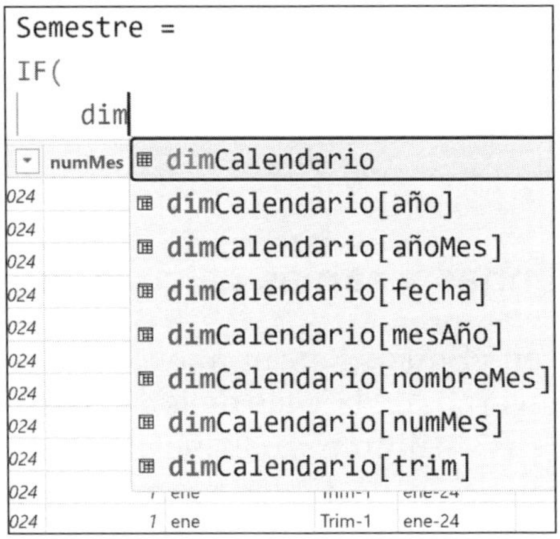

Figura C.10. La función `IF` no ofrece acceso a ningún contexto (lo podríamos comprobar durante la creación de una medida), pero en la Vista de tabla de Power BI vemos que sí hay contexto de fila. Es el contexto de fila automático.

En la imagen anterior, veíamos cómo Intellisense ofrece solo campos de la tabla sobre la que estamos situados para crear una columna.

Si termináramos de construir la función, veríamos que esta se ha evaluado para cada una de las filas de la tabla dimCalendario, obteniendo resultados personalizados para cada una de ellas. Veamos la figura C.11.

```
Semestre =
IF(
    dimCalendario[numMes] < 7,
    "Semestre 1",
    "Semestre 2"
)
```

fecha	año	numMes	nombreMes	trim	mesAño	añoMes	Semestre
28/06/2024	2024	6	jun	Trim-2	jun-24	202406	Semestre 1
29/06/2024	2024	6	jun	Trim-2	jun-24	202406	Semestre 1
30/06/2024	2024	6	jun	Trim-2	jun-24	202406	Semestre 1
01/07/2024	2024	7	jul	Trim-3	jul-24	202407	Semestre 2
02/07/2024	2024	7	jul	Trim-3	jul-24	202407	Semestre 2
03/07/2024	2024	7	jul	Trim-3	jul-24	202407	Semestre 2

Figura C.11. La fórmula crea una columna calculada que se evalúa en cada una de sus celdas para decidir si debe aparecer el nombre Semestre 1 o Semestre 2.

D La transición de contextos

En este capítulo aprenderás:

- El concepto de transición de contextos en DAX.
- La utilidad y cuándo aplicar una transición de contextos.
- Cómo provocar una transición de contextos con ejemplos prácticos y demostraciones.
- Algunas variantes para conseguir una transición de contextos, especialmente en lo relativo a la tabla iterada.

Introducción

Debemos comenzar este **apéndice D** diciendo que, para abordar la transición de contextos, es totalmente imprescindible conocer perfectamente los llamados contexto de filtro y contexto de fila que se trataron en los **apéndice B** y **C**, respectivamente.

Lo relevante ahora

La transición de contextos es un proceso abstracto que sucede a partir de otros conceptos también abstractos. Por ello, no es, en absoluto, relevante ni conveniente apresurarnos a proporcionar una definición formal de lo que es la transición de contextos en DAX. De hecho, las definiciones que podemos encontrar en diversa bibliografía de lo que es una transición de contextos, aunque son ciertas, también es verdad que son estériles didácticamente hablando si se ofrecen al principio del aprendizaje de este concepto llamado transición de contextos. El motivo principal para que ocurra eso es que la propia definición abruma al alumno con una descripción del proceso imposible de entender para alguien que está comenzando a conocer algo tan abstracto. Lo verdaderamente relevante para el lector, en este punto de su aprendizaje, no es tener una definición, sino entender:

- ¿Para qué sirve una transición de contextos?
- ¿Cómo es una transición de contextos?

En referencia al segundo punto mencionado, debemos señalar que las explicaciones que veremos en este **apéndice D** constituyen una abstracción que reinterpreta las operaciones realmente ejecutadas por los motores de DAX. Intentamos traducir lo abstracto a una semántica accesible y comprensible para el lector.

Otra de las cuestiones que debemos dejar clara es que vamos a omitir todo lo concerniente a la función `CALCULATETABLE` en relación con la transición de contextos. El motivo es claro: su menor uso respecto de `CALCULATE`.

Por último, hay que decir que también omitiremos explicaciones sobre la transición de contextos en la Vista de tabla (Vista de datos en Power Pivot) por dos motivos:

- Por el carácter marginal del uso de la transición de contextos en la Vista de tabla.
- Porque aprender la transición de contextos en la Vista de tabla es contraproducente para el alumno. Un motivo (entre otros) es que, en la Vista de tabla, existe un contexto de fila automático que no existe en el ámbito de la creación

de medidas. Por lo tanto, el aprendizaje no es trasladable por completo de un ámbito al otro y el alumno acaba teniendo dificultades para entender determinadas cuestiones.

Recomendación al lector

Dado que casi la totalidad de los conceptos que se aprenderán en este **apéndice D** son abstractos, le pedimos al lector que, si considera que algún apartado no está totalmente entendido, lo relea una o varias veces hasta que logre recrear la abstracción en su mente conectando los aprendizajes previos sobre el contexto de filtro y el contexto de fila. Es absolutamente normal el hecho de necesitar relecturas de estos temas que llevan por bandera la abstracción.

¿Para qué sirve una transición de contextos?

Vamos a imaginar que tenemos una tabla de hechos llamada factPedidos como la de la figura D.1.

fechaPedido	ID_cliente	Ud	precioVentaUd
31/07/2024	15	3	85,32 €
31/08/2024	15	7	118,50 €
30/09/2024	15	6	3.748,50 €
31/10/2024	6	3	688,50 €
30/11/2024	6	2	76,69 €
25/12/2024	6	1	284,70 €
01/01/2025	10	2	4,49 €
01/01/2025	10	1	65,21 €
01/02/2025	11	3	457,20 €
01/02/2025	11	3	6,20 €

Figura D.1. En la tabla de la imagen serán protagonistas las columnas ID_cliente y Ud.

Ahora, supongamos que el requerimiento de negocio es el siguiente:

NOTA:

Conocer el promedio de unidades vendidas a los clientes.

Además, debemos conseguirlo de la forma más eficiente posible:

- Con una sola medida utilizable en cualquier objeto visual.
- Sin crear nuevos datos. Es decir, sin crear columnas ni tablas calculadas físicas.

Las condiciones exigidas en el párrafo anterior están especificadas de forma que aquellos lectores que tengan la tentación de pensar que un requerimiento así es posible hacerlo en Excel sin recurrir a DAX, con la máxima eficiencia, de forma escalable y sostenible en el tiempo, desistan de su intento.

Entonces, para los requerimientos que acabamos de describir, ¿qué estrategia podríamos seguir? La siguiente sería una posibilidad e invitamos al lector que haga un ejercicio de imaginación:

1. Hacer, en una columna imaginaria, agrupaciones por cada valor del campo ID_cliente.
2. Asignar, en otra columna imaginaria a la derecha, la suma total de las unidades que se le vendieron a cada uno de los códigos ID_cliente que dejamos como agrupaciones en el punto anterior.
3. Calcular un promedio de las cantidades asignadas en la columna de la derecha para obtener un valor escalar (el promedio buscado).

Si hemos ido imaginando correctamente los tres puntos anteriores, debemos tener en mente una tabla como la de la figura D.2, donde hemos agrupado (sumándolas) las unidades vendidas a cada ID_cliente y, después, hemos calculado el promedio.

ID_cliente	Ud
15	*16*
6	*6*
10	*3*
11	*6*
Promedio	***8***

Figura D.2. Esta sería la tabla imaginaria que deberíamos haber pensado con los tres puntos anteriores.

Si hemos entendido todo hasta aquí, debemos considerar que hemos cumplido con el primer objetivo que nos habíamos trazado en este **apéndice D**: habremos entendido para qué sirve una transición de contextos. Concretamente, ocurre en el anterior punto 2 (invitamos a su relectura). Por lo tanto:

NOTA:

Una transición de contextos sirve para repartir una cantidad global entre cada uno de los ítems de una lista de agrupaciones.

Esta necesidad cubierta por una transición de contextos es muy frecuente en el mundo del análisis de datos. Si el lector no hubiera entendido totalmente los tres puntos que hemos considerado como la estrategia a seguir, lo invitamos a releer de nuevo ese mismo apartado las veces que sea necesario.

¿Cómo es una transición de contextos?

Ahora, vamos a dar un paso más desarrollando el apartado anterior. Lo haremos con una perspectiva más práctica y, por lo tanto, con una medida que contiene las funciones que van a provocar una transición de contextos.

Planteamiento

En este punto, es fundamental que el lector domine perfectamente los conceptos de contexto de filtro y contexto de fila. Especialmente, el apartado "Limitaciones en el contexto de fila" del **apéndice C**. Vamos a retomar desde el principio una demostración muy similar a la que se hizo en el **apéndice C**. Para la demostración, consideremos de nuevo la tabla factPedidos que veíamos anteriormente en este apéndice y que ahora vemos en la figura D.3.

fechaPedido	ID_cliente	Ud	precioVentaUd
31/07/2024	*15*	***3***	*85,32 €*
31/08/2024	*15*	***7***	*118,50 €*
30/09/2024	*15*	***6***	*3.748,50 €*
31/10/2024	*6*	***3***	*688,50 €*
30/11/2024	*6*	***2***	*76,69 €*
25/12/2024	*6*	***1***	*284,70 €*
01/01/2025	*10*	***2***	*4,49 €*
01/01/2025	*10*	***1***	*65,21 €*
01/02/2025	*11*	***3***	*457,20 €*
01/02/2025	*11*	***3***	*6,20 €*

Figura D.3. Tabla factPedidos.

Proponemos una medida (incompleta aún y, por lo tanto, veremos que su resultado aún no es el deseable al principio) que pretende obtener, desde una tabla llamada factPedidos, el promedio de unidades que se venden a los clientes:

```
Promedio ud x cliente =
AVERAGEX(
    VALUES(factPedidos[ID_cliente]),
    SUM( factPedidos[Ud] )
)
```

Hemos usado una función AVERAGEX donde, en su primer argumento, establecemos una tabla virtual devuelta por una función VALUES. Esa tabla tiene los valores distintos de la columna ID_cliente de la tabla factPedidos. Esa tabla virtual deberíamos imaginarla, pero podría ser la siguiente que vemos en la figura D.4.

ID_cliente
15
6
10
11

Figura D.4. Esta es una tabla que genera interna y virtualmente la medida que hemos creado. Concretamente, es creada gracias a VALUES.

En el segundo argumento de AVERAGEX (contexto de fila) tenemos una función SUM que pretende asignar, a cada ID_cliente, la cantidad de unidades que le corresponde. Pero aquí hay una circunstancia especial: SUM se evalúa en un contexto de filtro (hace la suma de todos los valores de la columna Ud que están disponibles en el contexto de filtro). Por lo tanto, SUM "abandona" el contexto de la fila por la que estamos iterando, evalúa la suma de la columna factPedidos[Ud] en un contexto de filtro y "regresa" al contexto de fila para "depositar" el resultado de la suma. Lo vemos en la figura D.5.

fechaPedido	ID_cliente	Ud	precioVentaUd
31/07/2024	*15*	***3***	*85,32 €*
31/08/2024	*15*	***7***	*118,50 €*
30/09/2024	*15*	***6***	*3.748,50 €*
31/10/2024	*6*	***3***	*688,50 €*
30/11/2024	*6*	***2***	*76,69 €*
25/12/2024	*6*	***1***	*284,70 €*
01/01/2025	*10*	***2***	*4,49 €*
01/01/2025	*10*	***1***	*65,21 €*
01/02/2025	*11*	***3***	*457,20 €*
01/02/2025	*11*	***3***	*6,20 €*

SUM(factPedidos[Ud]) = **31**

Tabla virtual creada por VALUES

ID_cliente	Ud
15	***31***
6	
10	
11	

Figura D.5. Tanto la tabla virtual creada por VALUES como el resultado asignado por la función SUM, son abstracciones de lo que ocurre en el interior de los motores de DAX.

Necesidad de transición de contextos

El resultado que SUM aporta siempre será el total de la columna dimProductos[peso] evaluada en el contexto de filtro, pero, de momento, no van a aparecer resultados propios de cada ID_cliente de la tabla virtual. Lo vemos en la figura apéndice D.6.

fechaPedido	ID_cliente	Ud	precioVentaUd
31/07/2024	15	3	85,32 €
31/08/2024	15	7	118,50 €
30/09/2024	15	6	3.748,50 €
31/10/2024	6	3	688,50 €
30/11/2024	6	2	76,69 €
25/12/2024	6	1	284,70 €
01/01/2025	10	2	4,49 €
01/01/2025	10	1	65,21 €
01/02/2025	11	3	457,20 €
01/02/2025	11	3	6,20 €

SUM(factPedidos[Ud]) = **31**

Tabla virtual creada por VALUES

ID_cliente	Ud
15	31
6	31
10	31
11	31

Figura D.6. Internamente, a todos los ID_cliente se les asigna la misma cantidad total de unidades.

En otras palabras, en el contexto de fila de la tabla virtual (que, recordemos, es sobre la que estamos iterando), no es posible que se produzca una asignación correcta de unidades por cada ID_cliente de la tabla virtual. El motivo es que cada uno de los contextos de fila (cada uno de los ID_cliente) de esa tabla virtual no es capaz de filtrar a la tabla factPedidos para averiguar cuántas unidades de la columna Ud corresponden.

Acabamos de demostrar la imposibilidad de que los valores que hay dentro de un contexto de fila hagan las funciones de filtro para la tabla de hechos. De hecho, si pusiéramos la medida en un objeto visual de tarjeta, obtendríamos esto que vemos en la figura D.7.

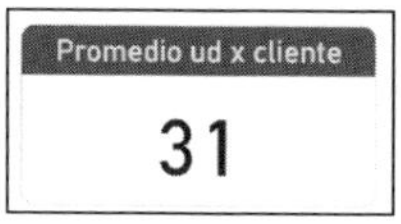

Figura D.7. El resultado anterior es erróneo, puesto que el promedio de unidades que se le vende a todos los clientes no es 31, sino 8.

Podríamos comprobar que el resultado de la tarjeta de la imagen anterior es erróneo si revisamos visualmente la tabla de la figura D.4:

- 16 ud se le vendieron al cliente 15.
- 6 ud al cliente 6.
- 3 ud al cliente 10.
- 6 ud al cliente 11.

Así pues, el promedio de 16, 6, 3 y 6 = 8.

Todo lo visto hasta aquí sobre la historia de esta medida nos lleva a pensar lo siguiente: necesitamos algo que provoque que la columna del contexto de fila en la tabla virtual de `VALUES` sea capaz de establecerse como filtro en la tabla de hechos para que cada resultado aplicado por `SUM` sea correcto. Lo que vemos en la figura D.8.

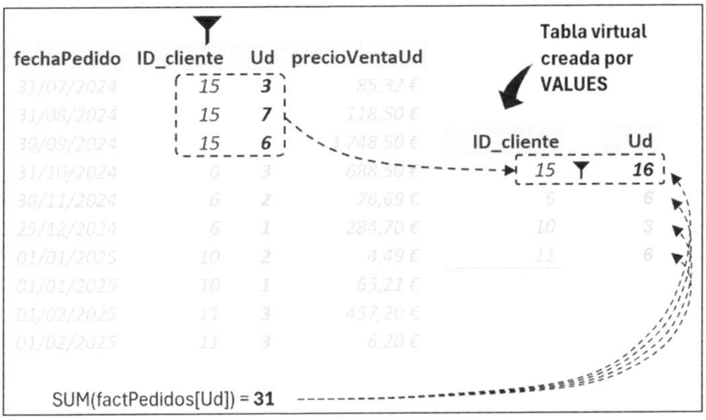

Figura D.8. Fijémonos en el icono de filtro que hay sobre la columna **ID_cliente**. Significa que la columna **ID_cliente** de la tabla virtual se transfiere a la tabla **factPedidos** como filtro. Si en la tabla sobre la que iteramos hubiera más columnas, todas ellas se transferirían como filtros a **factPedidos**.

Lo que genera la "magia" de la figura anterior es la función `CALCULATE`. Y el proceso se llama transición de contextos.

Debemos remarcar y recordar algo importante en este proceso:

NOTA:

Todas las columnas de la tabla iterada (en nuestro ejemplo, la creada por `VALUES`*) se transfieren como filtros a la tabla sobre la que se hacen los cálculos (***factPedidos***).*

¿Cómo aplicamos una transición de contextos?

CALCULATE para la transición de contextos

La función `CALCULATE`, cuando se evalúa, ejecuta 5 procesos relacionados con los contextos:

1. Hace un reconocimiento de todos los filtros explícitos del modelo.
2. Hace una copia del contexto de filtro actual.

3. Realiza una transición de contextos si existe un contexto de fila. Elimina los contextos de fila actuales y los convierte en filtros que formarán parte del contexto de filtro.
4. Evalúa las funciones modificadoras de contexto de filtro que pudiera haber en sus argumentos segundo y siguientes.
5. Se aplican al contexto de filtro resultante del paso 4, los filtros explícitos que `CALCULATE` reconoció en el paso 1.

Cada paso de los 5 impone un contexto de filtro que sobrescribe al generado hasta el paso anterior.

Ya tenemos la explicación de por qué `CALCULATE` es la función que genera una transición de contextos: debido a que es un proceso intrínseco de esa función.

La forma en la que `CALCULATE` provoca una transición de contextos es muy sencilla: envolviendo la expresión y sin usar el segundo argumento (si lo hiciéramos, sobrescribiríamos el contexto de filtro creado por los procesos 1 y 2 de `CALCULATE`). Lo vemos en el código siguiente:

```
Promedio ud x cliente =
AVERAGEX(
    VALUES(factPedidos[ID_cliente]),
    CALCULATE( SUM( factPedidos[Ud] ) )
)
```

Ahora sí, estamos preparados para ofrecer la definición de transición de contextos. Vamos a ajustarnos a la definición que proporcionan Marco Russo y Alberto Ferrari en: `https://www.sqlbi.com/articles/understanding-context-transition-in-dax/`.

NOTA:

La transición de contextos es un proceso que transforma cualquier contexto de fila existente en un contexto de filtro equivalente, el cual es utilizado por `CALCULATE` *para evaluar su primer argumento.*

De todo lo dicho hasta ahora debemos obtener una conclusión aplicable siempre en DAX:

NOTA:

Una transición de contextos ocurre siempre si (y solo si) existe una función `CALCULATE` *en un contexto de fila.*

Una medida para la transición de contextos

Otra cuestión fundamental relativa a la transición de contextos es que hay una forma de provocarla totalmente equivalente al uso de CALCULATE. Se trata de utilizar una medida que contenga la expresión, en vez de envolver la expresión con CALCULATE. Pongamos, por ejemplo, que tenemos la medida:

```
Suma Ud =
SUM( factPedidos[Ud] )
```

Si la usamos dentro de un contexto de fila, generará una transición de contextos (exactamente igual que si hubiéramos usado CALCULATE sobre la expresión):

```
Promedio ud x cliente v2 =
AVERAGEX(
    VALUES(factPedidos[ID_cliente]),
    [Suma Ud]
)
```

Por lo tanto, podemos decir que:

NOTA:

Cualquier referencia a una medida tiene, de forma implícita, una función CALCULATE *envolviéndola. Por lo tanto, cualquier medida situada en un contexto de fila, generará una transición de contextos.*

La tabla iterada en una transición de contextos

Hasta ahora, todos nuestros esfuerzos han ido dirigidos a que el lector entienda la mecánica de una transición de contextos. Asumiendo que este hito está conseguido, vamos a continuar ampliando la perspectiva de estudio de la transición de contextos. En este caso, vamos a ampliar nuestra visión sobre la tabla iterada. Si recordamos nuestro ejemplo en el apartado "¿Cómo es una transición de contextos?", la tabla iterada era una tabla virtual que creábamos mediante VALUES.
Como ya debemos saber, a VALUES le pasamos una columna de una tabla y:

- La devuelve convertida en tabla (es decir, la "eleva" a categoría de tabla).
- En la nueva tabla solo aparecen valores distintos, puesto que son eliminados los duplicados.

Pero, ya hablando en general, vamos a responder algunas preguntas.

¿Qué tabla debe ser la iterada?

En una transición de contextos, a veces, podemos usar columnas provenientes de dos tipos de tablas para iterar y provocar este proceso:

- O bien columnas provenientes de la tabla de hechos sobre la que se realizan los cálculos.
- O bien columnas provenientes de una tabla de dimensión relacionada con la tabla de hechos.

Debemos tener clara la elección y los motivos. De lo contrario, podríamos estar creando graves ineficiencias en nuestra medida.

NOTA:

Una transición de contextos es una operación muy "cara" desde el punto de vista de los recursos que deben aplicar los motores de DAX.

Iterar sobre la tabla de hechos

¿Cuándo podemos iterar sobre columnas de la tabla de hechos? Esta es la primera cuestión que debemos plantearnos.

NOTA:

En una transición de contextos, podremos iterar sobre una tabla de hechos si la agrupación del requerimiento de negocio puede ser a nivel de fecha o sobre una clave externa (que son los campos que nos debemos encontrar en una tabla de hechos correcta).

Por ejemplo, con una tabla de hechos como la de la figura D.9, podremos crear una transición de contextos agrupando por fechaPedido o agrupando por ID_cliente.

fechaPedido	ID_cliente	Ud	precioVentaUd
31/07/2024	15	3	85,32 €
31/08/2024	15	7	118,50 €
30/09/2024	15	6	3.748,50 €
31/10/2024	6	3	688,50 €
30/11/2024	6	2	76,69 €
25/12/2024	6	1	284,70 €
01/01/2025	10	2	4,49 €
01/01/2025	10	1	65,21 €
01/02/2025	11	3	457,20 €
01/02/2025	11	3	6,20 €

Figura D.9. Esta tabla factPedidos es la que ya usamos en otros ejemplos.

A continuación, ponemos un ejemplo de medida donde ocurre una transición de contextos que agrupa por la columna factPedidos[fechaPedido]:

```
Promedio ud x fecha =
AVERAGEX(
    VALUES(factPedidos[fechaPedido]),
    CALCULATE( SUM( factPedidos[Ud] ) )
)
```

NOTA:

El promedio obtenido siempre será un promedio diario que tendrá que ser expresado en un objeto visual que tenga un nivel de agrupación mayor.

Es decir, si la medida crea un promedio que se construye a lo largo de las sumas totales de cada uno de los días, deberíamos ver ese promedio diario en contextos de filtro con granularidad inferior al día. Podemos ver y comprobar esto en la figura D.10.

año	trim	Promedio ud x fecha
2024	Trim-3	5,33
2024	Trim-4	2,00
2025	Trim-1	4,50
Total		**3,88**

Figura D.10. Hemos puesto la medida anterior en un objeto visual que segmenta por años y trimestres. El objetivo es evidenciar el origen de los resultados que se ven.

Si realizamos, sobre la tabla de la figura D.9, un cálculo mental, veremos fácilmente que el valor 5,33 es el promedio de todas las unidades que se vendieron en el tercer trimestre de 2024, agrupadas por días:

- El 31/07/2024 se vendieron 3 unidades.
- El 31/08/2024 se vendieron 7 unidades.
- El 30/09/2024 se vendieron 6 unidades.

El promedio de 3, 7 y 6 = 5,33 ud.

NOTA:

Aunque hayamos agrupado en el objeto visual por años y trimestres, el promedio siempre será diario, puesto que la transición de contextos agrupó por días.

Por lo tanto, deberíamos leer el resultado así:

En el tercer trimestre de 2024, el promedio diario de unidades vendidas fue de 5,33 ud.

Solo hemos pretendido fijar la idea de que la granularidad de la agrupación que se hace mediante la transición de contextos es la que prevalecerá en cualquier visualización.

Iterar sobre una tabla de dimensión

¿Qué ocurre si el requerimiento de negocio es calcular el promedio de unidades vendidas por la ciudad o el país del cliente?

La respuesta es que deberíamos iterar por las columnas de la tabla de dimensión que tuviera estos atributos. Por ejemplo, podría ser algo así en el caso de necesitar el promedio de unidades vendidas por ciudad:

```
Promedio ud x ciudad =
AVERAGEX(
    VALUES(dimClientes[Ciudad]),
    CALCULATE( SUM( factPedidos[Ud] ) )
)
```

¿Qué es más eficiente?

Si se da la circunstancia de que podemos elegir iterar por una tabla de hechos o por una tabla de dimensión obteniendo el mismo resultado, será porque:

- O bien necesitamos una transición de contextos con agrupaciones sobre el campo clave fecha (podríamos elegir el campo factPedidos[fechaPedido] o el campo dimCalendario[Fecha]).
- O bien necesitamos una transición de contextos con agrupaciones sobre claves externas del tipo ID_cliente, ID_producto, etc., puesto que estas claves están también disponibles como claves principales en las tablas de dimensión.

La respuesta a la pregunta sobre la eficiencia de una u otra opción es la siguiente:

NOTA:

Si podemos, en una transición de contextos, debemos iterar directamente sobre la tabla de hechos.

La demostración la tenemos en las figuras D.11 y D.12, donde realizamos pruebas en DAX Studio con un modelo de datos donde su tabla de hechos tiene algo más de 225 millones de filas y la tabla de calendario unas 4.018 filas:

- Iteración sobre la tabla de hechos.
- Iteración sobre la tabla de dimensión.

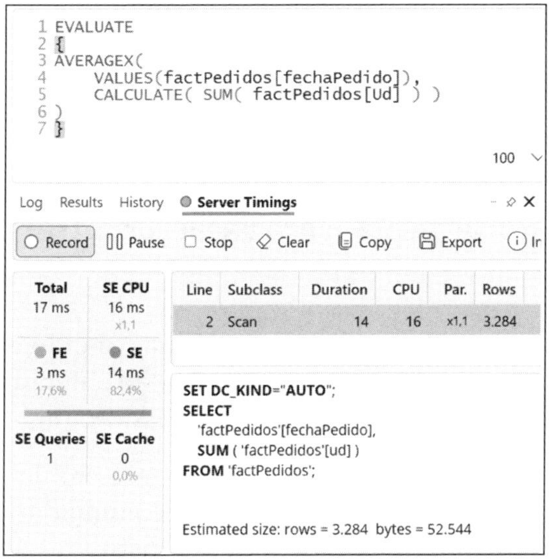

Figura D.11. En esta prueba iteramos por una tabla devuelta por `VALUES` que está basada en una columna de la tabla de hechos. La consulta es muy eficiente.

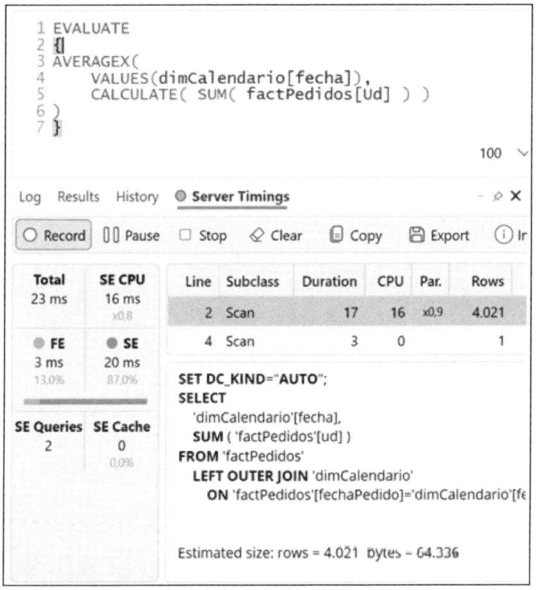

Figura D.12. En este caso iteramos por una tabla devuelta por `VALUES` que está basada en una columna de una tabla de dimensión, concretamente, la tabla de fechas o tabla calendario. La consulta es menos eficiente porque es necesaria una combinación virtual interna de tablas para poder construir el resultado (`LEFT OUTER JOIN`).

En todas las pruebas que se realizaron con DAX Studio, la consulta que itera sobre la tabla de hechos (figura D.11) fue entre un 20 % y un 25 % más rápida que la consulta que itera sobre una tabla de dimensión (figura D.12).

Queda demostrado, una vez más, que cruzar relaciones tiene un precio en DAX.

¿Cómo debe ser la tabla iterada en una transición de contextos?

Después de decidir qué tabla es la ideal para iterar, ahora veremos qué hay que hacer para ajustarnos a las buenas prácticas. La tabla iterada en una transición de contextos debe:

- Ser lo más estrecha posible (tener el menor número de columnas posible). Esto se ha de tener en cuenta, porque cada columna de la tabla por la que iteremos en una transición de contextos se constituirá como filtro en la tabla de hechos.
- No tener filas repetidas.

Por ello y para cumplir con los dos puntos anteriores en el argumento de tabla de las funciones iteradoras, se utilizan frecuentemente funciones como:

- `VALUES` o `DISTINCT` (cuando solo necesitamos agrupar por una columna). Ya hemos visto en apartados anteriores ejemplos usando `VALUES`.
- `SUMMARIZE` (para crear tablas con combinaciones únicas de más de una columna). Un ejemplo podría ser:

```
Promedio ud x año-trim (SUMMARIZE) =
AVERAGEX(
    SUMMARIZE(
        dimCalendario,
        dimCalendario[año], dimCalendario[trim]
    ),
    CALCULATE( SUM( factPedidos[Ud] ) )
)
```

Transición de contextos en otras situaciones

Hasta ahora, hemos visto ejemplos de transición de contextos en funciones agregadoras iteradoras, pero la transición de contextos puede ocurrir en otras situaciones.

Transición de contextos en la creación de columnas virtuales

Un caso típico de necesidad de transición de contextos es durante la creación de columnas virtuales en funciones similares a `ADDCOLUMNS`. En la figura D.13 vemos un ejemplo.

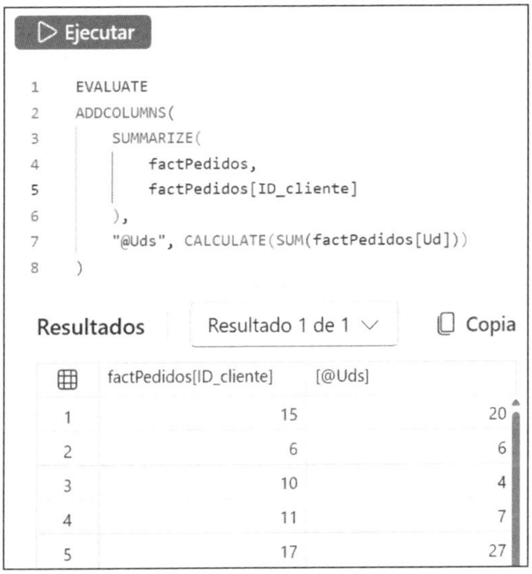

Figura D.13. Ejemplo de transición de contextos durante la creación de columnas virtuales en funciones similares a `ADDCOLUMNS`.

Considerando que la sintaxis general de `ADDCOLUMNS` es:

```
ADDCOLUMNS(
    <tabla>,
    <nombre de columna>, <expresión>
    [, <nombre de columna>, <expresión> ]
    ...
)
```

Podemos ver en la anterior imagen que, en el contexto de fila que `ADDCOLUMNS` genera en el argumento `<expresión>`, necesitamos forzar una transición de contextos para que aparezca el peso de los productos vendidos a cada ID_cliente.

Transición de contextos en SUMMARIZE. Caso especial

No vamos a extendernos con el caso especial de la transición de contextos que ocurre en `SUMMARIZE` cuando estamos creando nuevas columnas con esta función. El motivo es simple.

NOTA:

Es una mala práctica la creación de columnas virtuales con `SUMMARIZE`.

En cualquier caso, para que el lector pueda visualizar un ejemplo de lo que no hay que hacer, lo mostramos en la figura D.14.

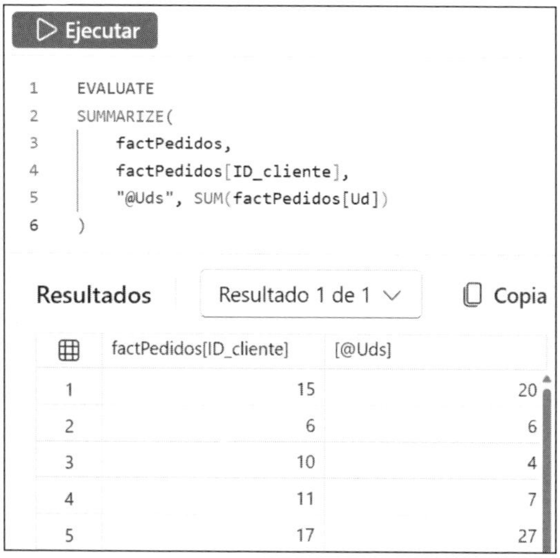

Figura D.14. Ejemplo de lo que no hay que hacer.

Eso sí, aprovechamos la ocasión para comentar que el caso especial de `SUMMARIZE` es debido a que no es necesario forzar la transición de contextos en el contexto de fila que ofrece en su argumento de `<expresión>`, después del argumento `<nombre de columna>`. Como podemos ver, la expresión de `SUM` no está dentro de una función `CALCULATE` y los resultados son correctos.

`SUMMARIZE` tiene internamente un comportamiento complejo e ineficiente a la hora de realizar la asignación de valores a cada fila de la tabla resultante de las agrupaciones que se realizan en sus primeros argumentos. Una de esas "complejidades" es la realización de una transición de contextos propia e interna.

NOTA:

Podemos aprender más sobre `SUMMARIZE` *aquí:* `https://dax.guide/summarize/` *y en* `https://www.sqlbi.com/articles/all-the-secrets-of-summarize/`.

Resumen

A continuación, vamos a crear una lista de definiciones y factores importantes para tener en cuenta cuando trabajamos con una transición de contextos. Algunos puntos ya han aparecido antes en este **apéndice D**, otros los exponemos por primera vez:

1. La transición de contextos es un proceso que transforma cualquier contexto de fila existente en un contexto de filtro equivalente, el cual es utilizado por `CALCULATE` para evaluar su primer argumento.
2. Una transición de contextos ocurre siempre si (y solo si) existe una función `CALCULATE` o una medida dentro de un contexto de fila.
3. Todas las columnas de la tabla iterada en una transición de contextos se transfieren como filtros al contexto de filtro y, por lo tanto, a la tabla sobre la que se hacen los cálculos.
4. Una transición de contextos es una operación muy "cara" desde el punto de vista de los recursos que deben aplicar los motores de DAX.
5. La tabla iterada en una transición de contextos debe ser lo más estrecha y corta posible y no debe tener valores repetidos.
6. Aunque no siempre nos será posible hacerlo, es más eficiente crear una transición de contextos iterando sobre columnas de una tabla de hechos que iterando sobre una tabla de dimensión. El motivo es la relación que debe "cruzar" DAX en el último caso.

Índice alfabético

D

E

F

G

H

I

J

K

L

M

N

O

P

Q

R

S

T

U

V

W

Y